朝向公共生活的反思与阐释

政治现象学丛书

张凤阳 王海洲 主编

歌声中的祖国

政治现代化进程中的国歌

罗宇维 著

江苏人民出版社

图书在版编目（CIP）数据

歌声中的祖国：政治现代化进程中的国歌 / 罗宇维著. —南京：江苏人民出版社，2022.10
（政治现象学丛书）
ISBN 978-7-214-27445-8

Ⅰ.①歌… Ⅱ.①罗… Ⅲ.①国歌-基本知识-中国 Ⅳ.①D621.6

中国版本图书馆 CIP 数据核字（2022）第 138737 号

书　　　名	歌声中的祖国：政治现代化进程中的国歌
著　　　者	罗宇维
责 任 编 辑	曾　偲
特 约 编 辑	王暮涵
装 帧 设 计	言外工作室·林　夏
内 文 设 计	赵春明
责 任 监 制	王　娟
出 版 发 行	江苏人民出版社
地　　　址	南京市湖南路 1 号 A 楼，邮编：210009
照　　　排	江苏凤凰制版有限公司
印　　　刷	南京爱德印刷有限公司
开　　　本	890 毫米×1240 毫米　1/32
印　　　张	15.25　插页 5
字　　　数	340 千字
版　　　次	2022 年 10 月第 1 版
印　　　次	2022 年 10 月第 1 次印刷
标 准 书 号	ISBN 978-7-214-27445-8
定　　　价	78.00 元（精装）

（江苏人民出版社图书凡印装错误可向承印厂调换）

政治现象学丛书
总　序

　　现象学传统的滥觞可溯至康德和黑格尔两大哲学巨擘，他们的"一般现象学"和"精神现象学"为探寻澄清事物本质之道提供了重要理论资源。但是，现象学成为一场哲学运动，是与胡塞尔的名字联系在一起的。百余年来，现象学的影响力已传至哲学之外，以其特殊的方法论助力诸多学科杜弊清源、开疆拓土，其中人文和社会科学领域内的葳蕤者有"语言现象学""现象学美学""现象学心理学""历史现象学"和"现象学社会学"，等等。与这些学科交叉的硕果相比，"政治现象学"长久以来一直"含苞待放"。胡塞尔在初创时期就敏锐地意识到，建立"一门关于人和人的共同体的理性科学"是现象学的未来任务；德国现象学学会前主席黑尔德（Klaus Held）也强调，设立"一门相应的政治世界及其构造的现象学"乃众望所归。这种来自现象学大师的意见并未有效催生出政治现象学之花，也许有两个主要原因：在主观方面，无论是现象学哲学家还是政治学家，或因忙于各自学科的主流任务而无暇旁顾，或因学科之间差异巨大而临渊兴叹；在客观方面，"政治"无疑是迄今为止人类世界中最难测度的现象类型，对以"澄清"为目标的现象学来说是一个过于复杂的对象。但是，晚近出现的一些新情况，为政治现象学的蓬勃发展提供了有利契机。

近年来，在现象学哲学家集中关注政治生活中的伦理状况同时，政治学家们也致力于广泛而深入地反思政治学科的建设。实际上，亚里士多德早在两千多年前就曾指出："我们如果对任何事物，对政治或其他各问题，追溯其原始而明白其发生的端绪，我们就可获得最明朗的认识。"这不仅是一种具有政治现象学特征的"技术"，更是一种具有政治现象学意味的"思维"。不过，生长了两千多年的政治学之树，在20世纪以来迅速分化出了政治科学和政治哲学两大枝干，时至今日俱是枝繁叶茂、遮天蔽日，但也各指青天、罕相闻问。两者在知识体系、理论、方法乃至逻辑上日积月累，各自形成了若干特殊的偏好和设定，以至于有政治学者将其戏称为"政治算术"和"政治几何"。从某种偏好出发意味着未能直面现象之本质，而诸多设定的堆集则可能会造成概念的冗余和重负。以回到生活世界为旨归的现象学或能为开拓政治学研究的新路提供一些启示。由此，政治现象学的基本追求就可简单归结为两点：一是"补缺"，它在一定程度上接受"朝向实事本身"的现象学原则，以尽可能恰切地把握对象的种种属性；二是"减负"，它借用和改造"悬搁""还原"等现象学方法，归置和验证存在于对象内外的种种定见。

政治现象学处理的对象与现象学大相径庭，因此必须对现象学方法论进行一定程度的择取和改造。现象学主要研究人类经验如何在意识中得以呈现，面对的是意识构建的方式和状态；而政治现象学旨在描述、分析和解释人类的政治行为，面对的是丰富、生动的公共生活，要对之进行现象学式的悬搁和还原，难度非常之高。政治现象学方法的构建，除灵活借鉴现象学方法论的精髓和充分尊重政治学研究对象的特性之外，还需考虑到其在政治学领域内的可操作性——对于很多政治学者来说，现象学精深博大、晦涩难懂，似非学科交叉的良伴。但一些现象学家的意见帮助我们打消了这种顾虑，例如索科拉夫斯基（Robert Sokolowski）就认为，在使用现象学术语时不必拘泥于经典现象学家们的思考，也不要将这些术语束缚在僵死的文本中。恩布里（Lester Embree）从另一个角度指出，自称为现象学家的人应该记住"反思性分析"这一方法才是现象学之根，不要被所谓的"文献学"和"辩论癖"这两种"假冒物"所拖累。实际上，胡塞尔和海德格尔等现代现象学奠基者也曾多次强调，现象学在根本上是一门用于澄清和揭示事物之本质的"方法"。有鉴于此，我们认为，在政治现象学方法的构建中，应在三方面深虑远议。一是如何将"悬搁""还原"和"本质直观"等现象学方法运用于政治学研究，以增强对公共生活的描述精度；二是如何将现象学的意向性与政治学的实践感紧密结合，以提升对公共生活的质感体验；三是如何将公共生活中的对象置于"周围世界"进行"情境式"查探，以把握其意义建构的内容和方式。

"政治现象学"（political phenomenology）有两副面孔：一是现象学哲学领域中对于政治生活之伦理和逻辑的思考，2016年以来西方哲学界在此方面的研究有勃发之势，我们择要编入"政治现象学译丛"中予以介绍。二是政治学领域中借助现象学方法论对政治理论和实践展开的研究，本丛书的作者们便是在此道路上以不同的程度或方式运用现象学的思维、方法或理论等，对公共生活中的各种具象或抽象的对象展开研究。这些研究从某种意义上来说都是"未竟"的成果，指向了更为广阔的空间。这种永在其途的研究态势也合乎现象学方法的根本要求，恰如梅洛－庞蒂所言："现象学的未完成状态和它的步履蹒跚并不是失败的标志，这种情况是不可避免的，因为现象学的任务是揭示世界的秘密和理性的秘密。"的确，政治生活变得越来越复杂，政治学科自身也不断发展壮大，在这种"浮云遮望眼"之下，政治现象学或有可能是一种"明目剂"。当然，我们的探索离不开广大学界同仁和读者诸君的批评和支持——这也是政治现象学发展中不可或缺的要素之一。

张凤阳　王海洲
2022年秋于南京大学仙林校区圣达楼

目 录

绪 论 民族国家、音乐与国歌 _001

   一、民族国家——国歌的情感渊源 _004
      作为政治概念的"民族" _005
      民族、民族国家与民族主义 _010
      民族国家与文化象征符号 _012

   二、歌曲——民族国家情感的表现方式 _017
      并非绝对艺术的音乐哲学 _019
      另一种音乐分析传统 _024
      音乐与政治 _030

   三、国歌与现代民族国家建构 _035
      国歌的历史溯源 _037

国歌的现实范例与理念类型 _043

国歌的政治功能与实现途径 _048

四、本书的写作思路与安排 _052

作为民族国家象征的国歌 _053

作为研究对象与叙述线索的国歌 _057

五个国家　五种国歌 _059

第一章　《天佑吾王》：从王朝体制确立到君主立宪的危机 _065

一、爱国歌曲与民族的音乐精神 _067

自我意识与音乐：英国人在音乐问题上的民族意识 _068

内部认同与音乐作品：保皇派的流行歌谣 _072

国王加冕礼与音乐的政治功能 _078

二、《天佑吾王》之创作的罗曼司 _082

作为事件的国歌：乔治二世之治 _083

作为神话的国歌：火药桶阴谋与"神佑吾王" _088

历史与官方记载中的国歌及其首演与改编 _093

三、"天佑吾王"的口号与立宪君主制的现实 _099

"王冠"与君主制的"精神维度" _100

诗歌、时代需求与国歌争夺战 _103

传统的编织与国歌的政治效应 _113

四、"不列颠没有未来":传统价值的惯性与时代变迁的
    冲击 _117
    《天佑吾王》的演奏传统与传播效应 _118
    帝国的扩张、收缩与国歌的适用 _122
    "没有未来":性手枪金曲与摇滚乐的改造 _127
    认同的分裂与被质疑的象征 _133

五、国歌范式的确立与调整 _137

第二章 《马赛曲》:法国大革命狂飙下的弑君与爱国 _141

一、法国政治中的音乐传统与大革命初期的歌曲文化 _143
    旧制度与音乐传统 _144
    革命进程与流行歌曲 _148

二、从《莱茵军团战歌》到《马赛曲》 _155
    弑君、共和国的奠基与《马赛曲》的流行 _159
    从民族国家战歌到第一共和国国歌 _166
    革命需求的变化与成为国歌的《马赛曲》 _169

三、《马赛曲》的对战与衰落 _175
    《马赛曲》与《人民的觉醒》 _176
    《出征曲》与《帝国的救赎》:第一帝国的两首
        国歌 _181
    革命之歌、政治宣传与象征的双面性 _187

四、不断反复的革命与永远在场的《马赛曲》_190
　　革命的绵延与《马赛曲》的扩展_191
　　从爱国到爱世界：《马赛曲》与《国际歌》_195
　　共和价值的再临与爱国主义的复兴_201

五、示范性的革命与流动着的国歌_204

第三章　《德意志之歌》：民族主义驱动下的国家创建与重构_209

一、德意志与德意志音乐_211
　　德意志民族命名的关键概念_213
　　浪漫主义的兴起与德意志民族主义_217
　　德意志音乐及其特性_221

二、民族统一、帝国幻梦与政治歌谣_226
　　反抗法兰西与寻找德意志_228
　　皇帝颂歌与奥地利国歌_234
　　《德意志之歌》的创作始末_239

三、"德意志高于一切"的隐喻与现实_244
　　帝国的建设与俾斯麦的国歌选择_245
　　战争的洗礼与第一首德国国歌_250
　　帝国国歌与纳粹党歌_255

四、传统的扬弃与统一理想的追寻_265
　　再次分裂的命运与民族情绪的再生_267

民主德国和联邦德国的国歌选择 _271

　　　恢复传统的继续尝试与德意志的再次统一 _280

　五、传统资源的利用、现实政治的困境与歌曲象征意义的调适 _283

第四章　《星条旗之歌》：合众国的自我奠基与认同建构 _285

　一、独立的成果与传统的遗产 _290

　　　独立战争、独立宣言与美国革命 _291

　　　音乐与早期美国政治 _297

　　　从《华盛顿进军曲》到《哥伦比亚万岁》_299

　二、第二次独立战争与《星条旗之歌》_304

　　　第二次独立战争 _305

　　　《星条旗之歌》创作始末 _308

　　　宗主国的文化遗产与美利坚的爱国热情 _312

　三、分裂之家的危机与民族共同体诉求的弥合 _317

　　　分裂之家与立国之本 _319

　　　废奴音乐与《美利坚》的改编 _323

　　　南北战争与战歌的选择 _328

　四、争夺国歌与《星条旗之歌》的获胜语境 _333

　　　谁来代表美利坚？美国国歌之争 _334

　　　作为符号的星条旗与《星条旗之歌》_340

　　　新的爱国主义与美国国歌的确立 _344

五、 新的国家与教育民族的音乐 _348

第五章 《神圣的祖国俄罗斯》：帝国的梦想与变革的困顿 _351

一、 东西之间的俄罗斯帝国 _353

沉睡帝国的西化之路 _355

"东正教、专制制度、俄罗斯民族性" _360

俄罗斯人祈祷"天佑沙皇" _366

二、 帝国之后的国歌更替 _369

《马赛曲》《国际歌》与1917年革命 _371

苏联音乐："民族的形式，社会主义的内容" _376

制造《牢不可破的联盟》 _381

三、 联盟的破碎与认同的延续 _389

何去何从？后斯大林时期的苏联国歌 _390

爱国主义音乐家格林卡与俄罗斯联邦国歌 _396

新国唱旧歌——普京的决断 _399

四、 坎坷的民族国家之路与纷杂的国歌历史 _405

结语 为民族国家立法的音乐：再谈国歌研究 _409

一、 国歌的本质内涵与生成逻辑 _411

二、 国歌的分类方式与评价标准 _413

三、 国歌与集体记忆和文化认同的互动关系 _414

四、国歌在公共空间中的作用与解释方式 _415

　　五、后现代背景下符号内涵的空洞化与国歌作用的新探析 _417

附录　五首国歌曲谱、歌词与歌词译文 _419

　　1.《天佑吾王》_419

　　2.《马赛曲》_421

　　3.《德意志之歌》_426

　　4.《星条旗之歌》_429

　　5.《神圣的祖国俄罗斯》_433

参考文献 _438

　　1．外文资料 _438

　　2．中文资料 _456

　　3．网络资源及其他 _464

后　记 _466

绪 论

民族国家、
音乐与国歌

音乐中语言第一,节奏次之,声音居末。

——柏拉图

操弄言辞的巧易之处是在没有什么前途,诗人应当将自己视为这个民族的老师……

——贝多芬

民族国家的建构是近代以来人类历史中最显明和最重要的政治现象之一。尤其自20世纪中后期起，如何理解和解释民族国家，成了人文社会科学研究领域中的热点和焦点问题。在这个领域内，国内外的诸多研究者从各个视角和各种层面出发，进行了许多极其优秀和富有启发的探索。本书的研究同样关注民族国家建构这一历史现象和政治事件，但是与以往侧重于从权力、制度、经济基础等层面的反思略微不同的是，本书将研究的焦点和叙述的重点放在了民族国家建构过程中的一个文化意义上的政治现象上，亦即，国歌与民族国家建构的历史关系和理论解释。

当然，倘若仔细回顾历史，不免会觉得，虽然民族国家建构是一个宏大和普遍的议题，但是进行某种规整的叙述并不是一件容易的事。毕竟，不同民族国家的建立常常是种种难以复制的历史巧合与机遇的相互作用物，它们在特定的时机中碰撞和激发，通过政治生活中的人物和行动逐渐塑造出每个特殊的政治共同体。但是另一方面，即使是在各有殊异的民族国家之间，某些结构性的、系统化的特征依旧显而易见，这既是指民族国家范式"传染病"般的示范效应，也意味着，现实中各个民族国家建构，哪怕在具体经过上有着云泥之别，但依旧存在着某些共相和类型化的线索可以把握。民族观念的生成与发展、民族与国家在权力和制度层面的耦合、民族国家获得合法性和权威的基本理论资源与预设，以及维系其特殊政治身份认同的观念，获得和延续此种观念的历史、文化与现实资源，等等，都存在着某种模式上的和形式上的普遍性。就此而言，它们恰恰是我们理解民族国家这一兼具普遍性与特殊性的现代政治现象和历史事件的一把钥匙。

寻找民族国家建构的理解方式，不仅是对历史过程的叙述和

绪 论——民族国家、音乐与国歌

重构，也是对政治现象和政治观念的理论反思。现代人生存与生活的方方面面几乎都是在民族/国家的框架之下发生的，可以说，这个论题囊括了最广泛意义上的人文研究的种种要素。而反过来说，一切现代人文经验与文本、历史与记忆，都可以作为民族国家研究和观察的对象。

为了进一步丰富和完整理解现代民族国家的角度与方式，寻找新的叙述方法与切入路径，本书试图采取微观的视角，以民族国家建构历程之中在文化象征层面的一种文化产品——"国歌"——作为叙述的线索和讨论的核心，择取民族国家建构历程中具有类型示范意义和模式典型性的五个国家，探查国歌故事中折射出的民族国家建构中的情感体验和政治理论经验，用国歌的故事来佐证民族国家的成长历程，丰富民族国家建构的叙事内容，探究历史与人、制度与观念、现实与情感之间的互动，并最终对国歌与民族国家建构的相互关系进行理论上的归纳与反思。

换言之，本书想要呈现的，既有对国歌本身历史的叙述与分析，同时还试图通过国歌来窥视民族国家建构这个更广泛的论题中一些尚需得到更深入和细致回答的问题。就此而言，或许首先需要对所研究的对象——民族国家的国歌，进行某种程度上的分析与解释，直观地理解国歌作为一种现代政治现象所蕴含的历史、政治与理论含义，它所指向的特定问题领域与理论空间。

要对国歌有最基本和最直观的理解，一种办法或许是对与之相关的三个维度进行理论探讨。一旦理解了国歌的这三个维度，对国歌进行分析的理论框架和本书的叙述边界，也就得到了澄清。这三个维度既是理论上的应然，也是现实历史中的实然。前文已经提到，英文中国歌的对应名称并非"state anthem"，而是

"national anthem",换句话说,它不是对机械意义上的国家机器和政治制度进行歌颂的歌曲,而是对构成现代国家的基本主体——民族国家进行歌颂的歌曲。民族国家是近代才有的新的政治现象。就此而言,作为民族国家发展过程中出现的一种文化产品,国歌当然也必须被放在民族国家的理论研究范畴之内进行思考。

一、民族国家——国歌的情感渊源

顾名思义,国歌乃是以"国"为咏唱对象之歌,不过,"国"与其说是普遍意义上的国家,毋宁说要在名称上进一步精确为政治现代性意义上的"民族国家",作为一个组合词,国歌并非任何历史阶段、任何国家形态所共有的"国家之歌",而是"民族/国家的"(national)之"颂歌"(anthem)。实际上,国歌这个词组本身,已经揭示出其诸多内在属性,如果想要进一步理解国歌及其所蕴含和反映的社会政治学理,需首先回到两个构成词各自的含义中去。在这里,第一个需要得到解释的,就是"民族"。

对现代政治和现代国家来说,"民族"的概念无疑具有基础性地位。汉娜·阿伦特(Hanna Arendt)曾坦言,"我们这个时代的基础性政治现实"是由两个事实决定的,一方面,"它以'诸民族'为基础",但另一方面,它被"民族主义"不断扰乱,彻头彻尾地受其威胁。[1] 在另一处,埃里克·霍布斯鲍姆(Eric Hobsbawm)则断言,是"民族主义"造就了"民族",这种民

---

[1] Hanna Arendt, "The Nation," *The Review of Politics*, Vol. 8, No. 1, Jan., 1946, p. 138.

族主义的信条是盖尔纳（Gellner）式的"政治单位与民族单位"全等，现代性则是霍布斯鲍姆眼中民族国家的基本特征。[1] 实际上，抛开带有价值判断色彩的道德论述不谈，我们从历史中能够观察到的，就是民族在现代政治进程中的巨大的，有时甚至是决定性的作用。

对"民族主义"是否造就了民族这个问题的回答，或许取决于学术争论中对专有名词的界定以及不同的方法论立场与视角。但是，起码就历史进程而言，恐怕很难进行简单的判定。民族概念在现代性的进程之中，衍生出了各种各样的民族主义纲领和信条，就此而言，民族远比民族主义要基础得多。实际上，现代国家的诞生与发展，正是伴随着民族概念的政治化而实现的。恰如是，我们才能理解，现代国家为什么被说成是"民族国家"，以及为什么对有些研究者来说，恰恰需要通过民族来界定现代性。[2]

作为政治概念的"民族"

在这里，或许需要一个极度简化的词源考据作为基础。在现代历史开始之前，是不存在如今我们在使用"民族"一词时所具有的那种含义的，但可以从这个词过去的用法中，梳理出某种谱系意义上的演化轨迹。

拉丁语的 *natio* 是英文中民族（nation）的词源，*natio* 与 *natus* 词根相同，都源自 *nascor*，也就是"我出生"（I am born），

---

[1] 参见埃里克·霍布斯鲍姆《民族与民族主义》，上海：上海人民出版社，2000年，第9页；第17页。
[2] 里亚·格林菲尔德：《民族主义：走向现代的五条道路》，上海：上海三联书店，2010年，导言，第20页。

完成时 *natus sum* 的意思则是"我已出生"（I have been born）。*natio* 最初的用法是与人的出生联系起来的，人出生的地区、家族和血缘就成了这个词能够指示的范畴。[1] 大体上，古罗马人一般是在贬义的意义上使用这个词，它指的是生活在罗马的外邦人，这些人虽然也可能在罗马有职业营生，但是政治地位低于罗马公民。具体而言，如果一群人出生于同一片村庄或者同一个城市，超出家庭范围之外时，罗马人就用 *natio* 来称呼他们。在罗马人看来，这些人不但政治地位低下，而且处于社会分工的更低层级，用西塞罗的话来说，犹太人和叙利亚人是 *nationes natae servituti*——"生来便处于奴役之中的民族"。罗马人不用 *natio* 来指代自己，而是自称为 *populus Romanus*（罗马人民）。[2]

natio 一词的古老用法随着罗马帝国的分崩离析逐渐消散，但这个词一直被保留在拉丁语之中。到中世纪，它最著名的用法出现在关于大学的表述中。中世纪开始出现的大学，虽是一片自治的领域，但也需要各种团体来维持秩序和管理，当时人们采用的方式便是根据出生地来确定归属团体，例如，在12世纪的巴黎大学，有4个"民族"：*l'honorable nation de France*；*la fidéle nation de Picardie*；*la venerable nation de Normandie*；*la constante nation de Germanie*。[3] 随后，这种用法又被教会采用，成为教会

---

[1] Guido Zernatto, "Nation: The History of a Word," *The Review of Politics*, 6 (1944), p.352.
[2] Ibid, p.353.
[3] 其中，光荣的法兰西民族 *l'honorable nation de France* 包括来自法兰西、意大利和西班牙的学生；忠诚的庇卡底民族 *la fidéle nation de Picardie* 来自荷兰；可敬的诺曼底民族 *la venerable nation de Normandie* 来自东欧和北欧；忠贞的德意志民族 *la constante nation de Germanie* 则来自英格兰和德意志。参见 Guido Zernatto, p.355.

中不同派系的表述单位，显然，这种分支和派系最终都必须归属于对上帝的忠诚，而非尘世的故乡依恋。

到了近代早期，民族才开始逐渐具有了其现代含义。爱德华·卡尔（Edward H. Carr）曾在其著作《民族主义及其后》（*Nationalism and After*）区分过民族主义在现代历史进程中的三个阶段：第一阶段是中世纪帝国和教会统一体的逐渐消解以及民族国家和国教的建立；[1] 第二阶段始于拿破仑战争，终于1914年一战爆发；第三阶段则是作者写作此书的前三十年，即1914年后至1946年，其间，民族主义的迸发和国际主义的破产导致了对民族观念的重新认识。[2] 这部作品写于20世纪中叶，当时殖民地的民族主义运动和解殖浪潮还并不足以引起关注，但就前两个阶段的划分而言，"民族"一词的发展历程似乎也与之相符。

按照科恩（Hans Kohn）的说法，一般意义上的民族主义观念在英格兰的生根发芽要晚于欧洲大陆国家。14世纪，法语依然是英格兰上层阶级的语言，法兰西文化也被视为高尚文化。另一方面，由于基督教在精神领域的强力，其他主要的文化和政治精英自然更加认同拉丁语和基督教文化。这种状态一直到16世纪30年代才发生了根本性的变化。民族意识与民族认同在英格兰的出现，以及作为地缘政治实体的民族进入人们的认知，也是这个时期才有的事。这种观念的转变首先体现在关键概念的转变和使用的普遍化上，包括 country、commonwealth、empire 和

---

[1] 在这个意义上，英格兰是第一个现代意义上的民族国家。相关的论述见格林菲尔德对英格兰民族主义的讨论，参见里亚·格林菲尔德《民族主义：走向现代的五条道路》。
[2] 参见 Edward H. Carr, *Nationalism and After*, London: Macmillan, 1945, p. 2; pp. 6 – 7; pp. 8 – 9.

nation 等皆是如此。其中，nation 又因为它在英语《圣经》中的广泛使用成为了基础性的词语：在拉丁语的《圣经》中，*natio* 共出现了 100 多次，依然是在罗马意义上的亲属和语言共同体，而在钦定本的《圣经》中，nation 出现了 454 次，包含多重含义，指由亲属关系和语言联结起来的"部族"和"种族"，同样也被用作"人民"、"政体"甚至是"领土"的同义词。阅读决定着认识的范围，而语言则决定了思维的方式，在当时的英国，不管是传统的王公贵族，还是包括平民在内的新贵族和新教士群体，都开始将"民族"作为争取合法性的据点。这种争夺在光荣革命中体现得淋漓尽致，克伦威尔就多次表示，革命的目的是为了"让民族幸福"。[1]

"民族"概念的政治化是在法国被完成的，特别是在大革命时期。17 世纪末，在法国的语境中，"民族""人民""祖国"和"国家"这四个词已经作为同义词被互换使用了。1690 年菲勒蒂埃神父的《通用词典》（*Dictionnaire universel*）将民族定义为"一个集体名称，指的是定居在一个特定地域、四周有特定边界、服从统一权威的一群伟大的人民"，而 1777 年的《法兰西学会词典》更加强调民族的国家建构作用，认为它指的是"同一国家的所有居民，他们服从同样的法律，说着同样的语言"。在 1793 年出版的《新法语词典》（*Nouveau dictionnaire François*）中，民族这个词条下的补充说明是："在法国，人们把侵犯民族的罪行称为反对国家的法律和宪法的密谋、阴谋或犯罪企图。"[2] 类似

---

[1] Hans Kohn, "The Genesis and Character of English Nationalism," *The Journal of the History of Ideas*, Vol.1, No.1, Jan., 1940, p.88.
[2] 里亚·格林菲尔德：《民族主义：走向现代的五条道路》，第 187—188 页。

于英国,民族观念为法兰西寻找替换掉国王这个政治体化身的概念提供了可能,也就是说,曾经国王实际上包含着国家(state)、民族(nation)以及臣民(people),而如今,民族同样可以代表另外两者。[1] 这种观念不断发展,"民族的"(national)一词也逐渐成为流行表述,以至于在大革命时期的词典中有这样的表述:"'民族的'意味着所有属于民族的东西;并且,任何事物都属于民族,因此一切都是民族的……"

在西耶斯(Sieyès)著名的小册子《第三等级是什么?》中,民族和人民都被用来指代为国家提供一切但却受到奴役而一无所有的第三等级。在这里,民族完成了它语义上的转换,开始真正指代在价值位阶上应当享有至高地位但却在政治权利中一无所有的人们,"必须把第三等级理解为属于普遍等级的全体公民",而"民族的存在先于一切,它是一切的来源"。[2]《人权宣言》更是斩钉截铁地向世界宣告"各民族均享有独立主权"。后来雷昂·迪冀(Léon Duguit)在《公法研究》(*Treaties on Constitutional Law*)中说得更明确,民族乃是主权的原初持有者以及来源,民族是高于国家的,"除非有一个民族,否则国家无法存在;而即使国家不复存在或并未出现,民族依然可以存续下去"[3]。

法国大革命为政治意义上的民族概念奠定了基础,而19世

---

[1] 在这里,state 指的是领土以及行政管理机构,nation 指的既是抽象意义上又是按照领土原则被想象的民众,而 people 则是臣民的意思。详见 Chimène I. Keitner, "National Self-determination in Historical Perspective: The Legacy of the French Revolution for Today's Debate," *International Studies Review*, Vol. 2, No. 3, 2000, p.10.
[2] 参见西耶斯《论特权 第三等级是什么?》,北京:商务印书馆,2009年。
[3] 转引自 Chimène I. Keitner, "National Self-determination in Historical Perspective: The Legacy of the French Revolution for Today's Debate," p.12。

纪也因此成为了白芝浩(Walter Bagehot)口中"民族创建的世纪"。很快,这种以民族作为一个国家主权渊薮的看法就随着拿破仑战争的推进,传播到欧洲的其他国家和地区,到马志尼(Giuseppe Mazzini)开始发展他自己的民族理论时,已经被归纳得十分明确了:每个民族都是国家,而且每一个民族只有一个国家。[1]

民族、民族国家与民族主义

对民族的概念变迁进行大致梳理,仅说明了问题的一个方面:民族在近代以来成为用来表征作为主权负载者的人的集合体。据此可以进一步推论,将民族这个词所具有的新含义,与近代早期用来表征国家的"政治体"相等同。阿伦特的判断大致与此相同,恰是因此,民族后来才会成为帝国主义和种族主义出现的"借口":"国家作为一个法律机构,宣告誓要保护人的权利,因此,它与民族的等同意味着民族的和公民的之间的等同,其结果则是人权、国民权利和民族权利的混淆",加上国家本来就是个"权力机器",这样一来,才能理解为什么"现代民族主义常常,甚至几乎是不由自主地引致帝国主义或者征服行为"。[2] 换句话说,现代以来的民族概念,特别是它与政治体之间的关联,似乎在道德价值上是一个错误。

然而,无论道德控诉如何激烈,但民族恰恰就是现代国家成长与发展的动力,在事实上成为了一个无法绕开的问题。既然如

---

[1] 转引自埃里克·霍布斯鲍姆《民族与民族主义》,第122页。
[2] Hanna Arendt, "The Nation," *The Review of Politics*, Vol. 8, No. 1, Jan., 1946, p.139.

此,民族为何拥有如此巨大的动力,能够激发和推动现代国家的成长和发展,就是值得思考的问题。

于是,问题来到了民族概念所具有的另一个层面的重要内涵上,也就是它在情感和心理层面上所指向的内容。在现代语境中,民族一词不仅被用来表征国家,而且它是一种新型的国家,既不是绝对主义的"王即天下"和官僚化的机械国家,也不是神圣秩序下的上帝之城,而是一种要求每个民族成员将自身的出生溯源和最高效忠都归结到它身上的那种国家。

民族国家不是机械国家,这种观点在德国浪漫主义思想家的作品中得到了最强烈的表达。赫尔德(Johann Gottfried Herder)就指出,民族国家应当是一种"有机体",仿佛自然界中存在的造物一样,只要它按照自己的逻辑运行,就是"智慧、善和美的某种复本"。[1] 作为有机国家的民族国家,同通常意义上的主权国家有着本质差异,权威和权力并不是民族国家运作的基本逻辑,民族国家是从人们共同的生活模式、习俗、传统和记忆中生长出来的,是民族内部怀着共同的历史与目的所发展出来的一种共同生活方式以及社会管理模式。[2] "唯一自然的国家,就是民族本身,作为国家的民族。"[3] 简单地说,在新的观念之下,民族国家就成为一种真、善、美的造物,因此,它值得被歌颂。

另一方面,民族不是上帝之城。这意味着需要给这种去基督

---

[1] 约翰·哥特弗雷德·赫尔德:《反纯粹理性——论宗教、语言和历史文选》,北京:商务印书馆,2010年,第131页。
[2] F. M. Barnard, *Herder's Social and Political Thought*, Oxford: Clarendon Press, 1967, p.63.
[3] F. M. Barnard, *Self-Direction and Political Legitimacy: Rousseau and Herder*, Oxford: Oxford University Press, 1988, p.253.

教普世信仰背景之下的,通过共同祖先起源想象结成的共同体,提供新的崇拜体系和话语模式。于是乎,一种新的爱国主义应运而生,而与之相匹配的,则是对仪式性和符号化象征体系的需求。在19世纪民族主义旗手马志尼的口中,这种爱国主义和民族主义的连接已经得到了清晰的表达:

> 信任民族性,因为它是各族人民的良知,它分派他们各自在联合体中的工作和在人类中应负有的责任,因此也构成它们在人间的使命、个性,这是因为没有民族性就不可能有自由,更不可能有平等;我们还信任神圣的祖国,它是民族性的摇篮,构成每个民族的那个人的祭坛和祖传基业。[1]

恰是在这样一种情绪之下,民族/国家和祖国,成了宗教改革以后放弃基督教普世秩序的俗世之人的最高效忠对象。显然,仅仅在理性中认识到民族的高尚和神圣,还不足够。新观念的信奉者们,试图从教育和习惯入手,重塑人们的信仰,建立起新的祖国和民族崇拜。卢梭所谓的"公民宗教",洪堡口中的"教化"(Buildung),甚至从大革命开始的新的国民教育体系,无一不以此为目标。

民族国家与文化象征符号

根据前文的分析,我们或许可以推论,恰恰是这一套在民族观念被政治化以后形成的话语体系和行动准则,才是后来人们称为民族主义的东西。也正是如此,我们才能理解,为什么民族和

---

[1] 马志尼:《论人的责任》,北京:商务印书馆,1995年,第206页。

民族主义问题的研究者们，通常认为"民族主义"是个十分晚近的发明，其历史大致从 19 世纪的欧洲算起。因此，虽然政治体的基本单元，被人们称为民族的那种群体或许一直存在，但将它在政治化的民族概念之下编织到国家这个权力机器之中，并且采用这一套信条来进行动员，则是随着近代历史的发展才日趋成熟的一套"技艺"。民族既是现代国家的实体内容，也是现代国家的符号象征：

> 民族并非拥有切实边界的实体。最好将它们理解为一种特殊的象征和理念形象（ideal image）类型，其内容是由神话迷思所构成和维系的。民族主义的信条是所有民族主义者共享的神话迷思。但是作为象征和理念形象，每个民族都需要自己的迷思和故事，才能成为独一无二的。"民族"是个更加规范性的、劝说性（hortatory）的概念，而并非仅仅是描述性的。国家是实体；民族则是聚合性的象征符号。[1]

因此，对符号和象征的研究，在民族国家的历史语境中就具有两个层面的含义。首先，许多研究者已经指出，以民族为基本单元的现代国家，需要发明一套仪式和符号体系来建构和维系民族成员的身份意识。这倒不是说，要确定民族的边界，不需要考虑人类学或者地理学意义上的要素，但是，恰如勒南（Ernest Rena）所言，民族存在的关键一点，就在于遗忘。遗忘的反面

---

[1] Godfried Van Benthem & Van Den Bergh, "Symbol and Integration Process: Two Meanings of the Concept 'Nation'," Thomas Salumets ed., *Norbert Elias and Human Interdependencies*, Kingston: Mcgill-Queen's University Press, 2001, pp. 204 - 205.

是记忆。因此,换句话说,民族国家在于围绕着民族特定的历史叙事,所建立起的民族记忆。

但是,依旧可以进一步提出问题:这样一套新的崇拜体系究竟为何?这里就需要引入人与符号之间的关系讨论了。此处所谓的符号,是包括宗教、语言、历史、艺术等在内的广义上的人造物,在这种广义的符号理解之下,卡西尔(Ernst Cassirer)将人定义为符号的动物,他说:"我们应当把人定义为符号的动物(animal symbolicum)来取代把人定义为理性的动物。只有这样,我们才能指明人的独特之处,也才能理解对人开放的新路——通向文化之路。"[1] 通过符号来理解人,不仅意味着某种人类学的转向,更重要的是,这种观点指向了理解在自然世界之外的生活世界所必须依赖的途径。

语言学家托多罗夫(Tzvatan Todorov)曾言,符号的特征在于它"融汇了两种极端——伟大的和特殊的",恰如是,它具有普遍适用性,但是又可以在每个人、每个特殊群体的特定语境之下,唤醒某种特定的思想和情感。[2] 就此而言,符号最重要的内容就在于,它不仅仅是在表意,而且通过它自身折射出了更多的东西。但是另一方面,符号本身不是叙述,利科(Paul Ricoeur)曾经试图通过将符号与寓言(allegory)相对比,阐明符号的特殊性质:"符号先于诠释学;寓言则已然是诠释学式的。之所以如此,是因为符号在一种与转译完全不同的方式之下直白

---

[1] 恩斯特·卡西尔:《人论》,上海:译文出版社,1985 年,第 34 页。
[2] 转引自 Steven M. Wasserstrom, *Religion After Religion: Gershom Scholem, Mircea Eliade, and Henry Corbin at Eranos*, Princeton: Princeton University Press, 1999, p. 85。

地再现其含义。"紧接着，利科将符号在直白性之中对意义的赋予与寓言中通过位置转移而实现的意义诠释对立起来。[1]

当然，符号对人类社会的作用，并不止于唤醒思想和情感。内在体验是一个维度，但是就政治而言更重要的是，这些内在体验，可以被转化成某些有特定行为指向的外在行动。舒茨（Alfred Schutz）在对符号和象征进行分析时，认为它们既是超越生命世界（life-world）的手段，同时也是构成生命世界的要素，所谓生命世界，更确切地说，是"日常生活的世界"，是人与他或她的同胞们共同生活并在其中进行行动的中性范畴。而在这样的中性的、自然的日常生活世界中，人或者通过行为赋予价值和意义，或者被世界所改造。但无论哪种方式，价值和意义的来源，就是符号和象征。[2]

现实世界的政治生活似乎要比高度抽象的哲学语言复杂一些，我们在历史中所看到的，其实更多地是将符号与寓言混杂起来使用的状态。对此，有的研究者甚至给这种可以被反复赋予新意义的符号取了个专门的名称，称之为"浓缩型符号"（Condensation Symbols）。特别是在政治领域之中，这种所谓的"浓缩型符号"，在各种特殊语境之下，居于意义之网的中心位置，通过这些符号，可以唤起一系列相关的意义，并对之加以运用。从某种意义上说，这种符号甚至可以被理解为意识形态话语中的关键术语，通过它们，人们可以更加有效地传播政治主张，进行政治

---

[1] Paul Ricoeur, *The Symbolism of Evil*, Boston: Becon Press, 1967.
[2] Jochen Dreher, "The Symbol and the Theory of the Life-World: 'The Transcendence of the Life-World and Their Overcoming by Signs and Symbols'," *Human Studies*, Vol. 26, No. 2, 2003, pp.143 - 144.

动员。[1]

国旗、国徽、国歌等民族国家通过官方途径正式确立的政治象征符号,就可以被归为这类浓缩型符号。首先,这种类型的象征符号不仅是对抽象的政治概念进行再现,更重要的是,每个符号都浓缩着一整套关于民族国家和特定民族国家成长历程的知识和历史,实际上可以被视为对现实中民族国家发展的叙述。这也是这一类符号在民族国家这个政治共同体中存在的理由之一,也就是说,通过不断传播被压缩在特定符号中的关于民族国家的既定历史叙事,政治共同体的成员接受了特定的民族认同。[2]

就目前的研究来看,象征符号在政治领域能起到什么样的功效,已经有了大致的共识。从心理效应和社会效应出发,研究者区分了个体、群体和政治共同体三个层次,来分别测量和分析政治象征符号所具有的功效。国旗和国歌是这种分析经常用到的政治象征。国旗和国歌不仅被视作用来建构共同体成员对民族国家认同的途径,同时也被特定的成员个体、亚群体和民族本身用作鉴别自我与他者的指示器。[3]

如果仔细观察,不难发现,这种研究路径的入口本身就是一个值得反思的问题。人们通常首先预设民族国家的象征符号对民族认同、身份建构和群体归属感起作用,继而通过各种相关事件和实验进行检测。这种指果溯因的做法很容易陷入论证上的因果

---

[1] David S. Kaufer & Kathleen M. Carley, "Condensation Symbols: Their Variety and Rhetorical Function in Political Discourse," *Philosophy & Rhetoric*, Vol. 26, No. 3, 1993, p. 202.

[2] David A. Butz, "National Symbols as Agents of Psychological and Social Change," *Political Psychology*, Vol. 30, No. 5, Oct., 2009, p. 780.

[3] Ibid, p. 792.

循环。诚然，我们所知道的事实是，民族国家这种现代政治共同体类型，具有一套特定的外部象征系统，而就所观察到的现实而言，这种外部象征系统同内部的统治结构一样，是每个民族国家不可或缺的构成要件。但是，这并不一定意味着，这些象征物的存在是必然的，它们所发挥的作用是内在本质性的。

如果我们接受目前通行的假设，认识到无论是民族国家的观念，还是通过发掘传统民族国家所创造出的历史渊源假想，都是在历史的偶然和必然之中碰撞所成的，那么我们就有必要进一步探究，这些偶然和必然的结合是如何发生的，其间是否有共同的模式和规律，以及为什么这些现象只有到了现代历史中民族国家成长的阶段才出现。

二、 歌曲——民族国家情感的表现方式

国歌作为民族国家官方认定的文化象征之一，通常是围绕着每个民族国家自己所赖以确立身份认同的历史事件、传统渊源或政治目标，以音乐或歌曲的形式被创作和呈现的。换言之，国歌的内容与民族国家的历史和叙事息息相关，其载体是音乐或歌曲。当然，恰恰也是因为以音乐或歌曲作为形式，国歌才成为表现和表达民族国家情感的不二法门。

需要指出的是，本书在讨论国歌议题上所需要的音乐哲学与乐理知识，并非以艺术鉴赏为目的的美学理解方式。一方面，许多国歌算不上艺术评鉴意义上的精妙作品，只要粗粗浏览历史上和目前世界各国的国歌就会发现，出自古典音乐名家之手的歌曲并不多。另一方面，虽然许多国歌的旋律和歌词是取自音乐剧和交响乐名作，抑或被加入其中，例如贝多芬、罗西尼、威尔第及

柴可夫斯基等对《马赛曲》的使用，但是这种做法是为了再现音乐作品所处的特定历史政治语境，而并非只是因为这首歌"优美动人"。[1] 一首歌能成为国歌，主要依靠的并非赏析艺术作品的个人或群体的精神活动，而是其能尽可能地获得民众的认可，代表这些被建构出来的民族国家成员对本民族/国家的热爱。用赫尔德的话来说，"歌曲热爱大众，它由众人的声音集合而成"。[2]

当然，音乐哲学和音乐理论为分析国歌作为政治文化象征符号，提供了许多的启发。

研究国歌首先要回答的意义问题是可以从中得到回答的。一个有趣的现象是，近代历史上音乐哲学的出现时间同国歌出现的时间大致同步，传播范围也大致相同：18世纪以来，随着现代意义上的艺术体系被建构起来，音乐也有了自己的哲学。[3] 不过，即使如此，仅就音乐领域进行的人文研究，能够提供给我们的资源也十分有限。音乐哲学往往聚焦于纯音乐，特别是旋律、节奏和音调与人类生活的关联，而这些分析最终常常被归结到音乐作为外在感官刺激对人的各项官能特别是情感和心理状态的影响。音乐史关注的则是流派与风格的历史传承，而甚少讨论到国歌这样在艺术价值上看"无足轻重"的细枝末节。所谓的民族音乐研究与其说是在研究民族国家的音乐，不如说是在研究各种族群的音乐。

在绝对音乐的理论预设之外，其实存在着另一种历史更加悠

---

[1] 《马赛曲》的旋律分别出现在贝多芬的交响曲《威林顿的胜利》、罗西尼的歌剧《阿尔及尔的意大利少女》、柴可夫斯基的《1812年序曲》等作品中，威尔曾经融合《马赛曲》和《天佑吾王》等歌曲，创作了《诸民族颂歌》。
[2] Herder, *The Voices of the People in Songs*, 1778-1779, p.167.
[3] 基维:《音乐哲学导论:一家之言》，上海:华东师范大学出版社，2012年，第10页。

久的音乐分析，它在柏拉图的论述中就已经出现，亚里士多德也曾经讨论过，后来又在文艺复兴时期被意大利的人文主义者们复兴。这种传统认为，音乐首先并非是目的自足的、为艺术而艺术的绝对音乐，而是一项人类技艺，因此，它必须服从特定的人类社会所安排的特定目标。换句话说，音乐也是一种语言，其的目在于教化，在于传播和表达特定的信息，最终是为了人在自己的共同体内能够更好地生活。这种观点后来被卢梭接过来，并最终在早期瓦格纳的音乐哲学中被明确表达出来。

在这两种传统之外，还有一种更加政治化的音乐分析路径，主要由阿多诺（Theodor W. Adorno）在其美学理论和音乐理论中阐明，法国学者阿达利（Jacques Attali）对其做了最惊世骇俗的表达。按照这种观点，即使是纯音乐，也是政治研究可以关注的对象。音乐不同于一般意义上的声音，而人类历史的发展伴随着对声音的控制和操纵，从自然界自生自发的"声音"，到经过人类之手被视为"天籁"的美妙音乐，这种人造的过程，背后所折射的就是统治模式的变化和人类政治历史的进程。如果从这种角度出发，我们或许可以说，对音乐的分析可以是政治性的。当然，我们也就能理解，为什么音乐在人类政治活动中一直在场，并以各种形式服务着现实的政治目标。

并非绝对艺术的音乐哲学

什么是艺术？这个问题从来就没有绝对的答案。不过，倘若我们首先承认艺术本质的属人特性，那么或许这个问题可以换一种方式进行探索；以及，如何看待艺术作品，用何种价值衡量它们，其实也就指明了艺术的本质、内涵与外延。就此而言，托尔斯泰的看法或许可以作为一种实用主义美学观念的代表，用他的话来说，艺术之所以称其为艺术，就在于它"唤醒一个人自身曾经体验过的感觉，并且是通过运动、语句、声音以及字里行间所表现出来的形式来唤醒的，借此将他人所体验过的相同感受传递开来"，这就是所谓的"艺术活动"(activity of art)。[1] 更进一步说，艺术不仅是任意一种活动，而且是属人的活动。在艺术中，人是有意识地通过特定的外部符号向他人传递自己曾经经历过的感受，而他人受到这些感受的影响，并且同样可以体验相同的感受。[2] 换句话说，艺术和音乐乃是理性的和工具性的。

但是，另一种观点也同样强势，它认为，艺术就其本身而言就具有基础和自足的价值，其凝聚了人类的诸种创造力，虽则无法用实用标准来衡量，但无疑是至高之善和美的存在。在这种论述之下，所谓的艺术似乎就是关于人类共同感受的唤起，作为激情的展现，它甚至比人类理性的发展还要古老，是一种十分原始的人类表达方式，而在对音乐这种特定艺术形式的分析中，将艺术与情感唤起联系在一起的处理方式，似乎占据着主流位置。纵观 18 世纪以来有关音乐的哲学讨论，几乎就是围绕着"艺术与情感唤起"这个母题所展开的，音乐是否能唤起情感，音乐所唤起的是何种情感，音乐史通过什么方式来唤起情感，成了为数不多的音乐哲学研究者试图解决的问题。

在这其中，开启音乐与情感唤起问题讨论的重要研究者之一，就是 19 世纪的维也纳音乐家和评论家爱德华・汉斯立克

---

[1] 转引自 Malcolm Budd, *Music and the Emotions: The Philosophical Theories*, London: Routledge, 1992, p. 121。
[2] Ibid.

(Eduard Hanslick)。彼得·基维（Peter Kivy）在他所写的关于音乐哲学的导论中将汉斯立克称为 18 世纪两次音乐理论革命中的其中一次。[1] 有趣的是，在汉斯立克的名为《论音乐之美》（*The Beautiful in Music*）的研究中，这位作者所讨论的并非应该如何去认识音乐的"美"，而是音乐与情感的关系。汉斯立克似乎认为，音乐并不能以"任何与艺术相关的方式唤起普通情感"。

首先，在汉斯立克的讨论中，他认为音乐作品想呈现的情感不可能被明确界定，因此，所谓的音乐的价值，也就是通常我们所称的一部音乐作品的"美"，永远不可能在于它呈现了明确的情感，或者情感得以展现的风格。不仅如此，即使是音乐中所建构的声音形式所具有的价值，也并不取决于它是否对情感进行了明确的表达。我们甚至不应当把情感当作描述音乐的术语。而应该认识到，音乐所具有的价值不在于唤起或激发听众的情感，它本身就是目的，就具有价值，而非仅仅是唤起情感的一种工具。[2]

汉斯立克所持的这种立场，经过后来许多对音乐哲学有兴趣的研究者的发展，不断被推进，但始终没有脱离开音乐与情感的关系范畴。例如，卡罗尔·C. 普拉特（Carroll C. Pratt）的作品《音乐的意义》（*The Meaning of Music*），就在修正汉斯立克观点的基础上，通过复杂的心理学论证，提出既然人们可以使用在描绘心理状态时的各种表述来形容音乐，那么音乐当然就具有

---

[1] 基维：《音乐哲学导论：一家之言》，第 21 页。
[2] 关于汉斯立克论证过程的描述，参见 Malcolm Budd, *Music and the Emotion*, p. 20。

同心理体验一样的效果。[1]达尔文在讨论人类进化时也持有类似的观点，并且在他看来，只有这样才能解释为什么音乐虽然没有实际效用，但是在人类历史早期的各个族群和部落中就已经出现。[2]

与他们大致同时代的英国人埃德蒙·格尔内（Edmund Gurney）表述得更加绝对，在格尔内看来，音乐的核心单元就是它的音乐形式，而音乐形式的组合方式决定了作品的节奏和布局、音调和旋律："音乐的首要特征，音乐本质效用的基础内容（alpha and omega）就在于，它在我们内心之中能够制造出一种非常强烈的永无止境的情感悸动（emotional excitement），却无法用已知的任何情感名称来表述"。[3]

如今看来，这些在古典音乐黄金时代被构想出来的音乐哲学观点，似乎都有些难以理解，并且也不够完备。所以，我们还必须意识到这样一点——在音乐哲学方兴未艾的历史时期，风靡欧美社会的音乐并非如今的流行和通俗音乐，而是真正意义上的纯音乐和"绝对音乐"，在这一时期，虽然意大利式的歌剧已经兴起，但是占据主流的依旧是没有歌词文本的旋律。[4]

不过，恰恰得益于绝对音乐的这种没有歌词文本的性质，使得人们对它所能承载的普遍性充满了信心。对这种纯音乐的哲学本质的探究，在叔本华那里达到了极致："音乐如果作为世界的

---

1 Carroll C. Pratt, *The Meaning of Music*, New York: Johnson Reprint, 1931, pp.197-198.
2 Charles Darwin, *The Expression of Emotions in Man and Animals*, Chicago: University of Chicago Press, 1965, p.87, 217.
3 Edmund Gurney, *The Power of Sound*, London: Smith, Elder, & Co., 1880, p.120.
4 基维：《音乐哲学导论：一家之言》，第24页。

表现看,那是普遍程度最高的语言,甚至可以说这种语言之于概念的普遍性大致等于概念之于个别事物",就这种普遍性而言,音乐甚至同几何图形和数目类似,"对世界上一切形而下的来说,音乐表现着那形而上的",而对于世界上的各种现象来说,"音乐表现着自在之物"。[1] 叔本华的理论继承着绝对音乐时期旋律的优先性和基础性,在他看来,恰恰是音乐旋律才是普遍性的,并且可以同现象的内在精神相吻合,甚至可以给音乐配上歌词,或者创作歌剧,都是基于纯音乐的这种本质特性:乐谱和直观的表出"都只是同一世界的内在本质的两种完全不同的表现。如果在个别场合真有这样一种关系存在,而作曲家又懂得(如何)以音乐的普遍语言说出意志的激动,亦即构成任何一件事的那一内核,那么歌词的曲谱,歌剧的音乐就会富有表现力"。[2]

显然,叔本华坚定地认为曲谱和旋律才是音乐之所以具有哲学和形而上学意义上重要性的缘由。这是因为:"谱出某一诗篇的曲子,它的普遍意味着又可以在同等程度上和其他也是这样任意选择的,该诗篇所表出的普遍性的任何一特例相符合",因此才会有这样的情形发生:"同一乐谱可以配合许多诗章",而且我们还可以利用"流行曲子随意撰词"创造各种音乐作品。[3]

显然,这种仅仅将纯音乐放在研究和讨论的第一位,并且将音乐视为自足存在的研究路径,本来就不是针对带有歌词文本的音乐作品的,甚至也无法在讨论这种作品时,提供完善的理论框架。用后来的音乐哲学家苏珊尼·兰格(Susanne K. Langer)

---

[1] 叔本华:《作为意志和表象的世界》,北京:商务印书馆,1982年,第363页。
[2] 同上。
[3] 同上。

的话来说，音乐乃是一种"无法耗尽的符号"，但是它并非话语符号，而仅仅象征着感觉的形式。[1]

即使如此，抛开抽象的哲学分析和这些分析所遗留的问题不谈，我们起码可以得出这样一些启示。首先，哪怕是最为抽象的音乐研究，都无法脱离它与人类情感之间关联的讨论，无可否认的是，音乐确实可以作用于人的情感和心理感受，虽然作用的具体方式尚待进一步讨论。其次，音乐研究至今没有将讨论的重点从纯音乐的形式上转移到其他类型的音乐作品中，换句话说，被填上歌词的歌曲似乎并不具有哲学上的重要性。但是，接下来的讨论将表明，在政治领域的思考中，不仅旋律具有本质上的重要性，而且歌词同样是构成音乐作品并实现其功能的重要内容。

另一种音乐分析传统

1554—1563年，罗马教廷召开特伦托会议（Council of Trent），对天主教的各方面问题进行讨论，而音乐也成为其中一个争论不休的问题。对于天主教的教士来说，音乐的目的在于服务文本，以此传达上帝的声音，而当时的音乐变得越来越复杂和"奢华"，以至于信众们难以听清楚教义。最终，教会要求音乐家们简化自己的作品，保证旋律与日常的谈话节奏一致，以便听众可以理解文本。[2]

就本研究的视野而言，这个历史中的小事件或许可以给我们带来两点基础性的启示：第一，音乐当然可以做政治上的解读，

---

[1] 参见 Malcolm Budd, *Music and the Emotions*, p.110。
[2] 基维:《音乐哲学导论:一家之言》，第150页。

而且实际上在许多历史时期，音乐常常并非简单地以其自身为目的，只属于纯粹的美的领域，而是在政治领域发挥着作用；第二，在对音乐的政治解读中，文本的重要性凸显出来，虽然旋律很重要，但是歌词的文本内容才能保证音乐所要传达的信息可以被明确传递给听众。

从政治的角度来看待音乐，在柏拉图的城邦构想中就已经出现了。柏拉图借苏格拉底之口设想出的理想城邦，对音乐问题进行了专门的反思和论述，这一部分内容出现在《理想国》的第三卷。按照设想，一个理想的城邦，其中每个部分、每种要素都需要以城邦的善好为最高目的，反过来说，这种最高目的的实现，有赖于城邦成员和成员自身各种要素的平衡协调。

有意思的是，不同于后来那种绝对音乐和人类情感之间互动关系的讨论，至少在柏拉图这里，歌曲才是音乐的主要形式，而歌曲是由三个部分共同组成的：歌词、音调和节奏。[1] 音乐是城邦所必需的，但是只有特定的音乐才能有益于城邦。首先，对一个好的城邦来说，歌曲应当满足的标准，与城邦中的其他表达方式的标准是相同的。其次，歌曲的"音调和节奏就必须跟随歌词"[2]。而且，由于"节奏和音乐调式"必须"随从语言"，而语言又是随从"灵魂的气质"的，因此，真正优美的音乐必然也要随从灵魂的气质："优秀的语言、优美的音调、优美的风格和优美的节奏都随从灵魂的优美正直"，这才是城邦的年轻人应该追求的东西。[3]

---

[1] 柏拉图：《理想国》，北京：华夏出版社，2012年，第102页。
[2] 同上。
[3] 柏拉图：《理想国》，第107页。

不过，柏拉图的推论止于音乐研究者通常所强调的主张，借用基维的总结，"用某一种调式写成的旋律，能够唤起听者的情感或与那种调式相匹配的性格状态"，或者换句话说，"音乐旋律通过模仿或再现人们说话、呼喊时表达自己的方式"，具有唤起音乐听众内心情感的能力。[1] 实际上，柏拉图在音乐这个议题上想讨论的，乃是他的整个目的论体系，音乐最重要的功能不在于唤起情感，而在于它同样可以符合城邦的和谐，并因此可以作为判断一个人是否正直，是否热爱秩序和完美，是否节制的标准。"音乐教育的目的在于培养对美的追求"。[2]

亚里士多德对音乐的看法部分继承了柏拉图，这些主张主要出现在《政治学》第七卷第五章，虽然这部分的论述似乎并未完成，但是依然可以从中找出亚里士多德对音乐的政治性的明确判断。亚里士多德认为，音乐会对人产生巨大影响，他甚至指出，音乐可以激起类似于宗教灵感的感受：

> 我们可以看到这些人每每被祭颂音节所激动，当他们倾听兴奋神魂的歌咏时，就如醉似狂，不能自已，几而苏醒，回复安静，好像服了一贴药剂，顿然消除了他的病患……于是，所有的人全都由音乐激发情感，在某种程度上拔除了沉郁而继以普遍的怡悦。[3]

音乐的主要功能有三，"其一，教育；其二，拔除情感……其三，操修心灵"。以上描述不过是音乐的第二项效用，而在教育和操

---

1 基维：《音乐哲学导论：一家之言》，第 16 页。
2 柏拉图：《理想国》，第 109—110 页。
3 亚里士多德：《政治学》，北京：商务印书馆，1983 年，第 431 页。

修心灵上，音乐的效用也十分强大。对于亚里士多德来说，由于不同的乐调在这三项功能上有不同的效果，需要人们按照具体的目标的情况进行选择，例如，如果目的在于教育，就要选择最优良的培养品德的乐调——杜里调和拟杜里调。[1]最后，同柏拉图一样，亚里士多德也承认在音乐中歌词与曲调同样对其功能的实现有着影响。

柏拉图和亚里士多德对歌词作用的认可还在于，这一时期的所谓音乐，"基本上就是带歌词的声乐旋律，由某种弦乐器（譬如里拉琴）来伴奏"。[2] 不过，遗憾的是，关于古希腊的音乐观点，我们所知的仅仅只有文字记载，换句话说，古希腊的音乐究竟"听起来"是怎样，我们根本无从知晓，因此，这些音乐讨论所具有的考古意义，或许要大于其实践意义。

与柏拉图持类似观点的还有一位重要的政治思想家——卢梭。卢梭曾经借让-雅克之口说出了音乐对他的重要性，"让-雅克是为音乐而生"[3]，而随着他后来离开日内瓦，其后的人生经历也让他越发对音乐充满热情。当然，卢梭对音乐的喜爱绝不单单出于个人的审美倾向，而是与他关于人类本质和道德的理解联系在一起的。卢梭还曾经明确捍卫柏拉图时期古希腊人的音乐理解，甚至试图恢复这种理解方式。卢梭著作颇丰，其中关于音乐的讨论占据了相当大的篇幅，包括最早的《对音乐新标记的规划》（*Plan Regarding New Signs for Music*）、《论现代音乐》

---

[1] 亚里士多德：《政治学》，北京：商务印书馆，1983 年，第 430 页。
[2] 基维：《音乐哲学导论：一家之言》，第 16 页。
[3] 此处为让-雅克·卢梭在《卢梭批判让-雅克》这本对话录中的修辞手法，卢梭将自我拆解为卢梭与让-雅克，用对话的方式来进行反思和批判。

(Dissertation on Modern Music)、《论法国音乐》(Letter on French Music)以及试图编写一部《音乐词典》的尝试,还有那篇著名的《论语言的起源》(Essay on the Origin of Language),而实际上,这个作品的副标题就是"关于旋律和音乐模仿的处理方式"("où il est parlé de la Mélodie, et de l'Imitation musicale"),当然,还有卢梭对达朗贝尔关于日内瓦公民剧院评论的反驳。[1]

站在柏拉图的立场上,卢梭反对当时流行的由作曲家和乐理家拉缪(Jean-Philippe Rameau)所推崇的将音乐仅仅局限在技术领域,甚至试图用几何学和数学的处理方式来处理旋律的做法。对卢梭来说,音乐不是一种人类文明衍生出的技术产物,而是伴随着人的自然状态就已经存在着的沟通和交流的手段,而这恰恰构成了人类社会的基石。[2] 更重要的是,这种手段不仅建立在人类都具有的共通感之上,而且它要传达的是被卢梭视为人性基础的激情。通过演唱歌曲,人与人之间建立起共同的纽带,成为彼此的同胞:

> 人们围着共同的火炉聚集在一起,大快朵颐,跳起舞蹈;习惯的美好纽带在不知不觉之中将人和他的同伴们绑在一起,在这个简陋的火炉上,圣火在燃烧,让他

---

[1] 卢梭关于音乐的讨论已经被收录在 The Collected Writings of Rousseau, Vol. 7: Essay on the Origin of Languages and Writings Related to Music, trans. & ed. by John T. Scott, Hanover: University Press of New England, 1998。

[2] John T. Scott, "The Harmony Between Rousseau's Musical Theory and His Philosophy," Journal of the History of Ideas, Vol. 59, No. 2, Apr., 1998, p.302.

们的心灵感受到了人性的深刻。[1]

而音乐就诞生在这一时刻,这一人类历史上最初的节庆,它是"伴随着充满激情的腔调而发出的声音"。[2] 实际上,音乐不仅能够传达感情、唤起情感,还可以建立起人和人之间对共同体的归属感的看法。安德森(Benedict Anderson)在《想象的共同体》中关于演唱国歌所能达到的政治和心理效果的描述,几乎就是卢梭这些言论的进阶版本:

> 以在国定假日所唱的国歌为例。无论它的歌词多么陈腐,曲调多么平庸,在唱国歌的行动当中却蕴含了一种同时性的经验。恰好就在此时,彼此素不相识的人们伴随相同的旋律唱出了相同的诗篇。……将我们全体联结起来的,唯有想象的声音。[3]

虽然卢梭对音乐有着极大的热情,但是他并不是一个成功的作曲家和音乐家,这或许是卢梭主张的一个软肋。不过,有一位著名的音乐家,同样重视音乐与共同体之间的关系,并且还强调音乐中歌词的重要性,这便是理查德·瓦格纳(Richard Wagner)。

瓦格纳认为,同其他艺术一样,音乐的意义在于它能够保存每个共同体最基本的生命精神,作为社会的"粘合剂"发生作

---

[1] J. J. Rousseau, *Essay on the Origin of Languages in Which Melody and Musical Imitation are Treated*, p.302.
[2] Ibid, p.314.
[3] 本尼迪克特·安德森:《想象的共同体》,上海:上海人民出版社,2011年,第139—140页。

用。通过音乐、宗教和仪式,共同体的风貌被发掘和阐明,个体的人就这样成为了共同体的一员。[1] 而如果说音乐最本质的目的在于其政治社会功效,那么如何才能最好地实现这一目标,其实是瓦格纳音乐创作背后的真正意图。首先,瓦格纳并不相信旋律能够准确传达和表述人类情感与认识,甚至讽刺"绝对音乐"是"与诗歌艺术离异后的音乐",诗歌艺术才是德国哲人心目中最基础和具有形而上学本体论意义的艺术形式。绝对音乐,哪怕是贝多芬这样的音乐天才所创造出来的绝对音乐,也最终会面临无法明确表达和界定感受的困境,因为它所能表达的,不过是"情感的概貌",而并不具有"明确的可理解的个人内涵",这也就意味着,绝对音乐永远不能清晰地阐明人类生活的实质内容。[2] 因此,如果音乐艺术想要实现其伦理目标,就需要诗歌来进行"拯救"。

音乐与政治

从绝对音乐到结合人类本质来思考音乐,其关注的焦点依然是旋律和纯粹的音乐,其预设都是音乐具有某种本质的内在的与人性相通的特质,因此需要被进一步的反思。在这种视野之外,还存在着另一种更加政治化的思考和理解音乐的方式,这种观念的最浅层版本表现为对音乐在政治事件中所能发挥的功能的经验和历史观察;而另一种更加哲学化的版本则是建立在批判传统的基础上,将音乐理解为人类社会权力控制的一种方式,伴随着不同的文明阶段,实践着不同的政治原则,完成着不同的政治任

---

[1] Julian Young, *The Philosophies of Richard Wagner*, London: Lexington Books, 2014, pp. 32-33.
[2] 参见 Julian Young, *The Philosophies of Richard Wagner*, p.50。

务。需要指出的是，这两种层面的分析在学理上有着十分不同的理论资源，但是归根结底都可以视为政治视角下的音乐分析。因此，接下来将分别讨论这两种分析路径，以及如何看待音乐的政治功能。

一般意义上关注音乐与政治之间关系的作品，通常也是建立在前文提及的音乐对人的情感唤起功能之上的，或是认为音乐乃是一种可以传达政治信息的符号，或是认为音乐对人的心理能够产生某些特定的刺激，无论哪种情况，只要加以合理利用，就可以运用在政治动员和政治活动之中。此外，这种研究还十分关注音乐在公民教育和爱国精神培育中的作用。

与音乐哲学理论对音乐的抽象定义不同，对于关注政治音乐和音乐政治的研究者来说，只要音乐能够反映出或者激发起听众的政治判断，就可以说这种音乐是政治的。[1] 更具体地说，首先，由于"歌曲的歌词不可避免地总是会传达作者和演唱者的某些世界观"，因此，歌曲的内容是可以传达政治信息和立场的。[2] 而且，这种传达方式又受到时代特定的政治需求和政治文化的影响，同样一首歌，在不同的历史时期或许代表着不同的政治内容，就此而言，歌曲受制于现实需求。在更极端的情况之下，通过对某些代表权威的歌曲进行改编和颠覆性演出，表演者所传达的就是对权威的批判和反抗，在大革命时期的政治歌曲中可以看到这种策略的反复出现，而直到20世纪70年代朋克摇滚乐对英国国歌的改编，同样反映了这种现象。

---

[1] David King Dunaway, "Music and Politics in the United States," *Folk Music Journal*, Vol. 5, No. 3, 1987, p. 269.
[2] Ibid, p. 272.

另一方面，政治歌曲的表演通常并不意味着一般意义上的艺术欣赏，也就是说，并非是由表演者单方面展现作品，听众仅仅是聆听者的身份。对于政治歌曲来说，向听众传播甚至是灌输某些政治观念和态度仅仅是其实现政治功能的一种途径，更重要的是，这种音乐在政治上效用得到实现的最突出表现，就是打破了听众和表演者的二元区隔。当听众也成为表演者和演唱者时，政治歌曲的力量就被极大地强化了。通过加入演唱之中，创作者和原初表演者的意图得到了听众的认可，歌曲就成为共享的态度、情感和文化，并且在这个过程中，强化了政治共同体的身份认同。[1]

其次，由于每种旋律风格都有特定的历史渊源，因此在选择旋律进行表演时，人们可以从过去的传统出发来进行选择，正是如此，我们才看到，在20世纪60年代的美国民权运动中，以福音书歌唱风格改编的歌曲要比百老汇歌剧中的唱段更受黑人群体的欢迎，因为后者被视为白人文化的一部分。[2] 换句话说，听众对歌曲语境的判断也决定着一首歌的政治效应，这又进一步取决于歌曲的内容、风格流派、它所归属的文化群体以及它所要调侃和对抗的对象。

最后，正如瓦格纳已经指出的，艺术和歌曲同样可以具有伦理效力，为个人对共同体的归属感提供指引。就此而言，那些包含对特定群体历史事件、政治情感和价值判断的音乐作品，尤其

---

[1] Moshe Bensimon,"The Sociological Role of Collective Singing during Intense Moment of Protest: The Disengagement from the Gaza Strip," *Sociology*, Vol. 46, No. 2, Apr., 2012, pp. 241 - 257.
[2] David King Dunaway,"Music and Politics in the United States," pp. 272 - 273.

是带有文字叙述的歌曲，其指向性最为明确。在这种状态之下，歌曲成为媒介，而它的首要功能，借用阿兰·洛马克斯（Alan Lomax）对传统音乐的评价，就是"给听众安全感，它象征着听众出生的家乡，他的宗教体验，他为共同体奉献时的欢欣，他的恋情和他的工作——全部的形塑个性的体验都在其中"。[1]

按照这种逻辑，对于一个意识到歌曲政治效用的政治体来说，通过歌曲进行教育，塑造特定的政治倾向和态度，培育个体对政治共同体的忠诚，就成了理所当然的选择。实际上，绝大多数民族国家和各种类型的政治团体早就开始了这项实践。在这种实践操作中，爱国主义被视作一种激情，由对祖国的忠诚情感所驱动，而这种忠诚感是可以通过后天的教育进行培养的。[2] 中小学教育中对国歌和其他政治歌曲的运用就是一个主要的培育途径。

不过，如果换一种视角来看，通过音乐实现政治意图不是现代才有的创举，柏拉图和亚里士多德的论述证明了这种传统历史悠久，但是古今之间方式和类型的差异依然不能忽视。声音是自然存在的客观现象，而人类社会则一直试图对其进行操纵和控制，音乐就成了控制和操纵的产物，它"反映社会的构成"，因此，也是我们"体认世界的一条途径。一个理解的工具"。[3] 这

---

[1] Alan Lomax, "Folksong Style," *American Anthropologist*, Vol. 61, 1959, pp. 11 - 12.
[2] David G. Herbert & Alexandra Kertz-Welzel eds., *Patriotism and Nationalism in Music Education*, Surrey: Ashgate Publishing Limited, 2012, p. xiii.
[3] 贾克·阿达利:《噪音:音乐的政治经济学》，上海:世纪出版集团，2000年，第2页。需要指出的是，在法文原文中，标题所用的词其实是"bruit"，这个词所指的就是一般意义上的任何类型的声音，但是英文译本径直将其译为"noise"（噪音），意图凸显作品中所论及的声音的属人性质，却似乎产生了某些理解上的偏差。

就是秉承了阿多诺美学理论的阿达利在自己对音乐的政治经济学分析中所持有的基本观点。

在阿达利看来，音乐不仅是可以用来唤起人类情感的纯粹符号，也不光是一种娱乐的特定形式，它更是权力控制的工具，随着生产力发展阶段的进步而不断变化。[1] 在历史发展的实际过程中，可以区分出三种当权者运用音乐的策略：

> 在其中一个区域中，音乐似乎生于仪式、用于仪式，目的在使人们遗忘普遍的暴力；在另一个区域中，音乐是用来使人们相信世界和谐的存在，相信在交换中有秩序，而且在商业权力中有合法性的存在；在最后一个区域中，音乐的作用是藉由大量生产震耳欲聋、折衷的音乐来达到沉寂，使所有其他人类的噪音消音。[2]

这些区域并非线性的、不可重复的历史阶段，当权者实际上可以根据自己的目标来选择策略，组合搭配再加以利用：

> 当权力要使人们遗忘的时候，音乐是仪式的牺牲，是替罪羔羊；当它要大众相信时，音乐是法规，是再现；当它要使大众消音时，音乐是再生产的、规格化的重复。[3]

秉持着批判的态度，阿达利认为音乐活动背后所反映的，其实是社会政治权力对人类主体的操控甚至是奴役。对此，真正的出口和解救，一种自由的可能性，就是采取新的策略，迎接从音乐变

---

1 贾克·阿达利：《噪音：音乐的政治经济学》，第5页。
2 同上，第23页。
3 同上，第24页。

为作曲[1]的新的社会关系。

本书的目标首先并非是以批判的方式来反思音乐与政治之间的关系问题，而是要探索音乐是如何在现代政治进程中，在现代性的发展过程之中，作用于民族国家的。当然，阿达利的研究揭示了这样一种洞见：对于政治社会来说，音乐首先并非作为主体而发挥效用，它只是一种载体，由于其本身的特质，可以被操纵和使用。无论是激发爱国情感，培育共同体认同，还是增强群体内聚力甚至对抗既定权威，音乐都是作用的工具。因此，音乐也可以是理解和叙述的线索，通过判定其被运用的方式，去理解特定语境之下的演奏者、当权者和听众对其政治功能的预期和实践状况。用阿达利的话来说，音乐不仅是巫师口中的麻药，而且还是"一个战场"。[2]

三、国歌与现代民族国家建构

国歌的基本功能和目的在于表征和歌颂特定政治共同体成员所归属的具体的民族国家。民族国家作为一个政治概念，是现代性的表征之一，所以，国歌其实也是一个现代现象。采用歌曲来象征和歌颂民族国家，在很大程度上既是可行的也是有效的，这是因为，歌曲乃是一种特殊的娱乐形式和权力工具，旋律可以唤起情感，歌词可以提供意识形态的叙述，而通过表演、合唱以及在教育中加入学习国歌的内容，对于维系政治共同体和民族国家的身份认同，群体内聚力以及民族主义和爱国主义情绪，都有着

---

[1] 此处"作曲"（composition）是阿多诺等法兰克福学派哲学家在讨论音乐哲学时常用的术语，大意指作为权力关系生产构成部分的音乐活动和音乐作品。
[2] 贾克·阿达利：《噪音：音乐的政治经济学》，第25页。

真实可见的效用。前两小节的叙述，已经大致上厘清了这些基本问题。

在正式开始本书主体部分的叙述之前，需要对研究的主要对象——国歌进行概论式的考察和反思，为研究的展开确立一个大致的理论框架和叙述边界。具体而言，本节需要解决的问题包括以下三个方面。

首先，本书的基本预设是，国歌是一种现代政治现象，是伴随着民族国家的诞生和发展而出现的一种特殊的音乐类型和政治文化象征。要证明这个判断，首先需要在历史史实中寻找证据和确证，换句话说，有必要追溯国歌的历史，探究从第一首国歌的出现，到如今国歌成为民族国家必备的、通行的文化象征物的大致历程。作为民族国家的"副产品"，国歌观念和实践的传播、借鉴和扩展，同民族国家的传播模式一样，都具有某种动力机制，与民族国家这种特殊的现代政治组织形式具有内在的相关性。确实，国歌研究既是一个政治议题，同样也必须建立在史料和文献的基础之上，而不能停留于建构性的理论推演。对现代历史中国歌的起源与发展进行整体梳理是后续研究和叙述的基础。

在对国歌有概括性的总体认识以后，如何去理解和研究国歌，是下一个需要解决的问题。目前学术界对国歌的研究，大致上也建立在前文中两种不同类型的音乐分析方式之上，一种是对国歌文本进行研究，认为歌词的内容和意图以及产生政治效用的语境是讨论的重点，而旋律则是次要的讨论对象。

强调歌词并通过歌词文本对国歌进行讨论，其实是另一种类型的政治话语研究，将国歌视作民族的史诗和故事，并以此为基准对国歌进行分类归纳，进而讨论不同的民族国家在选择国歌过程中的不同抉择，在很大程度上也是民族国家文化史研究的一项重要内容。然而，倘若单纯将国歌视为叙述文本，或许忽略了这样一个事实，即无论是历史上还是现实中，许多国歌是不配歌词的纯音乐，而且在诸多政治社会文化场景之中，国歌的演奏和播放常常只使用旋律而不搭配唱词，奥运会就是例证之一。显然，单是旋律本身就可以实践国歌的某些功能。恰是如此，研究者开始从旋律出发，对国歌的旋律类型和国歌的社会政治功能进行相关性分析，在这里，国歌的旋律被视为符号，而这种符号所具有的控制能力大小成为关注的焦点。

不过，无论是以歌词为主的文本研究，还是以旋律为核心的"句法"分析，其基本视角都是以音乐哲学和音乐理论为基础的，强调国歌作为音乐作品的首要特征，而并未首先从民族国家和政治历史的角度来看视国歌。其实，纵观历史上各个民族国家所确立的诸多国歌，其创作语境都是民族国家成长中的政治和文化背景，而内容大多也是针对每个民族国家在现代政治历程中的最主要政治问题和首要政治需求进行表达。就此而言，无论是旋律还是歌词，都必须符合民族的政治和文化特质，才可能被官方认可，被民众接受，进而成为国歌。循此，可以粗略地确定国歌的基本要素，大致划分民族国家在国歌选择上的理念类型。

国歌的历史溯源

国歌是什么时候出现的呢？这应当是本书首先要考虑的问题之一。国歌的历史同现代民族国家的建构史，似乎在时间和过程上并非完全同步。历史地看，虽然民族最终成为现代国家的基本单元，但并非历史上的每个民族，都最终取得了政治上的独立身份，成为国家主权的所有者，建立起与其他国家相对等的国际法意义上的现代国家；另一方面，现代国家的民族创建过程也并非不约而同、悉数完成，而是有先有后。即使在现代政治文明和制度的发轫地欧洲，民族主义作为一种政治意识形态发挥动员效用，也要到18世纪末、19世纪初，而这种模式传播到其他地区并最终形成如今的世界政治格局，则是更晚近的事。那么，应当如何看待那些在历史上尚处在建立民族国家过程之中的民族可能拥有的民族颂歌，或者借用梅尼克（Friedrich Meinecke）的话来说，如何看待文化意义上民族的国歌，它们是否称得上是真正意义上的国歌？

在特定的政治立场之下，答案是肯定的。既然一个民族必定需要有一个国家，那么民族的颂歌当然就是国家的颂歌。但是，这样一来，似乎又忽视了现代国家的另一个主要面相，即现代国家是一个具有相对完备法律体系的政治共同体，而非仅仅建立在血缘、风俗、传统或者民族意志的基础上的文化和心灵共同体。这种理性化的政治共同体还需要一套常规的治理机构以维系其运作，在这个意义上，官方确立的各种政治象征不仅是政治体的权威的外在表象，同时也具有某种更加本质和深层的象征含义。

要成为民族国家的国歌，必定需要通过官方统治权威的认定。历史地看，大多数国家在确认国歌时，都要求经过正式的立法程序，通过和颁布法律条文或者具有法律效力的行政命令，对国歌曲目、作者、旋律和歌词版本、演奏和演唱方式以及场合等细节加以规定和确认。当然，根据权威来源的不同，歌曲成为国歌的过程也有所不同。例如，在没有成文宪法的英国，国歌《天佑吾王》至今没有任何法律条文的背书，但是得到了英国王室和上下议院的认可,是通常情况下英国在国际国内各种活动中所演奏的歌曲;《星条旗之歌》被确立为美国国歌,经历了议员提交提案、参众两院投票表决,并最终由总统签署命令正式生效的过程,其间还伴随着各种民间组织的请愿、论辩和游行活动。需要补充的是,在官方认定的正式国歌之外,还存在着各种代行国歌,它们通常在民族国家尚未正式确立国歌之前拥有与国歌类似的政治法律地位。最后,还有受到许多民众欢迎的各种爱国歌曲和民族主义歌曲,常常被称为"第二国歌"。

据说,现代意义上的第一首国歌诞生在四百多年前的尼德兰。[1] 不过,这首被视为最古老国歌的歌曲《威廉颂》,直到1932年才正式被确认为荷兰国歌。其实,将《威廉颂》认定为世界上最古老的国歌,恰恰揭示了国歌界定上的一个关键要素,即政治歌曲和国歌乃是两种有着重大差异的音乐类型,仅从简单的历史线索来论证一首歌曲是否是国歌,可能存在某些理解上的困难。《威廉颂》创作和传播的历程便是明证。

《威廉颂》的旋律和歌词不仅创作于不同的时期,来自不同的作者,更有甚者,就目前所知的情况来看,歌词和旋律的作者甚至来自不同的"民族",有着不同的宗教立场。[2] 此外,词曲创作时间上的间隔也使得歌曲的出现时间充满争议。一些人主张将荷兰国歌的历史追溯到旋律出现的日期,而另一种主张则强调最早版本的歌词才是歌曲问世的标志。

---

[1] 如果按照这种方式进行更加细致的划分,那么历史最悠久的国歌歌词当属日本国歌《君之代》,创作于公元10世纪。
[2] 关于荷兰国歌的早期各版本,可参见 Frits Noske, "Early Sources of the Dutch National Anthem (1574—1626)," *Fontes Artis Musicae*, January-April, 1966, Vol. 13, No. 1, pp. 87-94.

如果分开来看,《威廉颂》的旋律同荷兰没有什么关系,它实际上是一首来自法国的天主教歌谣,旋律轻快,歌曲内容是对1568年法国第二次宗教战争时期的关键一战"沙特尔之围"(the Siege of Chartres)[1] 的调侃,这场战斗以由路易一世·德·波旁(Louis de Bourbon)所领导的胡格诺派的失败告终,法兰西皇室和天主教取得了胜利。《威廉颂》的歌词大致也创作于这段时间,但是至今没有任何确切的证据说明歌词的作者是谁,我们所知道的,仅仅是根据许多历史记录推断,这首歌在16世纪中后期的尼德兰地区已经十分流行了,而且到1582年,就已经有了法语译本。

另一种关于这首历史上第一首国歌的诞生的叙述更加侧重于这首歌诞生时的政治环境。在菲利普二世成为低地国家的新的统治者之后,这位西班牙国王加快了将这片地区纳入西班牙统治秩序的节奏,与此同时,还强化了宗教策略,支持天主教对当时已经出现的新教各派系进行征讨。在这种情况下,低地国家开始自发组织起来反抗这位外来统治者,来自日耳曼的公爵威廉·拿骚(William, Duke of Nassau)在继承了弗兰德斯和布拉邦特的土地之后,为了捍卫自己的利益,接过了反抗西班牙势力的大旗。然而,在庞大的西班牙帝国势力面前,威廉公爵的反抗无异于螳臂当车,很快便节节败退。

与现实中争取独立的失败相对照,在1569—1572年间,出现了一首歌颂威廉公爵的诗歌:"威廉·拿骚,有着悠久的荷兰

---

[1] 在沙特尔之围中,胡格诺派(路易一世代理)试图围城,但天主教和皇室的军队成功收城,后期达成《隆朱莫条约》,结束了第二次宗教战争。

血统,我忠于这片属于我的土地……上帝,你是我永远的保障,我将信赖你的指引,保我毫发无伤。我将是你虔诚的仆人,将折磨我们的灾祸和暴君全赶走!"[1] 它是如何与原本的旋律相结合,至今没有定论,但很快,歌曲流行开来,成为象征尼德兰独立精神的战歌。据说,在1578年威廉公爵入主巴塞尔的仪式上,就演奏过这首歌,随后它成为奥兰治-拿骚家族的专用歌曲。整个17世纪,这首歌同其他各种王室贵族专用曲目的地位和作用无甚差别,可以说它象征着尼德兰地方势力的独立反抗精神和对抗天主教的勇气(虽然旋律本身是关于天主教战胜新教的故事)。到法国大革命波及荷兰时,这首歌因为其王室歌曲的出身而被爱国者禁演,1813年新建立的尼德兰王国将其视为象征地方势力的歌曲,随后开始了征集新国歌的活动,最后选出了亨德里克·托伦斯(Hendrik Tollens)创作的《流淌着荷兰血脉的人》(*Wien Neêrlands bloed*),也就是荷兰官方正式认定的第一首"国歌"。[2] 到1932年,《威廉颂》被荷兰官方确认为国歌。因此,如果仅按照创作时间来看,这首"最古老"的国歌,实际上作为国歌存在的时间并不算悠久,仅仅比美国国歌的确立早一年,而在这之前,许多国家早就确立了自己的国歌。

如何理解这种民间"国歌"和官方国歌历史时间线索上的不对应性呢?

要回答这个问题,或许需要回到民族国家这一现代政治现象的奠基时刻——法国大革命。大革命给尚处在王朝统治的各个

---

[1] 转引自 F. Gunther Eyck, *The Voice of Nations: European National Anthems and Their Authors*, Westport: Greenwood Press, 1995, p.5。
[2] Ibid, p.8.

君主国家带去了创建新政治体制的革命之火,同时法兰西人在革命期间发明的各种仪式和文化符号也随着革命思想的传播和拿破仑战争的进行而被欧洲诸国所吸收。恰恰是在大革命时期,《马赛曲》被赋予了"民族国家颂歌"(national hymn)的地位,并且经过官方文件加以认可。经历了拿破仑战争后建立的尼德兰王国也恰恰是在法国的启发之下,决议寻找一首"国歌";而奥地利王室则是为了对抗《马赛曲》的革命影响,邀请海顿创作了后来被用作奥地利和德意志国歌的旋律《皇帝颂》。[1]

国歌成为民族国家文化象征体系的必备符号,一方面是由于最早建立起现代政治体制的两个国家——英国和法国的示范效应,另一方面也得益于民族国家内在的对建构身份认同的需求,"随着民族在下个世纪(19世纪)的不断出现,国歌成为一种向民众解释他们归属于哪个民族、拥有哪些特质、应该为什么而奋斗甚至应该说那种语言的最主要方式之一",其他象征符号所能传达的信息十分有限,无法提供这样的完整叙事。[2]

当然,现代民族国家对国歌的使用实际上属于更加宽泛的仪式传统,"到1800年左右,拥有一首颂歌变成天经地义的事",无论是在外交场合中,还是各种政治仪式上,王室贵族需要有自己的专用颂歌,独立势力需要自己的革命歌曲,而民族国家当然也不例外。逐渐,国歌同国旗、国徽一样,成为民族国家在对外交往过程中,使自己的成员区别于其他民族国家的成员,并且在各种活动中识别自身群体归属的标志之一,这种做

---

[1] 这些内容在后文中将会详细讨论。
[2] Alex Marshall, *Republic or Death! Travels in Search of National Anthems*, London: Random House Books, 2015, prologue.

法被现代奥林匹克运动会固定下来,1921 年,国际奥委会决议在颁发比赛金牌时播放选手所属国家的国歌,"从此以后,一个国家再也不能没有国歌了"。[1]

国歌的现实范例与理念类型

19 世纪末 20 世纪初,拥有一首属于自己的国歌,已经成为欧洲各国不言自明的共识,而每个国家的国歌,都有各自的特征。1901 年乔治·蒙托格耶关于当时各国国歌的介绍表述如下:

> 就像有自己的旗帜一样,任何民族都有自己的歌曲。这是忠诚、骄傲、狂热或者信仰的表达。这是战争的呐喊……这是出自祭坛下的祈祷……这是干巴巴、刻板的康塔塔,这是在获得胜利的一场革命中盛气凌人的叫骂;这是战斗带来的进行曲……这是在愤怒或者不安的日子里即兴创作的激烈段落;这是民间讽刺歌谣中复苏的一束史诗,这是溪谷中教士的声音的忧愁的回声。[2]

这段描述揭示了国歌的一个重要面相——国歌必然是具有某种特殊性的歌曲,同特定民族国家的特征相融合,有时甚至具有独创性。

就此而言,国歌同民族国家一样,都是在普适性和特殊性之间的某种中间层级,就形式而言,每个民族国家都要求拥有一首

---

[1] Alex Marshall, *Republic or Death! Travels in Search of National Anthems*, prologue.
[2] 转引自迪迪埃·法兰克福《音乐像座巴别塔——1870—1914 年间欧洲的音乐与文化》,上海:复旦大学出版社,2011 年,第 274 页。

自己的国歌，甚至它成为民族自豪感和爱国情感的一部分，国歌神圣不可亵渎，而使用来自其他民族的歌曲作为国歌，则被认为是不体面和不合适的。[1]

就标识群体、区分他者与我们而言，自人类历史开端起，就没有什么比语言更有效的途径了。随着民族国家成为组织国家的主流范式，这种偏向有限制的特殊性的需求不仅反映在推行官方语言中，也反映在民族音乐派的兴起之上。然而，即使是民族音乐派寻找本民族音乐特质的努力，实际上也是建构性的，必定是由思想和观念中对民族的理解和定位所形塑。即使如此，旋律本身也构成了某种普适性的载体，纯音乐比语言更加具有世界主义的特质，这便构成了国歌这种特殊的音乐作品被确立为普遍范式的基础。所有的民族国家都可以演奏和播放音乐，但是歌词却是每个民族国家自己的语言，就此而言，国歌乃是民族这种现代性表征最形象的演绎。

当然，国歌的特征不止于此，前文已经指出国歌模式的传播效应，而考虑到音乐风格和政治需求两方面的内容，如果要为曾经存在的和现有的国歌进行概括介绍，最好的办法就是选择典型，区分种类。而在研究国歌的功能和对国歌进行类型划分时，最常见的做法便是在旋律和歌词之间偏重其一。

旋律和音乐风格是对国歌进行分类的一种最常见的做法。许多从音乐角度出发的国歌研究都采用这种方式，持有世界主义立场的研究者也通常更加认同这种处理方式。这种国歌分类方式，

---

[1] 例如在 20 世纪初，朝鲜最早使用的国歌旋律就是苏格兰的传统民谣"Guid Auld Lang Syne"（即《友谊地久天长》），不久以后，作曲家安益泰对此感到不满，于是又重新谱曲，继续作为朝鲜国歌使用。

最典型和权威的叙述出自《新格罗夫音乐和音乐家词典》(*The New Grove Dictionary of Music and Musicians*)。这本词典首先将现有的国歌大致区分为两种,一种是以英国国歌《天佑吾王》为典型的颂歌(hymn),另一种是以法国国歌《马赛曲》为典型的进行曲(march)。[1] 在此基础上,再进行更加复杂的细分,区分出五种国歌形式,包括"受礼拜仪式影响的颂歌""进行曲""把歌剧的曲调作为国歌""传统的民间曲调"以及"军乐"。[2]

在这种分类方式中,最具有典型特征的国歌,是以颂歌为风格的英国国歌《天佑吾王》和进行曲式的法国国歌《马赛曲》。倘若依照更加复杂的区分方式,那么德国国歌《德意志之歌》则兼有"颂歌"和"传统的民间曲调"的特征,国歌旋律的创作者海顿可能使用了一些克罗地亚民歌的旋律。[3] 美国国歌《星条旗之歌》曾经被美国海军用作仪式歌曲,是美国"军乐"的固定曲目之一。

以旋律和音乐风格作为区分标准的最大问题在于,它忽略了国歌作为政治歌曲所具有的基本的政治社会效应以及效应得以实现的基本逻辑。法国学者迪迪埃·法兰克福(Didier Francfort)曾试图通过对旋律的区分来分析国歌,但与此同时,他不得不承认,对于国歌而言,最重要的是"它们表现民族意志的效能,它们被感知的方式和它们激起公众热情的天赋",国歌的表现形式同样具有重要的意义。由此,研究者又区分出两种类型的国歌,

---

[1] 参见 Stanley Sadie ed., *The New Grove Dictionary of Music and Musicians*, 2nd edition, 2001, 词条 "national anthem"。
[2] 同上。
[3] 参见 Esteban Buch, *Beethoven's Ninth: a Political History*, Chicago: Chicago University Press, 2003, pp. 70 - 80.

一种适合人们聚集在一起进行自发性地"唱",另一种则适合行进活动而非歌唱。[1]

不过,如果接受这种分类,那么接下来的问题就是,按照通常的经验,首先,人们聚在一起"唱"国歌,显然很难是仅仅哼唱旋律,而通常需要唱出几句、整段或整首歌词,方能更明确地限定和整合每个人心中关于民族国家的不同意象。即使对那种适合行进的进行曲来说,纯粹音乐的门槛有时也过于高雅,所营造的情境若非结合特定语境,很难成为最大多数民众的共同想象,不够凝聚人心。在这种情境之下,歌词的重要性就凸显了出来,它是漂浮的旋律表意的指针,特别是通过齐唱的方式,能够最大限度地在有限的时空情境之下创造出一种共同的归属感和爱国情感。

要理解国歌的形态和类型,需要引入更广泛的政治背景作为分析的基础,同时兼顾歌曲的创作意图和歌词内容。《新格罗夫音乐和音乐家词典》在对国歌的旋律风格进行分类时,已经暗含了对创作意图要素的考虑,这是建立在特定音乐类型可以唤起特定情感体验的前提之上的。举例来说,颂歌所要实现的,是对现状的强化和赞美,进行曲则具有某种动员特性。政治背景和创作意图在很大程度上决定了歌词的内容,考虑到国歌为民族国家建构提供和维系身份意识的作用,又可以借用曼努尔·卡斯特尔斯(Manuel Castells)对身份的三重划分,来进一步完善对国歌的理念类型与现实范例的叙述,这三种身份分别是:合法化身份(legitimizing identity)、抵抗身份(resistance identity)和期望

---

[1] 参见迪迪埃·法兰克福《音乐像座巴别塔——1870—1914年间欧洲的音乐与文化》,第274页。

身份（project identity）。[1] 相对应地，在对国歌文本的研究中，我们已经看到了这样的区分，克里斯托弗·凯伦（Christopher Kelen）划分出三种国歌歌词的元类型（Ur-anthems），分别是《天佑吾王》《马赛曲》和《星条旗之歌》。[2]

总而言之，对于那些民族身份认同已经基本确立，试图增强现阶段政治共同体忠诚度的民族国家而言，国歌通常结合了本民族特定的历史文化传统，采用颂歌的形式进行演绎；歌词类似于赞美诗的风格，往往会勾勒祖国的美好、现状的美满与未来的繁荣；在表现形式上，演唱和齐唱既是对民族共同体的认可，也是对既定统治秩序合法性的承认。在这个意义上，《天佑吾王》就是最典型的范例。另一种类型的国歌创作于民族国家尚在争取自我生存空间，探索新的政治秩序的过程之中。一方面，它需要对自我意识尚不明确的政治共同体成员进行动员，而实现这一目标的最好方式就是在歌词中勾勒仇敌的同时，也歌咏民族的伟大与荣耀、善良与德性，将民族国家认同内化为血肉相关的共同体认同；另一方面，它需要采用更加动态和激昂的音乐方式进行呈现，加之民族国家为争取自我设定的领土疆域或政治合法性而采取的行动往往都伴有武力和军事斗争，有时甚至以暴力为主，进行曲和军乐就成了最常见的选择，恰是在这个意义上，《马赛曲》成为另一种国歌典型。

既然国歌可以被视为文本，通过话语的意图性进行分析，那

---

[1] 参见 Manuel Castells, *The Power of Identity*, 2nd edition, Blackwell Publishing Ltd., 2010。
[2] 详见 Christopher (Kit) Kelen, *Anthem Quality: National Songs- A Theoretical Survey*, Bristol: Intellect, 2014, Chapter 3: The Classification of Anthems。

么我们也可以反过来,通过国歌讨论政治语境和历史,并且从文本和语境的互动中探寻现代民族国家成长的另一种考察视角,观察民族国家在进行身份建构和文化象征创造时,所遭遇的困境和处理的方式。正如本研究反复强调的,国歌既是线索,也是对象,而如果要抓住现象的本质,就应当选择最具典型性的理想类型,既便于叙述,也有利于讨论。

F. 施莱格尔在讨论艺术时,曾经试图纠正当时风行的科学主义视角,从数学的和谐之中找出音乐的对应,"我们太久以来执着于把数学运用到音乐和绘画上,现在让我们反其道而行之"。关于国歌的研究,似乎也可以做这样的尝试,不受限于音乐旋律和调式,而是先考虑民族国家这个最基础和最关键的需求,再来思考和总结关于国歌的政治经验。

国歌的政治功能与实现途径

国歌作为一种结合了音乐和政治两个不同领域特征的特殊政治文化符号和象征,对它的研究同样在音乐和政治之间摇摆不定,而最终都是为了探究国歌究竟具有何种类型的政治功能,它在何种程度上可以实现被设定的这些功能。

国歌为什么具有政治功能?本书能给出的第一重,也是最基本的理由乃是表演和演唱歌曲时所产生的心理和情感效用,任何类型的音乐作品皆是如此。这也是许多政治精英早就认识到到并有意识加以运用的经验。例如,19世纪中叶,当英国试图强化在印度的殖民统治时,就曾经引入了一项"国歌计划",旨在进一步提升印度人对英国统治的认同,威廉·安德鲁爵士(Sir William Andrew)在谈到将英国国歌引入印度的政治益处时是这样说的：

> 把国歌变成帝国统一的象征，使印度的平原和高山都沉浸在国歌的乐声之中，这将是对所有心怀不满不够忠诚的臣民的应对之策；我认为，这样一首颂歌，这首颂歌的音乐，萦绕在山河之间，比一切枪炮和军队都更能阻挡入侵和抗争。[1]

国歌不仅被视为培育忠诚的手段，殖民统治者还将它看作是对在西方文明视野之下尚处在"未开化"阶段的印度进行"文化教育"，"引导"印度人走向现代化的途径，"通过提高音乐的社会地位，培育来自西方和印度本土的音乐艺术，来提升民众的普遍道德水准"。[2]

就已有的研究成果而言，可以区分出分析国歌实现其政治功能的两条路径。一种路径是从国歌的旋律入手，将特定的旋律编排视为编码和符号，讨论它们能够给不同的民族国家带来的不同的政治功效，这被研究者命名为国歌的"句法研究"。[3] 另一种路径则重点强调国歌文本的基本特征、内容以及所传达的情绪和意向，虽然同样是分析国歌与民族国家建构需求之间的关系，但是本质上是将国歌作为一类文本，更具体地说，是把国歌作为诗歌进行处理，研究者称其为国歌的"质性研究"。此处我想重点讨论的是第一种分析方式。

---

[1] 转引自 Charles Capwell, "Sourindro Mohun Tagore and the National Anthem Project," *Ethnomusicology*, Vol. 31, No. 3, Autumn, 1987, pp. 412-413。
[2] Ibid, p.413.
[3] Karen A. Cerulo, "Symbols and the World System: National Anthems and Flags," *Sociological Forum*, Vol. 8, No. 2, June 1993, p.245.

就第一种切入方式而言，最基本的预设首先是作为官方爱国象征的国歌，它们代表着一个民族国家的身份和特质；其次，国歌的确立是当权者和政治精英阶层权力策略的产物。[1] 从这个预设出发，就可以假定，国歌被创作和确立的目标在于维系特定的统治结构，或者换句话说，它是当时当地政治意识形态的表现方式和实现途径之一。因此，国歌要履行的政治功能就在于进行政治控制，而控制的层面又可以被细分为国际的、国内的和形式的三种。[2]

国歌的功能在于实现政治控制，而国歌本身也呈现出某种结构形式。国歌同其他的音乐作品一样，其听觉上所引发的感触取决于各种音符的组合方式，每一首国歌都具有自己独特的编曲方式，其旋律呈现出特定的样态，因此可以对其进行分析。不过，不同于一般音乐分析中对旋律组合的音乐性和艺术性的强调，国歌的旋律分析要简单得多，侧重于讨论"旋律和音符以及和旋之间的关系"，它被划分为两种类型，基本编曲（basic musical codes）［或曰基本音乐句法（basic musical syntax）］和修饰型编曲（embellished music code）［或曰修饰型音乐句法（embellished music syntax）］。[3] 通常来说，前者呈现出的旋律比较稳定，音符之间的衔接较为平和，带给听众的听觉感受也相对舒

---

[1] Karen A. Cerulo, "Sociopolitical Control and the Structure of National Symbols: An Empirical Analysis of National Anthems," *Social Forces*, Vol. 68, No. 1, September 1989, p.78.

[2] Ibid, p.82.

[3] Karen A. Cerulo, "Symbols and the World System: National Anthems and Flags," *Sociological Forum*, Vol. 8, No. 2, June 1993, pp.246, 248; "Sociopolitical Control and the Structure of National Symbols: An Empirical Analysis of National Anthems," *Social Forces*, Vol. 68, No. 1, September 1989, p.79.

缓；与之相反，后者表现出更加动态的形式，音符的跳跃性更强，造成的听觉刺激也更加强烈。[1] 例如，《天佑吾王》的编曲就属于前一种，而《马赛曲》则属于后一种。

通过对国歌编曲结构进行分析，并结合每个国家具体的历史境况，可以得出这样的规律总结：政治体对国内社会政治控制能力越强，则国歌呈现出的基本编曲风格就越是明显。英国国歌在整个编曲序列中处在基本编曲的最大值，而紧随其后的则是民主德国的国歌。研究者对这一现象规律给出的解释则是，一个政治体的社会政治控制能力越强，其政治精英的基本共识就越是明确，因此，即使通过基本的音乐符号和简单的象征系统，也可以实现有效的信息传递。[2]

如果将这种分析代入从原生的欧洲民族国家到后发的争取民族独立的殖民地国家所构成的国际体系之中，又可以发现国歌的某种传播模式。后发的新兴民族国家似乎更加倾向于选择复杂的、带有较多修饰的国歌编曲方式，这是因为它们更加需要通过文化象征来强化民族身份认同的共识。[3]

虽然句法研究看似指明了国歌符号编码和信息传递之间的关系，但是这种假设受到了来自心理学的实证研究者的质疑，继而强调起社会建构和文化同化在形成和维系国歌所能激发的爱国主义和民族认同联想时的重要性。用研究者自己的话来说，比起其

---

[1] Karen A. Cerulo, "Sociopolitical Control and the Structure of National Symbols: An Empirical Analysis of National Anthems," *Social Forces*, Vol. 68, No. 1, September 1989, p.80.

[2] Ibid, p.94.

[3] 详见 Karen A. Cerulo, "Symbols and the World System: National Anthems and Flags," *Sociological Forum*, Vol. 8, No. 2, June 1993, pp.260-264。

他政治歌曲，国歌无疑可以引发更多的与民族相关的心理联想，而这种效果是普遍的，无关群体亚文化和年龄阶段。[1] 更重要的是，这些效果并不是由于"国歌所具有的典型的音乐要素，而是取决于赋予歌曲的各种意义"，这些意义是通过权力机构和政治组织有计划地播放与教育而被实现的。[2]

不过，这种归因方式显然过于绝对了。一方面，在这项关于国歌的心理学研究中，研究者直陈"国歌是在国家活动的场合中被播放，而很少在私下和非国家的场合中出现"，但是在历史和现实中，就有各种私人场合之下播放和演奏国歌的记录；另一方面，虽然只是一种解释，但是对音乐性和心理反应关联的否定也显得有些与常识相悖，更别说特定的歌词所具有的明确的表意功能。

以歌词作为国歌分析的基础当然还可以从语言哲学和文本分析中找到理论依据，就此而言，我们甚至可以评判国歌的质量，即它是否完成了应当实现的政治意图，是否成功地通过歌词的描述进行了政治动员，是否符合特定民族国家的表述传统和习惯；还可以解释为什么某些国歌在民族国家的政治体制产生更迭或者遭遇其他变动之时，可能需要进行调整、修改，甚至被推翻。而这正是下文进行叙述的一个基本立场。

四、本书的写作思路与安排

通过对民族国家成长过程中的象征内容的考察，可以进一步

---

[1] Avi Gilboa & Ehud Bonder, "What Are Your Thoughts When the National Anthem is Playing? An Empirical Exploration," *Psychology of Music*, Vol. 37（4），2009，p.475.
[2] Ibid, p.477.

丰富在面对民族国家发生和发展的过程中的关键时刻和基本问题时所做出的各种反应和抉择的描述。作为政治现代化进程中的一个重要政治现象,在对国歌进行研究时,当然也有必要坚持一些基本立场:一是所有具有政治意义的现象都可以作为政治学的研究对象;二是政治学研究不能过度依赖或拘泥于某种研究方法或技术;三是即使是政治学的纯理论研究也应该保持对政治实践的关注度和敏感性,并且怀有某种政治良知或理想。[1]

在韦伯式的观点之下,人是"悬在由他自己所编织的意义之网中"的那种动物,是内嵌在特定文化符号网络中的行动者。研究意义之网中的符号,不仅是对符号本身的研究,同时也是对整个体系的解释。更何况,人在整个意义之网中并非是孤悬无依的,他/她既需要依赖这张网络所提供的模式来为自我赋予意义,同时,他/她的行动也进一步编织出更多层次的意义。[2] 这意味着,对政治和社会现实的解释需要落脚到具体的文化系统与符号象征上。就本书所要讨论的议题而言,在民族国家成长的过程中,国歌的出现以及随着历史进程它所遭遇的故事,折射的其实是民族国家的生命历程。

作为民族国家象征的国歌

文化意义上的象征,对民族国家来说有着不言自明的重要

---

[1] 王海洲:《政治仪式:权力生产和再生产的政治文化分析》,南京:江苏人民出版社,2016年,第373页。
[2] 这种"模式"式的文化理解来自于格尔茨(Clifford Geertz)的方法论说明,作为社会实体的符号化图景,它们其实与人类物种的生物本性有关,也就是说,通过这些模式,人们才能知道如何合作和互动以便存活下去。参见克利福德·格尔茨《文化的解释》,南京:译林出版社,1999年,第107—154页.

性。恰如弗思（R. Firth）所言："国旗、国歌和国徽是一个独立国家用以宣布自己的认同和主权的三个象征，由此它们立刻赢得了尊敬和忠诚。它们自身也反映了一个国家的整个背景、思想和文化。"[1] 诚然，即使民族国家是个合法垄断暴力的"权力集装器"，但也没有哪个国家能够完全通过武力维系统治，梅里亚姆早就向我们指明，权力的维系还需要一种"正当的武力"，它"必须是植根于情感，蕴藏于感情和渴望之中，隐匿于道德之中，埋藏于圣人的格言之中，以高层次文化集团之间的理性形式表现出来"。[2]

在弗思列举的国旗、国歌和国徽这三种象征之中，国歌是最为复杂的一种，但同时也是过去研究中最不受重视的那种。它既是文本，也是旋律，同时还可以被视作意象和符号，其存在本身就是民族国家的一种象征。由于国歌既有具有丰富内涵的歌词，又配以精心编排的旋律，就使得它能容纳极其丰富的意义和情绪，并且在实际的演奏和播放中，会随着具体情境和表现方式的不同，激发不同层次和强度的爱国主义和民族主义热情。可以说，它是一种动态的符号，是民族记忆的结晶体，包含着每个人对祖国的最原始的情感和现代意义上的规训。国歌塑造了一种共时性的在场感和永续性的历史感，为每个人在政治社会中都提供了意义的庇护。

前文已经提到，概观世界各国的国歌，可以大致归纳出两种

---

[1] 转引自 E·霍布斯鲍姆、T. 兰格《传统的发明》，南京：译林出版社，2004年，第13页。
[2] 转引自哈罗德·D. 拉斯韦尔、亚伯拉罕·卡普兰《权力与社会：一项政治研究的框架》，上海：上海人民出版社，2012年，第119页。

表现风格和主题：一种是在抵御其他民族或政治势力入侵、干涉或斗争时，可以在行军和战斗中鼓舞士气区分敌我的战歌；另一种是在国家内部各种仪式和活动中，歌颂祖国进而强化民族国家共同体认同的赞歌。如果放到现代民族国家成长的背景中来观察，国歌的这种双重特征与民族国家二元结构给政治共同体带来的两方面的挑战几乎是完全对应的，而这其实也是国歌所能实现的两种功能。一方面，民族国家通过爱国主义和民族主义的情感实现内部凝聚，而这种民族主义恰如安德森所言，为人们支撑起一种"有限共同体"的"永续性想象"；另一方面，无论现代政治修辞的包装如何，现代民族国家在政制选择上无一例外都采用了共和式的内部形式。

因此，就为民族国家提供关于民族这个"有限共同体"的"永续性想象"而言，它必须要在文化层面上通过一系列象征符号，或者说，通过"传统的发明"来实现对这种想象的具体化呈现。在这个意义上，几乎所有国歌都包含着对民族传统和国家历史的歌颂和赞美，它不仅为民族的共同起源制造了某种意义上的"神话"，同时也划定了这个并非普适但又具有超越性的民族单元的具体边界。更重要的一点是，一首歌曲被官方确定为国歌，一般都需要通过一套整立法程序加以确认，除了采用判例法而没有成文宪法的国家（例如英国）之外。此外，国歌不仅是作为文本而存在，更是在社会政治生活中被传唱，反复强化民族国家共同体的内部凝聚。在这个意义上，国歌必然是关于民族国家伟大崇高、美好荣耀的赞歌。

另一方面，之所以说民族国家是现代国家的类型，不同于历史上的绝对主义或封建主义国家类型，其在政治体制方面的特殊之处就在于共和式的政治制度安排。此外,现有的民族国家大都是通过对过去政治体制的克服或者拒绝而实现政制意义上的现代化的,这个过程通常需要通过革命抗争甚至战争来实现。许多国歌就诞生于这些活动中,起初往往是作为游行聚会或行军打仗中鼓舞士气的歌谣而流行起来,不仅其歌词包含着对传统专制暴政的控诉以及对人民、民族和祖国的歌颂,而且在传唱的过程中,对前者之恨、对后者之爱也与现实政治实践相互作用,产生了不可小觑的动员效应与影响力,协助保证了共和革命的实现。因此可以说,国歌常常也是民族为政治现代化抗争的血泪故事。

当然,虽然有这些大致的通则,在具体民族国家建设的道路选择上,由于不同的传统资源和历史巧合,每个国家都走出了自己的道路,就此而言,民族性成了表征每个国家特色的标志,而国歌不仅是这种民族性中文化和观念的凝聚与提炼,它本身也随着民族国家的发展历程,在不同时期或主动或被动地回应着不同的政治需求。

最后,虽然中文称作国歌,但这个词的英文是 national anthem,而法语中被称作 hymne national,德语则是 nationalhymne。无论是 anthem 还是 hymne,最初都是指有节奏韵律的颂歌,特别是教堂唱诗班所咏唱的乐曲。而抛开"民族""国族""国家"等术语的翻译与流变不谈,我们所谓的国歌,其赞颂对象是 nation,这个观念可以与祖国对应,与"民族"或"国家"对译,但是其含义与 state 和 country 有明显的差别。最重要的是,无论是否具有成型的政治统治系统,民族都是一个有情感的政治共同体,而民族国家也是以此为想象与认同基础的。结合这个词含义的两个要素,我们或许可以认为,首先,国歌的产生其实也是崇拜对象从神到民族国家这样一个世俗化进程的产物；其次，国歌需要与民族国家这个政治共同体相互对应，而不局限于一时一地的政治设计。

作为研究对象与叙述线索的国歌

大致说来，本书包含了三个层次的预设和目标。第一，以国歌为研究对象和观察点，探查国歌作为民族国家的象征物的结构特征、运作机理和功能实现，通过历史资料和文化分析阐明国歌产生和存续的理由。第二，通过描述国歌在历史进程中的遭遇，表征国歌与政治现实和制度的种种互动，更加全面地理解民族国家成长过程中国家—民族建构的文化细节和情感要素。第三，通过国歌的故事，一方面透视民族国家建构本身所要面对的问题和考验，以及特定历史时期对不同政治目标和价值的强调与追求，另一方面则观察不同国家的不同回应，以及由此而衍生出的各不相同的道路。借用巴尔特（Roland Barthes）对符号学的阐述来说，由于对符号的分析，必然不可能在相互隔绝的状态之中实现，[1] 而是要回归到复杂的社会政治意义之网之中，那么或许可以说，国歌的故事不仅是民族国家文化和象征层面表征物的故事，同时也

---

[1] 按照巴尔特的看法，符号学的研究已经度过了索绪尔（Saussure）式的在"社会生活的核心研究记号的生命"的阶段，已经重构了包括服装、食品、形象、礼仪和音乐等对象的语义系统，现在需要做的，是要研究任何对象可能具有的繁杂的、意识形态性质的第二意义，研究这种"蕴含的意义"得以运作的机理。这意味着，对国歌的研究，不仅是一项音乐史或者民族音乐的讨论，它更是一个政治学的课题。作为民族国家象征物的国歌，从来都首先是一个政治符号，而在这里，符号不仅仅是某种神秘化了的文化存在，更是实体意义上的对象，它不仅依靠人们的日常生活与记忆而延续，通过节日中的特殊仪式而呈现出来，更是制度化的和实存的。参见罗兰·巴尔特《符号学历险》，北京：中国人民大学出版社，2008年，第165—168页。

是民族国家本身的故事。

需要交代的是,本书无意对现存所有民族国家的国歌和国家成长故事进行全盘清点和百科全书式的考察。考虑到历史和现实中民族国家的数量,这个任务本身就超出了个人能力和精力所及。更重要的是,如今世界舞台上的一百多个民族国家,其实大多是循着现代早期西方世界民族国家建国所开辟的模式不断实施民族国家建设的。从这个意义上讲,典型民族国家的国歌和民族国家成长的故事也可以折射出某种普遍意义上的民族国家成长逻辑。

另一方面,就本书的主旨而言,进行类型学式的考察比百科全书式的罗列或许要更加恰当,也更能准确地实现研究的目标。其实,许多学者在对民族国家这个议题进行经验和历史层面的讨论时,通常也会选择具有典型意义的国家做深入考察,而对于哪些国家算得上典型这个问题,学界大致上已经有了共识,本研究参照过去学者的选择来确定研究对象:英国、法国、德国、美国、俄罗斯。进一步说,英国、法国、德国、美国和俄罗斯在近代以来的人类政治与历史中,扮演着主要角色,它们所创造的各种政治传统和模式成为几乎所有政治体模仿和借鉴的资源。况且,在这种民族国家成长模式的内部,同样存在着模式本身在时间上的扩展逻辑。有学者认为民族主义的扩展模式就同"传染病"一样,如果稍加观察我们会发现,民族国家成长在不同国家的展开也有着类似的特征。通过长时段地叙述典型国家不同历史时期的故事,我们可以较为清楚地发现这种逻辑脉络。因此,挑选这几个国家进行具体研究的理由,用格林菲尔德(Liah Greenfeld)的话来说,是因为它们"在现代史上都居于无可争辩的中心地位"。[1]

五个国家　五种国歌

在实然和经验的政治研究层面，以政治文化类型作为研究基础来观察政治现象，是一种相对成熟的研究路径。在阿尔蒙德（Gabriel Almond）和维巴（Sidney Verba）的讨论中，政治文化被界定为"特殊的政治取向"，是政治共同体成员"对政治系统和系统各个部分的态度，以及对系统中自我角色的态度"。[2] 更具体地说，一个社会的政治文化乃是"被内化于该系统居民的认知、情感和评价之中的政治系统"。[3] 通过政治文化进行研究的优势就在于，这个概念可以使研究者在讨论时运用人文社会科学的各种概念框架与研究方式，使得研究思路更加开阔和丰富，而且，还能够避免人类学文化研究中潜在的"同质性"假定所带来的风险。[4]

作为一项以国歌为观察对象，思考国歌与民族国家互动关系，进而考察国歌类型和民族国家不同道路的研究，本书的分析借鉴了《公民文化》中案例选取的一般原则，但同时也加入了对研究本身的侧重点和需求的考量作为修正要素。在这里，需要对研究中五个国家的选取理由做一定的解释。

首先，选取的国家就其民族主义发展路线和政治现代化路径而言，必须具有自己的特征。其次，选取的国家必须有明确的国

---

[1] 里亚·格林菲尔德:《民族主义:走向现代的五条道路》,导言,第27页。
[2] 加布里埃尔·A.阿尔蒙德、西德尼·维巴:《公民文化——五个国家的政治态度和民主制》,北京:东方出版社,2008年,第11页。
[3] 同上,第13页。
[4] 参见同上书,第13—14页。

歌选择,并且通过法律程序,对国歌的官方地位进行了认定,这样也能保证叙述的中心线索。最后,选取国家的国歌也需要具备类型学上的特殊意义,这就意味着,这些国歌不仅就旋律和歌词文本而言,有着自己鲜明的风格,而且还包含了某些普遍特征,同时,它们也有可能产生跨越民族国家边界的影响,被其他试图实现现代化的民族和民族国家所借鉴和利用。

就第一个标准而言,似乎要考虑两个方面的因素,一是民族作为政治现代化主体的不同道路,二是反映在政治制度和意识形态上不同的现代化"政治道路"。前文已经提到了里亚·格林菲尔德对五个国家五种民族主义的类型学分析,这是本研究国家选取的基本标准。另一方面,这五个国家同时也囊括了政治现代化过程中的另一种类型划分,也就是巴林顿·摩尔(Barrington Moore)在讨论"专制与民主的社会起源"时所做的理论归纳。摩尔首先将现代社会政治安排的进路区分为欧亚两种类型,紧接着诠释了以英国、法国、美国为代表的欧洲方式和包括中国、日本及印度在内的亚洲状况,并最终在六个各有特色的案例的支持下,归纳出历史中各个国家走向政治现代化和现代社会的"三条政治道路",也就是议会民主、法西斯主义和共产主义这三种道路。[1]

第二个标准的设立既是为了确保研究内容的明确和准确,同时,通过对一首歌曲如何成为国歌的政治过程描述,也可以折射出不同国家的不同政治文化和制度安排。例如,作为以判例法为基础的议会君主国——英国的国歌《天佑吾王》并未得到宪法的

---

[1] 参见巴林顿·摩尔《专制与民主的社会起源》,上海:上海译文出版社,2013年。

明确规定，但是在政治仪式和各种官方文书中，它是约定俗成的国歌。作为议会民主制的典型代表——美国的国歌《星条旗之歌》的确立则明确经历了民众请愿、议员提案、议会表决和总统签署等过程。这个标准的设立还有另一项考虑，那就是如何看待在民族国家内部各个时期都可能出现的那些流行的爱国歌曲，它们中有些甚至被称为"第二国歌"。这些歌曲虽然是重要的参照对象，但是并非主要的叙述线索。

最后一个标准的确立需要参照已有的国歌分类和研究。就音乐风格来说，《新格罗夫音乐和音乐家词典》将现有的国歌大致上区分为两种类型，一种是以英国国歌《天佑吾王》为典型的颂歌，另一种则是以法国国歌《马赛曲》为典型的进行曲。[1] 就歌词文本的类型而言，克里斯托弗·凯伦（Christopher Kelen）则划分出三种国歌歌词的元类型（Ur-anthems），分别是《天佑吾王》、《马赛曲》和《星条旗之歌》。[2]

《天佑吾王》就文本而言的基本特征在于它"表达了对现状和体制的忠诚"，无论是就象征性的还是实际的意义而言，它是一首祈祷歌，意为向上帝发出恳求。《星条旗之歌》的类型意义在于，它用民族国家的一种象征（国旗）来强化爱国主义的情感，培育公民宗教，是一种自我颂扬的模板。《马赛曲》的创作出于对共和革命的捍卫和对外敌入侵的抵抗，因此它虽然充满嗜血的歌词，但是却成为民族主义"英勇战斗"的象征。而且，这三首国歌都在世界范围内有着影响力，《天佑吾王》是历史中许

---

[1] 参见 Geroge Grove ed., *The New Grove Dictionary of Music and Musicians*, 2nd edition, 2001, 词条 "national anthem"。
[2] Christopher (Kit) Kelen, *Anthem Quality*, Chapter 3.

多君主国国歌的范本,也一度被美国效仿;《星条旗之歌》以国旗作为咏唱对象的做法,后来被世界上十多个国家所借鉴;而《马赛曲》则成为全世界范围内的革命与保家卫国战歌的典范。

不难发现,即使将语境严格限定在西方国家政治现代化的背景下,国歌类型及其代表曲目的划分归纳也有明显的局限。英、法、美被视为西方国家乃至整体意义上现代国家创作及选择国歌时的模范,但如果仅以三国为蓝本,不仅忽视了现代国家建构认同时所面临的各种复杂局面,更无视了社会主义作为西方现代历史中不可忽视的客观存在的基本状况。由此,某一国家的国歌需要被还原到该国的政治社会史中,作为特定的政治现象进行剖析。

其实,正是因为实然意义上五个国家在西方现代国家建构中的典型位置和示范效应,使得这五首国歌也顺理成章地成了其他国家在自己的现代化过程中效仿和改造的对象,也折射和浓缩了现代国家建构的诸多困境与解决问题的尝试。例如,《天佑吾王》成为欧洲大陆诸多君主国最初设立国歌时的样板,但在大革命中它成为法国革命者攻击君主制的"靶子",美国在选择国歌时也有意避开与这首歌和英国的关联,以确保象征意义上的国家独立与尊严。《马赛曲》因其所象征的革命情怀和爱国情绪,在世界范围内被用作现代政治革命的主题曲,甚至曾经被用作苏联国歌。《德意志之歌》则反映了现代国家民族认同建构中所面临的一种典型困境和解决办法,亦即以民族边界来确认和争取国家的范围,在这个过程中,对家乡河山的热爱、对传统记忆的援引、对思想怀古之情的激发和对自我认同的强化,就成了最基本的想象构建方式。美国作为现代国家中以公民宗教实现和强化国家认同、维系政治统一的典型国家,其国歌《星条旗之歌》同样具有典型性和示范性,一方面,歌曲的创作、传播与被确立为国歌的历史经历都与美国对外争取独立、对内寻求统一的爱国激情与民族记忆相呼应;另一方面,许多后发现代化国家实际上也机械模仿了美国的这种文化现代化模式,以国旗和歌颂国旗之歌作为自己的文化象征。最后,俄罗斯的国歌历史折射出了社会主义国家在现代化过程中可能面临的各种复杂局面和做出的抉择,一方面是从传统国家走向现代国家的改革与革命,一方面是国家内部局限性的民族身份认同与共产主义国际主义普遍认同之间的张力,在这些议题上,苏联和俄罗斯留给历史的,更多是反思与教训。

从以上的标准出发,本书将围绕五个国家和五首国歌进行叙述,其中既囊括了已有的对国歌类型的划分,同时也包含着对政治文化、民族主义和民族国家以及现代化道路的类型学讨论。

第一章

《天佑吾王》
从王朝体制确立到君主立宪的危机

让我为一个民族写歌,我便不在意谁来立法。

——安德鲁·弗莱彻

我不再需要打开古老的书籍。因为我已经听到这音乐。

——彼得·阿克罗伊德

从历史考据出发，一些学者认为世界上第一首国歌诞生在尼德兰。不过，若以成为民族国家文化象征物为衡量标准，综合考虑歌曲是否为世界国歌的通行范式确立特定的模板，并在歌曲的历史沿革、传唱与使用中发掘并赋予它现代的政治价值，或许我们首先应当将视野聚焦到英国。在现代化的历程中，英国的经济和技术发展与艺术领域的创建似乎显得尤其不相称。不过，虽然相较于古典音乐文化繁荣的欧洲大陆而言，英国缺少足以享誉世界的作品和音乐家，但是英国国歌却获得了包括贝多芬这样伟大的音乐家的赞誉，足见其特殊性。

　　贝多芬赞美的出发点，或许不仅仅在于纯粹的艺术赏析。倘若回到贝多芬的赞美语境中做一番探查就会发现，他所赞美的并非仅仅是这首歌曲，而是由国歌的普遍流行和家喻户晓所表征的爱国热情以及这个国家在当时所具有的凝聚力。英国国歌的创作、传播以及随后历史进程中的种种遭遇，与特定时期英国的政治局面和民族国家建构过程中所遭遇的具体问题息息相关。与此同时，国歌本身，特别是歌词文本的内容和意涵，准确勾勒了这个在光荣革命之后确立的君主立宪国家，如何融合古老君主制与现代政治设计，并力图保持其平衡的方式与方法。就此而言，对英国国歌进行学理的分析，不仅是对国歌本身的分析，同时也是将国歌作为符号，来观察英国作为民族国家在政治现代化过程中的经历。在这个意义上，国歌就是文本，是被嵌入了政治社会历史中的要素，它的遭遇，同样反映了大时代和特定历史时期的政治特征。

一、爱国歌曲与民族的音乐精神

"随便怎么巧言善辩，我们确实不是个有音乐天赋的国家。"[1] 在过去几百年，这种看法似乎是英国人在评价本国音乐艺术水平时的基本立场。不过，这种判断或许过于谦虚，包含着英式自嘲与讽刺，毕竟，恰恰是这个自认为"没有天赋"的国家，出现了大量并非纯粹艺术作品，而是与政治和社会相呼应的音乐和歌曲。换句话说，或许英国人所谓的没有音乐天赋，仅仅是缺乏"为艺术而艺术"的天赋而已。从近代初期以来，音乐在这片土地上就被视为政治象征，承载着现实的政治目标。

在《民族主义》一书中，格林菲尔德将英格兰视为现代历史上第一个民族，认为它先于其他民族拥有了民族意识，并且结合自身特征创立了一套政治统治和治理机制。[2] 反过来说，在这种民族意识的形成过程之中，或源生或伴生的各种文化机制必定发挥着不可小觑的作用，音乐当然也是其中一种重要力量。音乐与英国政治认同和民族情感的关联不可谓不深，近代以来英国社会政治生活的方方面面，被刻上政治价值的音乐一直都在场。

可以从三个侧面来进一步勾勒音乐在英国民族意识成长和民族国家构建过程中的整体性在场状态：从中古时期就存在于英国的以交响乐、音乐剧和歌剧为代表的艺术性较高的剧院音乐；随着近代以来政治观念的变迁而越发被赋予政治功能的民谣；以及皇家活动和仪式中所使用的专属曲目。就第一种类型而言，最突

---

[1] SEC to WJC, December 1830，转引自 A. V. Beedell, *The Decline of the English Musician*, 1788-1888, Oxford: Clarendon Press, 1992, p.38。
[2] 参见里亚·格林菲尔德《民族主义：通往现代的五条道路》，第一章。

出的例子要数 18 世纪英国的剧院政治，折射着英国人对民族身份的追寻和对国家状况的理解；第二种类型中最有趣的当属光荣革命之后捍卫詹姆士二世的苏格兰人逐渐发展出的特有的民谣类型，在这种歌曲中，政治效忠和爱国情怀是不变的主题；最后，加冕礼和皇室庆典等场合中皇家礼仪人员对音乐的功能定位以及实际选择也透露着政治的需求。总而言之，在英国历史上，不仅是国歌，整个"音乐行业"从一开始就是一项政治和社会活动，无处不被打上了英格兰民族、君主国以及皇室荣耀的烙印。

自我意识与音乐：英国人在音乐问题上的民族意识

虽然音乐在英国的历史同其他欧洲国家一样悠久，甚至如果算上凯尔特人的民歌以及中世纪传唱的各种小调，甚至要比欧洲其他许多地区还要源远流长。15 世纪初大名鼎鼎的人文主义思想家伊拉斯谟（Desiderius Erasmus）在《愚人颂》中这样评论道："英国人可以算得上是在所有人中最样貌堂堂、善晓音律，最有品味的人了。"[1]

然而，近代以来，英国虽然占据了政治、经济和科学技术上的先发优势，但在艺术特别是音乐领域，却显得不那么耀眼夺目。虽然单纯以审美标准评价时，英国音乐似乎乏善可陈，但是在将音乐视作权力和政治的辅助这个方面，英国音乐的政治史却是历史悠久的。早在斯图亚特王朝，政治家和精英们就发现并发挥了音乐在政治领域的作用，而且是将其作为传达国家认同和民族特殊身份的工具和手段。据说，1518 年，托马斯·克伦威尔

---

[1] Erasmus, *Encomium Moriae*.

(Thomas Cromwell)为了博得教皇列奥十世的注意,费尽心思编排了一首歌曲来取悦教皇,歌曲巧妙地采用了特殊的演唱形式,既保证教皇的欣赏,又提醒了教皇记住自己(克伦威尔)作为英国人的身份。[1]

这份记载或许只能证明政治家已然意识到音乐作为象征符号在交流中的一种作用,实际上音乐对英国人来说的意义并不止于此。在近代历史中,英国人对其他国家的音乐作品常常抱有鄙夷和保留的态度,他们十分在意音乐的民族性,想要在音乐艺术造诣上超越其他国家,以至于在后来的历史编纂中,英语史的研究者还塑造了所谓的"英国派"作曲家:

> 如今,虽然仅仅只有一小部分说英语的人士认识到了,都铎时期不仅文学成果举世瞩目,音乐也是同样卓然不群;都铎时期的作曲家……都算得上是一流水平。甚至可以断言,这些英国派的音乐作品要比同时期的欧洲作品高超许多……[2]

带着民族情感的研究者虽然可以用豪言壮语赞美自己国家的辉煌过去,但是他们依旧不得不承认,在近代历史上,与欧洲大陆的许多其他地区相比,英国的音乐和音乐家确实稍显逊色。在总结18世纪的英国音乐史时,罗杰·菲斯克(Roger Fiske)直言:"即使当我们(英国人)已经拥有了欧洲最好的作曲家时,

---

[1] Theodor Dumitrescu, *The Early Tudor Court and International Musical Relations*, Hampshire: Ashgate, 2007, intro, pp.1-2.
[2] Edmund Horace Fellowes, *The English Madrigal Composers*, Oxford: Oxford University Press, 1921, p.20.

外国人在音乐方面要比不列颠人优秀的观念依然深入人心"。[1]

歌剧在英国的遭遇正是一个典型案例。作为一种艺术表现形式，歌剧是欧洲近代艺术文化的重要内容之一，在欧洲各国都受到广泛的欢迎，各国也都有自己杰出的歌曲作品和伟大作者。一位法国人在1777年写道："上一位波兰国王愿意花十万埃居（ecus）来观赏每一出新的歌剧。[2] 西班牙则展现出了在音乐方面举世无双的奢侈铺张……俄国虽然在本世纪初还没有苗头，但如今它对音乐的喜好已经发展到这种程度，以至于歌剧演唱者的收入比军事长官还要高。"[3] 对于近代早期的欧洲人来说，歌剧不仅仅是一场歌唱表演，它还是王权的象征、上层政治社会文化仪式的展现。到18世纪以后，剧院为了生存而不断进行改革，它也开始为布尔乔亚们提供了类似于公共领域的交流场所。[4] 许多音乐家所创作的音乐剧题材也反映着当时欧洲的政治和文化观念风向标，以至于在某种程度上推进了欧洲的民主政治进程。[5]

作为一项意大利的发明，到1705年，歌剧才被引入英国。而在此之前，英国人则将具有悠久历史的本土音乐剧视为一种"民族"文化的产物，尤为重视其中"英国性"（Britishness）的

---

[1] 参见 H. Diack Johnstion, Roger Fiske eds., *Music in Britain: The Eighteenth Century*, Oxford: Basil Blackwell, 1990. p.4。
[2] ecu（埃居）是一种古代的法国铸币，这一时期依然流通，按照一种算法，1埃居相当于如今1元人民币的购买力，另一些算法给出的币值更高，足见在当时音乐剧的昂贵和受欢迎程度。
[3] Ange Goudar, *Le brigandage de la musique italienne*, 1777. 转引自 Martha Feldman, *Opera and Sovereignty: Transforming Myths in Eighteenth-Century Italy*, Chicago: University of Chicago Press, 2011, p.1。
[4] 参见 Martha Feldman, *Opera and Sovereignty*, pp.5-22。
[5] Anthony Arblaster, *Viva la libertà! Politics in Opera*, London: Verso, 1992.

多寡。此外，对于音乐剧以及后来歌剧在英国的发展与遭遇，英国人一直倾向于用"政治性"的话语来进行讨论。前一个问题一方面是由于 17 世纪戏剧传统的盛行，特别是莎士比亚戏剧占据的主导地位，使得英国人对自己的舞台表现形式有着清晰的认知；另一方面，在意大利歌剧被引入英国之前，英国人更加反感的是法国文化的入侵；而就后一个问题来说，随便翻阅记载 18、19 世纪英国音乐的书籍，各种"意大利入侵""歌剧院革命"之类的词汇俯拾即是。[1]

"英国本土"和"意大利入侵"之间的争论可以被视为普遍意义上艺术风格发展的一个阶段，不过对英国人来说，这本身也是一个政治问题。支持意大利歌剧的人们将其视为高尚和高雅的象征，本着人文主义的精神，他们并不认为欣赏用另一种语言进行演唱的、同英国传统音乐截然不同的这种舞台艺术有什么问题。反对者则认为意大利歌剧的流行不仅会污染英国的语言和文化，同时也会亵渎传统的礼数风俗。[2] 从某种程度上说，歌剧音乐在英国的流行与所遭遇的抵抗，也是这一时期英国音乐高度政治化的证明。

这种讨论或许过于局限于上层社会和精英文化了，不过，即使是意大利歌剧在整个欧洲广受好评的时候，它在英国也并不算得上占了上风。这一方面同歌剧演唱需要使用意大利语所造成的对听众的限制有关，也同歌剧院这种表现形式并不受习惯了小酒

---

[1] 例如 Curtis A. Price, *Music in the Restoration Theatre*, Ann Arbor: UMI Research Press, 1979。
[2] Thomas McGeary, *The Politics of Opera in Handel's Britain*, Cambridge: Cambridge University Press, Intro. p.1.

馆里齐声歌唱的英国人的欢迎有关;另一方面,在复辟时期以及接下来的英国历史中,音乐的发展也呈现出了相当强烈的民族化和政治倾向。[1] 从复辟时期开始,英国人就开始热衷于编纂各种"英国音乐史",人们甚至将音乐看作从事政府公职的人所必不可少的精神寄托。[2]

内部认同与音乐作品:保皇派的流行歌谣

另一种与歌剧院高雅艺术截然不同的音乐形式也被英国人政治化了,并且在相当长的一段时间内,被视作表达政治态度和凝聚政治情感的重要途径。复辟之后,特别是18世纪晚期到19世纪早期的苏格兰,保皇派中流行起了一种口口相传的"保皇派民歌"(Jacobite songs)。这种状况的出现,或许跟当时苏格兰的政治局面有着密切的关联。在18世纪的漫长斗争之后,"高地"和"低地"之间统一的民族认同终于开始有了雏形,苏格兰人将自己视作凯尔特民族的成员。当然,民族共同体认同整合的过程并非一蹴而就,在各种政治活动、政策法令甚至是历史编纂之外,歌曲充当了一个重要的载体和工具。

一般说来,学术研究和历史讨论常常将保皇派的斗争视作英国从绝对君主统治走向宪政政府,从野蛮时代走向现代文明的最

---

[1] 在讨论18世纪英国的音乐史时,菲斯克饶有兴致地援引文献对比了鼻子耳朵冻得通红的歌剧欣赏者与在画廊和戏院中吃着橘子、听着歌的人们,显然后一个场景要惬意和受欢迎许多,而且据说即使是后来一些歌剧院重新装修并增加了咖啡厅,也依旧有很多听众故意迟到,以便可以只在咖啡厅里消磨时光。参见 H. Diack Johnstion & Roger Fiske ed., *Music in Britain: The Eighteenth Century*, Oxford: Basil Blackwell, 1990, pp.14 – 15。
[2] Edward Lee, *Music of the People: A Study of Popular Music in Great Britain*, London: Barrie & Jenkins, 1970, p.53.

后一场斗争，而结局当然是以保皇派的失败而告终。辉格党人的历史记叙甚至视其为历史规律和理所当然。有趣的是，在这一时期的苏格兰，几乎所有重要的文学和艺术作品，都是出自对这一派持有同情甚至支持的人士之手，以至于罗伯特·伯恩斯（Robert Burns）直接宣称"苏格兰的缪斯们都是保皇党人"，[1]而收集英国民间歌曲的约瑟夫·芮申（Joseph Ritson）则在《苏格兰歌曲》这一册的引言中表明，这一时期的许多苏格兰歌曲乃是"歌词创作中最杰出的作品"。

在英国历史上，民歌的创作和传唱并不是这一时期的发明，这个小酒馆和市民活动早就兴旺发达的国家，民间歌曲流行的记载可以追溯到中世纪晚期。不同于在宗教场所和宫廷中演奏和演唱的曲目，这些歌曲大多歌唱乡村风光、邻里琐事，有时候也描绘骑士的勇武之举和浪漫的爱情故事。不过，同绝大多数的民间文化一样，在贵族和精英人士眼中，它们并不算是什么精美的文化瑰宝。这一时期的苏格兰保皇主题歌曲之所以被视为重要的文化和历史作品，同18世纪欧洲开始盛行的浪漫主义运动有关，恰是自此时起，文人志士将民间艺术和民俗文化视作蕴含着民族精神的精粹之物，并开始大力搜集和推广这些内容。[2]

更重要的是，即使是保皇派自己，也逐渐意识到了演唱歌曲所能产生的政治效果。在《保皇派歌曲》一书中，威廉姆·唐纳

---

[1] Robert Burns,"Notes on Scottish Songs," in James C. Dick, ed., *The Songs of Robert Burns*, Hatboro: Folklore Associates, 1962, p.4.
[2] 这一过程在德国最为典型,英国的浪漫派更多是侧重于对美丽乡村和自然景观的赞美抒发。然而,从另一个角度来看,这一时期英国的民族认同本来也就是部分通过各种乡村景观的不断强化来实现的。在英国的民族观念传统建构中,园艺和乡村景观的不断推广和普及是十分重要的部分,例如保罗·雷德曼的《传奇的风景》等。

德森（William Donaldson）通过对这一时期最流行的歌曲的历史和文本分析来证明，不仅歌词本身从最初的民俗歌曲内容最终转化为对统一英格兰民族的歌颂，而且其中的每一次显著的主题变迁，都同苏格兰的政治状况联系在一起。这些歌曲将斯图亚特王室歌颂为正义和正当的统治者，哀悼查理一世的遭遇，鼓励苏格兰人对抗汉诺威王室的"暴政"，并以自由的名义为自己的抗争正名，对他们来说，斯图亚特王室的复辟是为了"打压篡权者"，而斯图亚特王室的合法性不仅在于他们给民众带来自由与欢乐，传说中古橡树[1]更是赋予了皇室统治的合法性，如此种种，在这些歌曲中比比皆是。[2]

就这种歌曲的内容和题材来看，最早产生重大影响的歌曲便是《过去之歌》（*Guid Auld Lang Syne*）。[3] 在英国民族音乐研究领域颇有影响力的威廉·康明斯（William H. Cummings）曾经将它与《天佑吾王》《不列颠万岁》并列为英国的民族经典歌曲。[4] 顾名思义，这首歌赞美的是苏格兰过去的伟大传统和英雄

---

[1] 关于古橡树在英国历史中的象征意义，可以参考仇振武《走进街头"圣树"：英国橡树文化小史》，https://www.thepaper.cn/newsDetail_forward_3342072。

[2] *The Restoration*：To curb usurpation, by the assistance of France, / With love to his Country, see Charlie advance!；*Royal Oak Tree*：All shall yield to the Royal Oak Tree; / Bend to thee, majestic tree! / Honour'd was he who sat on thee, / And thou, like him, thrice honour's shalt be. 这两首是收录于《保皇派歌曲》中的第三和第四支歌曲。参见 G. S. Macquoid, *Jacobite Songs and Ballads*, New York：The Walter Scot Publishing CO., LTD, 1887, pp.27-28。

[3] 歌曲名是苏格兰方言，最早由罗伯特·伯恩斯于1788年前后译成英文，后来在世界范围内流行，传播到中国之后，就是我们所熟知的《友谊地久天长》。这首歌的旋律后来成为了第一首朝鲜国歌的旋律。

[4] 参见 William H. Cummings, Our English Songs, 收录于 *English Music*, 1604-1904, London：The Walter Scott Publishing Co., Ltd, 1906, p.51。

祖先。作为歌曲的英文歌词的译者，罗伯特·伯恩斯本身就是通过歌曲传达苏格兰民族政治情感的标杆旗手，他对血统和祖先的强调甚至被托马斯·卡莱尔（Thomas Carlyle）视为是有机论和本质论的。[1] 不过，抛开特定历史情境之下的观念特殊性不谈，伯恩斯为苏格兰民谣所填的歌词，确实堪称民族歌曲的一种范本，以下便是其中一首歌曲的歌词：

> 苏格兰人，是谁让华莱士血溅沙场，
> 苏格兰人，布鲁斯的榜样何等激荡，
> 欢迎来到这荣耀的故乡，
> 欢迎来到胜利的温床。
> 今时今日，
> 前线战士令众人神情紧张；
> 爱德华的力量步步紧逼，
> 镣铐与奴役随他身旁。——
> ……
> 因压迫者的痛苦忧伤！
> 因你受奴役的子孙后代！
> 我们发誓战死沙场
> 为他们的自由而战！
>
> 将篡权者打倒在地！
> 暴君彻底失败！

---

[1] Steve Sweeney-Turner, "Pagan Airs: Reading Critical Perspectives on the Songs of Burns and Tannahill," *Scotlands* 2. No. 2, 1995, pp. 36–38.

> 自由遍布四方！
> 不斗争——毋宁死！！！[1]

唐纳德森的考据表明，伯恩斯所收录和创作的各种歌曲都明确地传达了政治情感，包含对先王和英雄的歌颂，影响着反对汉诺威王室的公共舆论。这在当时并不是孤立的个案。乔治·麦肯锡博士在他的《苏格兰民族最负盛名的作家之生活与性格》中表示，"世界上所有的智慧民族都是如此，谨慎小心勤勤恳恳地将伟大祖先的言行与生命注入后代身上"，而苏格兰人也一样。[2] 与之类似的歌曲还有很多，例如 18 世纪早期的另一首流行歌曲《苏格兰，你的命运如此多舛》（*Caledon, O Caledon how wretched is thy fate*）。[3]

为什么要创作这种歌曲？在当时的苏格兰人心里，已经有了类似于后来政治文化教育的工具性回答。1819 年于格拉斯哥出

---

[1] 英文歌词如下：Scots, wha hae wi' WALLACE bled, Scots, wham BRUCE has aften led, Welcome to your gory bed; Or to victorie. / Now's the day, and now's the hour; See the front o'battle lour; See approach proud EDWARD's power, Chains and Slaverie. — ... By Oppression's woes and pains! By your Sons in servile chains! We will drain our dearest veins, / But they shall be free! Lay the proud Usurpers low! Tyrants fall in every foe! LIBERTY's in every blow! Let us Do— or DIE!!! 参见 James Kinsley ed., *Poems and Songs of Robert Burns*, Vol. 1, Oxford: Clarendon Press, 1968, p.350。

[2] 转引自 William Donaldson, *The Jacobite Song: Political Myth and National Identity*, Aberdeen: Aberdeen University Press, 1988, p.10。

[3] Caledon（卡利登）是对古苏格兰人的一种称呼，指的是生活在不列颠北部的一片区域的人，大致对应了现代苏格兰的范围，在公元 1 世纪前后，这片土地上居住着 Caledone（卡利登）部落。这首歌的歌词虽然是哀叹古苏格兰人的遭遇，但明显是借此来讽刺当时对与斯图亚特王室的联盟的背叛："你曾名扬四海，诸民族都赞你勇武忠诚；你捍卫了古代权利与自由，对依靠英格兰的念头不屑一顾……"转引自 William Donaldson, *The Jacobite Song*, p.11。

版的《苏格兰竖琴集》中这样说道,诗人们"对个人和共同体的命运有着十分重要的影响,而且这一点不可忽视",之所以如此,或许是因为歌曲在教育儿童方面显然要胜过其他手段,因此,"民族性格一旦形成,歌曲无疑是维系这种性格的最令人愉悦的手段",而这些苏格兰歌曲"在多大程度上为武装起来的爱国者提供助益",其影响力似乎也是难以估算的。[1]

从 17 世纪到 19 世纪,这种歌曲的内容发生了明显变化。唐纳德森部分总结了这一变化:在歌词题材中,对苏格兰先王、英雄人物和祖先的赞美和歌颂逐渐消失了,填补其空缺的是对苏格兰人文地理优美风景的歌唱,苏格兰被描绘为"高山大河之地",而这种将民族认同从历史转移到环境之上活动,反过来证明了苏格兰民族认同的高度稳定。[2] 不过,倘若将视野拓展到唐纳德森所具体分析的 10 首歌曲之外,就会发现,即使是到 18 世纪后期,苏格兰民歌的主要内容也依然是以光荣革命以及随后的复辟给苏格兰政治带来的各种混乱为主题的。例如,在《保皇派歌曲和苏格兰民谣:1688—1746》这本歌曲集中,编者将歌曲分为传统和现代两部分,现代歌曲收录 26 首,其中以政治为主题的占一半以上,以查尔斯王子为主题的就有 6 首。[3] 在另一本以编年方式收录的《保皇派歌曲与民谣》中,最后的 10 首歌也都是关于斯图亚特王室的。[4]

---

[1] 转引自 William Donaldson, *The Jacobite Song*, p.3。
[2] Ibid, p.ix。
[3] 参见 Charles Mackay ed., *The Jacobite Songs and Ballads of Scotland:1688 - 1746*, London:Richard Griffin and Company, 1861。
[4] G. S. Macquoid, *Jacobite Songs and Ballads*, New York:The Walter Scot Publishing CO., LTD, 1887。

国王加冕礼与音乐的政治功能

1953年，英国为女王伊丽莎白二世举行了盛大的加冕礼，当时的坎特伯雷大主教乔弗里·费舍尔（Geoffrey Fisher）言简意赅地阐明了加冕典礼在英国政治生活中的地位，它是"英国教廷和国家"最为历史悠久的机制之一，也是展现"华丽炫目的盛宴"。[1] 按照大主教的界定，国王加冕礼不仅是一项政治活动，同时也是宗教和社会活动，它历史悠久，并且一直传承至今。不过，大主教虽然赋予了加冕礼如此重要的地位，却没能直接表明它的功能。当然，加冕礼并非英国的发明，在所有的君主制国家中，都存在着这项通过仪式确认君王统治的合法性的程序，而这种合法性又通常是借由更高权威的认可呈现出来。就此而言，近代历史前期的音乐从来都是政治的和宗教的，"音乐来源于政治，并依赖于政治而成长"。[2]

加冕礼是一场政治权威有意展现的场面盛大的仪式，在确认统治正当性的同时，也向被统治者们展现这种正当性。恰如在旧制度终结前夕，一位生活在路易十六统治之下的法国人就道出了其中关窍，"皇室权威最重要的支撑就是各种仪式。如果将环绕着他（国王）的各种华贵炫目拿走，他在众人眼中将不过是个普通人"[3]。一场成

---

[1] "The Coronation Service. An Introduction by His Grace the Lord Archbishop of Canterbury,"in *The Coronation of Her Majesty Queen Elizabeth II*, 2 June 1953. London: Odhams Press, 1953, p.30.
[2] 约翰·欣里希·克劳森：《教堂音乐的历史》，北京：生活·读书·新知三联书店，2021年，第31页。该书的第二章详细介绍了中世纪和近代早期音乐在国家礼拜仪式中的形成和变迁，讨论了音乐与政治之间的相互作用。
[3] 转引自Sergio Bertelli, *The King's Body: Sacred Rituals of Power in Medieval and Early Modern Europe*, Pennsylvania State University Press, 2001, p.4.

功的加冕礼，需要使参与者从内心深处对"庄严神圣"的统治权威产生认可和喜爱，而为了实现这种效果，音乐成了不可或缺的技术手段之一。例如，参与了1911年乔治五世和玛丽皇后加冕礼的观察者曾写道："音乐乃是为整个仪式的伟大炫目贡献最突出的艺术"，"它使这伟大的严肃场合能够深深刻入人心"。[1]

几百年来，英国的王室加冕礼（the Coronation）一般由四项程序组成：确认礼（The Recognition）、涂油礼（The Anointing）、受冠礼（The Crowing）以及最后的效忠礼（The Homage）。确认礼象征着人民对即将加冕的君主的认同，举行这项仪式时，大主教需要赞扬君主，参与仪式的民众则要大声齐呼"天佑吾王/女王"来表达认可，颂歌在民众的欢呼声中响起；涂油礼是整个仪式的"精神顶峰"，而整个仪式首先演奏音乐《圣灵降临》（*Veni Creator Spiritus*），接着是亨德尔创作的《牧师扎多克》（*Zadok the Priest*）[2]；第三步的受冠礼是整个仪式最关键

---

[1] 转引自 Matthias Range，*Music and Ceremonial at British Coronations：From James I to Elizabeth II*，Cambridge：Cambridge University Press，2012，p.1。

[2] 亨德尔所创作的这首歌的歌词是来自歌曲"Unxerunt Salomonem"，其主题是《圣经·列王记》第一章中牧师扎多克与先知拿单为所罗门王进行的涂油礼，歌词为："Zadok the Preist, and Nathan, the Prophet,/ Anointed Solomen King. / And all the people rejoic'd, and said:/ God Save the King, long live the King,/ May the King live for ever! / Amen, Alleluja!"根据记载，公元973年和平者埃德加（King Edgar）的加冕礼上就已经开始演唱这首歌曲，而这是第一次有记载可查的英国国王加冕礼。亨德尔想要在演唱时呈现出"人民的三声欢呼"的效果："天佑吾王！万寿无疆！永享太平！"，实际上他也实现了这个目标。这首歌在1727年乔治二世的加冕礼中第一次被采用时，当鼓乐响起，人们开始齐声呐喊"天佑乔治二世！乔治万寿无疆！愿吾王永享太平！"在此后的十年时间里，人们会将《牧师扎多克》称为《天佑吾王》（并非本章主要讨论的国歌《天佑吾王》），参见 Friedrich Chrysander，*Henry Carey und der Ursprung des königsgensanges God save the King*，转引自 Matthias Range，*Music and Ceremonial at British Coronations*，p.142。据说正是亨德尔的这首曲子开创了人们齐声合唱"天佑吾王"这句话的习惯，这也是后来一些研究者将亨德尔认定为《天佑吾王》这首英国国歌的作者的主要原因之一。

的部分,国王正式带上皇冠,民众随后涌入威斯敏斯特教堂,唱起《汝当坚强勇敢》(Confortare)和《借上帝之力》(Deus in Virtue);最后一步则是臣民向君王效忠,从1626年开始,仪式中会选择符合特定时期的歌曲进行演唱。[1]

在这种集中表现英国君主制权威的仪式上,《天佑吾王》并非"保留曲目"。虽然音乐与加冕仪式之间关系密切,但在具体音乐的选择上,除了前文提及的《牧师扎多克》等带有宗教性质的歌曲外,其他的音乐基本上都是"量身定制"的新曲。一直到1821年乔治四世的加冕礼,《天佑吾王》才第一次登上这个舞台。当然,这首歌比较晚近才出现在加冕礼的一个原因是,到乔治四世时期,这首歌才真正成为爱国歌曲的主要曲目,但是,在乔治四世之后,演奏《天佑吾王》也并未成为惯例,许多国王甚至表达过对这首歌曲的反感。为何如此?对这一现象进行合理的解释,有助于更好地理解音乐与政治仪式之间的关系。

首先,音乐在整个加冕仪式中有重要的地位和功能。在仪式的进行过程中,音乐演奏和歌曲演唱都是必不可少的组成部分,之所以如此,一个重要的原因其实是,作为将新的最高统治者的合法权威"昭告天下"的仪式来说,最大范围内地吸纳参与者并使之成为这一仪式的见证者,其实也是在对这个新的统治者进行确认。然而,举行加冕礼的场地给这一功能的实现制造了限制条件,在教堂举行本身就意味着观赏和参与人数的限制,民众基本上只能在教堂外"围观"。在并没有其他现代传媒技术对加冕礼

---

[1] 对加冕礼四步骤的总结,本书参照的是 Matthias Range, *Music and Ceremonial at British Coronations*, pp.10 – 12。

第一章 ——《天佑吾王》：从王朝体制确立到君主立宪的危机

进行直播或转播的情形之下，音乐是即时传播最好的途径，教堂内响起的音乐传到民众耳中，其实也是在"直播"加冕的进程，而众人一同唱起歌颂新君的歌曲，则在无形中跨越了建筑物的区隔，将所有人都凝聚在了对君主的效忠和爱戴之情中。

其次，与其说加冕仪式是现代意义上的政治统治权威的确认仪式，不如说是某种带有政治神学意味的传统取向的典礼。前文中对加冕仪式的主要过程的简单叙述就从侧面表明，它的宗教意味远超任何其他的政治仪式。虽然光荣革命和复辟之后，整个英国政治结构的运行逻辑发生了彻底变化，君主制也转变成了有限的"立宪君主"，但是君主权威来源的理论并未真正被改变，宗教在整个政治生活中依然发挥着提供合法性和终极证明的作用。恰是如此，唯有重要的宗教曲目才能成为加冕礼的保留曲目。另一方面，由于加冕礼的逻辑在于从神圣权力手中接过权柄，以上帝的代理的身份来造福国家，因此，这套仪式所突出的重点自然不在于对国家或民族的歌颂，而更多地是对新君主所能带来的新未来的憧憬和展望，缘此，才会有为每位新君主所量身定制的曲目的演奏。最后，即使民间已然认定《天佑吾王》的国歌地位，但是这一地位既无法律规定，也无王室认可，因此，王室选择是否采用这首歌，全凭自己裁量。

总之，在英国的历史环境之下，音乐从来不是单纯的艺术问题，而常常同政治立场和价值取向联系在一起。当面对风靡欧洲的、来自其他国家的高雅艺术时，英国人并未因其高雅就对它们敞开怀抱，反倒格外在意其中存在的民族差异。当国内处在政治分歧中时，音乐又成了表达政治情感和进行政治动员的有效工具，保皇派歌曲不仅在当时为保皇党人提供了凝聚力，也从侧面表明了音乐作品在英国政治中的论战性。音乐的政治性用途在英国历史中的一个重要示例就是皇室加冕礼,而其中通过音乐所塑造的共时性和在场感,又进一步彰显了权力和王权的神圣,随着神圣权力逐渐式微和王权传承的相对稳定,歌颂国王与国家的《天佑吾王》越来越成为加冕礼中的必唱曲目。

二、《天佑吾王》之创作的罗曼司[1]

比起政治音乐的总体背景,英国国歌本身的创作时间和具体境况则显得有些扑朔迷离,实际上,连英国人自己都无法确定这首歌到底是谁写的,又到底是在什么情形之下写出来的。本节首先围绕关于国歌起源的两种主要说法展开叙述,它们分别将这首歌的写作时间确定在17世纪初和18世纪中期,然而,仅仅进行历史证据的分析显然无法解释为何在并不算久远的时间里,一首具有重大政治意义的歌曲的"版权"问题难以得到解决,所以需要结合歌曲的功能以及具体的历史背景进行阐释,并试图表明,关于英国国歌起源的判断,不管是何种说法,都与特定的政治取向和需求有关,换句话说,关于《天佑吾王》起源的争论,本身就构成了一出罗曼司,也是理解国歌功能的一面镜子。最后本书将结合已有的学术成果,特别是音乐史的研究成果来展现英国国歌在英国的接受和使用历程,作为被理解成罗曼司的国歌起源争论的对照。

---

[1] 本节的主要内容曾以文章的形式进行发表,原文章题目为《作为事件和神话的国歌:对〈天佑吾王〉的分析》,《学海》2016年第3期,第83—90页。本书在写作过程中对文章内容有所修改。

作为事件的国歌：乔治二世之治

就词源来看，"天佑吾王"（God save the King）的表述最早出现在 1535 年考文戴尔版的英文圣经中，据说是译者为了贴合英国人的观念，将希伯来语中的"国王万寿无疆"牵强地翻译成"天佑吾王"。而按照一位考据者的看法，这也说明了在 1535 年，"天佑吾王"已经成了一种比较流行的民间表达方式。1545 年，皇家海军的口号中也出现了"天佑吾王，万寿无疆"（God save the King，Long to reign over us）这句话，在各种海军活动和仪式中人们都会使用这个口号。不过，音乐作品《天佑吾王》的出现要晚于这个表述本身，而最主要和影响最深的两种说法，分别将这首歌追溯到了 1606 年和 1740 年。

1606 年，"天佑詹姆斯国王"作为战歌的主题开始流行起来，在这时候，詹姆士一世还享有较高的威望。[1] 1607 年，詹姆士一世访问了当时位于伦敦的裁缝商人公司，公司为欢迎国王安排了一系列的活动，据说，《天佑吾王》就是在这次活动之中第一次被演唱。[2] 这一说法不仅在民间广为流传，王室也对此表示接受。在 1875 年威尔士亲王访问裁缝商人公司时，在晚宴致辞中他如是说道："请允许我提醒大家，在 1607 年，本·强生作词，

---

[1] 1606 年，出现了"天佑詹姆斯"的流行歌；1607 年，一首无疑经过编排的《天佑吾王》被表演，但没有证据能表明这两首歌曲是否有具体关联。目前没有具体曲谱流传下来，只有文字记载。
[2] George Grove ed., *A Dictionary of Music and Musicians*, Vol. I, New York: Cambridge University Press, 2009, p.606.

约翰·布尔博士作曲,创作了《天佑吾王》。"[1]

说起来,将《天佑吾王》追溯到詹姆士一世时期,要归功于一位叫作理查德·克拉克的低音男歌手的断言:"音乐博士约翰·布尔先生毫无疑问在1607年写下了我们的国歌"。[2] 克拉克为了证实自己的说法,不仅列出了自己所掌握的材料,而且也向裁缝商人公司的相关人员提出过查阅资料的请求。据克拉克所发掘的档案记载,当1607年7月16日詹姆士一世访问公司时,曾经担任过宫廷乐师的布尔博士应公司的要求,写了一首以歌颂国王为主题的歌曲。庆祝活动准备得十分精心,项目也颇为繁杂,许多皇室成员都参与其中,包括国王詹姆士一世、亨利王子和许多贵族廷臣,其中关于《天佑吾王》这首歌的相关记录如下:

> 晚宴期间,布尔博士一直在演奏歌曲,国王教堂的孩子们则进行演唱;此后,国王陛下来到了大厅,欣赏了一首由站在船上的三位男士演唱的美妙送别曲,陛下尤其喜爱这首歌曲,又让他们唱了三遍……为感谢诗人本·强生为国王所做的演讲、歌词创作以及其他杂物,付给强生20镑酬劳。[3]

这种说法其实很难站得住脚,克拉克自己也承认,当天活动中表演过所有的演说、歌曲、诗歌和音乐记录都找不到了。而许

---

[1] William H. Cummings,"God Save the King,"*The Musical Times and Singing Class Circular*, Vol. 19, No. 421, Mar. 1, 1878, p.130.
[2] Richard Clark, Montagu Sharp, Walter Douglas Seaton,"God Save the King," *The Musical Times and Singing Circular*, Vol. 17, No. 402, Aug. 1, 1876, p.566.
[3] Richard Clark, Montagu Sharp, Walter Douglas Seaton,"God Save the King," *The Musical Times and Singing Circular*, Vol. 17, No. 402, Aug. 1, 1876, p.566.

多通过考据来反驳克拉克观点的研究显然更加有说服力，例如，通过考据各个不同版本的以"天佑吾王"为名的歌曲曲谱，威廉·康明斯指出，即使当天约翰·布尔博士确实写过一首以"天佑吾王"为题的曲子，但是这首曲子同后来通行的国歌有着天壤之别。[1] 包括康明斯在内，许多严肃的音乐研究者同样认为在这个场合所演唱过的歌曲并不是后来人们耳熟能详的国歌的曲调。

一种更站得住脚的考据将《天佑吾王》诞生日期推迟到了18世纪中叶，按照这种说法，亨利·卡雷（Henry Carey）是这首歌的作者，最早的演唱是在1740年的一场为庆祝1739年维农将军波特贝罗大捷的晚宴中，这场与西班牙的战役保证了英国在欧洲的力量，在当时称得上是大快人心之举，维农将军也因此被视为民族英雄。[2] 出版于1742—1743年间的《国教口琴曲集》（*Harmonia Anglicana*）中收集了这首名为《天佑吾王》的歌曲，歌词和曲调与现在通行的版本已经十分相近了。[3] 亨德尔的抄写员J. 克里斯托弗·史密斯（J. Christopher Smith）以及哈灵顿博士都出具了证词支持亨利·卡雷乃是国歌的作者。[4]

从可以考据的记录来看，《天佑吾王》开始成为剧院演奏的常用曲目也始于这一时期。1745年苏格兰叛乱期间，充满爱国

---

[1] William H. Cummings, "God Save the King," *The Musical Times and Singing Class Circular*, Vol. 19, No. 422, Apr. 1, 1878, p.197.
[2] 一种说法是，英国皇家海军的军歌《不列颠万岁》也是应这次胜利而被创作的，《不列颠万岁》在包括国王加冕仪式等许多正式的庆祝场合中都被使用，被视为英国的"第二国歌"。
[3] George Grove ed., *A Dictionary of Music and Musicians*, Vol. I, New York: Cambridge University Press, 2009, p.605.
[4] Julius Mattfeld, "The Use of Some National Anthems in Music," *Art & Life*, Vol. 11, No. 1, Jul. 1919, p.28.

主义热情的"天佑吾王"成为各大剧院招揽听众的常用广告词，同名的歌曲《天佑吾王》也是在这时变得家喻户晓，被誉为"忠诚颂歌"，得到了广泛的演唱。[1] 刊登在 1745 年 9 月 30 日的一则报道描述了周末德鲁里剧院的听众们在听完《天佑吾王》之后的激动之情："人们拍手叫好，足够表明他们对我们恶毒敌人独断计谋的厌恶，以及对教皇势力乾钢独断的反感。"[2] 一位感受过德鲁里剧院演出的听众大卫·贾瑞科在自己的信件中绘声绘色地描绘了演出的场景：

> 在每场演出结束时，二十名男演员上台；其中一位站到舞台前段，举起手，抬起头，唱起古老的曲调，歌词则是——"天主吾神！粉碎吾王乔治之敌人！佑他得胜利、得幸福、得荣光，万寿无疆，天佑吾王！"[3]

这种关于国歌创作时间的说法背后其实也隐藏着两个问题。第一，认定亨利·卡雷是国歌作者的主张其实是卡雷的儿子提出的，小卡雷之所以如此宣称，无非想要借此从王室获得一笔长期的报酬。第二，表面上看起来是对国王的支持，但这种说法其实将英国国歌的出现日期向前推了半个世纪，造成了许多混淆和困扰。根据这种说法，这首歌第一次演唱是为了赞颂詹姆士二世。据记载，詹姆士二世的加冕礼上就曾经演奏过这首歌曲，名

---

[1] George Grove ed., *A Dictionary of Music and Musicians*, Vol. I, New York: Cambridge University Press, 2009, p.605.
[2] William H. Cummings, "God Save the King," *The Musical Times and Singing Class Circular*, Vol. 19, No. 424, June 1, 1878, p.315.
[3] Ibid., p.316.

为《神佑吾王詹姆士》。[1] 而当奥伦治的威廉入侵时,汉诺威王室被邀请来保证英国的秩序,其执掌权柄以后,这首曲子就销声匿迹了:"当他成为国王以后,谁还敢说自己是这首曲子的作者,或者唱起这首歌?"[2] 换句话说,如果这首歌是为詹姆士二世所做,那么所歌颂的王朝就是斯图亚特,而不是1745年贾瑞科在剧院中齐声歌颂的"人民的好父亲"——乔治二世。[3] 可以说,如何解释这一现象,关系到对国歌的理解。另一方面这个问题也可以部分解释,英国的国歌为何不同于其他民族国家的国歌所出现的随着政权更迭而发生的种种变更(例如法国和德国)情况,它自确立之后便一直沿用。

作为事件的国歌在历史考据中显得疑点重重,而且,没有哪种说法占有绝对的权威。因此,或许我们可以认为,仅仅对国歌进行历史考察明显是不足够的。这种缺陷首先源自历史研究本身的局限性,由于材料保存和获取的有限性,所谓"原原本本"的历史其实是无法提供的。从另一个角度来看,在国歌的问题上,叙述真实和功能有效是两个不同的追求,而国歌所能发挥的有效功能明显要比其来源的真实性重要得多,就此而言,只有通过理解《天佑吾王》在这些起源考察中所编织起来的英国民族国家神话,才能更进一步地理解这个问题。

---

[1] J. A. Fuller-Maitland, "Some Theories about 'God Save the King'," *Proceedings of the Musical Association*, 43rd Sess, 1916-1917, p.134. 不过进一步的考据表明,实际上这里所谓的"天佑詹姆士二世"其实是从亨德尔所作的《牧师扎多克》演化而来,只是其中有这句歌词而已。然而,正是因为这一事实,使得有些人认为亨德尔才是英国国歌的作者。
[2] William H. Cummings, "God Save the King," *The Musical Times and Singing Class Circular*, Vol. 19, No. 424, June 1, 1878, p.316.
[3] J. C. D. 克拉克:《1660—1832年的英国社会》,北京:商务印书馆,2014年,第310页。

作为神话的国歌：火药桶阴谋与"神佑吾王"

要理解克拉克认定亨利·卡雷作为国歌作者的理据，还需要进一步讨论超出歌曲本身的政治历史背景。实际上，克拉克本人的表白就支撑了这种理解，克拉克之所以认为《天佑吾王》创作于1607年，乃是因为在这一时期，詹姆士一世在全国范围内都享有极高的声望，这种声望来自"火药桶阴谋"的流产。而乔治二世治下逐渐凸显的民族国家意识，以及民族共同体观念与王朝更迭之间的逐渐脱钩，又为1740年一说提供了支持。

在裁缝商人公司所安排的这场首次唱起国歌的活动，其主题就是赞美国王的无往不胜，获得了神意的庇护而可以不费一兵一甲挫败叛贼。[1] 从历史上看，"火药桶阴谋"这场本身为了反对詹姆士一世对天主教徒的"不公待遇"的谋划，在经历了几个月的准备之后于1605年11月5日"流产"，整个事件对英国政治和君主制有着极其重大的影响。用休谟的话来说，整个事件显得"不可思议"，但这群天主教阴谋者的"轻率拯救了国家"。在阴谋流产之后，詹姆士一世一手惩罚罪行，一手支持和保护无辜者，试图尽力弥合宗教纷争给国家带来的矛盾和分裂，虽然也有许多阻力，不过，他"享有臣民的敬重和热爱"，甚至有人称他为"所罗门在世"。[2]

这种观念在当时流行开来，为本来权威十分有限的詹姆士一

---

[1] Richard Clark, Montagu Sharp, Walter Douglas Seaton, God Save the King, *The Musical Times and Singing Circular*, Vol. 17, No. 402, Aug. 1, 1876, p.566.

[2] 大卫·休谟：《英国史Ⅴ：斯图亚特王朝》，长春：吉林出版集团有限责任公司，2013年，第23—27页。詹姆士一世还凭借着此时的威望将苏格兰和英格兰联合起来，号称大不列颠王国，"并将苏格兰和英格兰纹章合为一体，放在所有硬币、旗帜、徽章上"。

世带来了各种便利。虽然作为英国教区的牧首以及王国的最高统治者，詹姆士一世可以拒绝授予天主教徒特权，但作为国王，詹姆士一世其实缺乏有效的安全保障机制，"没有常备军以及有组织的治安力量，连保卫国王和承担庆典功能的近卫军也是王政复辟时期的发明。1603年至1640年之间，在危险和紧急状况下国王可召唤的战士不过百人"。[1] 而当这场阴谋流产并公之于众之后，英国贵族、王党人士甚至是许多天主教徒都直观地感受到了天主教阴谋的可怕，由此也更加倾向于认同詹姆士一世的统治。"火药桶阴谋"流产后第四天，詹姆士一世在议会上做了一场演讲："我自己之所以要感谢上帝，一个原因就是，它并未因我们的罪而放任这场阴谋发生"，比起死在爆炸中的灰头土脸，上帝为詹姆士一世设计的结局无疑是"因为圆满履行了上帝指派的任务，作为国王，在荣耀中死得其所"。[2]

在精英政治圈中，王政的合法性得到提升，在民众心目中，则深信詹姆士一世躲过这一劫，正是由于受到了上帝的保佑。"天佑吾王"的观念在当时逐渐深入人心，我们在民间歌谣中也能看到如下歌词："盖伊·福克斯、盖伊·福克斯，想要炸掉国王和议会，颠覆古老的英格兰；上帝保佑，洞若观火。嘿，小伙子，敲响警铃。嘿，小伙子，天佑吾王！"另一方面，当时许多布道词也使用了同样的主题。在1622年的纪念活动中，詹姆士一世被描述为上帝在人间的代理，只有他能保证社会秩序和民族团结："我们需从他那里接受命令：他是我们的气息，我们所有

---

[1] Kenneth O. Morgan ed., *The Oxford Illustrated History of Britain*, Oxford: Oxford University Press, 1984, p.299.
[2] 《国王詹姆斯政治著作选》，北京：中国政法大学出版社，2003年，第151页。

的言辞、生命和灵魂都属于他。"¹ 后来，11月5日成为了英国的国家节日，虽然庆祝的立场随时段和事件不断变化，但总体上说，盛大的仪式和庆祝活动，绚烂的烟花和热闹的歌舞，都在强化民众对君主制的支持。²

另一个不得不提的巧合就是约翰·布尔博士本身，与他同名的漫画和文学形象（John Bull 常被译作约翰牛）其实是英国在文化上的象征。³ 从18世纪初开始，约翰·布尔作为一个拟人化的存在，通过各种漫画和文学迅速成为"不列颠民族""英国性"等特质的代言人，用迪金森的话来说，约翰·布尔身上所带有的"独立、勇气、爱国情怀和怀疑精神"毫无疑问乃是英格兰民族的象征。⁴ 在一些关于国歌起源的讨论中，研究者们甚至直接将布尔博士创作国歌这件事看成是惊人的巧合，甚至是神意的安排。虽然重名只是巧合，但是就作为象征物激发爱国主义情感而言，此处的约翰·布尔无疑为早它一个世纪的国歌作者增加了几分专属于英国的光辉。这样说来，将"天佑吾王"的诞生追溯到詹姆士一世统治时期，也并非全无道理。在很大程度上，国歌就是作为象征符号发挥着强化国家认同的作用，而通过颇有些神意庇佑的历史事件，这种作用得到了无形的提升，以至于人们可以

---

1 John N. Wall, Jr., Terry Bunce Burgin, "'This Sermon … upon the Gun-Powder Day': The Book of Homilies of 1547 and Donne's Sermon in Commemoration of Guy Fawkes' Day, 1622," *South Atlantic Review*, Vol. 49, No. 2, May 1984, p.24.
2 James Sharpe, *Remember, Remember: A Cultural History of Guy Fawkes Day*, Cambridge: Harvard University Press, 2005.
3 Miles Taylor, "John Bull and the Iconography of Public Opinion in England c. 1712–1929," *Past & Present*, No. 134, Feb., 1992, p.95.
4 H. T. Dickinson, *Caricatures and the Constitution, 1760–1832*, Cambridge: Cambridge University Press, 1986.

忽略事实的真相。

关于乔治二世治下国歌的出现,其解释方式则凸显了英国民族国家建构的另一些关注点。就此而言,比较合理的回答或许要结合民族记忆与对音乐史的理解两个层面。首先需要强调的是,虽然出现了各种王朝更迭,但是在英国历史发展中,不列颠民族和不列颠文明的传统是一直延续不断的,宗教上和政治上的分歧并不影响人们对不列颠王国的认同,而君主制之下不断发展的国力又为这种传统所带来的"民族自豪感"提供了基础。乔治二世可算是比较励精图治的君王,在其治下,不仅英国社会的稳定得到了保障,君主立宪政体也得到了一定的发展。在这种背景之下,君主制作为政体,也就很自然地与民族作为国体结合起来了,并且也因此获得了超越具体纷争的更高位阶的价值。从1745年的情况就可以看出,人们对歌曲最初所要赞颂的对象并不那么在意,更看重的是演唱中所表达的忠君爱国之情。

从音乐史的角度来看,歌曲其实是情感的载体,并因此成为一种可变的工具。翁贝托·艾柯(Umberto Eco)在解释艺术品被生产时的特定目的以及在脱离彼时情境之后还能够具有的价值时就曾经区分了建筑艺术在两个层面上的功能:"首要功能"意味着作品的使用价值,而"次要功能"则是它的象征价值,因此,王位既是一把椅子,也是权力的象征。[1] 使用价值与象征价值两者的改变并不存在必然的联系,只有当两者都同时丧失了,才可以说这件艺术品已经"死了"。以国歌为例,只要它还能激

---

[1] Carl Dahlhaus, *Foundations of Music History*, New York: Cambridge University Press, 1983, p.163.

起爱国热情,或者说起码还能蕴含着某些情感记忆,那么它就依然是有意义的。[1] 作为一首爱国歌曲,《天佑吾王》的歌词中并没有任何对特定王室的表述,而各种版本中所加上的特定国王的名称也可以很轻松地替换。如此一来,它既保证了作为国歌的使用价值,同时又可以在最低和最抽象的层面上激发人们的爱国情感,如此又保证了其长时间的存在。

概言之,不管最初是为哪位国王所作,《天佑吾王》这首歌的价值都远远超过了其起源的真凭实据,恰如一位驳斥了所有关于这首歌作者和创作年代的研究者所坦然承认的:"就我个人而言,我宁愿幻想这首歌是无人作出、自然出现的,联邦时期,创作它无疑是冒天下之大不韪,而它却在复辟时期在每一位心怀不满的王室成员口中流行起来,以至于根本没必要再进行创作。"[2] 借用柯文(Paul A. Cohen)的话来说,国歌的存在以及与它相关的故事恰恰构成了英国民族国家发展的一个神话,它可以是"普通型"的神话,即普通人心中对国歌的认知;也可以是通过修改编纂以后牵强附会的国歌起源故事;更是通过政治和人的互动,通过各种仪式的不断重复,在人们心中所强化出来的对国王作为神意代理人的承认以及对以君主制为政体的英国的认同。[3]

或许,我们还可以进一步做出如下推论,恰恰是在这一情境下,真正的英国国歌诞生了。毕竟,对于一个具有现代性的

---

[1] Carl Dahlhaus, *Foundations of Music History*, New York: Cambridge University Press, 1983, p.164.
[2] J. A. Fuller-Maitland, Facts and Fictions about, "God Save the King," *The Musical Quarterly*, Vol. 2, No. 4, Oct. 1916, p.589.
[3] 柯文:《历史三调:作为事件、经历和神话的义和团》,南京:江苏人民出版社,2000年,第183—185页。

政治体而言，必须要区分的一个关键问题就是具体的统治和永续的共同体，施行统治的群体可以是君主，也可以是民选代表，但统治权所有者的变更不应当影响到民族共同体这个在文化和观念层面上一直延续的存在，当然也不应当妨碍在宪制条件下的一系列限定规则。英国在经历了一系列的政治争论与统治更迭之后，无疑已经实现了这一要求。就此而言，"吾王"成了不列颠民族的标志，集合了这个民族的特性，可以说，《天佑吾王》是对任何一位在位君主的歌颂，更是对作为民族国家的英国的赞美。

历史与官方记载中的国歌及其首演与改编

在英国历史研究者的考察中，目前最通行的看法依然是，《天佑吾王》这首英国国歌诞生于 1745 年 9 月，具体日期并无定论。[1] 这也是英国皇室认可和采纳的说法。[2]

实际上，在这首歌诞生 10 年之前，英国人就已经明确表现出对用来表征民族精神的音乐作品的需求了。1738 年，当亨德尔（Handel）的《亚历山大的盛宴》（*Alexander's Feast*）在考文特花园上演时，《常识报》（*Commone Sense*）刊登了一篇文章，认为音乐直接作用于人的情感，音乐模式和韵律对人的影响是极为强大的，正因如此，将音乐从个人艺术欣赏拓展到民族精神上是十分有必要的："虽然瑞士人算不上感官最为敏锐的人，

---

[1] Percy Scholes, *God Save the King! It's History and Its Romance*, Oxford: Oxford University Press, 1942, p.16.
[2] https://www.royal.uk/national-anthem。官方的说明认为这首歌出现在 1745 年，词曲作者匿名。

但他们在这个时代却拥有用长笛演奏的歌曲,激发了对祖国的热爱",而受到德国影响的亨德尔所创作的作品,难免具有些德意志民族的特色,因此,这些歌曲对不列颠民族的好处将会大大缩减。[1] 换句话说,一个民族需要有自己的音乐,才能反映出自己的精神,鼓舞民众对自己民族和祖国的热爱。英国当然也要有这样的歌曲,不能落后于瑞士等欧洲国家。这篇报道的作者甚至还设想了召开议会时,议员们齐声合唱的场景,算得上是对国歌的现代政治功能的第一次论及。[2]

前文已经简要提及了《天佑吾王》在18世纪40年代开始流行时的状况,而且对国歌起源的追溯也是从这首歌所歌颂的究竟是斯图亚特王室还是汉诺威王室的观察点切入。显然,这首歌曲带有明显的天主教色彩,与18世纪英国的新教主流格格不入。然而,抛开这首歌的作者和创作时间不谈,有确切记录的首次演出或许只能追溯到1745年。

在18世纪呼唤民族音乐的大背景之下,这首歌被人们搬上了舞台,1745年9月28日,德鲁里剧院在上演过本·强生的喜剧之后,首次表演了《天佑吾王》:"这首古老的曲目,起源神秘,已经在光荣革命期间为了纪念斯图亚特王室而被演唱;后来又被那些支持两位复辟者的人秘密传唱着",但是那时,乔治二世已然平息了斯图亚特王室的第二次复辟,这首歌过去所具有的政治立场也逐渐被人们淡忘。[3]

---

[1] 参见 Otto Deutsch, *Handel: A Documentary Biography*, London: Charles and Adam Black, 1955, p.469。
[2] Esteban Buch, *Beethoven's Ninth: A Political History*, Chicago: The University of Chicago Press, 2003, p.17.
[3] Ibid, p.18.

为了适应新教的习惯，第一次演唱时只使用了第一段。这一段与乔治二世的加冕曲《牧师扎多克》十分相近，而且不同于第二段和第三段中的内容，这段话仅仅是一段祈祷词，是不列颠人们在向上帝祷告，希望"吾王"平安，百姓幸福，仅此而已。[1]这首歌的第三段则是唯一创作于 1745 年的段落，强调的是从神圣权力的古老信条中衍生出的君主制的合法性，无论是斯图亚特王室还是汉诺威王室，这一点都是其统治的基础性证明："因此，起码在理论上，君主制的宗教基础与在统治者和被统治者之间所存在的契约观念之间的不相容之处"，就这样令人满意地被抹平了。[2]

实际上，对不列颠人来说，这首歌既反映了民族的历史传统，而且由于第一段中所谓的"吾王"明显指的是信奉新教的乔治二世，因此这首歌也被打上了反对天主教的色彩，唯其如是，在《每日广告》（*Daily Advertiser*）报道人们对这首歌的反应时，才会说"如雷的掌声和叫好充分表明，人们对邪恶的敌人所谋划的阴谋是多么反感，对教皇势力控制英国的独裁企图是多么厌恶"。[3]《每日广告》报道的数日之后，师从托马斯·艾恩的查尔斯·博内（Charles Burney）在考文特花园表演了这首歌，在此之后，《绅士杂志》（*The Gentlemen's Magzine*）和《伦敦杂志》（*The London Magzine*）也对其进行了报道。就这样，《天佑吾王》随着报刊和剧院的推广而不断深入人心，实际上到 20 世纪

---

[1] Esteban Buch, *Beethoven's Ninth*: *A Political History*, Chicago: The University of Chicago Press, 2003, p. 18.
[2] Linda Colley, *Britons*: *Forging the Nation*, *1707-1837*, New Heaven and London: Yale University Press, 1992, p. 48.
[3] 转引自 Percy Scholes, *God Save the Queen!*, p. 3。

初,英国的剧院都一直保留着在演出结束后演奏这首歌曲的习惯。

到乔治三世时期,这首歌已经成为家喻户晓的歌曲了,不仅海顿(Franz-Joseph Haydn)曾经记载过,当乔治三世身体状况恶化的时候,克莱蒙特公爵(Lord Clermont)便安排了管乐团在风雪交加的大街上演奏《天佑吾王》。1789年,乔治三世身体第一次好转,在他前往巴斯疗养的路上,沿途的民众们纷纷聚集在马路边,唱起这首歌向国王表达祝福。在1814年乔治三世的黄金庆典(也是汉诺威王室统治100年的纪念日)上,一群扮演"布列塔尼娅"(Britannia)的年轻妇女合唱了这首歌曲。

即使如此,依旧没有官方文件对《天佑吾王》作为"国歌"的政治地位进行确认。反过来,随着其风靡全国,民众不仅用这首歌来表达效忠之情,也通过它来传达自己的政治立场和需求,歌曲的反复使用又增强了其政治象征效力,这首歌越来越被视为"民族性"象征,"民意"就此成了认可这首歌作为国歌的权威来源。在1819年发生在曼彻斯特的一次支持男性普选权的游行活动中,人们演唱起这首歌,以表达自己的政治立场。[1] 1822年,理查德·克拉克以《名为"天佑吾王"的国歌》为标题的小册子的出版,则第一次用"国歌"来定位这首歌曲。[2]

当然,对于这首歌的国歌地位,民众也并非毫无争议。例如,法国大革命爆发以后,英国内部发生了极化的舆论分歧,拥

---

[1] Esteban Buch, *Beethoven's Ninth*, p. 21.
[2] Richard Clark, *An Account of the National Anthem Entitled God Save the King*, London, 1822.

护君主制的英国人试图请求国王支持路易十六,受到法国思想和大革命影响的革命者则想要在英国也终结君主制。1800年,有人曾混进乔治三世出席的一次剧院演出,企图行刺。刺客被当场捕获,全场观众反复唱起《天佑吾王》,以示对国王的效忠和支持。另一方面,法国革命的支持者则将这首歌改成了"反君主"的颂歌,歌词如下:

> 断头台,愿你万寿无疆
> 把国王王后的头颅
> 全部斩光
> 断头台,愿你威力无边
> 国中之人
> 各个胆战心惊
> 你是如此美妙又神奇![1]

到了拿破仑统治时期,一些英国人因法国所发生的事情而感到震惊和恐惧,暗自庆幸英国依然四海升平,于是这首歌又被改成了"反拿破仑"之歌:

> 法兰西的子女们发出哀嚎
> 法兰西愁容满面
> 但我们依旧快乐生活。
> 与我心异者
> 子孙后代皆遭厄运

---

[1] 原歌词为:Long live great Guillotine/ Who shaves the head so clean/ of Queen or King./ Whose power is so great/ That every Tool of State/ Dreadeth its mighty weight/ Wonderful thing! 参见 Percy Scholes,*God Save the Queen*!,p.163。

> 忠诚的不列颠人齐声唱
> 天佑吾王。[1]

除此之外,波西·拜西·谢丽(Percy Bysshe Shelley)把这首歌结尾的歌词改成了"天佑王后",并命名为《新国歌》,歌中的王后其实是浪漫派崇拜的自由女神。[2] 19世纪30年代前,人们还喜欢将结尾那句唱成"天佑吾疆",到30年代,人们多唱"天佑百姓",总之,上帝庇佑的都不是"吾王"。[3] 直到维多利亚统治时期,随着其统治时间的不断延长和在其统治之下英国国力的不断昌盛,这首歌的主要内容和含义才真正定型。[4] 随后的统治者虽然也有对这首歌表示反感或默然的,20世纪初民间甚至发起过"爱国歌曲竞赛",但对习惯和传统极度依赖的英国人最终意识到,就他们心目中的国歌而言,没有什么替代选项。[5]

---

[1] 原歌词为:While France her children mourn,/ And sorrow o'er her Urn,/ We happily live./ Hence discord with thy train,/ Thy children's hopes are vain,/ While loyal Britons sing/ God save the King. 参见 Percy Scholes, *God Save the Queen*!, p.114。

[2] F. Gunther Eyck, *The Voice of Nations*:*European National Anthems and Their Authors*, Westport:Greenwood Press, 1995 p. 16. 歌词被改成了:God prosper, speed, and save,/ God raise from England's grave/ Her murdered Queen! / Pave with swift victory/ The steps of Liberty, Whom Britons own to be/ Immortal Queen. / See, she comes throned on high,/ On swift Eternity! / God save the Queen! / Millions on millions wait/ Firm, rapid, and elate,/ On her majestic state. / God save the Queen! / She is Thine own pure soul/ Moulding the mighty whole,-/ God save the Queen. / She is Thine own deep love/ Rained down from Heaven above,-/ Where she rest or move,/ God save our Queen!… 参见 Percy Scholes, *God Save the Queen*!, p.148;A. Morgan, "God Save Our Queen! Percy Bysshe Shelley and Radical Appropriations of the British National Anthem," *Romanticism*, 2014/04, pp.60-72。

[3] Ibid, p.17.

[4] Ibid, p.18.

[5] Percy Scholes, *God Save the Queen*!, p.144.

三、"天佑吾王"的口号与立宪君主制的现实[1]

在哀叹法兰西时局变幻时,迈斯特(Joseph de Maistre)曾经说过这样一段话:"如果你看到一个民族衰亡凋零,这并不是因为这个民族的政府恶劣;而是因为,这个本来最适合民族的政府像一切人类造物一样死去了,或者也可以说,是因为民族性格泯灭了。"[2] 在拥护君主制的"保守"人士看来,君主制之所以应当长期存在,经验层面上最重要的原因或许在于在长期的风俗和历史的作用之下,它已经成为一个民族,或者一个国家所不可或缺的有机构成要素。不过,即使如此,英国人对王室的热情以及君主制在英国的接受程度依然令受到现代民主自由教育的人们咋舌。

当然,英国的君主政治是一套极其复杂的体系,它历史悠久,围绕它所产生的理论论辩和现实行动都足以支撑起一部鸿篇巨著,而结合本研究的主要关切,本节想要尝试的,是从英国君主制出发,通过君主制政治文化的迷思来对《天佑吾王》进行进一步的诠释,恰恰因为英国文化中对君主制的推崇和保留,才给这首以歌颂君主为主要内容的歌曲提供了成为国歌的基本前提。当然,只是表明《天佑吾王》这首歌对王室和君主制的歌颂显然无法解释它为何成为独一无二的国歌,而实际上在英国历史中,也有风行一时的爱国歌曲被广泛传唱,甚至曾被誉为"国歌",

---

[1] 本节的主要内容曾以《传统的编织与共同体的建构——基于英国国歌确立历史进程的分析》为题发表在《南京大学学报》2019年第2期,文字有所改动。
[2] Joseph de Maistre, *The Works of Joseph de Maistre*, London:Geoge Allena & Unwin,1965. p.128.

不过，随着时间的推移，这些歌曲的流行热度逐渐衰减，最终让位给现行的国歌《天佑吾王》。从某种程度上说，这些歌曲的失败恰是因为它们仅仅体现了特定时期英国的政治文化需求，而《天佑吾王》的胜利，则得益于它在最宽泛的意义上捕捉到了英国现代政治中最无法否认的面相。

"王冠"与君主制的"精神维度"

君主制在英国历时悠久，而且在现代民主政治的潮流之中，它依然是英国政治最具特色之处，以至于在《共和王冠》一书的开篇，乔伊·雅各布（J. M. Jacob）就对英国政治的特征做了这样的描述：

> 不列颠的核心精髓并不是法律进行统治，王冠才是处在中心的东西。如果说这里存在着各种法律，也无法在任何通常的意义上对它们进行证明，而且任何司法技术都难以对其进行鉴别。我们或许认为，由法律来界定这个核心的边界是理所当然的，但毫无疑问它的范围在不断缩减；在中心地带，所谓的法治并不存在。[1]

雅各布的描述或许同其他许多介绍英国政治的描述有些相左，实际上，在绝大多数的讨论中，自从1640年光荣革命以来，英国就已经结束了绝对君主的统治，施行的是有限制的君主立宪政体，而且随着议会权力的不断扩张，君主的权力在绝大多数时候都是"名义上的"而已，而所谓的君王参与公共事务也不过是

---

[1] J. M. Jacob, *The Republican Crown: Lawyers and the Making of the State in the Twentieth Century Britain*, Aldershot: Dartmouth, 1996, p.1.

一个虚构。¹ 但是如果君主只是虚名，君主制不过是形式，那么恐怕很难解释为什么英国人在最近几百年中依然对王室和君主抱有极大的热情和忠诚，也很难解释为什么在许多英国历史学家看来，即使是在最近的一个多世纪，王室和王冠也依然是不列颠民族的象征："在 19 世纪末、20 世纪初，君主制为爱国主义提供了新的关注焦点。"²

对英国人而言，君主制远不只是一种政治权力安排，它既是神圣秩序在人间的代表，同样也构成了英国人最为尊崇的普通法的一个必要部分。《论古盎格鲁立法》(*De Priscis Anglorum Legibus*) 中，对"国王的职务"是这样规定的："国王，因为他是最高君王的牧师，他之所以被任命是为了以下目的，统治尘世王国和上帝的子民，最重要的是，尊敬神圣教堂，管理和捍卫它免受伤害；将奸恶扫除，若非如此，他便不值得被称作国王。"³ 换句话说，国王作为神圣代表，保卫民众、惩奸除恶本来就是古老的盎格鲁普通法传统的一部分，正因如此，1689 年查理二世的复辟被描述为"恢复基本法，而非恢复王在议会的主权"。⁴

---

1 Richard Williams, *The Contentious Crown: Public Discussion of the British Monarchy in the Reign of Queen Victoria*, Aldershot: Ashgate Publishing Limited, 1989, p.141.
2 Hugh Cunningham, *The Conservative Party and Patriotism*, London, 1880, p.301.
3 转引自 J. H. Burns ed. *The Cambridge History of Political Thought*, 1450－1700, Cambridge: Cambridge University Press, 1991, p.386。《论古盎格鲁立法》这部作品自问世以来在英国广为流传，到 17 世纪末，据说就已经有近一万本在读者中流通。
4 J. G. A. Pocock, *The Ancient Constitution and the Feudal Law: a study of English Historical Thought in the Seventeenth Century*, Cambridge: Cambridge University Press, 1987, pp.49－50.

君主制不仅是古老传统的一部分,而且还是一个神秘和神圣的抽象物。虽然绝对主义时期的君主通常喜爱用各种外在仪式来塑造自己伟大神秘的形象,但是在英国,这种观念无疑最为深入人心,他们偏爱用王冠来指代这样一个抽象的概念,有时候指的是君主制,有时候指的是君王,有时候甚至就是英国本身。在梅特兰(Maitland)看来,"王冠"在英国政治中作为一个专门概念第一次出现至少可以追溯到1559年,它应当被视作是"国家"(the commonwealth)的同义词。[1] 不过,在现实中,人们使用"王冠"一词基本上是在指代君主,并且是就君主的政治和宪法权力而言的。[2] 具体而言,君主拥有内涵丰富的法律人格,他/她不仅是一个自然人,而且还是一个集合体,而正因为后一种特性,君主才能代表包括大主教在内的各种身份。

换句话说,君主对英国人来说早就不仅是以个人为载体的有生有死的自然人,从某种程度上说,它就是霍布斯在《利维坦》中所描述的那个"有死的上帝",是由肉身所代表的主权,当然,霍布斯的推论过于极端,而且也不过是他自己所设想的为了实现个人保全,理性为人们提供的最佳方案。就实际上的英国君主制而言,其实许多政治和法律研究者都试图用不那么神秘化的术语来解释这个概念(尽管依旧显得抽象化和神秘化),而最有名的

---

[1] H. A. L. Fisher ed., *The Collected Papers of Frederic William Maitland*, Vol. iii, Cambridge: Cambridge University Press, 1911, p.259.
[2] Sir William Wade, "Crown, Ministers and Officials: Legal Status and Liability," in Maurice Sunkin, Sebastian Payne eds., *The Nature of the Crown: A Legal and Political Analysis*, Oxford: Clarendon Press, 1999, p.24.

或许就属"君之两体"说。[1]

曾经有学者将英国人对王冠的过分热情归结到君主制的"迷思"身上，在这种观点看来，英国君主制在长期的历史进程中编织了一整套由浅及深的"神话"叙事，在浅层的流行观念方面，君主制被其受欢迎程度、忠于职责、有效的政绩、传统与道德说教等各方面的"迷思"包裹着，[2] 而其中蕴藏的深层次的"迷思"则是，英国人似乎倾向于认为，君主制是对人性中某种深刻的东西的不可或缺的表达，起码在英国，这种内容是不可替代的，"它象征着这个民族历史的无限连续性，是这个有机统一体的化身"。[3] 显然，理性化的现代政治术语可以彻底驳倒英国君主制的一整套论述，然而在这个问题上，理性的说服力似乎并未战胜广泛而深远的习俗。

诗歌、时代需求与国歌争夺战

如果说对君主制和王权的认可和忠诚已经成为内嵌在英国政治中的无法忽视的部分，或许还不足以解释《天佑吾王》这首歌的独特性，毕竟，不同时代都出现了各种内容相似的歌颂君王、赞美英国国力强盛和不列颠民族伟大荣耀的歌曲，但它们并未长时间的流行，最终也没有被认定为国歌。就此而言，或许可以将《天佑吾王》的成功视为一场话语的战争，而在这场战争中，

---

[1] 参见 Ernst Hartwig Kantoricz, *The King's Two Bodies*, Princeton：Princeton University Press，1957。
[2] Edgar Wilson, *The Myth of British Monarchy*, London：Journeyman Press，1989, p.39.
[3] Ibid, p.112.

更为具体的时代需求输给了建立稳定连贯叙事的能力。所以《天佑吾王》能够胜出，与其说是因为它比其他歌曲更富有政治特色，不如说是因为比起其他竞争者，它在最大程度上包含着英国在过去几百年内不变的政治追求。

前文已提到，在高地、低地和保皇党人中流传着影响广泛的各种保皇党歌谣，显然，这些拥护天主教国王的歌曲是无法作为以国王为牧首的新教英国的国歌的。实际上，忠君之情虽然浓重，但恰恰是这些歌曲所明确表达的意向性支持使得他们的对手们不可能接受这些歌曲，更别提进行传唱。换句话说，内战以后为了进行政治对抗和动员所创造的歌曲，虽然具有所谓的爱国歌曲形式，看内容也颇有忠君爱国的色彩，但更重要的是谁在演唱这些歌曲，他们支持的是哪一位国王。因此，或许可以将推论再进一步，在政治体内部关于主权来源的基本共识尚未确定之前，当然也无法确定政治共同体的诸种文化象征符号，毋宁说择定国歌这种更加具体的政治行为了。

在英国近代历史上，最早被视为国歌的歌曲不是《天佑吾王》，最经常被唱响的也不是这首歌，许多时候，这首现在的国歌是同《不列颠人，向着家园进军》（Britons, Strike Home）[1]和《不列颠万岁》（Rule, Britannia!）并列的。1793年，为了庆祝乔治三世生日，人们在沃克斯豪尔举行了一场庆祝晚会，晚会的小传单上所列的曲目就包括了这三首歌，而《向着家园进军》这首歌排在第一位。[2] 实际上，整个17和18世纪，英国最

---

[1] 以下简称《进军》。
[2] *Norfolk Chronicle*, 1 June 1793.

流行的爱国歌曲并不是后来的国歌《天佑吾王》，而是这首更具战斗激情的《进军》，以至于许多人将其认定为国歌，[1]一直到19世纪末、20世纪初都颇为流行，常常在各种场合被唱响。

比起《天佑吾王》创作情况的扑朔迷离，《进军》这首歌的起源要清楚许多，如果不考虑《天佑吾王》写作于詹姆士一世时期这种说法，这首歌也要比《天佑吾王》早很多。《进军》这首歌创作于1695年，是英国著名的音乐家亨利·博赛尔（Henry Purcell）为剧院演出所创作的，曲调简单，朗朗上口，歌词则来自对约翰·弗莱彻（John Fletcher）创作于1611年的悲剧《不列颠女英雄邦杜卡》（Bonduca, or the British Heroine）[2]中内容的改编，也只有寥寥几行：[3]

> 不列颠人，向着家园进军！
> 复仇，一血国家之冤屈。
> 战斗！战斗，英雄永垂不朽。战斗！
> 战斗，德鲁伊德的歌声记录了你们的壮举。
> 战斗！战斗，英雄永垂不朽。战斗！

---

[1] 例如出版于1822年的匿名作品 The Canon, or Grace, Non nobis Domine, and the National Anthem ... with Some Account of the Origins and Authors of the Two Celebrated Works，就将其列为"国歌"。参见 Martha Vandrei, "'Britons, Strike Home': politics, patriotism and popular song in British culture, c. 1695–1900," Historical Research, Vol. 87, No. 238, November 2014, p.687.
[2] John Fletcher, Bonduca, London, 1951. 也有说这部剧是弗莱彻和弗兰西斯·博蒙特（Fancis Beaumont）一起写作的，两人是合作伙伴，不过许多人并不认同这种看法。这出悲剧于1613年由金斯曼（King's Men）剧团进行了首演。
[3] Curtis Alexander Price, Henry Purcell and the London Stage, Cambridge University Press 1984, p.117.

战斗，德鲁伊德的歌声记录了你们的壮举。[1]

这首长时间风靡全国的爱国歌曲，集中展现了流行爱国歌曲的种种特征，在各种政治、抗争与战争情势之下成为不列颠人最常使用的曲目，这也从侧面彰显了其强大的吸引力和不容小觑的流行程度。一些研究者甚至认为，就不列颠的民族认同和爱国主义发展进程而言，这位因其宗教音乐作品以及为安妮女王葬礼创作音乐而声名卓著的作曲家最重要的贡献就是这首改编曲，它对作为世界帝国的英国的重要性，不亚于威尔第（Giusseppe Verdi）《纳布科》（*Nabucco*）中的《飞吧，思想，乘着金色的翅膀》（*Va' pensiero，sull' ali dorate*）、《埃尔纳尼》（*Ernani*）中的《让狮子吼》（*Si ridesti il Leon di Castiglia*）对意大利复兴运动的重要性。[2]

抛开旋律简单、歌词精炼这种形式上的特征不谈，这首歌曲何以获得如此高的评价，需要进行一些解释。首先，歌词的内容来自民族传说，这个故事不仅是关于一个勇武女战士邦杜卡的故事，有时还被看作英国王权历史合法性的一个来源。据说邦杜卡

---

[1] 原文是：Britons, strike home! / Revenge, revenge your Country's wrong. / Fight! Fight and record. Fight! / Fight and record yourselves in Druid's Song. / Fight! Fight and record. Fight! / Fight and record yourselves in Druid's Song。拿破仑战争期间，人们改写了歌词，将其扩充为六段，第一段如下：Should Frenchmen e'er pollute Brittania's strand, / Or press with hostile hoof this sacred strand; / The daring deed should every Briton arm/To save his native land from dire alarm; / Her freeborn sons should instant take the field, / The Altar and the Throne to shield. / Britons, strike home! avenge your country's cause, / Protect your King, your Liberties, and Laws! 具体参见 John Ashton, *English caricature and satire on Napoleon I：Volume I*, Chatto & Windus, London, 1884, p.164 - 166。

[2] Franklin. B. Zimmerman, *Henry Purcell，1659 - 95：His Life and Times*, St. Martin's Press, 1967, p.261. 有趣的是，直到现在，还有人建议将前一首曲子定为意大利国歌。

是凯尔特人的女王,在公元 60—61 年罗马人入侵不列颠时,她组织人民进行反抗。[1] 早在 16 世纪末英国与西班牙和天主教欧洲的战争中,人们就重新采用布列塔尼娅(Britannia)的形象来象征现代英国的独立精神,甚至迅速将其与当时的伊丽莎白一世联系起来。随着历史的演进,尤其是在 19—20 世纪期间,邦杜卡与象征不列颠的布列塔尼娅逐渐被混而等同,用这个女性形象来代表对抗罗马入侵、争取独立自由的不列颠民族。[2]

其次,不仅邦杜卡本身已然被英国人视作民族英雄,在博赛尔进行改编之前,《不列颠女英雄柏杜卡》这出悲剧就已经广受好评,作者弗莱彻本身的政治立场很明确,他拥护斯图亚特王室,并且在作品中不断通过对传奇故事的叙述来影射当时的政治现实,因此这出悲剧从来没有被当作单纯的艺术作品或历史剧目,而是一出"政治剧"。[3] 从 1613 年首演到 1695 年改编,其中长达 80 多年的时间就成了这首歌的政治影响不断发酵的最佳时期。这首歌的歌词不但强调了最广泛的不列颠人的共同体想象,还呼吁"真正的不列颠人在保卫家园血洗耻辱时发挥自己积极的和参与性的作用",歌词中的家园、战斗等用词唤起了在面对一场又一场战争时不列颠人的民族主义情绪,所以,这首歌流行的

---

[1] *The Oxford Companion to English Literature*,7th ed,Oxford,Oxford University Press,2009. 词条"Bonduca"。
[2] Carolyn D. Williams, *Boudica and Her Stories: Narrative Transformations of a Warrior Queen*, Newark: University of Delaware Press,2009,p.191.
[3] Kelly Neil,"The Politics of Suicide in John Fletcher's Tragedie of Bonduca," *The Journal for Early Modern Cultural Studies*,Vol. 14,No. 1,Winter,2014,pp. 88 - 114.

顶峰分别出现在与西班牙的战争之时以及对抗拿破仑进攻之时。[1] 更有趣的是，由于这首歌只是从最概括性的层面强调不列颠民族的意向，因此它既可以被"保皇党"也可以被"非保皇党"使用，甚至可以说，它成了不列颠民族主义意识形态的一部分，在这之下的每一种政治立场都可以对其加以运用。[2] 于是，英国人不仅以演唱形式来利用这首歌，它的标题——《不列颠人，向着家园进军》也因为其战斗檄文般的风格，一度成为各种政治活动和军事斗争的标语。[3]

除了被称为"第三国歌"的《进军》，更著名的或许是公认的"第二国歌"——《不列颠万岁》（后文简称《万岁》），这首歌不仅在长时间内都履行着国歌的功能，在不同场合被唱响，而且还是现行英国皇家海军的军歌。不管是从歌词还是曲调上来看，《万岁》都算得上是三首"国歌"中最复杂的一首，当时许多人甚至以为这首歌出自德国音乐家瓦格纳之手。为了维护"民族尊严"，音乐史研究者不得不继续发掘材料，证明这首歌的英国出身。[4]

《万岁》的歌词出自詹姆斯·汤姆森（James Thomson）创作的长诗《阿尔弗雷德》（*Alfred：a masque*），[5] 1740年，托马斯·艾恩（Thomas Arne）将选段配上旋律改编成歌曲。从第一

---

[1] Martha Vandrei, "'Britons, Strike Home': politics, patriotism and popular song in British culture, c. 1695–1900," pp. 686–690.

[2] Ibid., p. 683.

[3] Ibid., p. 687.

[4] William H. Cummings, *Our English Songs*, 收录于 *English Music*, 1604–1904, London: The Walter Scott Publishing Co., Ltd. 1906, pp. 49–50。

[5] D. Mallet, J. Thomson, *Alfred：a masque*, London, 1740.

次公开演唱以来,[1] 这首歌就在英国国内大受欢迎,亨德尔曾经引用过其中的旋律,[2] 威廉四世加冕礼上也使用过这首歌。[3] 不仅如此,在其他国家,这首歌也备受瞩目,贝多芬在创作《威林顿的胜利》(*Wellington's Victory*)时,曾将这首歌编入交响乐中;瓦格纳对它的评价更是突显出这首歌的政治象征地位,说它的前八个音符包含着英国人的全部特色。

从某种意义上说,《万岁》其实承接了《进军》的特征,又加入了某些新的时代特色。首先,同《进军》一样,《万岁》取材自英国传统英雄人物,在这首长诗和改编成的歌曲中,代表着英国人不屈精神的是公元9世纪后期统治的阿尔弗雷德大帝,这位君主不仅带领英国人成功抵御了维京人的入侵,而且还在统治期间将自己的统辖区域从韦塞克斯扩展到了整个英格兰,并因其在法律、军事、教育和民生上的卓越统治成果,成为历史上被誉为"大帝"(the great)的两位英国国王之一。

当然,比起《进军》传统时代保家卫国的单一色彩和情绪,《万岁》则富有更多的时代甚至是现代作品的特色,它本身

---

[1] 第二节第一部分曾经指出,这首歌是应波特贝罗大捷的胜利而创作的,但这仅仅是宏观上的政治背景,具体的创作缘由被详细记录在一本关于曲作者艾恩的传记中,其中,传记作者威廉·康明斯明确指出,这首歌的创作得益于更具体的两个事件——汉诺威王室取得了皇位以及小公主奥古斯塔的一周岁生日,详细情况以及具体的创作过程参见 William Hayman Cummings, *Dr. Arne and Rule, Britannia*, London, 1912, pp. 165 – 170。首演的情况可参见 Oliver J. W. Cox, "Frederick, Prince of Wales, and the First Performance of 'Rule, Britannia!'," *The Historical Journal*, Vol. 56, No. 04, December 2013, pp. 931 – 954。

[2] 也就是创作于1745—1746年之间的 *Occasional Oratorio*,参见 William Hayman Cummings, *Dr. Arne and Rule, Britannia*, London, 1912, p. 198.

[3] Ibid, p. 203.

就是一个政治文本。正如评论者所指出的,分析《万岁》的诗歌文本,就是要理解作者在其创作生涯中所严肃对待的当时的经济、政治、文化和美学价值,换句话说,汤姆森所创作的这首诗歌本身就不是为了艺术的内省式的文学作品,而是"可行的,甚至是至关重要的参与和形塑公共话语的方式"。[1] 其实,歌词作者似乎早已意识到这个问题,用他的话说,这首诗"包含着对不列颠的赞颂",这是它大受欢迎的原因。[2] 总而言之,《万岁》之所以一时间大受欢迎,与它完整地展现了帝国扩展时期英国人的雄心壮志与政治抱负息息相关,歌词中流露出强烈的民族自豪与帝国情结:

> 万邦之中汝最为圣,
> 消灭独裁,驱逐暴君是汝使命!
> 使命,使命,使命,
> 神圣的使命!
> 繁荣与汝同在,
> 伟大、自由与汝同行,
> 恐惧和嫉妒才是外族的心情。
> 统治吧,布列塔尼亚!
> 布列塔尼亚统辖海洋,
> 不列颠人永不为奴![3]

---

[1] Suvie Kaul, *Poems of Nation, Anthems of Empire: English Verse in the Long Eighteenth Century*, Charlottesville: University Press of Virginia, 2000, p.8.
[2] *James Thomson to a fellow Scotsman, David(Malloch)Mallet, on the composition of 'Summer'*,转引自 Suvie Kaul, *Poems of Nation, Anthems of Empire*, p.131。
[3] 英文歌词是:The nations, not so blest as thee,/Must in their turn, to tyrants fall,/Must in their turn, to tyrants fall,/While thou shalt flourish, shalt flourish(转下页)

第一章——《天佑吾王》：从王朝体制确立到君主立宪的危机

与"漫长的十八世纪"中的许多爱国歌曲一样，《万岁》不仅表征了不列颠人对自己自由独立的身份的认同，而且还透露出了作为被拣选的民族，承担起世界使命的自豪感，"不列颠的君主立宪整体不仅确保了民族的自由，还为其在国际上的实力提供了保障"。[1] 当然，在当时的不列颠人看来是自豪感的东西，其实很大程度上就是帝国情怀和殖民主义扩张，[2] 这首歌凸显出了在帝国时期不列颠通过海上贸易与军事活动所取得的辉煌，这是整个英国民族的特征，最为贴切地传达出了当时皇家海军的自我认知。大卫·阿米蒂奇（David Armitage）在讨论现代早期文学作品时，曾经这样评价以《万岁》为代表的诗歌类型，认为不论是在英伦三岛还是在更广阔的地域中，古典修辞学为推广商业、移民以及政府活动都提供了不可或缺的手段，"它属于古典修辞的地方方言变体，但是其题材、类型以及对政治共同体的构想都揭示了它的根源"。[3]

根据后来的记载，1745年以后，《天佑吾王》就开始逐渐超越《进军》，被越来越多人认可为英国国歌。[4] 到20世纪初，《进

（接上页）great and free, /The dread and envy of them all. /Rule Britannia! / Britannia rule the waves. /Britons never, never, never shall be slaves.
1 Suvie Kaul, *Poems of Nation*, *Anthems of Empire*, p.5.
2 当时的英国人认为是不列颠再次担负起罗马过去实现天下大同的任务，只有英国这个真正自由的国家才能重现过去的辉煌，可参见如丹尼尔·迪福的诗作《真真正正的英国人》(*The True-Born Englishman*)。
3 David Armitage, "Literature and Empire," Nicolas Canny ed., *The Oxford history of the British empire*, *Volume I: The Origins of Empire*. Oxford: Oxford University Press, 1998, pp.104–105.
4 *The Canon, or Grace, Non nobis Domine, and the National Anthem ... with Some Account of the Origins and Authors of the Two Celebrated Works*, 1822.《进

军》这首曾经的"第三国歌"几乎处于被彻底遗忘的状态,[1]而《万岁》的演唱场合也越来越有限,倒是《天佑吾王》一直获得民众和皇室的青睐,到如今依然经常被使用。

稍微做一番比较,三首歌的异同之处就立刻明晰了。虽然都以对不列颠的歌颂为主题,《进军》与《万岁》一样,原诗都是以古代不列颠的英雄人物为原型,借古咏今,塑造出想象中的不列颠的悠久传统。而《天佑吾王》则将歌颂的重点从想象中的不列颠传统和不列颠民族转移到了皇室的辉煌与荣耀之中。此外,《进军》和《万岁》的战斗情绪更加浓厚,但《进军》具有更浓厚的保守气息和自卫意图,演唱和号召的对象是保家卫国的不列颠人,而《万岁》则承担起了拓展不列颠版图的任务,鼓励不列颠人乘风破浪、开疆拓土,恰是如此,前者在多次英国的对外战争中都是军旅歌曲,直到一战时也依然会被前线的士兵唱响,后者则随着英国海上势力的扩张获得了越来越广的影响力。但是,正是由于这两首歌曲所具有的鲜明时代特征与更加具象化的内容,当战争结束,人心渴望和平时,当殖民活动甚至在英国国内都受到谴责时,这两首歌所负载的政治信息自然也无法再次获得普遍青睐,因此,即使是在最弱的意义上进行解释,这两首歌也不可能战胜《天佑吾王》,在国歌争夺中拔得头筹。

到 20 世纪初,对英国人来说,《天佑吾王》已成为无可争议的英国国歌。刊登在 1931 年 9 月 5 日《泰晤士报》上的文章颇

---

[1] 例如,伦敦夏季最重要的节庆活动"舞会最后之夜"从来没有将《进军》囊括到演奏之中,但《万岁》和《天佑吾王》却常常是必唱曲目。参见 David Cannadine,"The 'Last Night of the Proms' in historical perspective," *Historical Research*, Vol. 81, No. 212, May 2008, pp.315-349。

有些"盖棺定论"地宣告:"并不是我们选择了自己的国歌,相反,是它在冥冥之中出现在了我们身边;如今已成既定事实。或许在未来的某一天,会有新的奇迹发生,使我们拥有一首新的国歌。即便如此,这首古老的国歌坚不可摧,地位不可撼动,它历久弥新,传达着我们的情感。"[1]

传统的编织与国歌的政治效应

20世纪初,《天佑吾王》得到了愈发广泛的传播,特别是在第一和第二次世界大战期间,它激发的爱国情感和抗争热情显然超过了其他歌曲。1914年8月,英国对德国宣战时,民众自发聚集在白金汉宫前,唱起了《天佑吾王》。同样的情形也发生在1939年二战期间,在9月第一个周末清晨,BBC广播电台便播放起了这首歌,歌曲结束之后,首相内维尔·张伯伦发表了对德作战宣言,后来人们回忆起这个时刻时,是这样描述的:"当广播里响起国歌时,我们都站了起来。对我的家庭以及不列颠成千上万的家庭来说,战争就是这样打响的。"[2] 在家中休闲的民众没有被规定要站起来聆听国歌,这种自发的举动之所以出现,是因为"他们感觉到国歌神奇的吸引力,在不列颠公共生活的这个关键时刻,将王室与国家、君主与人民、过去与现在凝结在一起,使精神焕然一新"。[3]

菲利普·V. 伯曼(Philip V. Bohlman)的讨论为理解国

---

[1] *The Times*, London, September 5, 1931.
[2] Norman Longmate, *How We Lived Then: A History of Everyday Life During the Second World War*, London: Hutchinson, 1971, p. 1.
[3] F. Gunther Eyck, *The Voice of Nations: European National Anthems and Their Authors*, Westport: Greenwood Press, 1995, p. 19.

歌的政治功能提供了很大帮助。在伯曼的分析中，带有民族主义色彩的歌曲所具有的功能可以被划分为三个层次，当然，国歌无疑是这类歌曲中各个层面的功能最强和最集中的一类。首先，由于可以从各种角度对国歌内容进行解读，因此，国歌可以服务于各种国家形象的塑造工作，将其化为可感知的想象，"形象越是实际，就越需要利用音乐的潜力来服务于它"。[1] 其次，国歌通过在各种场合的传播和演唱可以实现动员的功能，由于国歌中所包含的对民族国家历史的叙述，它们可以划分出敌我的区隔，"确认整个民族所对抗的对手"。最后，国歌所生成的爱国主义或者民族主义的语言使民族国家抽象的形象得以具体化。[2]

从理想形态上看，国歌作为民族国家文化象征系统的一个基本要素，主要功能就在于通过演唱和传播来激起爱国情感，实现共同体的凝聚。这意味着，它必须要在最大范围内将描述对象集中于民族国家在政体层面上不变的传统和值得骄傲的特征。唯其如此，才能保证国歌不因具体的政治变迁而失去效用，创造一种想象中历史悠久的、永续的民族国家共同体想象。这样说来，英国国歌的写作与传唱，以及围绕其起源的各种考据争论，其实都是以巩固不列颠民族整体意识和增强民族国家合法性为旨归的。换句话说，英国——这个老牌君主国和历史最为悠久的民族国家之一，示范性地向我们展示了国歌通过传统作为中介，在建构爱国主义和民族情感中所实现的功能。

传统是有意识的人造物，是现代情境之下的人们从过去的碎

---

[1] Philip V. Bohlman, *Music, Nationalism, and the Making of the New Europe*, London: Routledge, 2011, p.88.
[2] Ibid.

片中编织拼凑起来的记忆与历史,是"从过去创造出来的未来"。[1] 按照霍布斯鲍姆的看法,传统是被发明的,它意味着一整套通常由已被公开或私下接受的规则所控制的实践活动,具有一种仪式或象征特性,试图通过不断重复来灌输一定的价值和行为规范,而且必然暗含与过去的连续性。[2] 之所以要发明这些传统,恰是为了给处在变动不居的现代世界的人们一点可靠的和不变的慰藉。所以,虽然《天佑吾王》到19世纪才成为真正意义上的国歌,但是关于它的渊源,当然越古老越显得有价值,而当古老的来源被考据否定掉以后,人们继而寻求不变的依靠——君主制——这个带领英国繁荣起来的伟大传统。

更为关键的是,不同于一般音乐作品对作者的强调,人们在意《天佑吾王》的作者,是要为它作为英国国歌的正当性找到更多的依据。一次关于国歌起源的讨论的自白生动地表现出这种民族主义情绪:"不管怎样,我和所有人一样,最关注的是它应当真的被证明是属于英格兰的;我们才不想发觉这首歌是从德国人那里学来的。"[3] 在这个意义上,国歌同国旗、国徽等文化产品一样,是作为民族国家的象征符号而存在的,它"是一个独立国家用以宣布自己的认同和主权的三个象征,由此它们立刻赢得了尊敬和忠诚。他们自身也反映了一个国家的整个背景、思想和文

---

[1] Henry Glassie, "Tradition," *Journal of American Folklore*, Vol. 108, No. 430, *Common Ground: Keywords for the Study of Expressive Culture*, Autumn, 1995, p.395.
[2] E. 霍布斯鲍姆、T. 兰格:《传统的发明》,南京:译林出版社,2004年,第1页.
[3] J. A. Fuller-Maitland, "Some Theories about 'God Save the King'," *Proceedings of the Musical Association*, 43rd Sess, 1916–1917, p.136.

化"。¹ 对《天佑吾王》这首歌起源的所有讨论,都偏离了歌曲本身,而一定要采用特定的政治历史背景进行佐证,也昭示着作为国家颂歌的国歌身上所承载的政治特性。

此外,围绕国歌的公开讨论不仅论证英国国歌的归属,证明了国歌的政治性和政治功效,讨论活动本身,也是政治活动的一部分。因为,这些讨论都是作为书面记录发布在各种报刊杂志和小册子上的,而一经刊印,读者与刊物之间也有着诸多互动。可以说,对国歌起源的讨论其实是强化民族记忆与认同的过程。在《集体记忆与文化认同》中,扬·阿斯曼(Jan Assmann)专门讨论了"文化记忆"这个概念,用它来表征"每个社会和每个时代所特有的重新使用的全部文字材料、图片和礼仪仪式(……)的总和。通过对它们的'呵护',每个社会和每个时代巩固和传达着自己的自我形象。它是一种集体使用的,主要(但不仅仅)涉及过去的知识,一个群体的认同性和独特性的意识就依靠这种知识"²。

可以说,《天佑吾王》塑造的忠君爱国的民族记忆最重要的途径当然不是纸面上的一篇篇论文,而是包括文章在内的各种演唱和传播过程。剧院中的齐声合唱、国王加冕礼上的演奏、各种政治和军事仪式上的播放……为参与其中的人们提供了一个个记忆的场域,这些场域又通过各种方式被记录和保存下来,向接触到它的人敞开大门,就这样,国歌实现了唤起爱国热情的功能,

---

1 R. 弗思:《公共和私人象征》,第 341 页,转引自 E. 霍布斯鲍姆、T. 兰格《传统的发明》,南京:译林出版社,2004 年,第 13 页。
2 转引自哈拉尔德·韦尔策编《社会记忆:历史、回忆、传承》,北京:北京大学出版社,2007 年,代序,第 5—6 页。

通过它,想象的共同体变得真实可感:"以在国定假日所唱的国歌为例。无论它的歌词多么陈腐,曲调多么平庸,在唱国歌的行动当中却蕴含了一种同时性的经验。恰好就在此时,彼此素不相识的人们伴随相同的旋律唱出了相同的诗篇。"如此说来,"能将我们全体联结起来的,唯有想象的声音"[1]。

四、"不列颠没有未来":传统价值的惯性与时代变迁的冲击

就在《泰晤士报》赋予《天佑吾王》不受时间和历史限制的国歌地位的十几年后,《天佑吾王》这首歌在英国的政治和公共生活中就已经开始不那么流行了。在 1945 年 5 月 9 日庆祝二战胜利的皇家庆典上,人们演奏的曲目不是《天佑吾王》这首国歌,而是《他是个快乐的好小伙》(*For He is a Jolly Good Fellow*);在唐宁街 10 号,人们在赞美温斯顿·丘吉尔的功劳时,播放的则是《希望与荣耀之邦》(*Land of Hope and Glory*)。[2]

回顾历史,或许可以说,《天佑吾王》的当红,仅限于 19 世纪,虽然经历过数次改编,人们甚至会质疑这首歌的品位,但当时它依然位于爱国歌曲的舞台中央。20 世纪初,这首歌就开始面临一系列新时期的挑战了,20 世纪 30 年代的爱国歌曲竞赛虽然证明了这首歌在传统的庇护之下所获得的超然地位,但也反映出缺乏法律规定而造成的国歌符号的自主性,民众有权利自发地创造心中的国歌,至于是否得到政治权威的确认,则是另一个问题。不过,回到 19 世纪对这首歌进行讨论,本章尚有一些需要

---

[1] 本尼迪克特·安德森:《想象的共同体》,上海:上海世纪出版集团,2011 年,第 139—140 页。
[2] *The Times*, London, May 9, 1945.

解决的问题，首先是这首歌所确立的一些国歌演奏传统，如今已经被大多数国家视为理所当然，其次是作为世界上第一首民族国家的国歌，《天佑吾王》在当时所起的示范效应和引发的欧洲各国的创作风潮。

诚然，在英国的流行热度的降低或许与这个习惯法国家并未采取任何立法措施来确定这首歌的地位有直接关联，但更重要的是，特别是在20世纪的后半叶，英国已然不是19世纪那个强盛和荣耀的"日不落帝国"了，不仅英联邦中各个国家试图改变过去与英国本土的关联，即使是在英伦三岛，进一步的民族独立情绪也使得苏格兰和爱尔兰不愿意再演唱这首歌颂英格兰王室的歌曲了。在政治环境之外，现代流行文化作为更加广泛的社会现象，也波及了这首带有明确政治色彩的歌曲，作为捍卫君主制腐朽传统的歌曲，《天佑吾王》成了摇滚乐和流行乐要反对和戏谑的对象，而这又进一步反映了君主制度在20世纪中后期摇摇欲坠的境况。

《天佑吾王》的演奏传统与传播效应

由于缺乏明文法的规定，《天佑吾王》在公共生活中的使用方式与改良途径皆是英国国内长久热议的话题。回顾历史，在英国逐渐形成的演唱这首歌曲的特定方式从某种程度上也被作为国歌的使用"范本"在全世界范围内得到了接受。20世纪初，人们对这首歌曲的演奏方式和参与歌曲时所应表现出的行为都尚在摸索之中，但是，随着时间的推移和讨论的继续，英国人渐渐习惯了在国歌演奏时起立致敬，以保证在仪式的意义上表现出这首歌蕴含的爱国之情，而作为一个象征符号，人们还逐渐意识到应当规范其演奏场合，甚至减少其演奏频率，以保障其"政治功能"。

对英国民众来说，只有三首歌是每当听到就应当站立起来的，除了当仁不让的《天佑吾王》之外，另外两首都是亨德尔的作品，一是《扫罗》(Saul)中的《送葬曲》(Dead March)，二是《哈利路亚合唱曲》(Hallelujah Chorus)。[1] 换句话说，演奏和演唱国歌时，在场的人应当站立以表示敬意的这个习惯，现在看来是理所应当，在许多国家，甚至出台了明确的法律规定在升国旗和演奏国歌时，公民必须站立致敬。但其实，国歌奏起时站立聆听是历史的偶然和习惯的绵延所塑造的传统。

起立听国歌的惯例大致出现在18世纪下半叶。首先，这同英国人记忆中国歌出现时所激发的浓烈情感有着密切的关联。根据当时的记载，当1745年10月在剧院观看表演的观众们第一次听到这首歌，就已经被其中所蕴含的激情所感染，情不自禁地站了起来。随后，许多报刊杂志绘声绘色地描绘了这个场景，在反复的报道和交互传播的过程中，国歌奏响和起立致敬便联系了起来，并成为某种约定俗成的习惯。

另一方面，乔治三世统治时期这首歌流行程度的不断上升又进一步强化了这种习惯。前文已经提到，当乔治三世第一次病愈前往巴斯疗养时，人们自发地聚集在道路两旁唱起《天佑吾王》，

---

[1] 不过，据说《哈利路亚合唱曲》之所以能得到如此的待遇也和王室有关，根据金诺尔伯爵(Earl of Kinnoul)的回忆，当这首歌在英国进行首演时，博得了在场听众的热烈反响，而当时的国王乔治二世恰好也在观看这场演出，同样被歌曲所感染，在演唱期间站起来欣赏，这一举动随即风靡英格兰，逐渐形成了在欣赏这首歌时需要站的习惯。参见 Percy Scholes, *God Save the Queen*!, pp. 271–272。

于是乎,唱这首歌时需要起立"成为了习惯,甚至是义务"。[1] 诗人雷·亨特在自己的自传中还记录下了垂垂老矣的金纳德市长在逝世时要求播放《天佑吾王》的事迹,对这位已经神志不清的老人来说,即使无法站立,聆听这首歌时自己的"灵魂在脱帽致敬",他想要伴随着国歌告别这个世界。[2]

需要补充的是,海军和部分陆军军团并不要求军人在听到国歌时起立致敬。乔治四世在位时期,因为其奢华放纵的生活习惯,使他在民众中极不受欢迎,而他与皇后卡洛琳的离婚纠纷更是使得举国上下都对他满心厌恶,以至于他的高级近侍都曾经在自己的日记里评价这位国王"比任何一只狗都还更加卑劣、胆小、自私和麻木不仁……世上好的君主不多,但我相信他一定是其中最差的一位"。[3] 一天,这位不受欢迎的国王在布莱顿皇家穹顶宫度假时,突发奇想来到剧院想要欣赏音乐,而当时站在皇后一边的布莱顿人民对此极为反感,很快就出现了骚乱,士兵们成功地制止了骚乱,乔治四世得以毫发无伤。几天之后,为了表示对军团效忠的奖励,乔治四世便赐予他们这一特权。

当然,就《天佑吾王》的国际传播而言,最重要的影响当属它作为独立民族国家国歌的示范效应。"国歌"这个合成词本就源自英国,而从 18 到 19 世纪的传播来看,一方面,对国家充满自信的英国人不断试图将这首歌曲翻译成其他文字以方便传播,另一方面,许多游历英国的人都被这首歌所激发的爱国热情所震

---

[1] Percy Scholes, *God Save the Queen*!, p. 271.
[2] 转引自同上, p. 272。
[3] 转引自 Kenneth Baker, George IV: A Sketches, *History Today*, 2005, 55(10), pp. 30 - 36。

惊，在回到自己的国家后纷纷试图效仿，以期同英国"比肩"。用英国国歌研究权威斯科尔斯（Percy Scholes）的话来说：

> 用一首乐曲来作为民族象征的整个想法都是不列颠所创造的，而《天佑吾王》在 18 世纪从不衰减的流行程度使得它渐渐地获得了认可，成为皇家仪式、陆军和海军仪式以及公民庆典的必不可少的一项内容。……来自欧洲大陆的访问者们必然被这些场合在表达共同的忠诚之情时所发挥的巨大价值所震惊（正如戴维在《英国音乐史》中所指出的），"他们意识到一个国家拥有自己的国歌乃是一项义务"。[1]

英国人的文化自信和热情与欧洲大陆访客们的好学与模仿起到了相辅相成的作用。首先，对 18 世纪的英国语言学家们来说，如何将《天佑吾王》准确而优美地翻译成其他语言，不仅是对自己能力的证明，有时候也是出于要将英国的优良文化传播开来，使得其他国家和族群也能享受英国人从这首歌中获得的祝福的愿望。出于这样的动机，《天佑吾王》被翻译成了拉丁文、希腊文、意大利文、德文、法文、希伯来文、凯尔特语、威尔士语、马恩语等版本。[2]

其次，这首歌的歌词和旋律也为许多欧洲国家创作自己的国歌提供了灵感和借鉴。许多欧洲大陆的民族国家得知英国拥有一首所谓的国歌时，最初的反应并不是要创造出符合自己国家特色的自己的国歌，而是直接使用《天佑吾王》的旋律，配上自己国

---

[1] Percy Scholes, *God Save the Queen!*, p.183.
[2] 最早流行的德语版本出自贝多芬之手，而非由英国人所翻译。

家语言的歌词即可。据考证，最早的"翻唱"出现在荷兰（1763年），随后又有了丹麦版本，第一次被刊登在报纸上是为了庆祝克里斯蒂安七世的生日；到 1793 年，出现了德语版本；1815 年普鲁士采用了《天佑吾王》的旋律，填上了《君主万岁》（*Heil dir im Siegerkranz*）的歌词，并将其确定为国歌。[1] 但是最著名的版本当属瓦格纳对这首歌曲的改编，改编后的歌曲在德国十分流行，到 20 世纪初，还有许多人都认为《天佑吾王》本来就是一首德语歌。

此外，还有 1833 年俄罗斯语版的《天佑沙皇》、在瑞士流行的用德语填词的《歌颂祖国》（*Rufst du, mein Vaterland*）以及用法语填词的《伟大的自由之山》（*O monts indépendants*）。[2] 这首歌在欧洲大陆唯一的遇冷地就是法国了，实际上，当这首歌在欧洲大陆传播开来时，《马赛曲》也随着大革命在法国流行起来，而作为法国的"世仇"，英国音乐显然无法获得其欢心；另一方面，对于要彻底斩除君主制的革命法国来说，这样一首歌颂"旧制度"的歌曲显然也是反潮流的。总之，这首歌在法国顶多出现在英国音乐作品的欣赏会上，并未激起热潮。

帝国的扩张、收缩与国歌的适用

"日不落帝国"的盛景同样也反映在 18 世纪以来英国的各殖民地对《天佑吾王》的使用和传唱。在 1917 年英国音乐协会的一次会议上，弗里德里克·布莱基爵士（Sir Frederick Bridge）

---

[1] 这首普鲁士国歌将会在后文讨论德国国歌时详细介绍。
[2] 前者一直到 1981 年以前都一直是瑞士国歌，1981 年以后被创作于 1841 年的《瑞士诗篇》取代。

第一章 ——《天佑吾王》：从王朝体制确立到君主立宪的危机

就曾经提及，《天佑吾王》几乎被翻译成了英帝国殖民地所使用的每一种语言进行传唱，甚至是印度语以及许多印度方言。[1] 在印度之外，许多的英联邦国家直到 20 世纪还一度使用这首歌作为自己的国歌，而最有趣的或许是作为美国的第二国歌《我的祖国属于你》（*My Country, 'Tis of thee*；也称 *America*），实际上也是对《天佑吾王》的"翻唱"。[2]

作为政治符号的英国国歌在这些地区的命运取决于英国本身的政治实力和控制能力。在非英语统治区，19 世纪有着帝国雄心的英国人甚至尝试将西方音乐与东方音乐进行融合，以展现帝国价值的普适性；而在以英语为主要语言的地区，这首歌直接被视为效忠帝国和王室的标志而加以推崇。然而，随着 20 世纪帝国秩序的崩溃，《天佑吾王》在许多地方都开始遭受冷遇：那些从不列颠独立出去的国家，需要建立一套不同的政治符号来表明自己的独立地位；依旧承认自己作为英联邦成员的一些国家，也开始采用更具有自己民族国家特色的国歌。

对英国来说，如何同化印度这片有着自成一体的文化传统和历史的殖民地一直都是个重大问题。一些英国的音乐人士也尝试过将《天佑吾王》推广到印度，试图通过它的传播来进一步加强印度人对英帝国的认同。[3] 19 世纪末，英国官方甚至建立了一个

---

[1] 转引自 Percy Scholes, *God Save the Queen*！, p 175。
[2] 具体可参见第四章的讨论。
[3] 1877 年 1 月 24 日刊登在《不列颠周刊》（*British Periodicals*）上的以英文填词的所谓《新印度国歌》或许更能展现出英国与印度之间的宗主国与殖民地的关系，作者用反讽的语气抨击了英国王室为了满足奢侈生活对印度的剥削压榨和武力统治，歌词如下：All hail the Empress, let the sound/ of joyous homage fill the air；/ All hail, our mistress grandly crowned,/ 'Kaiser'of India's kingdoms fair. / Hush all your voices, for the sound/ of fearful anguish rends the air；/ the hour that saw an Empress（转下页）

委员会，旨在实现这一目标，在委员会当时写给一位印度王子的信中，就明确指出："虽然印度人民近来对英国君主展现出了热情的效忠"，遗憾的是，并不是每个印度人都熟悉每个英国人都耳熟能详的英国国歌。[1]

委员会的信点明印度人应当熟悉的既是国歌的歌词，也包括旋律，但在实际操作中，他们采取了十分灵活的做法。首先，他们尝试将《天佑吾王》翻译成各种印度地方语言，后来，为了使印度各族群乐意接受国歌，他们还曾试图修改《天佑吾王》的旋律，使其与印度的传统音乐风格相匹配，但这番尝试徒劳无功，以失败告终。[2] 实际上，恰是在英国人尝试着改造和传播《天佑吾王》的同一时期，印度现行的国歌已经开始登上历史舞台，1911年12月27日召开的印度国民公会上，人们唱起了泰戈尔作词的《人民的意志》（*Jana Gana Mana*），这首歌随后开始出现在印度的政治和公共集会上。1950年，歌曲的印度语版本被定为印度国歌。

在20世纪之前，作为英帝国的殖民地，澳大利亚同样

（接上页）crowned/ with famine filled these kingdoms fair. / A million tongues with joy proclaim/ The advent of Imperial sway. / In pomp and might the Princes came/ with gems that ashamed the light of day. / A million tongue with grief proclaim/ Starvation holds its deadly sway;/ Thrice armed the King of Terrors came,/ And slew his thousands in a day. / A splendid sight was that I ween,/ Of treasure spend with open hand,/ right royally for England's Queen/ We gave the wealth of this our land. / A shameful sight it was I ween. / of treasure spend with wasteful hand. / On worthless baubles for a Queen. / While pest and famine gripped the land. 参见 "The New Indian National Anthem," *British Periodicals*, Jan. 24, 1887。

1 参见 Percy Scholes, *God Save the Queen*！, pp. 175-178。
2 这个委员会将这番工作的目标,过程和最终成果都汇总成了一篇报道刊出,参见 *The Lute：A Monthly Journal of Musical News*, May 1885, pp. 104-115。

以《天佑吾王》为国歌；直到 20 世纪中叶，澳大利亚政府才开始提出，要寻找更能代表自己国家的国歌，而不是一直演唱象征着对英国认同与效忠的英国国歌；到 20 世纪 70 年代，澳大利亚不再使用《天佑吾王》作为国歌。[1]

当然，与印度不同的是，澳大利亚这个英联邦成员显然对英国王室有着更多的体认，历史渊源的不同决定了澳大利亚人在很长一段时间都依然将自己视作不列颠人，而这一局面显然只有当不列颠帝国的控制力逐渐衰弱，作为澳大利亚人的自我认同逐渐成长起来以后，才会发生变化。用克里斯托弗·科伦（Christopher Kelen）的话来说，人们之所以寻找新的澳大利亚国歌"仅仅是因为想继续做英国人的人没有过去那么多了"。不过，许多场合依然会演奏《天佑吾王》，因为还有许多人想要听到这段旋律，这首歌伴随着他们的成长与教育，"是构成他们身份认同的一部分"。[2]

在美国独立战争之前，《天佑吾王》已经传播到了当时还是英国殖民地的弗吉尼亚和新英格兰地区，被收录在当地出版的一

---

[1] 被确立为国歌的是一首名为《前进，美丽的澳大利亚》（Advance Australia Fair）的歌曲，而《天佑吾王》则退而成为所谓的皇家歌曲（royal anthem），保留在与英国王室有关的事件与活动中。虽然得到了官方认可，这首歌却因为种种原因并未成为广为流传的歌曲，虽然在后来的版本中，为了中和原歌词的种族和性别倾向，已经做了许多修改，但是依然不能使生活在澳大利亚的各族群满意。此外还有一首名为《跳华尔兹的玛蒂尔达》（Waltzing Matilda），凭借着其中对过去记忆的传承和所塑造的特殊的"澳大利亚性"成为了民间认可的类国歌。具体可参见 Christopher Kelen, "Anthems of Austria: Singing Complicity," *National Identities*, Vol. 5, No. 2, 2003, pp. 161 – 177。官方国歌歌词的修改可以参见 https://en.wikipedia.org/wiki/Advance_Australia_Fair。
[2] 科伦还以自己的小学教育为例诠释了《天佑吾王》对澳大利亚人在成长过程中的潜移默化的影响，具体的分析参见 Christopher Kelen, "Anthems of Austria: Singing Complicity," pp. 161 – 177。

些赞美诗歌的小册子中，开始流行起来。1776年7月，美国宣布独立，之后这首歌依然作为爱国歌曲被人们演唱，不过歌词做了相应的改动，"天佑吾王"变成了"天佑美利坚""天佑总统""天佑华盛顿""天佑十三州"，各种凸显争取独立的美国的特殊情况的表述被放进歌曲之中，还出现了"天佑女权"的版本。[1]

与人们一般认为的，反对过去势力就要反对它的一切不同，美国人在这个问题上表现出了惊人的现实主义和实用精神，在《星条旗之歌》成为美国国歌之前，担任这一角色的歌曲就是从《天佑吾王》改编而来的《我的祖国属于你》，[2]而在谈到与过去的宗主国共享同一首民族之歌时，改编者直言，这并非什么罪恶之举，相反，"当我们取得民族独立的时候，美国难道也要取消英语、英语文学、英式品味，斩断了一切与英国的联系吗"？既然事实并非如此，"美国人为什么要放弃他们对《天佑吾王》的初始的部分拥有权"？[3]

不仅在英伦三岛之外，《天佑吾王》面对着各种各样被置换或被抛弃的局面，在三岛之中，这首歌的地位也随着政治局面的变化受到影响。其中，最决然的就是已经独立的爱尔兰。20世纪初，虽然爱尔兰国内认同不列颠帝国的人们将《天佑吾王》作为国歌，但是自1924年，爱尔兰政府开始使用号召爱尔兰人抗争、对抗其撒克逊仇敌（也就是英国人）的歌曲《战士之歌》

1　Percy Scholes, *God Save the Queen*！, p.191.
2　整个19世纪，这首与《天佑吾王》旋律相同，只是歌词有所改变的歌曲一直是美国的国歌，在纪念这首歌创作100周年之际，美国国会还专门发文，赞美这首歌"无尽的激情通过成千上万的声音触动着民族的生命，无论和平年代还是战争中，《我的祖国属于你》的歌声飘扬在全国各地"。
3　O. G. Sonneck, "Report on the Star-Spangled Banner, Hail Columbia, America, Yankee Doodle,"转引自Percy Scholes, *God Save the Queen*！, pp.197-198。

(*The Soldiers' Song*)作为国歌,《天佑吾王》则一度被认为是阻碍爱尔兰国内统一的障碍。[1]

对威尔士、苏格兰和北爱尔兰而言,它们在以联合王国成员身份参与的仪式和活动中演唱《天佑吾王》,但它们也同样拥有自己的"民族颂歌",这些歌曲虽然并非官方认定的国歌,但是在民间拥有很广的受众,并且当这些政治体在以独立身份参加各种国际活动时,通常会选择这些歌作为"国歌",而非统而概之地演奏《天佑吾王》:在威尔士是《父辈的土地》(*Hen Wlad Fy Nhadau*),[2] 在苏格兰是《勇敢的苏格兰》(*Scotland the Brave*)和《苏格兰之花》(*Flowers of Scotland*),在北爱尔兰则是《爱尔兰的召唤》(*Ireland's Call*)。[3]

"没有未来":性手枪金曲与摇滚乐的改造

1977年,英联邦共同欢庆伊丽莎白二世继位25周年,这次"银禧庆典"贯穿了1977年整年,当年6月被定为"庆典节日",与女王的官方生日庆祝重合。在为期一年的盛大庆祝活动中,女王访问了英联邦的各个国家。6月6日晚上,伊丽莎白二世在温莎堡点燃了篝火,正式宣告"庆典节日"开始,第二天,群众聚集在圣保罗大教堂前,向出席感恩节祝祷活动的皇室致以祝福,而在随后的午餐会上,女王也表达了自己的喜悦和荣耀之情:"21岁时我就对上帝以生命起誓服务于人民",而25年过去,"我

---

1 https://en.wikipedia.org/wiki/Amhrán_na_bhFiann.
2 http://www.wales.com/about-wales/facts-about-wales/welsh-national-anthem.
3 http://www.nationalanthems.info/nie.htm.

从未食言,我决不放弃"。[1]

不过,庆祝的声音却遭遇了新的"噪音"反抗,与民间各种自发和半自发的庆祝活动相对,英伦三岛方兴未艾的摇滚乐队开始发声了,而这个声音,首先来自一支仅存在了两年的朋克乐队——性手枪乐队(Sex Pistols)。就在6月7日女王和其他王室成员参与一系列庆典活动的同时,乐队乘坐一辆私人游艇,演唱着自己改编过的《天佑吾王》,沿着泰晤士河行进,经过威斯敏斯特码头和议会大厦,造成了混乱,最终警方介入,拘捕了包括表演组织者在内的11名相关人员。[2]

经此一役,性手枪乐队一炮而红,歌曲也随即登上英国NME榜榜首,BBC的英国单曲榜则因为将这首歌仅排在第二位而被民众抨击。在接下来的历史中,这首歌又被许多著名乐队演唱和改编,各大音乐评论和杂志纷纷将其视为历史性的作品,诸如"1977年之歌""摇滚史前五百""史上最激动人心的50首歌曲""改变世界的100首歌""政治歌曲前20",不一而足。[3]

然而,这个创作和演唱了对英国政治攻击最为尖锐的歌曲的乐队,在谈到这首歌的创作时,却全然否认了自己对英国政治的抨击,反倒声称自己想表达的是对英国的热爱和对人民的呼吁,而他们所怨恨的,仅仅是君主制而已。为此,他们跑到白金汉宫拍摄专辑照片,连专辑封面都设计成加上安全别针的女王头像。在他们看来,自己是站在英国人民一边的,而女王和王室则是对

---

[1] https://en.wikipedia.org/wiki/Silver_Jubilee_of_Elizabeth_II.
[2] Allan Jones,2007. "The Sex Pistols' Jubilee Boat Trip,"Uncut.co.uk.
[3] https://en.wikipedia.org/wiki/God_Save_the_Queen_%28Sex_Pistols_song%29#cite_note-4.

立面，因此，调侃和改编歌颂忠君爱国之情的国歌《天佑吾王》也成为表达反对意见的不二之选：

> 天佑女王
> 这个法西斯政权，把你变成个蠢货
> 它是颗潜在的氢弹！
> 天佑女王
> 她不是人类
> 英格兰的梦想里没有未来
>
> 别听他们说你的渴望是什么
> 别听他们说你需要什么
> 没有未来，没有未来
> 你没有未来
>
> 天佑女王
> 我们真心诚意
> 吾爱吾王
> 上帝保佑

虽然"热爱女王"，但是这热爱显然抵不过没有未来的英格兰，和对制造这种惨状的罪魁祸首的憎恨：

> 天佑女王
> 游客成了金主
> 我们的领袖道貌岸然

> 噢，上帝保佑历史
> 上帝保佑你疯狂的阅兵
> 噢，上帝请宽恕
> 全部罪恶都能赎买

一切都沦为金钱的奴隶，领袖和政治精英戴上了虚伪的面具，罔顾人民的英国王室是在自寻死路，这是因为：

> 如果没了未来
> 罪恶也不会存在
> 我们是垃圾里的花朵
> 我们是你统治人类的毒药
> 我们才是未来
> 你的未来

歌曲随后再次重复"天佑女王"的唱段，然后在"没有未来"的呐喊中结束。"没有未来"这句唱词从此成为英国流行文化的一个标志。

就这次事件而言，或许有两个值得反思的问题。一方面，性手枪乐队并不是英国历史上第一个抨击英国政治的乐队，这种借国歌来反对国歌的做法也并非第一次出现。人们常常将1977—1979年视为朋克运动的巅峰，而这场运动之所以能够达到巅峰，同其间英国各种乐队政治和社会性的反抗运动密切联系在一起。[1] 那么，这个昙花一现的乐队就此留名历史的原因在哪里，

---

[1] 例如，英国摇滚史上最重要的一支乐队——撞击乐队（the Clash），也在这一时期到达了创作的高峰，它的综合影响和艺术成就远远超过性手枪乐队，只不过同性手枪的坚定决裂和绝望反抗不同，撞击乐队对社会现状和政治的批判更加切实，也更加（转下页）

摇滚乐和政治之间为何如此密不可分？另一方面，虽然英国反君主制或者批判君主的呼声古已有之，甚至借"天佑吾王"来批判君主的做法也早就出现了，但是如今，这些过去的作品都只在历史研究中存在着，而性手枪乐队的这首歌依然流行，那么，性手枪乐队的改编获得广泛传播的原因究竟在哪里？

对于第一个问题，可以从历史和理论两个角度来回答。20世纪的许多文化批判和反抗运动，都与流行音乐和摇滚乐有着复杂的关联，许多这类作品创作的目的就是为了批判和抵抗，虽然在商业社会中，它们最终沦为赚钱的消费品。[1] 英国乐队之所以能把来自美国的所谓朋克转变成一场音乐"运动"，其基础乃是英国当时各种积聚的社会问题——经济不景气、失业率居高不下、种族冲突频发；而在更大的背景之下，20世纪50年代的学生运动已经彰显了青年人通过各种反叛形式来对抗体制的狂躁和激情，"朋克"这个本身就被发明来指称"成人世界的边缘人或受害者"的风格，于是成了亚文化群体控诉主流的自然选择。[2] 就音乐的方式和功能而言，首先，摇滚乐通过噪音式的音乐处理表现出了对高雅和主流形式的反对；其次，考虑到传播媒介的普

（接上页）入世。实际上，撞击乐队的第一首单曲《白色暴动》（*White Roit*）就出现了质问时代的煽动性歌词："你是要夺得掌控权，还是要听命于人？"而在其同名专辑中，甚至开始控诉"所有权力都在富人手中"，他们不仅批判国家机器的腐败、贫富不均、青年人的失业问题和种族歧视，还积极组织起了反种族歧视的"摇滚反对种族主义"活动（"Rock Against Racism"）。参见张铁志《声音与愤怒》，桂林：广西师范大学出版社，2008年，第67—68页。

[1] 早在20世纪40年代，阿多诺就曾经断言，流行音乐是文化产业的一部分，最终服务于资本的统治。参见 Theodor W. Adorno, On Popular Music, *Studies in Philosophy and Social Science*, 1941, Vol. 9, pp.17‑48。

[2] 张铁志：《声音与愤怒》，第69页。

及和大众文化的特质,摇滚乐在凝聚人心和进行动员上也有着某种天然的优势。音乐家马洛·帕汉尼(Mauro Pagani)在回顾20世纪50年代的摇滚运动时就直言:"通过摇滚,那些想要进行反叛的人立刻辨认出了彼此,凭借他们的着装、凭借他们的举止……"[1] 捷克前总理哈维尔(Václav Havel)直接承认地下丝绒乐队对捷克历史的影响,而捷克的民主化运动被命名为"丝绒革命"或许也是一个有趣的巧合。[2]

再说性手枪乐队这首改编曲同过去种种讽喻君主制的以《天佑吾王》为载体的作品的差异。从形式和浅层的目标上看,性手枪通过改编国歌来表达自己观点与诉求的做法,同过去各种小册子作家甚至政治家们在表达自己政治观点时修辞性地利用《天佑吾王》并无太大区别。但是,从深层的政治社会文化结构和内在特质上看,"性手枪"却无疑是新时代的产物。

就政治社会文化结构而言,到20世纪六七十年代,君主制在英国面临着史无前例的困境。一方面,随着民主文化的不断普及,以及民主话语对其他各种传统的霸权开始出现怀疑和反抗,这个本来就有着怀疑主义传统的古老君主国,同样开始怀疑起王室和君主的价值,人们不再相信君权神授,而更在乎王室奢华生活所占用的公共财政预算;[3] 另一方面,君主制与英国似乎并不如过去那般一体两面不可分割,因此,诅咒女王和反对君主制也成为"热爱人民""呼唤觉醒"的方式。如果说三十年前丘吉尔

---

[1] Umberto Fiori, "Rock Music and Politics in Italy," *Popular Music*, Vol. 4, Performers and Audiences, 1984, p. 263.

[2] https://newrepublic.com/article/115367/how-lou-reed-inspired-velvet-underground.

[3] Edgar Wilson, *The Myth of British Monarchy*, 1989.

希望通过歌唱《天佑吾王》来劝诫英国国王"不至于和他所深爱的人民永远隔开",为此需要再次思考当时英国的政策时,《天佑吾王》依旧在表达人民的拥护,通过被演唱来反复强化"国运长"的原因——人民的支持。[1] 那么当性手枪乐队将《天佑吾王》同"没有未来"联系在一起时,显然是在表示,"没有未来"的原因就是"吾王"。

戏谑的流行音乐也在戏谑中走到另一个极端。虽然 20 世纪六七十年代摇滚乐和朋克运动的蓬勃发展,与其同大众音乐和民主政治之间的捆绑脱不了干系,[2] 但是,这种本质上属于商品经济的消费品,其实是被唱片公司所控制和绑架的,它们通过精心计划出来的反叛作为自己的卖点,鼓动年轻人纷纷掏腰包。[3] 最讽刺的或许莫过于,1996 年性手枪乐队主唱强尼·洛滕(Johnny Rotten)在复出巡回演唱会时回答记者关于办演唱会原因的问题时,他直接回答:"为了你的钱"。[4]

认同的分裂与被质疑的象征

结合《天佑吾王》在过去两个世纪的遭遇,可以做出一个大致的判断,这首歌在联合王国各地区的地位同这些地区对联合王国的认同呈现着直接的正向的因果关联。对于认同不列颠王国和

---

[1] 温斯顿·丘吉尔:《从战争到战争》,南京:译林出版社,2012 年,第 203 页。
[2] Chastagner, Claude, Le rock, entre la marge et la masse, Revue franc,aise d'etudes americaines", No. 60, *LA CULTURE DE MASSE AUX ÉTATS- UNIS* mai 1994, p.183.
[3] 参见艾伦·布鲁姆《走向封闭的美国精神》,北京:中国社会科学出版社,1994 年,第 75—79 页;贾克·阿达利《噪音》,第 141 页。
[4] "Mark Jenkins, Son of a Gun! The Pistols Are Together Again," *Washington Post*, 4 Aug, 1996, G2.

英国议会君主制的人来说,并不会对《天佑吾王》的地位提出质疑,即使是在面对与本民族或本政治单元认同之间产生的层级冲突时,也有很清楚的规范式的做法——表达对不列颠的忠诚,作为不列颠成员时,必定演唱《天佑吾王》;不过在凸显本国或本地区身份时,民间的非官方的各种"民族颂歌"同样具有准官方的地位。反过来说,在这些英联邦成员各自的政治单元之内,民族—国家意识一旦成长和成熟起来,并试图脱离英联邦的政治设置时,那么与这首歌曲进行决裂就具有了必不可少的象征性意义。每当改动国歌的呼声从民间转移到立法机构中时,也是这种独立意识从民间的自决情绪转变为清晰的政治要求的时刻。[1]

显然,这种告别不列颠王国国家象征的做法远不止于民间和个人层面,在很多具体案例中,它同时也具有官方和立法的性质。就此而言,国歌作为民族国家的象征的地位就更加凸显了,它是一整套国家象征系统中不可或缺的一部分,同时也是需要被制度化和习惯化的一种内容。就政治体的层面而言,这种象征的分裂至少可以被划分为三个不同的类型:第一类是认同不列颠王国文化,但是出现了明确的民族—国家意识的英联邦国家,澳大利亚、加拿大和美国都是这种类型;第二类是原生文化无法被英国文化"驯服"的殖民地国家,印度就是最好的例子;最后一

---

[1] 例如,北爱尔兰政府决定不再使用《天佑吾王》的时期恰恰是已经确立起独立地位的时期,政府成员甚至会拒绝出席演奏《天佑吾王》作为国歌的各种场合和仪式;对于苏格兰来说,要求取消《天佑吾王》的请愿一直到2004年才出现,虽然被当局以"不具有政治优先性"为由而拒绝,但是不断重启这一活动的势头一直潜伏着;1993年,新上任的威尔士事务大臣约翰·雷德伍德由于在一次活动中被拍下了记不住《父辈的土地》歌词的画面,而被屡次抨击为"无法胜任其职务",参见John Davies, Nigel Jenkins, *The Welsh Academy Encyclopaedia of Wales*, Cardiff: University of Wales Press, 2008, p.364。

类则是英伦三岛不同的民族意识之下引发的国歌混乱。

对于第一类来说,问题或许最不严重。它们对不列颠王国和自己国家的历史关系有着比较温和的态度,也乐意承认自己在文化上同英国的关系,因此取消《天佑吾王》,或者对其进行改编,并不会引发民族情感上的剧烈波动;对于第二类国家来说,与其说是《天佑吾王》无法适应特定地区的文化和音乐传统,不如说是被激发的民族意识会自觉地动用另一套文化象征系统来塑造民族国家的意象,而且只有如此,才能顺利地推进民族国家的建设;而在英伦三岛,爱尔兰直到真正成为独立的民族国家以后才采用新的国歌,到 2004 年,苏格兰议会才出现确立自己"国歌"的动议。

然而,这不是问题的全部。一来,当包括威尔士、北爱尔兰、苏格兰等在内的联合王国成员以自己的身份参加国际活动时,会选择演奏自己的"民族颂歌"而非联合王国国歌。二来,在 20 世纪,似乎整个英联邦国家,无论是作为殖民地的国家,还是联合王国的成员,都在试图采用与当地历史和政治联系更紧密的,通常是使用当地语言的,由本民族所创作的歌曲作为"民族颂歌",这种共时性的举动既体现出民族意识的崛起,从另一方面看也是英帝国模式控制力衰弱的表现,恰是由于联合王国无法继续在这些地区推行曾经的统治模式,才会导致文化象征符号也同样被摒弃。

不过,这仅仅是《天佑吾王》在新时代的遭遇所带来的一种认识,而在面对流行文化、大众文化特别是摇滚乐对它的调侃时,问题似乎要更加复杂。它虽然一方面与摇滚乐作为文化现象的社会意义有着密切关联,另一方面似乎还有一个更迫切的问题需要回答：这种调侃国家象征符号和公然抨击王室的做法，到底意味着什么？

西方学界在讨论民族国家层面上的政治文化系统和象征符号时，常常更喜欢用"民族象征"（national symbols）而非"国家象征"，而这样的用法，出自人们对"民族"和"国家"在定义和功能上的区分。"民族"在通常意义上被与情感层面的认同联系在一起，就现象上看它似乎结合了血缘上的神话与扩大了的家族想象，因此也常常被认为是不稳定的和更加具有煽动性的。国家则被看作制度层面的政治设置，它是合法垄断暴力的机制，也是抽象的、非人格化的法人，但无论如何，它是理性的和有规则的。

在这种区分之下，人们用"民族"及其衍生词汇来解释个体对集体和国家的认同与情感，每当国家面临危机时，表现为"爱国主义"的民族情感就会成为动员的力量。而一旦这种动员力量无法得到理性的疏导和"遏制"，就会被西方主流学者冠上他们深恶痛绝的"东方民族主义"等称号。这样看来，似乎现代意义上的民族背负起了国家机器的消极面，它是月亮的背面，但也是不可或缺的一面。

而对于英国来说，君主制演化到如今，似乎越来越成为这个民族国家在文化上和传统上的象征，换句话说，是其民族风貌甚至民族性的一个方面，但越来越少关涉政治权力的运作与国家治理的实现。虽然性手枪乐队或许认为，通过向国歌和英国王室"开炮"，自己是在实践社会文化批判，扛起的是朋克文化的大旗，但是这种挑衅和调侃，虽则象征着王室权威性的下降，说明了民族国家文化象征的顽强。随着朋克文化大潮的平息，摇滚乐这种商品社会音乐工业的产物似乎也转换了兴趣焦点，而消费者追寻的风潮也随着社会变迁而被改变，"没有未来"的英国或许依然是亚文化圈的小众痛苦，但是在大多数庆典和活动中，唱响《天佑吾王》依然是严肃又充满爱国激情的场面。

五、 国歌范式的确立与调整

英国国歌的出现，既是长期以来音乐、歌曲与政治互动的必然结果，也是特定政治情境之下政治需求与歌曲意涵相互形塑与碰撞的偶发事件。在英国的历史上，音乐从来不是绝对为艺术而艺术的人类精神升华，而是社会和政治需求在艺术领域的投射，是人们表达观点、立场与强化观念和认同的方式。无论是小酒馆里的民谣小调、教堂唱诗班的颂歌赞美诗，还是后来从外部引进的歌剧和交响乐，在很多时候这些形式所加入的内容，都是英国近代以来民族国家成长的复杂又庞大的对话。

以回溯的眼光来看，今时今日，英国作为一个现代民族国家的特征，在政治制度上表现为君主制与议会权之间的平衡，在政治社会文化上表现为将对君主的认同与国家认同结合，而反映在国歌《天佑吾王》上，就是以歌颂君主的忠心祈祷为主题，围绕忠诚君王与热爱国家来进行歌唱。这首歌的国歌地位的确立，也得益于它与现实政治的紧密勾连。后来歌曲所面临的挑战与调整，同样源自现实的政治议题与需求。

首先，英国国歌《天佑吾王》的创作与英国近代的政治革命在时间和事件上都有着密切的关联。如果将历史编纂视为观察民族国家认同编织的手段，那么将《天佑吾王》的创作放到詹姆士一世身上，或者向后推到乔治二世时期，都反映了英格兰民族对民族历史和传统的需求和重视，前一位国王既是光荣革命之前统治英国的上一任国王，也是这场革命之所以爆发的重要因素，而后者则是象征着英国从复辟时期走向稳定繁荣的君主。

其次，作为最早与罗马教廷进行切割，以国王作为教区牧首的英国，同样有着浓厚的基督教传统。王权从来不能以绝对的面目进行统治，而是需要不断从神权之中汲取资源。显然，信仰在民众中的巨大吸引力是这一状况的一个方面，另一方面则投射出古老君主制在面对现代议会民主制时所采取的回避措施，加冕礼上的涂油不仅彰显着王权的神圣性，同时也表彰着这一权力的古老和非论辩性。就此而言，以一首类似于宗教颂歌的歌曲，从民众的角度来祈祷上帝庇护国王，既是英国国民的希望，更是王权本身所仰仗的资源。

即使如此，《天佑吾王》依然遭遇了数次挑战，这些挑战一方面来自各个时期的国歌有力竞争者，另一方面则是英国在历史进程中所面对的变迁所引发的。就第一种挑战来说，《天佑吾王》能保持住自己的绝对地位，得益于歌词的足够抽象和历史语境的足够丰富。这首歌有充足的诠释空间和弹性，立足于英国这个民族国家最根本的特征，足以面对各个时期具体化的挑战，因此，它才能够战胜包括《进军》和《万岁》这样的劲敌。而第二种挑战与其说是对国歌的挑战，不如说是对英国在各个时期既定统治秩序和边界的挑战，帝国的控制力难以维系，殖民地从19世纪开始纷纷独立，这一切既得益于民族观念和民族主义的传播，也造成了英国这个民族国家从辉煌走向衰落，而本身就由帝国殖民统治体系所承载的英国国歌，当然会随着体系的萎缩逐渐退回到本来的演唱区域，这就是在各个殖民地所发生的情况。

从殖民地退回宗主国还不是英国面临的最终问题，在这之后，过去通过强力和契约统一起来的英伦三岛也在现代民族主义的呼声之下寻求自己的独立，而在英格兰本土，传统的议会君主制和王室同样受到了现代文化的批判和冲击。在民主制的浪潮之下，一方面是王室必然走上弱化其权威身份，从形象上贴近民众的道路；另一方面，随着权力向议会的进一步转移，即使对于英国来说，王室和国王也越来越成为一个象征符号，被人们崇拜，但同样也要接受人们的调侃。这就是20世纪后半叶英国和《天佑吾王》的遭遇。可以想见，这一状况在未来的一段时间内，将会继续存在。

最后，无论是英国现代民族国家的成长过程，还是英国国歌本身，似乎都不能单纯地在不列颠文明内部来进行理解和观看。作为现代历史上第一个成熟的民族、第一个通过革命建立议会制的现代国家、第一个发起工业革命和大规模殖民的海洋国家，英国所做的一切，都可能成为其他国家模仿的样板，成为输出本国观念和塑造国际秩序的参照。国歌也不例外。《天佑吾王》在很长一段时间都是欧洲各大君主国争相采用的歌曲，仿佛这首歌中有着不用流血革命也能实现现代政治改革的灵药，此外，它也成为英国向殖民地输出统治观念、强化认同的手段。一首歌或许在某一刻能唤起心灵的悸动，却依然只是历史潮流所裹挟的符号，与其说它能改变什么，不如说它身上承载着什么。

第二章

《马赛曲》
法国大革命狂飙下的弑君与爱国

意大利人用讽刺画报来平息自己的怒气,而大多数法国人则让怒火在歌声中闪耀。

——约瑟夫·梅维辛

当黑色的阳光将它的闷热砸向桥面,
砸向我们寂寥的河岸上巨大的石板,
当钟声在嚎叫,当冰雹般的子弹,
在空中呼啸哭喊;
当整个巴黎如同海水涌上海岸,
起义的人民咆哮呐喊。
和着古老铸炮的凄切哀怨,
《马赛曲》回应哀叹。

——奥古斯特·巴尔比埃

在迄今为止被确立为国歌的所有歌曲中，法国现行国歌《马赛曲》当属最具国际影响力、最家喻户晓的一首。《马赛曲》蕴含着多种政治社会历史意义。首先，《马赛曲》的诞生与传播是与世界近代历史中决定性的大事件——法国大革命联系在一起的，歌曲自身与其遭遇折射出大革命过程中的各种政治内容；当然，更重要的是，同大革命、《人权宣言》、三色旗一样，这首革命战歌也成了政治符号，在后来的历史中屡次遭遇变动，见证历史事件，并且因它所承载的价值与信息，被更广泛地传播和运用到各种革命运动之中。《马赛曲》从创作到流传，从一首保卫王国的战歌成为号召底层民众推翻旧制度的革命之歌，从确立为国歌到随着法国政治历程被禁止演唱与恢复地位，再到随着国际无产阶级革命在世界范围内流行，其中可以说的故事太多，可以诠释的信息太多，可以提供的反思也太多。

本章主要围绕《马赛曲》与法国民族国家建构的过程进行叙述，《马赛曲》的遭遇与法国自大革命时期开始所经历的许多风波都有纠葛。大革命对现代政治观念与实践的影响自不待言，而近来历史学家和文化史研究者们的讨论也有力的指出，这场革命还在运用文化和符号灌输政治观念和意识形态、教育民众与实现政治目标这些方面进行了史无前例的试验，诚如米拉波（Honoré-Gabriel Mirabeau）在1791年就意识到的，人是一种感性存在，震撼性的画面、宏大的场景和深刻的情感都会打动他。更令人叹为观止的是，即使在大革命结束之后，这一系列通过文化符号和象征来"改造人"的实践也并没有退出历史舞台，而是被发扬光大，甚至成了革命和政治运动的常规项目。就此而言，傅勒（François Furet）所谓法国革命并不止于大革命腥风血雨的十年实践,而是前后百年的巨大变迁,或许也包含着这种认识。

本章的讨论包含着以下预设。第一,就作为国歌的《马赛曲》而言,其创作与流行恰好回应了大革命时期的政治需求,因此成为当仁不让的革命代言歌曲,并被确立为共和国国歌,而随后被拿破仑政府禁唱和 1879 年国歌地位的恢复,其间的遭遇并非因为歌曲本身,而是由于其伴随着大革命而成为政治符号之后所蕴含的信息与价值取向。第二,从大革命到巴黎公社的政治社会运动,不仅拓展了大革命的意义,也丰富了《马赛曲》所能传递的政治信息,这首歌的流行当然不仅是因为旋律朗朗上口,更是在于歌词内容与已经创造的历史所昭示的革命的美好图景交互呼应。第三,随着历史与时间的推进,这首歌不仅成为革命法国的象征,也成为作为民族国家的现代法国本身的符号,恰是如此,即使是在 20 世纪的战争与抗争之中,在新世纪的冲击与挑战中,《马赛曲》也依然是能唤起法国人民族情感的歌曲。

一、 法国政治中的音乐传统与大革命初期的歌曲文化

恰如历史学家所言,大革命以及经由大革命所塑造的文化宣传手段实际上早在旧制度时期就已经存在,更确切地说,天主教的宣传手段和大革命的文化攻势在很大程度上有着形式的相似性。[1] 作为一种文化宣传途径,歌曲在政治运动中的优势与效用并非革命党人的独家发现,早在实行绝对主义的君主制度的法

---

[1] François Furet,"The Ancient Regime and the French Revolution," Pierre Nora ed., Arthur Goldhammer trans., *Realms of Memory*, Vol. I: *Conflicts and Divisions*, New York: Columbia University Press, 1996.

国,就已经被发掘与运用。如果将大革命看作一个并非孤立的历史事件,那么要理解在革命中逐渐被戴上桂冠的《马赛曲》,旧制度时期的音乐文化就是诠释得以展开的一个重要语境。

实际上,《马赛曲》本身在革命中经历了各种波折。已有的研究表明,从1792年创作和首唱开始,《马赛曲》在不同层面上即已发挥不同的作用,随着革命进程的发展,这首歌所享有的声誉与地位也在发生变化。就此而言,与同时期如雨后春笋般出现的各种革命歌曲相比,《马赛曲》是否有得天独厚的条件,它又是怎样战胜许多风靡一时的歌曲,成为当仁不让的革命之歌、自由之歌和共和国之歌的?这些都是理解《马赛曲》的政治意义所需要回答的问题。要回答以上问题,就要将视角放置在大革命作为奠基性历史事件的时代背景之中进行综合反思。开端的故事在后来的历史中被重复,因此,也可以将这一时期《马赛曲》的故事看作是这首歌全部遭遇的第一版和缩影。[1]

旧制度与音乐传统

在宣传法国历史文化的各种广告词和小品文中,"香颂"(chanson)是常常被使用的词汇,这个兼顾了信达雅的翻译如今已经成了与"左岸""巴黎""埃菲尔铁塔"一样的符号,在小资

---

[1] 参见 François Furet, "The Ancient Regime and the French Revolution"。虽然学界通常喜好谈论大革命的遗产或影响,但也可以更进一步地将大革命本身看作更长时段的历史结构和政治理论变迁的一个部分,就此而言,革命本身也成为了影响后来事件发展的一个要素,不仅从现在出发对它的诠释十分必要,而且后来不同时期对它的理解和叙述也同样成为诠释后续事件的一个入口。从实际出发,19世纪的法国历史和音乐在很大程度上的确是对大革命时期的重复,虽然细节各有不同,但是更凸显了《马赛曲》初登舞台时在研究上的重要地位。参见 Laura Mason, *Singing the French Revolution*:*Popular Culture and Politics*,1787-1799,Ithaca:Cornell University Press,1996,p. 219。

文化中象征着法兰西的浪漫情调。不过，香颂的本意并非有什么布尔乔亚的浪漫精髓，如果用确切的中文进行对译的话，实际上就是指"民谣"而已。当然，把中文语境中的意义转变抛在一边，用这个词来代表法国文化也并非全无道理，毕竟，在法兰西的历史上，歌曲和音乐哪怕是在旧制度中，也占有着超出艺术和文化产品的地位。

在绝对主义之下的王国统治之中，高度集中的政治权力和极其严格的审查制度是不言而喻的。在旧制度时期，与其说歌曲代表着大众文化的蓬勃生命力，还不如说统治阶层已然意识到了音乐的政治功能，并将其运用在全方位塑造国王无所不能的伟大形象的工作上。17世纪的法国人显然并不知晓"宣传""公共意见""意识形态"等术语，但是就其实践经验而言，其实已经对这些词的内涵了然于心了。在讨论法国人是如何制造太阳王路易十四全知全能的绝对君主形象时，彼得·伯克（Petev Burke）曾经直言，17世纪的法国人是在两种极端中看待艺术与权力的关系的，或是将其视为指导民众认识到皇权的伟大荣耀、热爱并服从君主的手段，或是将其视为愚弄大众的把戏，"诱导"和"娱乐"民众，使他们忘却政治领域的真正问题。[1]

伯克的研究大致上是围绕着图像符号展开的，并未涉及大众音乐层面旧制度中占据主导地位的看法和音乐在旧制度之下的主要形态、内容与功能。伯克并未言明这种省略的原因，但这或许同香颂歌谣在旧制度时期地位低下有些关联。香颂在旧制度时期

---

[1] 参见 Peter Burke, *The Fabrication of Louis XIV*, London: Yale University Press, 2011, p.6。

已经蕴含着大众文化，或者说第三等级文化了。1690年，菲勒蒂埃（Antoine Furetière）所编纂的《通行词典》（*Dictionnaire Universel*）中，就将"chanson"定义为"普通民众（le peuple）唱的短歌"；半个世纪后，狄德罗在《百科全书》中同样认定"香颂"具有底层意味，认为这种歌曲是一时兴起被创作出来的，通常都找不到作者出处，歌词都是些浅薄的无稽之谈。[1] 当然，这并不意味着贵族等级和上流社会没有自己的音乐消遣，只不过他们的消遣是音乐剧、交响乐这种"高雅"的艺术，与民间流行的歌谣显然有着云泥之别。

就文化等级来看，香颂在旧制度时期无疑是低下的甚至是无关宏旨的，但是这种判断也不过是从等级的角度出发，俯视普通民众和底层文化。倘若放在等级制向消解等级发展，"第三等级"才是一切的大背景之下，香颂在旧制度时期的状态就是值得思考的。实际上，大众歌曲在旧制度时期的流行程度是毋庸置疑的。在17世纪的巴黎，街头歌手不仅以演唱歌曲和贩卖廉价歌曲手册为生，而且歌曲本身也构成了生活在旧制度之下的巴黎人日常交流和礼仪生活中必不可少的部分。[2]

街头歌手的作品囊括了各种内容，不仅是对日常生活的调侃和流俗式的市井之谈，旧制度时期香颂歌曲的一个特征就是其巨大的生命力和内容的丰富性。[3] 这些街头歌手虽然是社会生活的边缘人物，但是由于社交在巴黎人生活中所占据的重要位置，他们从不缺少听众。为了生活不得不进行演唱的压力使得歌手们想

---

1 参见 Laura Mason, *Singing the French Revolution*, p.9。
2 Ibid, p.17.
3 Ibid, p.15.

方设法迎合当时的流行意见，从某种程度上说，这些歌曲就是流动着的对社会和公共生活的概括，恰是如此，《百科全书》虽然给"香颂"做出了看似并不高贵的定义，但是也以更加民主的价值对其进行评价，褒扬歌曲和杂技才是法兰西精神的真正表现。

不理解旧制度时期法国人对歌曲的热衷，就无法理解大革命时期的文化状况，"只有认识到路易十六时期法兰西对歌曲的普遍激情，才能理解《马赛曲》和《卡马尼奥拉》（*La Carmagonole*）作为革命颂歌具有的重要性"：

> 在大街上、桥梁上和码头上游荡的商贩们售卖歌曲，歌曲主题无所不包，从描绘声色犬马的宫廷生活的流行小调，到歌颂美利坚自由之子，再到皇宫的肆意挥霍、国王的无能懦弱，以及皇后的任性妄为。[1]

歌曲中不乏涉及政治权利和君主统治的内容。在当时严厉的审查制度下，歌颂君主的歌曲被许可、鼓励出版，调侃、讽刺性的歌曲作者则面临着追捕审查。[2]

---

[1] Simon Schama, *Citizens: A Choronicle of the French Revolution*, New York: Alfred A. Knopf, 1989, p.180.
[2] 劳拉·梅森（Laura Mason）在讨论旧制度时期歌曲文化时分别列举了这两种歌曲类型的歌词。前者的例子如 1744 年的一首歌颂法国国王的歌曲，部分歌词是"Roi des Français; Tu étais né pour la Couronne, Roi des Français; Ton Sang nous impose des lois; Mais nous chérissons ta Personne, Et c'est notre coeur qui te nomme ROI DES FRAÇAS"。译成中文大致是：法兰西国王；您生而为王，法兰西国王；您的血统就是统治我们的法律；我们崇敬您，对您心悦诚服，称颂您为法兰西之王。后者的例子则是 1774 年的一首欢庆莫普（René de Maupeou）失势的歌曲："*Maupeou* n'est plus, Thémis reprendre la balance; *Maupeou* n'est plus, Ce monstre a fait　　（转下页）

不仅歌手采取各种方式对当时的政治生活和政治事件进行表达和记叙，许多当时的作者也发现了歌曲在传播政治观点时的优势，王室当然也意识到了这一点，命令警察安插歌手在广场上赞颂国王。[1] 单调的语句和抽象的概念很难引起普通民众的兴趣，更难在他们心中激起情绪，留下痕迹，但倘若配上朗朗上口的旋律，这个问题就容易解决了。而且，由于审查制度的存在，出版物并非传播观点的最佳媒介，比起需要经过批准方能印刷的小册子，口口相传的歌曲显然要方便安全很多。[2] 最后，即使是在绝对主义的统治之下，口头歌曲在表达政治情感时也因为其灵活性而具有特殊的地位，在一个国王光芒照耀一切的社会，不在歌中添上"国王万岁"这句话，本身就是对国王权力的无声的反抗。[3]

革命进程与流行歌曲

1789年1月，西耶斯（Sieyès）出版了后来被奉为经典的小册子《第三等级是什么？》，撕开了第三等级在法国的政治权力结构中争得话语权的口子。同年5月，为了缓解严峻的财政危机，

（接上页）place aux vertus/Reparaissez Dieu d'abondance/ Riez français, faites bombance *Maupeou* n'est plus"。歌词大意是："莫普下台啦,忒弥斯校准了天平；莫普下台啦,怪兽输给了美德/丰盈之神再次显灵,法兰西人开怀大笑,莫普下台啦。"参见 Laura Mason, *Singing the French Revolution*, pp. 26 - 27。
1 Laura Mason, *Singing the French Revolution*. p 27, fn. 51.
2 虽然街头歌手在当时也常常面临被逮捕的危险，但是这更多的是因为歌手这个群体并没有可以依附的行会组织，大多是自我营生，因此也就处于司法管理之外。当然，歌曲小册子的出版通常也是审查的内容，不过一来当时很多歌曲的小册子并不完整，既没有附上曲谱，而且连歌词本身也不一定完整（据说是为了勾起听众的兴趣，只有歌手才能真正进行演唱，以此保住自己的饭碗）；二来这些歌曲被临时填词的状态也并不少见。总而言之，比起一本正经的出版物，口头传播在当时有着自己的独特位置。
3 Laura Mason, *Singing the French Revolution*, p. 27.

路易十六重新召开停开了数百年的三级会议。与最初设立三级会议之时相比，此时法国的社会阶级状况和政治文化观念已经发生了巨大的变化，"第三等级要求获得某种地位"。当这一要求被国王否定后，大革命的齿轮就开始加速转动起来。

1789年6月20日，吃了路易十六闭门羹的国民议会发表了"网球场宣言"，宣布直到法国宪法确立之前，国民议会都将一直存在。同年7月9日，国民议会改名为国民制宪议会。7月14日，受到巴黎市民鼓动的法国卫兵为了取得巴士底狱的武器和弹药，攻陷了巴士底狱，这一天后来成为法国的国庆日。7月17日，路易十六认可红白蓝三色旗为法国国旗，还确定了"国家万岁"和"国王万岁"的口号。1789年8月26日，国民制宪议会发布了《人权宣言》，形同宪法。1792年，吉伦特派取得政权，同年9月21日普选产生了国民公会，9月22日成立法兰西第一共和国。1793年1月21日，国民公会以叛国罪处死了国王路易十六和皇后玛丽·安托瓦内特。1795年7月14日，热月党人推翻了雅各宾派恐怖统治，国民公会宣布《马赛曲》为法国国歌。

大革命虽然早就结束了，但是两个多世纪以来各式各样关于大革命的历史编纂从未停止。法国大革命的独特之处不止在于它使法国从一个绝对主义君主国转变为代议制民主国家，或是从一个贵族特权社会变为布尔乔亚社会。大革命之所以具有独一无二的价值，原因在于，它是开端，是"那种开端挥之不去的景象"，是首次的民主实验。[1] 这场实验不仅围绕着国家宪法的确立和施

---

1 参见 François Furet，*Interpreting the French Revolution*，Cambridge：Cambridge University Press，1990，p.79。

行而展开，更是要将人民改造为拥有德性的公民，是要通过各种手段来"教化"人。出于这种目的，大革命期间的各种文化活动和文化产品都承载着传递政治信息的作用，旧制度时期就已经成为重要的政治宣传手段的歌曲在这一时期也担负起了这一任务。

整个大革命时期，各种各样的革命歌曲纷纷问世，数不胜数。根据历史学家的一项统计，在1789年的法国，与大革命这个主题相关的歌曲大概有150首，在1791—1792年间，这个数字翻了一番，成了300首；到1793年，一共有600首；1794年是革命歌曲创作的高峰，一共有700首；而在此之后则开始急速下滑，1795—1797年只出现了150首；而1798—1800年间，则只有100首。在这些歌曲之中，第一行歌词中最常出现的主题包括至上（supreme being）、自由、和平，而进攻杜伊勒里宫的日子是人们最爱唱起的日期，国民公会则是这些歌曲中最常提及的机构。[1]

不过，正如艾米特·肯尼迪（Emmet Kennedy）所指出的，以上数据虽然反映了歌曲在大革命期间的流行状况以及在某种程度上随着革命进程遭遇的变化，但却忽略了一个更深层次的问题，许多大革命歌曲其实都是参考革命前的大众流行歌曲的曲调创作的。在肯尼迪看来，大革命时期著名的作曲家P. J. B. 努加雷（P. J. B. Nougaret）的评论道出了问题的关窍："这样一

---

[1] Emmet Kennedy, *A Cultural History of the French Revolution*, New Haven: Yale University Press, 1989, p. 236. 统计数据来自Constant Pierre, *Les Hymnes et les chansons de la Révolution*, Paris, 1904, p. 49; James Leith, "Music as an Ideological Weapon in the French Revolution," *Canadian Historical Association Annual Report*, 1966, Ottawa, 1967, p. 139。

来我的歌曲就会更流行，适用场合更广，我不仅希望杰出的作曲家们用和谐的旋律来装饰歌词，而且我更希望把歌词都填进流行的曲调中去"。[1]

肯尼迪蜻蜓点水的分析为进一步的讨论留下了许多空间。首先，既然歌曲如此流行，那么大革命期间，直到《马赛曲》开始流行之前，这些革命歌曲中是否有占据主导地位的歌谣。其次，革命歌曲在数量上的变化是否同革命进程、不同掌权派系对歌曲的理解以及出台的政策有关，而并非仅仅取决于创作者数量和创作意志的变化，换句话说，革命者是否清楚地意识到音乐在革命中的作用。第一个问题不仅关系到对革命期间音乐作用的理解，同时也为解释《马赛曲》在1792年以后的流行和最终被确定为共和国国歌提供了背景。第二个问题则可以为理解革命者们随着革命进程逐渐收缩的文化控制提供帮助。

对于第一个问题，回答是肯定的。虽然如今人们众所周知的大革命之歌乃是汹涌澎湃的《马赛曲》，但马赛曲创作于1792年，原本并非因受到大革命精神的鼓舞所作。另外，前文中的数据统计也表明，1792年之前，流行于世的革命歌曲就已经有数百首之多。历史地看，1792年之前象征着革命活动和革命精神的歌曲，其实是一首曲调明快、歌词简单的歌谣《一切都会好》（Ça ira）。[2] 据说，歌名中的短语出自美国独立战争期间在法国参加大陆会议的本杰明·富兰克林之口。法国人十分支持美国的独立事业，每当被询问起独立战争状况时，富兰克林便会用蹩脚

---

[1] Emmet Kennedy, *A Cultural History of the French Revolution*, p. 236.
[2] 歌名也常被译为《萨依拉》《都会好》等。

的法语回答"Ah，ça ira!"（啊，一切都会好起来!）。[1]

在可查的历史记载中，这首歌首次出现于1790年5月，歌词作者是一位名叫拉德雷（Ladré）的街头歌手，曲调出自乐手贝科特（Bécourt），本名为《国民钟琴曲》（*Carillon national*）。1790年7月，自发组织起来的巴黎民众在战神广场（Champ de Mars）为第一次联盟节（Festival of Federation）的举办做准备。在准备工作展开的一周之内，这首歌流行开来，歌名被人们改称为《一切都会好》[2]。当时出版的节日庆祝版本歌词如下：

> Ah！ça ira, ça ira, ça ira
> 啊！一切都会好起来（重复两次）
> Réjouissons nous le bon temps viendra,
> 让我们尽享欢愉，好日子总会到来
> Les gens des Halles jadis*a quia*
> 市场上曾备受煎熬的民众们
> Peuvent chanter *alléluia*
> 如今可以高唱哈利路亚。
> Ah！ça ira, ça ira, ça ira
> 啊！一切都会好起来
> Il nous faut chanter en Réjouissance
> 让我们用歌声庆祝
> Ah！ça ira, ça ira, ça ira

---

[1] Laurence Gronlund, *Ça ira! or, Danton in the French Revolution: A Study*, Boston: Lee and Shepard Publishers, 1888, p.6.
[2] Laura Mason, *Singing the French Revolution*, p.47.

第二章 ——《马赛曲》：法国大革命狂飙下的弑君与爱国

啊！一切都会好起来

De la grande fête on se souviendra.

伟大节日永载史册。[1]

歌词表达了显而易见的乐观情绪和对美好未来的向往。1790年正是革命形势一片大好，亟待再次建立新的社会秩序的时期，而虽然有种种乐观的景象，但是反革命的谣言也已经传播开来。恰是如此，为革命节日进行准备工作的民众们通过演唱这首歌，以歌颂革命带来的希望，迎合了当时认为应当平稳过渡到新制度中的流行看法。另一方面，欢快的歌曲也有助于平复面对谣言的紧张情绪。[2] 在随后的两年内，这首歌成为了革命活动的必唱曲目，从街头巷尾的传唱到国民公会的正式活动，再到革命者们在教堂里反对天主教的活动，都伴随着《一切都会好》的唱响，王室还曾经改编这首歌来对革命者进行讽刺。[3] 歌曲在当时成了革命的标志，那句安抚人心的"一切都会好起来"成了美好未来的

---

[1] 参见 Laura Mason, *Singing the French Revolution*, pp. 47 - 48，中文歌词根据书中的英文歌词译出。需要注意的是，这首歌并没有确定的官方版本歌词，在大革命中各种歌唱内容都被变成歌词填进去，只有歌曲的第一行"Ah！ça ira, ça ira, ça ira"成为了固定的唱词。

[2] Laura Mason, *Singing the French Revolution*, p. 45.

[3] 查理一世与法王腓力二世一度是最亲密的盟友，并开启了十字军东征对抗萨拉丁的战斗，后来查理一世也曾统治阿基坦、诺曼底、安茹等法国的领地。因此保皇派常以查理作为王权象征。不过，保皇党也有自己的"保皇歌"，是一首名为《噢！吾王理查》(*O Richard, ô mon Roi*)的以狮心王理查为主题的歌曲，来自音乐剧《狮心王理查》。据说，这首歌1788年就已经出现了，只不过随着革命的进行，特别是《一切都会好》的流行，保皇党越发感觉到需要寻找一首歌曲进行应对，而这首歌便应运流行开来，歌曲曲调庄严缓慢，调式更加复杂，而歌词则表达了民众对狮心王理查矢志不渝的爱戴，无不与《一切都会好》形成鲜明对比，一直到大革命结束，这首歌都是保皇党的专有歌曲。

象征，出现在各种文化作品之中。[1]

虽然红极一时，但《一切都会好》却并未成为官方正式认可的革命之歌。首先，当时国民公会并未意识到歌曲的象征意义和政治价值。其次，诞生于革命之初的这首歌在后来的革命进程中，显然不能最贴切地表达情感。歌词的不确定虽然给民众再次创作提供了方便，也使得这首歌的地位和意义呈现流动状态，革命者可以唱，保皇党人也可以换成捍卫国王的歌词进行演唱，再加上玛丽·安托瓦内特当年也常常弹起这首曲子这种传闻，又使得这首歌的政治立场更加模糊，以至于有学者直接将这首歌的"流动性"归咎为它失败的原因。[2] 最后，欢快的曲调和舒缓人心的歌词同斗争到底的革命态势大相径庭，以至于被保皇党人调侃"歌曲并未表达出政治的严肃性"。[3]

对于第二个问题，回答相对简短一些。虽然各方在采用歌曲表达政治立场和倾向时，都十分积极，并且革命歌曲的数量在不断增长，但就官方的文书来看，这一时期音乐在政治生活中所占据的地位到底如何，尚无明确的界定。许多时候，它都表现为一种革命活动的附加形式和副产品，并非活动中必不可少的主要内容。此外，大革命开始到第一共和国建立之前的这段时间，本身就是一段重构制度的时期，在基本政治设计尚未定型之前，显然难以在逻辑上谈论所谓的"国家之歌"这种官方的政治象征产品。

---

[1] 在路易十六被斩首的第四天，伦敦出版的一幅政治讽刺画《谋杀路易十六》就将《一切都会好》(Ça ira)和《民族万岁》(Vive la Nation)描绘成环绕在国王周围放声歌唱的"恶魔"。可见，到1793年，这首歌作为革命标志的地位已然被许多人所接受。
[2] Laura Mason, *Singing the French Revolution*, p.45.
[3] Ibid, p.48.

二、从《莱茵军团战歌》到《马赛曲》

对很多熟悉法国历史文化的人来说，《马赛曲》的创作故事是耳熟能详的。1792年4月20日，法国对波西米亚与匈牙利国王宣战，原因是奥地利和普鲁士等国试图遏制革命进程，害怕革命波及本国，遂发起第一次反法同盟，试图通过武力击败法兰西第一共和国。就在法国宣战后的第五天，约瑟夫·鲁热·德·利尔（Claude Joseph Rouget de Lisle）就在斯特拉斯堡创作出后来被称为《马赛曲》的这首著名歌曲，"换句话说，这首歌在开战宣言传达到这座要塞城市之后立刻被创作了出来"，因此，这首歌"显然是骄傲的爱国者对这条重大新闻的直接反应"。[1]

创作《马赛曲》或许是德·利尔一生唯一的成就。这位当时驻扎在斯特拉斯堡法德边界的法军工兵上尉并未接受过系统的音乐训练，顶多算是一个业余的革命歌曲创作者。而且，德·利尔不是革命的拥护者，同他的父亲一样，他站在王室一边，拒绝对新宪法宣誓效忠，也因此在1793年锒铛入狱。创作者明确的政治立场，使得直接将《马赛曲》归结为对革命进程的歌颂成为不可能。

不过，《马赛曲》的神话从创作的重述就开始了，作者本人后来的回忆，其真实性其实也值得怀疑。[2] 据说，时任斯特拉斯

---

[1] Michel Vovelle, *La Marseillaise：War or Peace*, p. 30.
[2] 之所以这么说，是因为在《马赛曲》风靡法国并最终成为革命标志以后，鲁热·德·利尔曾经数次试图通过这首歌来换取各种荣誉和抚恤金，而歌曲创作的过程也被添油加醋带着一点神秘色彩，茨威格传记作品《人类群星闪耀时》中以"一夜之间天才"为题记叙鲁热·德·利尔的故事也有这个意思，虽然文学作品本身也突出了创作过程的戏剧性。参见斯蒂芬·茨威格《人类群星闪耀时》，武汉：华中科技大学出版社，2012年，第115—139页。

堡市长，保皇党爱国者菲利普·弗里德里希·迪特里希男爵（Baron Philippe Friedrich Dietrich）在家中举办了一次晚宴，邀请驻扎在斯特拉斯堡的法军军官们参加，席间，男爵表达了对当时军队中所用歌曲的不满，认为像《一切都会好》这样曲调简单明快的歌曲对于前线时常处在生死关头的将士们来说，难以鼓舞士气、适应军事需求，也无法表达出爱国之情。[1] 当他想起自己身边的上尉鲁热·德·利尔曾在几个月之前写过一首歌颂自由的诗作，并被配上旋律在军队中传唱时，便向这位年轻的上尉发出邀歌的请求，询问德·利尔"是否愿意将自己的爱国热情转化为一段振奋人心的歌词，为即将出征的莱茵军写一首专门的战歌"。[2]

晚宴结束后，德·利尔回到自己的小阁楼，斯特拉斯堡剑拔弩张的局势和从巴黎传来的革命消息让他难以入睡，街头巷尾"拿起武器""发动进攻"的口号也在他脑子里回响起来。写好歌曲开头的几行歌词之后，他拿起小提琴开始作曲，"他感到全身有一股力量涌出，拽着他向前，所有的一切：自己心中的轻快；在街道和宴会上听到的那些话；对暴君的仇恨；对乡土的忧虑；对胜利的志在必得；对于自由的热爱——一瞬间全都涌进他的脑中"[3]。第二天，德·利尔带着创作好的歌曲来到迪特里希家中，将其命名为《莱茵军团战歌》（*Chant de guerre de l'Armée du Rhin*），这首歌即刻获得了市长的喜爱，在斯特拉斯堡流行了

---

[1] 当时还有一首颇为流行的革命歌曲《卡马尼奥拉》，主要内容是对皇后玛丽·安托瓦内特命运的讽刺，不过这首歌同《一切都会好》属于同一种类型，甚至在流行度和重要性上还不如后者。

[2] 茨威格：《人类群星闪耀时》，第 121 页。

[3] 同上，第 123 页。

起来。

在斯特拉斯堡流行起来只是故事的开始,随后几个月,这首歌被传播到法国其他地区,[1] 同年七月,支持新宪法的马赛民众组织起一只队伍向巴黎进军,《莱茵军团战歌》就成了他们的行军战歌。这群士兵或许并不了解这首歌的创作背景,但歌词中号召为祖国和自由抛头颅、洒热血的内容引起了强烈的共鸣。一首本来是保皇派创作的抵御外国势力的歌曲,就在这样特殊的政治环境之下成了保卫革命的歌曲,伴随着马赛人的行军进入了巴黎。《马赛曲》由此得名:

> 在过去的几天里,马赛人的到来被广为宣传。他们人数众多;他们被王室视为怪物;他们以各种方式表达自己的意图。一方面,他们代表着一群暴民……另一方面,恰好相反,他们被称为最忠诚的爱国者……他们致力于恢复疲惫的巴黎人的公共精神,向君主制发起最后的致命一击。[2]

无论是茨威格的描述,还是在历史和政治研究者们的讨论中,标志着《马赛曲》胜利的,就是这次从马赛到巴黎的行军。[3] 此后,《马赛曲》迅速取代了《一切都会好》,成为革命活动的必唱曲目,在教堂中也取代了传统悠久的《神圣颂歌》(Te

---

1 具体的传播过程可以参见 Michel Vovelle, *La Marseillaise*: *War or Peace*, p.35。
2 *Révolutions de Paris*, No.160, 28 July-4 August 1792.转引自 Laura Mason, *Singing the French Revolution*, p.97。
3 Jennifer Wise, "L'enfant et le Tyran: 'La Marseillaise' and the Birth of Melodrama," *Theatre Survey*, Vol. 53, No. 1, April 2012, p.30.

Deum)¹，风靡整个巴黎。

抛开创作过程被赋予的神话色彩不谈，这首歌的成功或许有其必然性。比起《一切都会好》这首当时最流行的革命歌曲，《莱茵军团战歌》的优势十分明显。² 伏维尔（Michel Vovelle）指出，其优势在于它既非专业音乐家的学院风格的作品，又不是全然的街头流行歌谣，它既吸收了来自民众的情绪和态度，不是掉书袋式的宣扬革命伦理，而且经过迪特里希的妻子以及后来戈塞克（Gossec）和柏辽兹（Berlioz）调整过的旋律使得它更加朗朗上口。³ "它是各种体裁的混合"，因此"更能传达这个时代寻找新音乐，音乐寻找新的作曲家的需求"。⁴

就革命音乐的需求来看，《马赛曲》无疑超越了当时的各种歌曲，从功能上看，也更加符合革命的气质。仅以《一切都会好》为例，从 1790 年到 1793 年所创作的所有版本，无论歌词如何变化，都始终如歌曲名一样表达着乐观的情绪；但到 1792 年，局势的紧张状态显然不是一句"一切都会好起来"能准确表达的。相比而言，《马赛曲》却传达出了对可怕敌人的警惕，并且

---

[1] *Te Deum* 也就是基督教歌颂神圣上帝的颂歌，其起源可以追溯到圣·安布罗斯和奥古斯丁，包括海顿、莫扎特、威尔第等许多作曲家都为这首诗篇创作过自己的旋律。第一次联盟节之前，人们试图选择一能够与节日庆祝相匹配的歌曲，经过修改的《神圣颂歌》就成了"与情势和谐匹配的"音乐。关于大革命时期的《神圣颂歌》，可参见 *Music and the French Revolution*, p. 226; Michel Vovelle, *La Marseillaise: War or Peace*, p. 31。

[2] 至于改编《神圣颂歌》作为革命颂歌，起码就歌曲本身而言，以拉丁文作为歌词是在大众中进行传播的最致命的弱点，参见 Julien Tiersot, O. T. Kindler, "Historic and National Songs of France," *The Musical Quarterly*, Vol. 6, No. 4, Oct., 1920, pp. 606 - 607。

[3] Michel Vovelle, *La Marseillaise: War or Peace*, pp. 34 - 35.

[4] Ibid, p. 31。

许诺浴血奋战后的"光荣之日"的到来;另一方面,正如迪特里希对《一切都会好》的评价一样,这样一首轻快的歌曲实在很难为纪律严肃的军队带来有利的影响,而更加低沉、缓慢,接近于行军速度的《马赛曲》则不一样,"武装起来,同胞!把队伍组织好"表明了歌曲的核心要义。[1] 最后,比起歌词明确的《马赛曲》,《一切都会好》"始终是一首口头发明的歌曲,歌唱者可以通过它来表达自己对革命的特定看法"。[2] 作为一首传达政治信息的歌曲,《马赛曲》比《一切都会好》稳定得多、明确得多,对于演唱者来说,在演唱时所唤起的情绪和可能面临的情况也更加可预见。

还需要指出,虽然《马赛曲》是为保卫法国国王、对抗外国暴君而作,但是歌曲中并未明确指出所面对的敌人究竟是谁,因此,无论是反法同盟对法兰西第一共和国构成的威胁,还是路易十六给革命和自由造成的困扰,都可以投射到歌曲中。《马赛曲》所唤醒的,并非对绝对主义王朝的效忠之情,而是对共和国的热爱之情,同时也是对无论如何都要加以捍卫的作为"母亲"的祖国和作为"以祖先和血统为想象的"法兰西民族共同体。以上种种原因的叠加,使得《马赛曲》的成功成为必然。

弑君、共和国的奠基与《马赛曲》的流行

1792 年 8 月底,巴黎的报纸开始报道起南部义勇军(fédérés)歌谣在巴黎大受欢迎的场面。8 月 29 日的《巴黎记

---

[1] Laura Mason, *Singing the French Revolution*, p. 96.
[2] Ibid, p. 99.

事》(*Chronique de Paris*)描述道:"如今,每个剧院的民众都要求演奏这首歌:《前进,祖国的女儿快奋起》(*Allons, enfants de la patrie*)[1]。歌词的创作者是鲁热,他是一位驻扎在南格的天才上尉……义勇军们从马赛带来了这首歌,它在当地已经非常流行了。"[2]

随着《马赛曲》的流行,巴黎人民对其他革命歌曲兴趣逐渐减退。瓦尔密战役胜利不到一个礼拜,陆军大臣(Minister of War)在写给凯勒曼将军(General Kellerman)的信中就表示:"神圣颂歌的潮流已经过去了,我们必须用更有用、与公共精神更协调的东西来替代它,因此,我授权将军你,如果你认为需要被授权的话,像演唱颂歌那样严肃地演唱《马赛曲》",为确保《马赛曲》在军队中得以演唱,信中还附上了歌词和曲谱。[3] 10月中旬的《巴黎记事》报道:"《一切都会好》这首联邦和革命性的歌曲必须要让位给《马赛曲》这首战斗歌曲,它与共和国的勇武如此合拍,每晚都响彻剧院。"[4]

从义勇军进驻巴黎的第一天起,仿佛就注定了《马赛曲》的流行。据记载,1792年8月10日,唱着《马赛曲》的义勇军带领两万名武装起来的巴黎民众包围了杜伊勒里宫,杀死了近六百名皇家近卫军、廷臣和皇室仆人。记者们纷纷使用其中的歌词来进行报道,当时颇有影响力的记者安东尼·约瑟夫·戈萨斯(Antoine Joseph Gorsas)在评论这次事件时说,"尽管他们正义

---

[1] 即《马赛曲》,这份报道以歌词的第一句指代这首歌。
[2] Laura Mason, *Singing the French Revolution*, p.98.
[3] Ibid, p.100.
[4] Ibid.

的复仇只需要几滴肮脏的血,但是血流成河将是必然",这种场面正是反革命者的步步紧逼造成的。[1] 两周之后,武装的市民们哼唱着《马赛曲》,斩首了至少1368名城市监狱关押的犯人。[2]

显然,《马赛曲》不仅满足行军作战的需要,在巴黎的革命状态下,它也成为日常暴力行动的背景音乐,在血腥杀戮中开启了"革命的新阶段"。[3] 从直观感受来说,这个新阶段就是与血流成河的屠杀联系在一起的,从杀戮反革命者发展到斩首路易十六和皇后玛丽·安托瓦内特,最终在敌人"肮脏的血"之上建立起了法国历史上的第一个共和国。

如果这就是当时人们津津乐道的"公共精神",《马赛曲》中对嗜血屠杀的歌唱是与当时的状态"更加合拍"的赞颂,难免会使人们对共和国本身的正当性产生疑虑。退一步说,对于一个长久生活在绝对主义传统统治之下的民族来说,审判国王犯下叛国罪并采用斩首的方式象征性地与旧制度告别,是令人震惊的。要想理解伴随着《马赛曲》越发流行而越来越激进的革命进程,有必要再次审视共和政治与大革命时期已经存在的暴力逻辑。

就处决路易十六来讲,《马赛曲》已经给出了国民公会审判所给出的理由,路易十六不仅是个"暴君",也是"叛国者",正是如此,唯有杀死他,才能给国家带来安宁。诛杀暴君在欧洲有着悠久的历史渊源,文艺复兴时期就已经随着人文主义者的讨论流行开来,这些人文主义者通常以古罗马的历史经验作为背景展

---

[1] 参见 Jesse Goldhammer, *The Headless Republic*: *Sacrificial Violence in Modern French Thought*, Ithaca: Cornell University Press, 2005, pp. 47–48。
[2] Jennifer Wise, "L'enfant et le Tyran: 'La Marseillaise' and the Birth of Melodrama," *Theatre Survey*, Vol. 53, No. 1, April 2012, p. 31.
[3] Michel Vovelle, *La Marseillaise*: *War or Peace*, p. 36.

开叙述,凯撒这样的僭主是危害共和国安全与自由的头号敌人,布鲁图斯则是英雄。大革命开始后,这种思想在法国也得到了空前的追捧,以至于伏尔泰曾经最不受欢迎的作品《布鲁图斯》(Brutus)在这一时期的巴黎剧院中成了热门剧目,"革命者们对布鲁图斯强烈的爱国主义,在元老院的所受的侮辱,在战神祭坛上的联邦誓言感同身受"。[1]

在戈德汉默(Goldhammer)看来,布鲁图斯这个历史人物为1792年的法国革命派所提供的,就是为共和国的事业牺牲一切的英雄爱国主义情怀。[2] 革命者从两个方面发挥了布鲁图斯所象征的内涵,而这两个方面都并未包含在李维(T. Livy)的历史叙述中。

首先,在法国革命者看来,罗马的牺牲传统向他们昭示,作为共和国的奠基者,他们必须做好"清洗"国王的"土地"的准备;其次,布鲁图斯的行为表明,作为共和国的公民,必须"随时准备好为了子女,为了国家的幸福而牺牲一切"。[3] 诚然,与布鲁图斯诛杀凯撒的行为有着本质区别的是,凯撒乃是僭主,而路易十六则是旧制度之下合法的统治者,但是在革命者的话语之中,作为历史人物的布鲁图斯显然已经被描述为诛杀暴君的公民和爱国者,凯撒则象征着共和国的敌人,而每个法国人,都是要做好准备牺牲一切、"清洗"旧制度的共和国公民。

另一方面,经过正式的法庭审判程序来为国王定罪,昭示着

---

[1] Kenneth N. Mckee, "Voltaire's Brutus During the French Revolution," *Modern Language Notes*, Vol. 56, No. 2, Feb., 1941, p.102.
[2] Jesse Goldhammer, *The Headless Republic*, p.34.
[3] Ibid, pp. 34 – 35.

共和国的公民优于罗马人的状态。1792 年,圣茹斯特(Saint-Just)当选国民公会议员后的第一次演讲就是这样表态的:

> 我认为国王应当作为敌人接受审判;我们更应该对抗他而不是评判他;既然在凝聚法国人民的契约中没有他的功劳,审判中的司法程序不应当遵循实证法,而是要遵循国际法……未来的某一天,人们将会惊叹,在 18 世纪,人性却比凯撒时期还要落后。那时候,暴君在元老院中被诛杀,没有繁琐的程序,只有饥渴的匕首落下,不是为了法律,而是为了罗马的自由。今天,恕我直言,我们对这位人民的杀手进行审判,他的双手沾满鲜血,全是罪恶……在我看来,别无选择:这个人或是统治或是死亡。[1]

路易十六并非弑君这种暴力和血腥的行为的第一个承受者,在他之前,查理一世的死就已然蕴含着通过处死君主来推翻君主制的寓意。但圣茹斯特的演讲赋予了这次弑君更加现代性的政治含义,杀死国王不仅是一个司法问题,更关系到政治制度的基础,既然"没有任何人能进行统治而不犯下罪孽",那么为了实现一个有德性的共和国,最显而易见的选项就是取消掉任何人的统治。[2]

克伦威尔在查理一世死刑前夜曾对阿尔杰农·西德尼说,在砍下查理一世头颅时,是将脑袋连同皇冠一并彻底斩除的。[3] 若

---

[1] 转引自 Michael Walzer, *Regicide and Revolution: Speeches at the Trial of Louis XVI*, London: Cambridge University Press, 1974, pp.121-123。
[2] 转引自 Michael Walzer, *Regicide and Revolution*, p.124。
[3] Ibid, p.4.

是考虑到光荣革命和复辟以后的英国历史，克伦威尔的渴望是在法国革命者这里被真正实现的。迈克尔·沃尔泽（Michael Walzer）区分过两种弑君行为，一种是在君主制框架之内的谋杀君王，而另一种则伴随着对整个制度的推翻，就此而言，处决路易十六的"公共弑君乃是与传统政体之神话告别的彻底的决定性方式，也是因为如此，它成为新政体的奠基性举措"。[1]

对于法国革命者来说，旧制度的罪孽在于绝对主义君主以自己的好恶作为决定整个国家福祉的根据。在"王即国家"的框架中，这种主张并无逻辑上的问题，然而问题是，在革命者心中，国家不是国王的所有物，而是民族的，是人民的，国家就是国家。1790年，战神广场祖国祭坛下方所刻的铭文是要献给"民族、法律、国王"，到1791年，"国王"就已经被抹去了。[2]

进一步说，革命者心目中的新秩序是以平等精神为标志的。要实现"自由、平等、博爱"的蓝图，不可或缺的步骤就是推翻绝对主义之下的等级体制。在这个意义上，处决路易十六具有双重象征意义。在实践中，革命者是将路易十六作为公民进行判决的，在这场判决中，国家和民族已非国王所有，国王同所有公民一样，对国家和民族负有义务和责任。[3] 在象征的意义上，路易十六更需要被处死，因为他是象征意义上民众和国家的"父亲"，

---

[1] 转引自 Michael Walzer, *Regicide and Revolution*, p.5。
[2] Ruth Scurr, *Fatal Purity: Robespierre and the French Revolution*, London: Vintage Books, 2006, p.151.
[3] 虽然1791年的宪法规定国王本身就可以构成与民族的其他成员相区别的一个单独的等级，只有被废黜以后，才能被划分到公民等级之中，但是革命党人对此的直接回应就是，"因为国王是一个人，他也同样是一个公民"，而作为公民，国王的所作所为十分糟糕，理应接受审判。Michael Walzer, *Regicide and Revolution*, p.56.

以"兄弟爱"为纽带建立起来的共和国，通过一致决定杀死"父亲"，为新的秩序打下绝对的基础。[1] 用罗伯斯庇尔的话来说，"推翻王座远远不够，我们的目标是在君主制的废墟之上建立起神圣的平等和永恒的人权。"[2]

于是，诛杀路易十六的理由便清楚了。为了祖国，为了法兰西民族，这个叛国贼和暴君必须被杀死，而他肮脏的血将会净化共和国的土地，成为共和国繁荣的肥料：

> 这一帮卖国贼和国王，
> 都怀着什么鬼胎？
> 试问这些该死的镣铐，
> 究竟准备给谁戴？
> 究竟准备给谁戴？
> 法兰西人，给我们戴啊！
> 奇耻大辱叫人愤慨！
> 是可忍孰不可忍，
> 要把人类推回奴隶时代！
> 武装起来，同胞，
> 把队伍组织好！
> 前进！前进！
> 用肮脏的血

---

[1] 关于"兄弟爱"，也就是博爱观念对法国大革命的影响，可参见 Lynn Hunt, *The Family Romance and the French Revolution*, Berkeley: University of California Press, 1992。
[2] 转引自 Ruth Scurr, *Fatal Purity: Robespierre and the French Revolution*, London: Vintage Books, 2006, p. 209。

做肥田的粪料!

从民族国家战歌到第一共和国国歌

大革命带来了以"人民主权"为口号的新政治面貌，但人民主权这四个字当然无法概括革命的全貌。人民主权说解决了现代政治组织主权的合法性来源问题，但依旧并未推翻从《主权论》开始的对主权本身性质的判断。[1] 对于正在建立新类型的主权国家——人民主权国家的法国革命者来说，不仅要在国家内部拔除绝对主义王权的控制，而且要捍卫作为一个绝对的、排他的主权单位的独立性，就此而言，对抗第一次反法同盟的战争就有了更深层次的历史和政治意义。

实际上，英国在15世纪就已经确定了民族乃是主权人民的语义解释，而作为人民主权渊薮的法国人民，显然构成了真正意义上的法兰西民族。[2] 用西耶斯的话来说，第三等级是一切，它"完全与国家观念融为一体"。[3] 然而，在政治思想家的写作中，"民族"既可以用来指作为主权渊薮的人民，也可以指或表现为爱国主义、或表现为排他情绪的情感，但总而言之是成员对本民族的认同以及对外族成员和组织的排斥。所以，一首典型的民族国家国歌，既可以通过颂扬传统来塑造对本民族的热爱，也可以通过鼓舞战斗士气来彰显视死如归的爱国精神。

---

[1] 参见让·博丹《主权论》，北京：北京大学出版社，2008年。
[2] 关于"民族"(nation)一词在西方语境中的语义变迁，可以参考里亚·格林菲尔德《民族主义：走向现代的五条道路》，上海：上海三联书店，2010年，导言，第8—9页。
[3] 西耶斯：《论特权 第三等级是什么?》，第20、27页。

经过马赛义勇军的传播,《莱茵军团战歌》不仅在法国流行开来,也随着法国士兵与外国军队的交战在更大范围内传唱开来,在战士们看来,"《马赛曲》不仅代表了,并且其目的就是彰显对民族激情澎湃的支持"。[1] 因此,在许多重大战役中,士兵都是通过演唱这首歌曲来鼓舞士气、振作精神、奋勇杀敌的。显然,在硝烟弥漫、战火纷飞的前线,比起"一切都会好"这种轻松愉悦的小调,"凶残的士兵,嗥叫在我们国土上,他们冲到你身边,杀死你的妻子和儿郎。武装起来,同胞,把队伍组织好!前进!前进!用肮脏的血做肥田的粪料!"这样激愤昂扬的战曲才能真正传达出战争的可怖和抗争的决心。

不仅国内的革命形势牵动着法国人的心,对外的作战同样凝聚起民众的精神。值得一提的是,反法同盟虽然看起来来势汹汹,却低估了法国军队的作战能力和准备工作,这场战争很快就从法国边界向东推进到了周围的国家,这不仅使得法国国内的革命群众对革命充满信心,"认为革命原则将会使他们所向披靡的宣战民众依然在国民公会中占据着法国公共生活的主导地位",甚至还准备拓展革命的版图。[2]

1792年11月19日,法国国民公会通过法案,宣布"以法兰西民族之名,我们将遵循兄弟之情,帮助所有想要恢复自由的人民",随后,法军开始在占领地区引入共和国的社会改革项目,

---

[1] Michel Vovelle, *La Marseillaise*: *War or Peace*, in Pierre Nora ed., Arthur Goldhammer trans., *Realms of Memory*, Vol. III: *Symbols*, New York: Columbia University Press, 1998, p.37.

[2] William Doyle, *The Oxford History of the French Revolution*, Oxford: Clarendon Press, 1989, pp.198-199.

废除既存的税赋、什一税和农奴制。[1] 就这样，演唱着《马赛曲》的法国士兵不仅将"外国鬼子"和"雇佣兵"驱逐出了自己的祖国，还为丧失自由、遭受奴隶的别国民众争取自由和平等，这对于以平等自由为理念的革命者们来说，无疑昭示着革命理念的胜利和荣耀。

可以说，《马赛曲》的歌词在当时的情形之下直接表达了对侵犯祖国的敌人的仇恨和对抗侵略的决心，而且也配合了势如破竹的战争形势。恰是如此，才有了陆军大臣要求将《神圣颂歌》换成《马赛曲》进行演唱的决定，作为回应，国民公会投票通过决议，演奏《马赛曲》来庆祝胜利；与此同时，在民间自发的庆祝活动中，《马赛曲》也是表达胜利之情的最佳选择。[2] 伏维尔对此评价说：

> 如今，两个因素使得9月28日陆军大臣称为《马赛之歌》的这首歌拥有了合法性。在法国边界之外，经过战火的洗礼，它成了饱受磨难但胜利凯旋的共和国的颂歌，而在国家内部，它成了革命的颂歌。[3]

此外，在王室联姻、家族关系盘根错节的绝对主义政权下的欧洲，路易十六的身份本来就并非土生土长的纯粹法国人，更别说来自奥地利的王后玛丽·安托瓦内特了。[4] 因此，《马赛曲》

---

[1] William Doyle, *The Oxford History of the French Revolution*, Oxford: Clarendon Press, 1989, p. 199.

[2] Michel Vovelle, *La Marseillaise*, p. 37.

[3] Ibid, p. 37.

[4] 实际上，在革命爆发之前，玛丽·安托瓦内特的荒淫形象就已经在民间激起了反对情绪，所以她在当时就已经被视为法国的叛徒了，著名的钻石项链事件不仅使（转下页）

所咒骂的对象实际上可以被革命者明确认定,对他们而言,"卖国贼""暴君"也是"外国鬼子",而他们的"雇佣军"正威胁着人民的自由和祖国的安全。到 1793 年,德·利尔口中的"暴君"和"卖国贼"已经有了确定的名称、面孔和行动,"外国鬼子"也被逐一列举:"弗里德里克一世、小威廉·皮特、科布尔公爵、布伦瑞克公爵还有英王乔治三世"。[1]

恰是在这种情形之下,《马赛曲》串联起了对外的卫国民族战争和国内反君主共和革命,歌词巧妙地将外部的敌人和内部的叛徒放在一起,号召祖国的儿女、国家的公民拿起武器进行抗争。这种将公民爱国主义与民族爱国主义结合在一起的做法对于当时的法国人民来说是颇受欢迎的。诚如勒南(Ernest Renan)所言,"所有的民族都部分地是通过暴力牺牲的行为创造出来的",[2] 而在这场暴力牺牲行动中,《马赛曲》当仁不让地成了民族的颂歌(national anthem)。

革命需求的变化与成为国歌的《马赛曲》

时间推进到 1794 年,布鲁图斯诛杀暴君、保卫自由场景的热度在巴黎剧院里渐衰,这个形象已经无法满足革命者的需求了。[3] 之所以如此,一个直接原因是,路易十六已经被斩首,"旧

(接上页)她的个人形象跌入谷底,而且民众显然也不愿意为这位来自奥地利的奢侈皇后的巨额账目买单,在大革命时期,她甚至被调侃为"赤字夫人"。
1 Laura Mason, *Singing the French Revolution*, p.112.
2 Ernest Renan, "What Is a Nation?", in Homi Bhabha, ed., *Nation and Narration*, New York: Routledge, 1990. p. 19.
3 Kenneth N. Mckee,"Voltaire's Brutus During the French Revolution,"pp. 104 - 105.

王已死",革命者需要解决的问题,现在成了如何在国王头颅之上建立起一个新的共和国。1794年,罗伯斯庇尔说:

> 民主是这样一种状态,主权人民处在法律的指导之下,这种法律是自创的、自主的、良善的,在法律无法实施时,将会选定代表来进行统治。因此,你必须在民主政府的原则中找到自己政治行为的规则……那么,什么才是民主或人民政府的基本原则,即支撑其存在并维系其运作的本质基础?那就是德性……就是热爱你的祖国和它的法律……这种崇高的情感要求将公共利益放在所有特殊利益之上……政治行为的第一条规则必须是,所有的行为都以维系平等和发展德性为目标……在法国革命的体系中,不道德的就是不讲政治的,腐败的就是反革命的。软弱、恶行和偏见就是通向君主制的康庄大道。[1]

换句话说,在与旧制度和绝对主义君主告别后,摆在法国人民面前的任务,就是在德性的原则上为新的共和国公共利益进行奉献。

有意思的是,此前,不同于保皇派和温和共和主义者们对歌曲的接受和运用,雅各宾派一开始就对音乐和歌曲持否定和鄙夷的态度,认为它们对革命没有什么助益,甚至会有损共和德性的增进。正如前文表明的,街头歌曲的传统在旧制度时期就已经存在,而音乐作为一种工具和媒介,既可以被革命者使用,也能够

---

[1] 转引自 William Doyle, *The Oxford History of the French Revolution*, pp. 272 - 273。

被保皇派利用,因此在政治斗争的意义上也是不可靠的武器:

> 毕竟,歌曲牢牢植根于旧制度轻佻的娱乐和胁迫性的政治生活之中。作为一种娱乐方式,它们无法像焕然一新的革命剧院或教育性的节日那样改造听众。作为沟通手段,歌曲所服务的对象是雅各宾派希望根除的文盲群体。最后,毫无疑问且最可怕的是,作为一种政治表达方式,歌曲使人回想起过去的等级制和奴役,它们使言路闭塞,不可能推进合法的政治行动。[1]

在逐渐推进的革命进程之中,随着歌曲在群众中的不断传播和发挥影响,雅各宾派开始意识到之前判断的错误之处。1791年秋,J. M. 卡佩(J. M. Coupé)在写给雅各宾派的一封信中提出了通过歌曲传达革命理想和爱国情怀的设想:"如果我们将革命的主要特征放进歌词中,赋予它们有品位又简明的舞曲旋律",歌曲将会把爱国精神传达给所有灵魂,照亮人们的内心,启迪青年人的思想。[2]

虽然《马赛曲》并非什么轻快的舞曲,但它所发挥的效果要比卡佩本来推荐的浪漫旋律好得多。实际上,《马赛曲》的出现和流行本身就是对过去雅各宾派和各种激进分子对歌曲的疑问最有力的反击。这首歌不仅表达了革命的严肃之情和高尚的爱国精神,它在人民中的流行也证明了歌曲的教育功能确实值得发掘。从1792年到1793年间,巴黎的歌曲作者们将这首歌进行各种改编,一般是保留旋律,改写歌词,来传达出特定的革命信息,"既

---

[1] Laura Mason, *Singing the French Revolution*, p. 58.
[2] Ibid, p. 59.

通过生动暴力的画面来激起大众的恐惧,又通过歌颂当时已经取得或即将实现的胜利来增强信心。"[1] 这些歌曲中,既有彰显革命的男性中心主义的,也有指名道姓咒骂革命敌人的,还有欢天喜地庆祝与旧制度告别的。[2]

不过,雅各宾派和其他的革命派逐渐意识到音乐在革命中的重要性并加以利用,并不意味着放任音乐的创作和传播权力被民众占有。对于想要推广和建立新制度的革命者来说,从否定音乐到承认音乐,其实也是在完善共和国德性制度的方方面面。在这种背景下,才有了如下数据——1792 年所创作的革命歌曲是 1791 年的一倍,而 1793 年这个数字又翻了一番,到 1793 年,已经存在着近千首革命歌曲了。[3] 并且,出版音乐小册子也从旧制度时期的廉价、简陋的小生意变成了高尚、严肃的爱国事业,而一度被高雅歌剧所占领的剧院,也会为了招揽顾客在中场休息时演奏《马赛曲》。

不过,对共和国权威来说歌曲事业的蓬勃发展也是值得警惕之事。在共和国建立初期的复杂情形之下,考虑到不同派系对革命的不同理解,并非每首革命歌曲都能准确恰当地传达所谓的革命精神。在国民公会的讨论中,不仅有许多代表出于前文所述及的理由提议对歌曲进行控制,甚至还有人指控反革命势力用歌曲来"教唆"和"误导"人民。[4] 因此,虽然歌曲的流行展现出了底层民众的创造力和革命的活力,但在共和国管理者眼中,却同

---

[1] Laura Mason, *Singing the French Revolution*, p. 111.
[2] Laura Mason, *Singing the French Revolution*, pp. 111 - 113.
[3] 对于造成歌曲文化在这一时期的明显增长的原因分析,见 Laura Mason, *Singing the French Revolution*, pp. 105 - 106。
[4] Ibid, p. 123.

样象征着混乱和无序,"在国民公会的大厅和走廊上所听到的,应当是公民愿望严肃庄严的表达",而不是嘈杂喧嚣的歌声,丹东(Donton)如是说。[1]

为了对革命歌曲加以控制整合,更便捷地传达革命精神,国民公会通过建立"国民音乐学院"(National Institute of Music)的决议,以期来引导和鼓励音乐创作。通过建立官方机构来控制音乐,只是革命者将音乐纳入体制管理的第一步。在丹东的提议下,国民公会通过了废止在立法厅演唱流行歌曲习惯的决议,随后,又通过了各种法条来创造纪念碑、改革文字和组织教育。[2]公共安全委员会也开始通过征集歌曲的方式来塑造新的音乐文化:"为人性的事业服务",后来还指派音乐研究院的专家去指导民众演唱所谓歌曲的标准版本。[3]

行文至此,《马赛曲》成为国歌之前的政治语境和歌曲本身在当时的影响已经大致阐明。虽然歌曲在革命的每个时刻都在场,但是取得官方的认可却并非通常故事所叙述的那般一帆风顺。从某种意义上说,《马赛曲》之所以能被确立为法兰西第一共和国国歌,是因为它是官方和民间都能接受的革命歌曲模板,这种优势,当然也源自它在大革命中的巨大流行性和歌曲本身的特殊性。

更进一步说,共和国意识到需要确定一首国歌,其真正目的也并非要继续激发革命精神,恰恰相反,经历暴力洗礼之后的革

---

[1] National Convention, sitting of 26 Nivôse.
[2] 参见 R. R. Palmer, *Twelve Who Ruled: The Year of the Terror in the French Revolution*, New York: Princeton University Press, 1966, pp. 317–334.
[3] 参见 Laura Mason, *Singing the French Revolution*, pp. 126–127。

命者已经开始渴望稳定的秩序和有效的控制了。正是如此,确定一首官方的国歌来取代民间的各种唱词和歌曲,就成为塑造新政治文化的有效途径。在共和三年穑月 26 日[1]会议上,《马赛曲》被正式确定为法兰西第一共和国的国歌[2]:

> 在法兰西重获自由的即刻起,国民公会希望保持真正共和主义者的士气,因而郑重地宣告那些 7 月 14 日攻占巴士底狱和 8 月 10 日推翻王室的神圣所在,特作出如下决议:今日议事大厅所演奏的两首爱国主义歌曲——公民鲁热·德·利尔作曲的《马赛曲》和伏尔泰作词、戈塞克作曲的《自由之心》,将被完整收录在国民公会的公报中。……这两首为大革命立下功劳的公民歌曲将由国民卫队军乐部和前线部队演奏,军事委员会负责每天杜勒伊宫守卫的演奏。[3]

---

1 参见米歇尔·伏维尔《〈马赛曲〉:战争或和平》,皮埃尔·诺拉主编:《记忆之场》,南京:南京大学出版社,2015 年,第 154 页。
2 France. *Collection complète des lois, décrets d'intérêe général, traités internationaux, arrêtés, circulaires, instructions, etc*. Vol. 8. Recueil Sirey, 1841, p. 234; Laura Mason, *Singing the French Revolution: Popular Culture and Politics*, 1787 - 1799, Ithaca: Cornell University Press, 1996, pp.139 - 140.
3 也有学者认为,早在这之前,《马赛曲》就已经取得了"国歌"的地位。在伏维尔的研究中,1793 年 11 月 24 日国民公会所通过的法令已然表达了这个意思:"《自由颂歌》(应当)在所有的共和国场景中唱响,在休息日(décadis)上,在任何人民需要的时候"[1792 年 10 月 2 日,《马赛曲》第一次在巴黎剧院被演唱时的曲名被改成了《自由颂歌》(*Offrande à la liberté*)];而另一位研究者则将时间推进到 1972 年 10 月,"《乡村报》(*La Feuille Villageoise*)将它称颂为国歌(Hymne National),《马赛曲》就这样进入了历史。"不过,在公共领域和大众文化中声望显赫、备受拥戴与经过正式立法确定其法定身份显然是两个层面的问题,一个民族国家的国歌必须经过官方机构认可,即使认可的方式有很多种。关于《马赛曲》成为国歌的不同时间的讨论,参见 Michel Vovelle, *La Marseillaise: War or Peace*, p.40; Jean Mongrédien: *French Music from the Enlightenment to Romanticism*, 1789 - 1830, Portland: Amadeus Press, 1996, p.44.

三、《马赛曲》的对战与衰落

某种文化和观念一经传播，其发展轨迹显然无法被权威完全掌控，在法国革命动荡、中央权威几易其主的大背景之下，情况更是如此。一方面，许多政治势力意识到了利用音乐动员民众和进行联合所能带来的巨大力量，因此大力发掘这种资源；但另一方面，无论是政治力量还是民众，在罗伯斯庇尔的恐怖统治秩序被结束之后，对"革命激情"已经感到厌倦和疲惫了，人们渴望的是稳定的新秩序和可控的局面。在这个背景之下，《人民的觉醒》（*Réveil du Peuple*）开始流行起来，并且一度取代《马赛曲》，成了为人称道的"民族颂歌"。

新的政治需要也反映在人们对待《马赛曲》的态度上。在概要式的历史叙述中，我们知道，拿破仑掌权以后，为了预防人们对《马赛曲》所象征的法国大革命的缅怀和因此激发的反抗情绪，便废除了《马赛曲》，在全国范围内全面禁止演唱这首歌，并且采用了一首更加符合拿破仑统治精神的《出征曲》作为法兰西第一帝国的国歌。

这一叙述看似合理，但如果结合历史细节，却经不起深究。首先，早在1796年，巴黎人民就已经厌倦了《马赛曲》，政府当局为了表明对罗伯斯庇尔统治的反对，也已经出台法规禁止演唱这首歌了。其次，即使是确立《马赛曲》为国歌的法条，也并未将其规定为独一无二的象征共和国革命精神的歌曲。就此而言，拿破仑视《马赛曲》为大革命象征并加以禁止的表述，需要得到进一步的历史和理论解释。

从历史细节回到宏观的观察上，拿破仑废除《马赛曲》或许比当初国民公会确立这首歌作为国歌更有象征意义。之所以这么说，是因为这一举动不仅表明经过大革命的反复和波折所塑造的革命文化已经成为无法忽视的既定模式，拿破仑所建立的新秩序既要否定掉其中的具体内容，同时也不得不承袭其宏观上对文化领域的理解和控制。当然，随着波拿巴帝国事业的覆灭，《出征曲》也被扫入历史的尘埃之中，这无疑又强化了《马赛曲》19世纪初在法国的超然地位。

经过大革命中的加冕、废除再到第一帝国时期的禁唱和随着第一帝国终结以后民间的自发演唱，《马赛曲》已经不止是作为大革命的象征出现在法国的政治领域中，而是作为更广义的反叛当权者和对抗压迫精神的代名词，恰如是，才能解释《马赛曲》在全世界范围内的各种革命中的流行状态，也能更恰当地理解作为政治象征的《马赛曲》。

《马赛曲》与《人民的觉醒》

大多数历史学家都认同，共和三年稿月的第 26 次会议确立了《马赛曲》作为法兰西国歌的身份。但倘若进一步追溯便会发现，在共和二年霜月四日（1793 年 11 月 24 日）国民公会所通过的法案中，已经明确表述了《马赛曲》在国家庆典和节庆仪式中无法替代的地位。[1] 回到大革命的历史细节中去，这首歌的流行巅峰是从雅各宾派和山岳派掌权时期开始的。因此，这次会议所确立的"民族颂歌"，无论其起源如何，也无论在被确立为国歌之前多么受到各阶层的欢迎，在法令通过之后，这首歌的命运

---

[1] Michel Vovelle, *La Marseillaise*：*War or Peace*，p. 40.

在短时间之内就与掌权派系捆绑在了一起。

另一方面，热月党人虽然确认了《马赛曲》的国歌身份，但他们对歌曲煽动的反抗热情所带来的风险也有明确的认知，甚至还意识到了恰当的歌曲能带来的公民教育效用。歌曲对他们来说，不仅是实现政治目标和推进政治宣传的工具，也是表达政治立场的明证。就此而言，选择《马赛曲》作为国歌，不仅是因为它在过去的广受欢迎和它本身所能激发的爱国和革命情感，还因为这首歌标志着"爱国主义和共和主义"之间的结合，这才是革命时期每个人都无法否认的"最高价值"。

然而，当我们谈论《马赛曲》在这一时期的继续流行时，另一条历史线索似乎被忽略了。

实际上，共和三年对《马赛曲》的政治地位的确认，是在结束了雅各宾党统治一年多以后。经过官方认可，《马赛曲》重新出现在官方演出之中。然而，督政府高估了民众对《马赛曲》的革命热情，低估了这首歌所能引发的对雅各宾恐怖统治的联想，民众听到这首歌时不寒而栗，一些人据此攻击政府想要将人民再次置于恐怖统治中，并公然抵制《马赛曲》："自从雅各宾人和那些嗜血者采用它以后，这首歌已经声名狼藉了……难道他们想要重新建立暴政吗？"[1]

既然《马赛曲》被视作恐怖统治的象征，那么如果要表达对后者的反对，一个理所当然的策略便是，通过调侃象征甚至取代它来实现反对恐怖统治本身的目标。一开始，这种做法或许只是出于对时局的哀叹，多停留在浪漫曲和哀歌之上，用流行曲子谱

---

[1] 转引自 Laura Mason, *Singing the French Revolution*, p.140。

上新歌词的做法也比比皆是。例如在革命之前就已经流行的《卡马尼奥拉》，就被改编成了讽刺玛丽·安托瓦内特的版本《玛丽·安东奈特，卡佩遗孀的罪行》，也有哀叹这位绝代艳后悲惨命运的《法国皇后》《玛丽·安东奈特的悲歌》《玛丽·安东奈特狱中的悲歌》。[1]

反对雅各宾派的政治情绪不断出现在各种歌曲中，到马拉被刺死时，甚至有作者围绕这一事件创作歌舞剧以讽刺雅各宾派："请安静，请安静，我要唱述一位圣人的故事……这吸血鬼和恶魔的伟大社会，借自由的圣名，任意妄为；这些胆大包天的奸雄，以议会为敌，用谋杀窃取了国家的权力"。[2]

在各种反对歌曲中，最为激烈也最终获得政治认可的，是一首在青年人中流行开来，名为《人民的觉醒》的歌曲。无论是在咖啡馆、沙龙还是剧院中，每当有人哼起《马赛曲》，青年人便唱响这首歌以表示反对。

《人民的觉醒》的作者是在巴黎剧院中工作的两位年轻人：J. M. 苏里盖耶尔（J. M. Souriguières）和皮埃尔·葛沃（Pierre Gaveaux）。1795 年 1 月 19 日，曲作者葛沃第一次在威尔·退尔地区集会（William Tell sectional assembly）中演奏了这首歌曲，参加这场集会的人大多对革命持反对态度。其实，这首歌曲调平庸，"既没有《一切都会好》断奏式的欢快，也缺乏《马赛曲》那种有板有眼的庄重感"，和当时剧院中流行的各种简单重

---

[1] 雷翁·吉沙尔：《法国浪漫主义时期的音乐与文学》，天津：百花文艺出版社，2004年，第 23 页。
[2] 同上，第 25 页。

复的小调没什么区别。[1] 而且它的歌词也和当时街头巷尾流行的曲目差不多。唯一值得注意的是演唱者的视角，不同于采用第一人称来代表民族"发声"的其他歌曲，这首歌更加超然和全知，用旁观者的语气悲愤地控诉着革命者法兰西民族所遭受的痛苦：

> 法兰西人民，兄弟的人民
> 你是否为眼前的场景心惊胆寒
> 罪恶撑起旗杆
> 屠杀和恐怖弥漫
> 你受到那群罪犯的折磨
> 他们是刺客和匪徒
> 大地在怒吼
> 这是属于生者的土地！[2]

---

[1] Laura Mason, *Singing the French Revolution*, p.135.
[2] 中文歌词根据其英文歌词译出，原文歌词如下：Peuples Français, peuple de frères,/Peux-tu voir sans frémir d'horreur,/Le crime arborer les bannières/Du carnage et de la terreur？/Tu souffres qu'une horde atroce/Et d'assassins et de brigands,/Souille par son souffle féroce/Le territoire des vivants. /Quelle est cette lenteur barbare？/Hâte-toi, peuple souverain,/De rendre aux monstres du Ténare/Tous ces buveurs de sang humain！/Guerre à tous les agents du crime！/Poursuivons les jusqu'au trépas；/Partage l'horreur qui m'anime！/Ils ne nous échapperont pas./Ah！qu'ils périssent ces infâmes,/Et ces égorgeurs dévorants,/Qui portent au fond de leurs âmes/Le crime et l'amour des tyrans！/Mânes plaintifs de l'innocence,/Apaisez-vous dans vos tombeaux；/Le jour tardif de la vengeance/Fait enfin pâlir vos bourreaux./Voyez déjà comme ils frémissent；/Ils n'osent fuir, les scélérats！/Les traces de sang qu'ils vomissent/Décèleraient bientôt leurs pas./Oui, nous jurons sur votre tombe,/Par notre pays malheureux,/De ne faire qu'une hécatombe/De ces cannibales affreux./Représentants d'un peuple juste,/O vous！législateurs humains！/De qui la contenance auguste/Fait trembler nos vils assassins,/Suivez le cours de votre gloire；/Vos noms, chers à l'humanité,/Volent au temple de mémoire,/Au sein de l'immortalité.

......
在您的坟上我们发誓：
为拯救祖国于苦难，
我们只杀
吃人的坏蛋……[1]

显然，这首歌直接控诉的，正是罗伯斯庇尔的暴政。对于当时正需要一首歌来反对《马赛曲》以及它所代表的恐怖统治的富庶青年团（jeunesse dorée）来说，这首歌来得恰逢其时。

《人民的觉醒》首演次日，反对派报纸《信使晚报》（Messager du soir）就欢欣雀跃地报道了这次演出，直接将它同反对罗伯斯庇尔的主旨联系了起来："这首歌的旋律毫无疑问将会流行于自由与正义的友人之口，必将出现在纪念处死我们最后一位国王的周年庆典中。那一天应当被进一步提升，用来表达对暴政的恐惧和对独立的热爱，因此，对卡佩的同盟和罗伯斯庇尔的奴仆来说……它将是同样致命的。"[2]

在接下来的日子里，《马赛曲》和《人民的觉醒》被不同立场的人用来表达对立的政治主张。在各种场合，当一方唱起自己的歌曲，另一方便会同样演唱歌曲进行抗争，冲突不断升级，以至于国民公会的保卫团在受到保皇派暴徒的袭击后，被要求演奏《人民的觉醒》，这一事件又导致国民公会出台政策禁止演唱这首歌。[3] 不过，禁唱法令就同当初确立《马赛曲》为国歌的法令一样难以有效实施，公共安全委员会禁止剧院演唱，人们就在

---

[1] 这一段翻译摘自雷翁·吉沙尔《法国浪漫主义时期的音乐与文学》，第 28 页。
[2] 转引自 Laura Mason, Singing the French Revolution, p.136。
[3] 参见 Michel Vovelle, La Marseillaise: War or Peace, p.42。

街头巷尾演唱,一直到警察开始逮捕演唱者以后,人们对《人民的觉醒》的热情才渐渐消退。

1795年7月27日,布瓦西·冬格拉的伯爵弗朗索瓦·安东尼(François-Antoine,Comte de Boissy d'Anglas)在国民公会发表演说,要求将《人民的觉醒》提升到和《一切都会好》以及《马赛曲》相同的高度。这一提议仅引起了国民公会中的山岳派的反对嘘声。共和四年雪月,督政府发布了一条法令,认定《马赛曲》、《一切都会好》、《出征曲》和《捍卫祖国的救赎》(*Veillons au salut de l'empire*)为"共和者所珍视的"歌曲,并且只能演唱它们,而《人民的觉醒》则被明令禁止演唱。[1] 就这样,这首曾经被用来对抗《马赛曲》的歌曲,逐渐被觉醒的人民所遗忘。

《出征曲》与《帝国的救赎》[2]:第一帝国的两首国歌

通常来说,对《马赛曲》的叙述需要重点关注三个时间点:1792年德·利尔的创作,1795年被确立为国歌以及1804年前后被拿破仑所禁唱。[3] 不过,前文的讨论已经指出,《马赛曲》在法国现代政治奠基时刻的遭遇不仅在大致逻辑上与其相符,而且每当歌曲所象征的政治价值陷入危机时,歌曲本身也同样面临着

---

[1] 参见 Michel Vovelle,*La Marseillaise*:*War or Peace*,p. 42。
[2] 法语 empire 的"e"大写是表示"帝国",小写时通常被理解为"祖国",拿破仑在掌权后通过这一春秋笔法将革命后的共和从祖国转变为皇帝所要统治的帝国,窃取了革命果实,这实际上是他的统治术的一部分,所以这一首歌曲在民间的称呼和官方后来规定的歌曲名称有所不同。
[3] 关于《马赛曲》在大革命时期是否被确立为国歌的争论前文已经做了厘清,这里遵循的是一般的历史叙述。

困境。实际上，不仅是《马赛曲》，革命时期的其他政治歌曲也都有类似的遭遇，其流行、过时、禁唱或被遗忘，与演唱者政治派系的遭遇息息相关。从这个意义上讲，国歌的历史无疑是政治和现实的衍生。

在急迫的革命岁月里，印证这一判断的首先是历史事实。同《马赛曲》一样，拿破仑称帝后所确立的国歌《出征曲》最初并非在"法兰西第一帝国"时期所创作，实际上，它在大革命后期已经流行起来了。共和四年雪月，督政府曾经列出四首同样合法的政治歌曲，到拿破仑帝国时期，它们的命运却有云泥之别：《马赛曲》被禁唱，《一切都会好起来》不再流行，而后两首歌却是异军突起，《出征曲》成为官方法定的国歌，而《我们向祖国致敬》则是民间"国歌"。

需要指出的是，首先，禁止演唱《马赛曲》甚至禁止演唱任何歌曲，都并非拿破仑帝国的"首创"，这种做法在大革命中不止一次出现。拿破仑所建立的政权并未彻底斩断与革命文化的联系，而是承袭了部分模式，重新选择的国歌和新的帝国不仅承担着对革命感到疲惫的法国人对稳定秩序的向往，同时还致力于通过帝国梦想的激情来继续激发法国人对现行体制合法性的认同。[1]

其次，拿破仑本人对音乐的热爱似乎也影响了音乐在法国政治历史上的位置。在大革命时期，拿破仑就表达过对《马赛曲》的热爱，在帝国时期，他也会时常哼起这首曲子。[2] 显然，他也

---

1 Michel Vovelle, *La Marseillaise：War or Peace*, p.44.
2 J. G. Prod'homme, Frederick H. Martens, "Napoleon, Music and Musicians," *The Musical Quarterly*, Vol. 7, No. 4, Oct. 1921, p.581.

早就意识到了音乐在政治领域的功能，共和五年热月拿破仑在写给巴黎的音乐学院[1]检查官的一封信中是这样说的：

> 在所有的精美艺术中，音乐是对人类激情影响最为巨大的一种，而且也是立法者应当大加鼓励的那种。大师之手所创作出的音乐作品对人类感情的吸引力是永恒的，而且它所造成的影响远远胜过一部好的道德作品，这些道德作品只关心说服我们的理智，而不在乎引导我们的习惯。[2]

既然拿破仑已明确认识到音乐在人类社会中的巨大影响，通过音乐进一步加强帝国的合法性就是自然而然的了。

法兰西第一帝国的官方国歌《出征曲》，本名是一首名叫《自由颂歌》的歌曲，创作于 1794 年，曲词作者分别是作曲家艾逊恩·尼科拉·缪尔（Étienne Nicolas Méhul）和诗人玛丽-约瑟夫·布莱斯·德·谢尼埃（Marie-Joseph Blaise de Chénier）。这首歌当初创作出来，其实是献给罗伯斯庇尔的，目的是为了庆祝巴黎圣母院被改造成"理智殿"。在 1794 年 7 月 14 日的国庆活动中，音乐学院的乐队和合唱团演奏了这首歌曲，曲作者采取了创新的形式，尝试着在乐队和合唱团之间制造出对话的效果：

［一位人民的官员］

---

[1] 其前身就是前文提到的国家音乐学院，这个机构的具体情况可参见 Jean Mongrédien, *French Music from the Enlightenment to Romanticism*, 1789 - 1830, Portland：Amadeus Press, 1996, ch. 1。

[2] J. G. Prod'homme, Frederick H. "Martens, Napoleon, Music and Musicians," p. 584.

胜利在高唱

为我们砸烂藩篱

自由引导着我们的脚步

从北到南

战斗的号角

揭晓斗争的时刻

颤抖吧，法兰西的敌人

国王们引用鲜血与骄傲

主权人民前来到

把暴君彻底打倒

［战士合唱队反复高唱］

共和国在召唤我们

不战胜，毋宁死

法兰西人必将为她（共和国）而生

也并将为她（共和国）而死

［一位母亲唱］

别为母亲的眼泪而忧心

我们没有那懦夫般的悲哀！

拿起武器带来胜利

国王们才是该哭的人

我们给你带来生命

战士们，但它不是你自己的

你所有的生命都属于祖国母亲

比起我们她更是你的母亲

……

[三位战士合唱]
在神面前，我们手拿武器宣誓
向父亲、向妻子、向姐妹宣誓
向代表、向儿子、向母亲宣誓
彻底消灭压迫者
无论他们在何处，
打倒臭名昭著的皇室
法兰西将给世界带来
和平与自由。[1]

在官员、母亲、老人、小孩、妻子、少女的轮番激励下，战士们誓要为法兰西祖国奉献一切，为世界带来自由和平。这种革命精神的全方位"立体声"表演，极大地强化了情感共鸣。演出获得了极大的成功，被人们视为证明音乐这种艺术"依然能够进步"的证据。[2] 罗伯斯庇尔赞美歌词是"伟大的共和诗歌"，将它更名为《出征曲》，而共和国士兵则称它为"《马赛曲》的兄弟曲目"，时至今日，它依然是法国军队的保留曲目。

拿破仑为什么选择《出征曲》作为帝国的国歌？首先，《出征曲》在首演第二天就被印刷了18000份，分发到法国军队之中，使其迅速流行起来。其次，这首歌虽然同样歌颂为国奉献和革命的

---

[1] 完整的歌词可参见 http://www.napoleon.org/magazine/plaisirs-napoleoniens/le-chant-du-depart/。

[2] Jean Mongrédien, *French Music from the Enlightenment to Romanticism*, p. 47.

伟大，但是某种程度上它更加强调对自由、平等、博爱的新秩序的向往和将这一秩序传播给全世界人民的热情，歌词最后一句"打倒臭名昭著的皇室，法国人将给世界带来和平与自由"就是明证。如果我们回想一下大革命初期法军战士唱着《马赛曲》改造其他国家制度的热情，显然，这首歌对法国人传播革命的信心要更加明确。

确立《出征曲》作为帝国国歌，表现出拿破仑想要弥合革命和帝国之间的裂缝，以这样一种方式来加固合法性。而拿破仑政府对第一帝国非官方国歌的改造，则更加表明其利用革命资源实现帝国野心的谋划。

《捍卫祖国的救赎》是共和四年雪月督政府所批准的最后一首合法歌曲。据说，这首歌曲的创作日期要早于《马赛曲》，最初的旋律来自作曲家尼古拉斯·达利拉克（Nicolas Dalayrac）的浪漫曲，1791年，莱茵军团的一位军医为其创作了歌词。在流行旋律和入时歌词的加持之下，这首歌传播开来，后来被戈塞克放在了他所创作的《自由颂歌》（*Offrande à la Liberté*）之中，同样是以对话的形式进行演唱，并且和《马赛进军曲》（*Marche des Marseillais*）相互唱和：

> 让我们捍卫祖国的救赎；
> 让我们遵守法律；
> ……
> 自由！凡人们向你致敬！
> 颤抖吧暴君！你的罪行必得偿还！
> 不自由，毋宁死！

这就是法兰西的格言。

这首歌从被创作出来便颇受欢迎。但是，也正因为其流行，官方对其进行改造的尝试也一直没有停止。由于歌曲中在指代"祖国"时所使用的是"empire"，又为帝国对这首歌的利用创造了空间。实际上，虽然歌曲要求打倒暴君，但帝国政府并未针对这首歌颁布禁令，反倒是默许了人们演唱，只是要求将歌词中"empire"的首字母从小写变成了大写。法语中小写的帝国"empire"所指的是"国家"和"祖国"，而将首字母大写以后，所谓的"Empire"就是实打实的"帝国"了。[1] 因此，看似只是大小写的区分，但是这种做法却实现了偷换概念的目标。换句话说，曾经这首歌号召的是打倒暴君、实现自由和保卫祖国，而在修改之后，就变成了打倒暴君、传播自由和捍卫帝国。通过这样的手段，拿破仑成功地"使革命歌曲服务于自己"。[2]

革命之歌、政治宣传与象征的双面性

到这里，《马赛曲》这首大革命"主题曲"和法兰西"民族颂歌"在诞生之初的故事就大致讲完了，不过，如果回到本研究的主旨上来，依旧需要对《马赛曲》在大革命时期的故事所阐明的音乐、政治音乐和政治之间的关系做进一步的反思。

首先，法国大革命是人类历史上前所未有的新事件，象征着现代政治的一种奠基方式，大革命对非政治的各种文化和艺

---

[1] Michel Vovelle, *La Marseillaise：War or Peace*, p.44.
[2] Ibid, p.45.

术手段的操纵和运用也是极其现代的。在风起云涌的十多年里,"三色旗""自由树""断头台"等成为激起革命热情的意向,革命者将平平无奇的"巴士底狱"变成了象征着推翻旧制度的革命符号,把"自由、平等、博爱"变成了文明世界的革命理想,将《马赛曲》推上了革命颂歌的神圣祭坛,通过一次次的革命节日,试图完成将旧制度之下的臣民教育成新制度中德性公民的工作。[1] 要实现这种史无前例的动员和改变,仅仅依赖理性说服显然是不够的。米拉波在1791年革命伊始就坦言,"人是感性的存在,会受到震撼的画面、壮观的场景和深刻情感的影响。"[2] 就此而言,大革命不仅是一场政治革命,也是一场情感革命。

为了实现革命的动员和宣传,官方通过了各种法令和决定试图控制和管理各种出版物、演出和艺术创作,建立官方机构负责音乐的创作和传播,这并非政治精英们的一厢情愿,也不是单向的、自上而下的控制过程。一来,从旧制度时期便开始形成的音乐文化本来就与时局和政治关联紧密,民众通过音乐表达政治态度的做法也早就流行了起来;二来,无论是出于革命激情的鼓动也好,还是为了生存迎合具体情境也罢,大革命时期的艺术创作活动一直尝试从单纯的美学价值转向为以人民和革命为旨归。1796年出版的名为《诗人创作歌词需知》(*Avis aux poètes lyr-*

---

[1] 关于这些革命象征的精彩研究,可以参见 Pierre Nora ed., Arthur Goldhammer trans., *Realms of Memory*, Vol. III: *Symbols*, New York: Columbia University Press, 1998。关于大革命时期革命节日的专门研究,可参见莫娜·奥祖夫《革命节日》,北京:商务印书馆,2012年。
[2] 转引自 Jean Mongrédien, *French Music from the Enlightenment to Romanticism*, p.36。

iques）的书中明确指出，诗歌和歌词符合革命需求的必要性：

> 人民诗人，你的首要任务难道不是迎合人民，不是在必要的时候牺牲掉曲高和寡的诗歌来达到这个神圣的目标吗？革命的音乐家们，你难道不想在未来的世纪中青史留名吗？[1]

作者接着说，若想实现这一目标，歌曲创作必须符合人民的需求，迎合大众的品味。

官方主导也好，民间创作也罢，符号一旦被创造出来，就有了自己的生命力。作为反叛旧制度的革命符号，在流动的革命场景中，可以被用来象征各种意义上的反叛精神，而绝非仅仅指向革命主流或者既定权威所规定的内容。人们常常隐喻"大革命会吞噬掉自己的孩子"，作为革命宣传手段的音乐，又何尝不是在不同时刻反噬着它的操纵者：

> 在革命开始时期对它来说至关重要的东西后来变成了督政府的诅咒，督政府想要压制激进主义，恢复公共领域的评价，自己享有政治和文化上的主动权。正是如此，演唱歌曲便与反对产生了关联：如果一个人并未通过音乐学院代表政府进行演唱，那么他便只能演唱反对政府的歌曲。音乐文化到此实现了完整的循环，从旧制度时期的反对性演唱变成了督政府时期的反对性演唱。[2]

---

1 转引自 Jean Mongrédien, *French Music from the Enlightenment to Romanticism*, p.39。
2 Laura Mason, *Singing the French Revolution*, p.176.

被视为革命象征的《马赛曲》，就是这种革命符号两面性的最佳例证。无论是雅各宾派的宣传还是督政府压制，甚至是拿破仑的禁唱，都从不同的侧面表明了它作为共和革命符号的本质。这意味着，它不仅超越了特定的革命派系或当政势力，也超越了有限的革命纪元，在随后的历史中，逐步成为法国的民族记忆、法国现代历史闪光点的共和革命精神的永恒象征。

四、不断反复的革命与永远在场的《马赛曲》

恰如马克思所言，当历史重复自身时，几乎都会变成闹剧。大革命之后的法国历史正是这句断语的最佳诠释。19世纪的法国经历了一轮又一轮的复辟与革命，旧制度和民主共和之间的决斗跨越了极端又激进的大革命，一直延续到下个世纪。同这一时期的法国政治局面一样，《马赛曲》也经历了重重翻转，无数次被政府当局禁止演唱，又无数次在局势发生转变时，立刻被人们唱响。可以说，虽然《马赛曲》作为法国国歌的地位在大革命期间就已经确立，但就作为爱国主义和民族认同的象征而言，恰是19世纪不断反转的闹剧般的历史，使它成为法国历史记忆的一部分，而不再仅仅是法兰西共和革命的象征。

实际上，大革命赋予《马赛曲》的价值不仅超越了法国政治变迁的历史，也超越了作为民族国家的法兰西。这不仅得益于资产阶级革命党和保皇派之间的反复拉锯，更重要的是另一次历史事件——巴黎公社的出现。巴黎公社本身及与其一同产生的一项音乐成果——《国际歌》，都成为下一阶段无产阶级革命的象征。《国际歌》原本是在《马赛曲》的灵感之下，依照《马赛曲》的旋律填词的，这首无产阶级革命的颂歌，要在其诞生十几年以后，才获得自己的旋律。

从鼓动爱国公民斩杀叛国贼、保家卫国到无产阶级实现世界大同，其间包含的不仅是歌曲主题和时代潮流的变迁，也投射出民族国家与世界主义理念之间的冲撞。当然，无论是《马赛曲》还是《国际歌》，都产生了巨大的国际影响，成为世界性的政治歌曲，只要填上各国本土语言，就成了天然的革命战歌，苏联还曾经使用《马赛曲》曲调创作国歌。

如何理解《马赛曲》在法国政治历史中的地位，从复杂纠葛的历史线索中我们能收获到何种认识，是本节所要讨论的问题。就国歌在现代民族国家中所扮演的角色来看，《马赛曲》是一个绝佳的范本，它以斩钉截铁的态度表达了对祖国和民族的热爱，又以激情澎湃的诉说勾勒了理想共和国的愿景，既兼顾了在国家危难之际作为战歌的功能，也是法兰西民众对国家和民族的歌颂。

最后，《马赛曲》的屡次被禁也值得进一步思考。抛开音乐作品的艺术价值不谈，对于作为政治象征的《马赛曲》而言，判断其存在合理性的理据在于能否实现政治功能，它丰富的政治内涵既是想要建立稳定秩序的当权者的隐忧，也是激进者和爱国者的理由。不过，最重要的是，成为法兰西记忆一部分的《马赛曲》，最基本的也是最广包的（comprehensive）价值依然没有发生改变，即使在今天，当法国遭遇困境时，人们依然会自发唱起《马赛曲》。

革命的绵延与《马赛曲》的扩展

"大革命有生辰而无卒年"，傅勒在反思法国大革命时如是说。[1] 这一说法并非一家之言，一百多年前贵族托克维尔阐述自己关于1848年革命的回忆录写作背景时，就表达过类似的判断："远观其整体，1789年至1830年我国的历史在我看来如同一幅激烈斗争的画卷。这场历时41年的斗争，是在旧制度极其传统、对它的怀念、对它的期望，加上以贵族为其代表的政客和由中产阶级领导的新法国之间展开的。"[2] 概言之，大革命之后的法国，一直处在大革命的笼罩之中，所有的问题也都由它而来，傅勒甚至想建构一种更长的大革命史框架：

> 法国整个19世纪的历史可以被视为大革命与王朝复辟之间的斗争史，经历了1815年、1830年、1848年、1851年、1870年、巴黎公社、1877年5月16日等历史插曲。[3]

甚至到20世纪初，大革命也尚未终止。实际上，一个摆在事实层面的状况是，大革命并未随着帝国的建立而结束，这场革命中的许多内容，在接下来的一个多世纪中才被慢慢消化。马克思早就说过，当历史上伟大的事件和人物第一次出现时，它是震撼人心的悲剧，而当第二次出现时，往往就成为了笑剧。[4] 对于彼时彼地的法国人来说，事情却并非如此简单。他们处在持续的革命状态之中，在这段时间内，大革命中的革命歌曲也处在反复

---

[1] 弗朗索瓦·傅勒：《思考法国大革命》，北京：生活·读书·新知三联书店，2005年，第7页。
[2] 阿列克西·德·托克维尔：《回忆录：1848年法国革命》，上海：上海世纪出版集团，2005年，第46页。
[3] 弗朗索瓦·傅勒：《思考法国大革命》，第8页。
[4] 参见马克思《路易·波拿巴的雾月十八日》，北京：人民出版社，2001年，第6页。

的复兴和被禁之间。

有趣的是，傅勒对 19 世纪法国历史各个节点的区分，同《马赛曲》的遭遇也产生了某种对应：1815 年，路易十八复辟，《马赛曲》被禁唱；1830 年，七月革命爆发，人们在街垒上唱响《马赛曲》；1848 年，《马赛曲》不仅成为法国的革命之歌，也成为整个欧洲革命的主题曲；1851 年，路易·波拿巴发动政变，翌年称帝，又一次禁唱《马赛曲》；1870 年，法兰西第三共和国成立，《马赛曲》随即成为"圣歌"；1877 年，人民在马克马洪失败的第二天再次唱起了《马赛曲》……以上陈述表明，《马赛曲》在这段时间的历史中所承载的是一整套大革命的意象。伏维尔关于《马赛曲》的历史梳理也是顺着这样的线索推进的，其逻辑可以概括为：《马赛曲》成为大众革命的符号，它与个人、派系和当权者的关系完全取决于他们的立场。[1]

然而，只要稍加细致地观察一下这段时间《马赛曲》的遭遇，便会获得一个更加深入的认识——《马赛曲》不仅是大革命和共和国的具体象征，更是法兰西民族国家的象征。伏维尔在讨论时，曾经将《马赛曲》具备成为国歌条件的时间推迟到波拿巴上台之后，这个判断正是出自如下考量。[2]

随着历史的推进和《马赛曲》在民间的不断流行，这首歌从带有具体政治信息和政治倾向的主题曲，变得越发抽象化，包含着概括性的爱国情感和革命倾向。到 19 世纪中期，《马赛曲》不再如大革命时期一样，让人联想起雅各宾派的血腥统治，而是在

---

[1] 关于这部分的讨论，参见米歇尔·伏维尔《马赛曲：战争或和平》，皮埃尔·诺拉主编：《记忆之场》，第 157—172 页。
[2] 同上，第 165 页.

无数次革命与反革命的拉锯中,成为像三色旗那样意味着"自由、民主、博爱"的共和国精神的象征,恰如是,在德拉克罗瓦那幅著名画作《自由引导人民》中,带领人民进行战斗的自由女神高唱着的正是《马赛曲》。

另一方面,随着时间的推移,《马赛曲》也开始存在于从当下到过去的记忆之中,在某些时候变得暧昧不明。为了给自己的政权增添合法性,路易·菲利普并未像奥尔良公爵那样禁止《马赛曲》的演唱,甚至还资助了德·利尔这位"老战友"。当路易·菲利普把政治犯关进监狱的时候,这些人同样聚集在三色旗周围,演唱被称为"夜间祷告"的《马赛曲》。[1] 最终,革命色彩被爱国立场所覆盖,只有这样,这首歌才做好了"成为国歌的准备"。

不过,《马赛曲》真正再次成为国歌,要等到1879年,到这个时候,《马赛曲》已然不再是革命热情的标志了。共和政府是为了实现秩序的稳定,才将它确立为国歌。研究者已经对法兰西第三共和国对国家节日和一系列文化符号的使用进行过细致的研究,[2] 概言之,当时政权所面临的最大挑战,就是要"实现政治的、公民的和文化生活的更新,为法兰西共和国和整个民族提供其所追求的对焕然一新并且被强化了的身份感的控制",为此,"共和国的领袖们试图通过创造各种节日和选择符号与象征代表共和国",为了实现这个目的,三色旗和《马赛曲》就成为操纵

---

[1] 米歇尔·伏维尔:《〈马赛曲〉:战争或和平》,皮埃尔·诺拉主编:《记忆之场》,第164页。
[2] 芭芭拉·L.凯利列出了这种研究中重要作品的清单,其中包括 James Lehning、Avner Ben-Amos、Raoul Girardet、Michel Vovelle、Edward Brenson 等,参见 Barbara L. Kelly ed., *French Music, Culture, and National Identity, 1870–1939*, Rochester: University of Rochester Press, 2008, p.13。

对象，用来代表"他们想要强调的价值，并将那些不那么顺眼的关联降到最低"。[1]

在前文关于革命期间革命歌曲状况的讨论中，已经表明了这样一种规律，歌曲虽然有特定的产生背景和创作意图，但是在实际运用和传播中，却受到各种因素的影响，所以它是一个变动的符号，是一种开放的象征，而决定其特定时期特定意义的，是在过去时段中这首歌意义的总和。正是如此，当1870年《马赛曲》再度风靡歌剧院和喜剧院时，这首歌问世时还是10岁孩童的奥贝尔评价说，"这不是1792年的情绪"。[2] 显然，法国历史在近一个世纪的革命与反革命中翻滚，《马赛曲》的意义也在历史的洪流中变得不一样了。

从爱国到爱世界：《马赛曲》与《国际歌》

"世界必须脱胎换骨地改造，社会将不再受贫穷的煎熬⋯⋯背上你的行囊啊，带足弹药，诗歌啊，快吹响你战斗的进军号。"1848年六月起义失败后，欧仁·鲍狄埃（Eugène Pottier）写下了一首名为《诗歌的宣传》的作品，表达自己的战斗决心。[3] 鲍狄埃并没有食言，在巴黎公社失败的第二天，又创作了被列宁称为"非人工所能建造的真正的纪念碑"——后来回荡在全世界无产阶级革命中的战歌《国际歌》。

《马赛曲》表达的是公民爱国主义逻辑下第三等级对其他等

---

[1] Barbara L. Kelly ed., *French Music, Culture, and National Identity*, 1870 - 1939, p.2.
[2] 米歇尔·伏维尔：《〈马赛曲〉：战争或和平》，皮埃尔·诺拉主编：《记忆之场》，第172页。
[3] 徐浩然、王毅：《鲍狄埃》，北京：中国工人出版社，2014年，第37页。

级的革命决心,目标是建立一个现代意义上的法兰西民族国家,因此,《马赛曲》乃是一首法兰西民族革命的战歌。然而,从事实层面上看,《马赛曲》并非法国专有,它在19世纪作为"革命"象征,在各个国家流行起来,仿佛只要填上自己国家语言的歌词译文,这首歌就恰到好处地、自然而然地诉说着每个民族自己的斗争故事。从这个意义上说,这一时期的《马赛曲》具有某种"世界主义"的意味。

此外,1870年前后,《马赛曲》所象征的不仅是革命精神,在一轮又一轮的政治斗争中,它也被不同派别用作合法性辩护的资源。正是如此,布朗基(Blanqui)在为被囚禁的爱国志士振臂疾呼时,把《马赛曲》视作"不堪入耳的噪音"。[1] 而在巴黎公社运动之中,《马赛曲》却依旧是活动和庆典时军乐团演奏的曲目。[2]

因此,也不难理解为何巴黎公社会选择《马赛曲》作为自己的"国歌"。《马赛曲》在法国人心中的神圣地位到19世纪70年代时已经被人们近乎本能地认可,连本该反对一切统治秩序的"无政府主义者",都为之着迷。当第三共和国赋予《马赛曲》国歌的神圣地位,并将攻占巴士底狱的日子列为国庆日时,法国的无政府主义者曾经一度哀悼这首歌的死亡,在曼弗雷多尼亚(Manfredonia)看来,这首曾经被他们看作超越任何革命歌曲的战歌,如今沦为既定秩序的一部分,也就失去了它"颠覆性的潜力"。[3]

---

[1] 奥·布朗基:《祖国在危急中》,北京:商务印书馆,2009年,第170页。
[2] 参见《巴黎公社公报集》第二集,北京:商务印书馆,2013年,第510—511页。
[3] C. Alexander McKinley, "Anarchist and the Music of the French Revolution," *Journal for the Study of Radicalism*, Vol. 1, No. 2, 2007, p.6.

第二章——《马赛曲》：法国大革命狂飙下的弑君与爱国

《马赛曲》也被用来彰显第三共和国在实现其民主法治理念时的无能，选举权被他们嘲笑为"布尔乔亚的《马赛曲》"。在表达革命理想时，无政府主义者苦于找不到更好的象征，开始争夺起所谓真正的《马赛曲》精神的传承，他们对此给出的理由便是"爱国激情"：[1]

> 当激情澎湃的马赛人
> 再一次经过，
> 他们的名字如雷贯耳，
> 他们的使命令我们艳羡
> 至于你，在复仇之日。
> 我们的义务是交出
> 为众民族的锁链献上
> 那些出卖法国的奸贼的名字！
> ……
> 共和国的勇士们
> 死在绞刑架下。
> 你带着一颗爱国者的心，
> 你就是那十万行刑者……
> 藏在罪恶滔天的叛徒背后，
> 你苟且偷生。
> 而在这一天你会梦到
> 那些死者，心惊胆战。

---

[1] C. Alexander McKinley, "Anarchist and the Music of the French Revolution," *Journal for the Study of Radicalism*, Vol. 1, No. 2, 2007, p.7.

> 杀敌，杀敌，永不停止！我们会卷土重来
> 带着斗志昂扬的军团
> 杀啊，杀啊！我们众志成城！[1]

革命的最终目标是实现理想秩序，因此，它也是渴望认同一个特定的政治制度和统治结构的。但是，无政府主义者的目标则是反对任何常规意义的统治结构。这样看来，这一时期法国的无政府主义者，反对的已然是特定的统治结构，而非共同体意义上的法兰西民族国家。

前文已经讨论过革命歌曲在政治领域的运作逻辑，它被用来反对任何反对它的人，而在当时当地，这个反对对象就是公社成员们的革命对象：梯也尔政府。巴黎公社运动的导火索就是普法战争法国的败退，割让阿尔萨斯-洛林的行为进一步激发了民众的愤怒，建立公社监督政府的呼声也就由此出现。就此而言，巴黎公社的初衷同那些无政府主义者一样，并非反对一切政府，而是在民族主义的情绪之下反对既定政府。

另一方面，第三共和国虽然号称"共和国"，但这是以推翻法兰西第二帝国为参照的，显然同大革命时期所要建立的共和国不尽相同，它的主要支持者是资产阶级共和派和保皇派。同拿破

---

[1] 中文根据诗文的英文翻译译出，英文译文如下：When the passionate Marseillais/ Pass by once again,/Their names, mixed in the storms,/Will have the fate of which we are so proud/But for you, on the day of revenge./It will be incumbent on us to submit/ To the pillory of nations/The names of those who are selling out France! ... The brave men of the Republic/Died at the foot of the gallows. /There, with a patriotic heart, /You were ten thousand executioners…/Behind the infamous traitors, /It is not there that you will die. On this day you will dream/Of the dead, with dread in your hearts.

仑一样，第三共和国当然清楚《马赛曲》作为大革命政治资源的意义，人们既不想弃用三色旗，也无法禁止《马赛曲》的演唱，于是第三共和国才做出妥协。

正是这种将革命象征纳入既存体制的举动，破坏了《马赛曲》的革命性，因此，对于反对这个政权的人来说，就需要为《马赛曲》寻找新的合法性，把自己确立为革命精神的传人。于是乎，无政府主义者接过雅各宾派的号角，[1] 在巴黎公社成员中，也有许多人渴望恢复雅各宾派的统治。从这个意义上说，对于一个想要扛过大革命旗帜的运动来说，复兴大革命的传统是很有必要的。

无疑，《马赛曲》就是巴黎公社接过大革命旗帜的标志。在公社被镇压之后，这一面旗帜也需要重整和革新。《国际歌》成了无产阶级革命者的《马赛曲》。马克思在《法兰西内战》中将这一逻辑说得很清楚："现代资产者自认是从前的封建主们的合法继承人"[2]，如果资产阶级已然取代了旧封建主所占据的地位，那么它和它所代表的东西也理所应当成为革命的对象：

> ……资产阶级旧社会已经完全腐朽了。旧社会还能创造的最高英雄伟绩不过是民族战争，而这种战争现在表明是政府玩弄的十足的欺骗勾当，这种欺骗勾当的唯一目的不过是要推迟阶级斗争，当阶级斗争变成内战的熊熊火焰时，这种欺骗勾当也就被抛在一边了。阶级的统治已经不能拿民族的外衣来掩盖了；在反对无产阶级

---

[1] C. Alexander McKinley, "Anarchist and the Music of the French Revolution," p.7.
[2] 《马克思恩格斯全集》第十七卷，北京：人民出版社，1960年，第381—382页。

时,各民族政府是一致的!¹

在鲍狄埃重新创作的歌词中,"祖国的儿女"被"饥寒交迫的奴隶"与"全世界受苦的人"所取代,敌人从"卖国贼""暴君"和"外国士兵"变成"矿井和铁路的帝王"与"剥削者","法兰西人"成为"劳动群众",斗争的动力从"对祖国神圣的爱"上升到"创造人类的幸福","做天下的主人"。²

当然,在巴黎公社运动中,革命目标本身也存在着转移。一开始,这场运动的主旨在于挽救"处于危亡境地"的祖国和法兰西民族,人们高呼"法兰西万岁"和"共和国万岁";随后,人们在公报结尾的美好祝愿变成了"公社万岁"和"共和国万岁",将近一百年来一直被真诚祈祷的"法兰西",在许多时候被"世界共和国"所取代。³ "公社"和"世界共和国"成为革命的目标,而"法兰西"则被放在了一边,巴黎公社最终把自己定位为"世界主义的",而非"民族的",因此,它也需要一首不那么"法兰西"的歌曲,即使这个任务直到五月流血周结束以后,才被完成。

最后一个有趣的细节是,鲍狄埃填词的《国际歌》是依照《马赛曲》旋律进行演唱的,但许多历史传记对这一细节只字不提。这首本来是"歌曲"的诗作,似乎是先作为诗歌流行了十几年,后来才被狄盖特谱曲。对于这种选择性忽略,或许可以从另一段历史编撰中找到真相:1896年7月,法国工人党举行第

---

1 《马克思恩格斯全集》第十七卷,北京:人民出版社,1960年,第383页。
2 这里的《国际歌》歌词参考了萧三的翻译,中文翻译有多个版本,最早的译本出自瞿秋白之手,可参见绿原《〈国际歌〉译文改动真相》,《解放军报》2000年3月24日。
3 参见《巴黎公社报集》第一集,北京:商务印书馆,1995年。

十四次全国代表大会，第三共和国为了破坏这次会议，找来一堆人在场外唱起《马赛曲》，作为回应，与会的代表们便齐声高唱已经拥有自己旋律的《国际歌》，"那些唱《马赛曲》的小丑们终究抵不过群众的力量，最后灰溜溜地退出了会场"[1]。

共和价值的再临与爱国主义的复兴

巴黎公社很快陷入困境，在梯也尔的领导下，第三共和国对这一场声势浩大的群众起义进行了镇压。在第三共和国的统治之下，发生了一轮又一轮的政治斗争、政变和改革，不过，令人惊异的是，这个"作为权益之计的退出，且在初期饱受严重威胁的共和国，实际上却持久地存在，且几乎持续了四分之三个世纪"，自1879年开始，"共和国的真正价值"就开始显现出来，第三共和国不仅重建了公众的自由和世俗教育，而且还开始进行殖民扩张，甚至成功地逃过了"布朗热主义的威胁"，这段美好的时光一直到第一次世界大战才被迫画上了休止符。[2]

抛开反复无常的政局变动不谈，正是第三共和国真正确立起了《马赛曲》的国歌地位。《马赛曲》复兴的故事听起来也与它过去的经历有些重复之处，巴黎公社使人们又回想起这首歌曲曾经的血腥内容，而随后政局的变动，则使这首歌很快又成为共和国的象征。

对当时的民众来说，1870年的共和派依然会让他们想起大革命时期的共和派，他们忧虑共和国是否会再现1793年的场景。

---

[1] 徐浩然、王毅：《鲍狄埃》，第156页。
[2] 详见乔治·杜比主编《法国史·中卷》，北京：商务印书馆，2010年，第1141页。

但是，由于巴黎公社运动的爆发，大革命时期共和派的形象似乎就被传递到公社成员身上，而梯也尔领导的体制内部的共和主义者们，则被视为维持秩序的选择，"共和国成了人们可以给予某种'信任'的政体，人们甚至开始自忖，至少在维持秩序方面，共和国是否同君主制一样好"。[1]

不过，利用了这一势头的梯也尔政府，并不满足于做一个维持秩序的共和派。1871年6月，梯也尔已经集法兰西第三共和国总统与政府总理两个职位于一身，历史学家遂将1871年至1873年的法国政体描述为"一个实际上具备强大的行政权和有效的'领导权'的共和国"。意识到自己大权在握的梯也尔，不断强调自己不会恢复君主制。[2] 遗憾的是，他最终没能抵御君主派的攻势，辞职让位给麦克-马洪（Mac‐Mahon）元帅。"五一六政变"[3]后，麦克-马洪和甘必大（Gambetta）展开斗争，最终共和派再次取得胜利，在这期间，他们所倚赖的梯也尔去世了。共和派遂将其塑造为维护共和国秩序的国家英雄，在梯也尔的葬礼上，《马赛曲》被奏响，用以表示歌颂。[4]

《马赛曲》作为共和国象征的一面再次被宣扬。1879年，共和国陆军大臣出台了一条规定，《马赛曲》再次成为官方国歌，人们对德·利尔的热情也再次被唤起。1882年，德·利尔的家

---

[1] 详见乔治·杜比主编《法国史·中卷》，北京：商务印书馆，2010年，第1144—1145页。

[2] 乔治·杜比主编：《法国史·中卷》，第1145页。

[3] 1877年5月16日，麦克-马洪致函时任内阁总理的共和派的茹尔·西蒙，责备他对共和派采取纵容态度，在众议院面前软弱无能，收到责备信的西蒙被迫辞职，史称五一六危机(政变)。这一事件拉开了君主派向共和派反攻倒算的序幕。可参见吕一民《法国通史》，上海：上海社会科学院出版社，2002年，第238—240页。

[4] F. Gunther Eyck, *The Voice of Nations*, p.51.

乡和逝世地都树立起了他的雕像，在雕像的揭幕式上，当时的共和国总理夏尔·德·弗雷西内致辞说："《马赛曲》是国家之歌……连外国人都知道……它远不止是一首战争之歌……如今法兰西所高扬的旗帜是进步、文明和自由。"[1]

随着第三共和国推行小学教育和公民教育，《马赛曲》作为共和国价值象征的地位就越来越稳定了。同样是在这一时期，7月14日的庆祝活动被固定为培育公民爱国情绪和责任感的一整套政治仪式，到1891年法国颁布法令统一全国时间为巴黎时间后，整个社会似乎都在庆祝国庆日的活动中达成了某种"象征性的合并"。《马赛曲》依然保持着活力，这首歌"如同永恒的呐喊，赞颂武装起来的文明和集体反叛"，最终颂扬的则是共和国的崇高和伟大。[2]

在这个相对和平的时期，《马赛曲》中保家卫国、奋勇杀敌的那一部分内容则被忽略，处于蛰伏之中。等到共和国遭受到外部威胁时，它又成为这首歌的主要情绪。1914年第一次世界大战的爆发改变了《马赛曲》和平愉悦的状态。这个被俾斯麦预言会因为民主制而在军事上被拖累的共和国，在政治上找到了应对战争的办法，同时继续利用文化象征来唤醒国民的战斗热情。[3] 1915年7月14日，法兰西政府决定将德·利尔转葬入万神庙，与伏尔泰、卢梭、雨果等人共同享受法国人文界的最高荣誉。当时的法兰西总统庞加莱在仪式上进一步给这首歌"加冕"："《马

---

[1] 转引自 F. Gunther Eyck, *The Voice of Nations*, p.51。
[2] 参见让-皮埃尔·里乌、让-弗朗索瓦·西里内利编《法国文化史（卷四）大众时代：二十世纪》，上海：华东师范大学出版社，2012年，第13—14页。
[3] 参见乔治·杜比主编《法国史·中卷》，第1241—1243页.

赛曲》唤醒的是主权国家的观念……这种国家的歌曲宁愿歌颂死亡也不愿被奴役……先生们，在这样的战争中，需要这样的颂歌来传达出法兰西的高尚思想。"[1]

《马赛曲》最后一次被法国政府禁止，发生在二战时期纳粹德国建立起的维希政府时期。不过，这一禁令一方面在民间难以实施，另一方面也随着政府本身的岌岌可危而形同虚设。演唱《马赛曲》不仅是民众和士兵表达爱国主义情怀的方式，也是反对傀儡政府的途径。1942年的国庆日，两万多马赛人聚集起来，合唱《马赛曲》以示反抗；1944年8月，戴高乐将军进入被解放的巴黎时，战士们就像当年进军巴黎的马赛人那样唱起了《马赛曲》。自此以后，这首歌作为法国民族国家象征的意义和官方认定国歌的地位，再也没有受到过实质性的挑战。[2]

五、示范性的革命与流动着的国歌

2015年11月13日，巴黎发生了一系列骇人听闻的恐怖袭击，上百人遇难，法国本土和科西嘉岛随后宣布进入紧急状态。袭击发生之后，民众们自发唱起了《马赛曲》，世界各地为了表示声援，也纷纷在各种场合奏响《马赛曲》，一时间，"前进，祖国的儿女快奋起……前进、前进！"这激昂又悲愤的歌声突破国界的限制，成了各大媒体争相报道的焦点。

然而，仔细观察一下各种报道，就会发现，这一时期的《马

---

[1] 转引自 F. Gunther Eyck, *The Voice of Nations*, p.51。
[2] F. Gunther Eyck, *The Voice of Nations*, pp.51–52.

赛曲》已经同它历史上长久以来所形成的状态有了差异。

本来，《马赛曲》的创作和流行既得益于旧制度时期就已经蔚然成风的街头歌曲文化，又借由大革命的政治运动逻辑成为革命本身的象征。在这一过程中，它不仅要同各种革命歌曲竞争，同时作为被选择对象，也只能随着革命运动的发展上下沉浮。大革命的走向和当时法国国内国际的形势，使得这首歌超越了比它更具广泛群众基础的《一切都会好》和《卡马尼奥拉》，替代了一度作为主流的《神圣颂歌》，成为大革命中最具代表性的歌曲和国歌选项。它既表明了法兰西民众作为一个民族国家成员明确的国家意识和民族认同，同时也歌颂为爱国主义进行的斗争和牺牲。就前者而言，一个现代民族国家的敌人既可能来自外部威胁，也可能来自内部罔顾民族利益的上层阶级。恰是如此，《马赛曲》既可以被用来反对外国敌人，也可以被用来反对本国君主和统治者，因为有些时候，君主也被视为"卖国贼"。

大革命的烙印也是后来政局动荡时反共和革命的各种当权势力拒绝《马赛曲》的理由。无论是拿破仑、路易十八还是后来的路易·波拿巴，都害怕这首歌曲所预示的革命局面。有时候，厌倦了动荡的民众也恐惧与大革命相伴相生的腥风血雨。因此，新建立的政权堂而皇之地禁止演唱这首歌曲，并不会引起强烈的反对。然而，政权的动荡是法国在探索民族国家成长的道路上一个难以解决的问题。回过头看，《马赛曲》所象征的祖国儿女为共和革命奋斗牺牲的意象一直萦绕在后来法兰西人的心头，也成为民族国家历史的一部分。作为政权象征和文化符号的歌曲在遭遇政权变更时，必然要面临被淘汰甚至取缔的状况，而只有深深印入一个民族记忆之中的歌曲，才有可能成为历久弥新的国歌。

对于现代民族国家来说，需要面对普遍主义理念和民族特殊性之间的分离与切割。这一状态在巴黎公社的普遍主义运动中有所体现。公社运动为强化无产阶级超越民族性特征，很快摒弃了《马赛曲》中蕴含的以爱国主义和民族主义为核心的革命精神，"全世界无产阶级联合起来"成为被迅速镇压的巴黎公社最后的呐喊，《国际歌》这首公社运动颂歌也成为很长一段时间世界范围内无产阶级革命的主题曲。

在很大程度上，巴黎公社运动的爆发赋予了《马赛曲》更多的内涵。在这之后，这首歌开始逐渐成为"法兰西人"的歌曲，而不是全世界革命者共同的歌曲，法兰西人演唱它的时候，回想起的是共和革命的光辉一面，血腥和残暴的历史渐渐被遗忘。随着第三共和国正式确立《马赛曲》的国歌地位，这首歌真正成为作为民族国家的法国的象征，而不止是大革命的流行歌曲。在后来的历史中，伏维尔分析里《马赛曲》作为战歌的面相被进一步限定为保卫祖国免受外敌入侵，而其作为革命颂歌的面相则逐渐被模糊化为法兰西民族为祖国未来奋斗的历史。

正是如此，即使《马赛曲》在 20 世纪遭遇了数次批判，但依然被共和国赋予了国歌的崇高地位。在国家安全面临威胁时，它依旧是民族独立、自由和抗争运动的象征，是 1906 年和 1910 年法兰西赛车手在经过阿尔萨斯时哼唱的歌曲。在和平时期，《马赛曲》不仅是自由— 平等— 博爱三位一体的大革命理想的音乐代言人，也是法兰西民族国家象征的一部分。即使有血腥的歌词和好战的情绪，但是对许多法国人来说，"为什么我们应当抛弃（我们的）过去？"，纯粹是为了"自由和平等"所进行的斗争。[1] 更何况，可以通过各种方式弱化那些血腥和好战的内容，使《马赛曲》最大程度上成为一首温和的民族国家之歌。[2]

就这样，21世纪初，法兰西人以自由、平等和博爱的精神面对恐怖主义对民族国家造成的威胁，用来表达他们主张的却是在曾经很长一段时间里用来唤起祖国儿女好战精神、实现共和国和平的《马赛曲》。

---

[1] F. Gunther Eyck, *The Voive of Nations*, p.53.
[2] 例如，1974年至1981年间，时任法国总统吉斯卡尔·德斯坦就要求放慢《马赛曲》的节奏，以免它与战歌过于相似，参见 http://www.bbc.com/news/magazine-34843770。

第三章

《德意志之歌》
民族主义驱动下的国家创建与重构

德国人比其他民族本身更不可理解，范围更广，更矛盾，更默默无名，更不可预测，更令人感到突然，甚至可怕——他们摆脱开定义……德国人的标志是，在他们那里，"德国是什么"这个问题绝没有得到解决。

——尼采

我们原本是这样的不成熟，这样的年轻……可我们终究还是做到了和其他的民族平起平坐，也许只是我们的历史，即我们统一并形成共同的自我意识的时间稍迟，给我们造成了一种特别年轻的假象。

——托马斯·曼

尼采在《善恶的彼岸》中的追问，恰是从近代早期开始德意志人追问自己的一个例证。自狂飙突进运动开始，浪漫主义正式揭开了德国人寻求对自己民族和自我身份界定的征途的帷幕。从现实状态来讲，这很容易理解，不同于英国天然的海岛边界或者法国从绝对主义时期建立起来的统一认同，德意志这个词即使在19世纪，也至多是个文化概念，比起法兰西有民族继而发展文化，德意志则是从文化开始寻找民族。

在德国近代以来民族国家成长的问题上，一个基本的判断无法被推翻。这个从神圣罗马帝国分崩离析、权力涣散的状态中发展出来的民族国家，注定要比早期欧洲的其他民族国家付出更多的激情和辛苦，才能找到自己的定位。如果接受安德森的基本判断，承认构建起一个民族，关于共同血缘和同一个家园的想象是必不可少的条件，那么，德意志在近代早期呈现出来的种种特征，也可以获得一个较为清晰的叙述框架——这个首先作为概念的民族，必须为自己的共同起源和家园想象找到更加确切的描述。正是如此，从狂飙突进运动[1]以后，所有带有民族主义倾向的德国作家、诗人、哲学家、艺术家和音乐家，都热衷于界定德意志的概念，并由此出发为自己的作品赋予意义。可以说，首先有德意志的想象，接着才有德意志的儿女和德意志的音乐。

德国国歌的选择也是如此，印证了德意志在发现民族和建构国家过程中所面临的困境，具有代表性地传递了其中的追求和呼

---

[1] 狂飙突进运动（Sturm und Drang），18世纪60年代到80年代早期德国新兴资产阶级城市青年发动的一次文学解放运动，也是德国启蒙运动的一次高潮。"狂飙突进"的名称出自剧作家克林格的戏剧《狂飙突进》，运动的代表人物包括歌德和席勒。狂飙突进运动推崇天才，主张"自由"和"个性解放"，呼吁人们"返回自然"。这场文学解放运动为德国浪漫主义运动和民族主义思潮的兴起奠定了基础，提供了思想和理论资源。

呼,同时也为"德意志是什么"这个问题,做了全面的回答。德国现行国歌《德意志之歌》曲调来自帝国传统,歌词来自浪漫派诗作,讲述的是德意志儿女对德意志家园无限的、高于一切的热爱。对于一个正在建构自身的民族来说,使用歌曲和修辞来塑造出民族认同的至高无上是常有之事,但是在德国这个具体案例中,它的重要性和典型性达到了巅峰。

一、 德意志与德意志音乐

"什么是德意志?"这个问题对于古往今来讲德语的文人来说,是一个基础性的问题。在19世纪前,德意志实际上是一种情感上的存在,文化批判者坚持,德意志就是"德语",对生活在民族国家正在成长、现代政治体边界尚未确定时期的德意志人们来说,德意志不仅是一种精神气质,同时也是可以具体化的帝国旧梦与未来期望。

19世纪初,著名的德意志民族主义者阿恩特(Ernst Moritz Arndt)曾经充满疑惑地追问:"德意志民族?你是什么?你在哪儿?"遗憾的是,"我却找不到你"。[1] 后来,诗人海涅(Heinrich Heine)对这个问题做了以下回答:"日耳曼(Germane)始于何方?又在何处归于沉寂?一个德意志人可会吸食烟叶?大多数人认为不行。一个德意志人可以戴手套吗?是的,不过是用牛皮制作……可是一个德意志人可以饮啤酒:的确,他作为一个真正的日耳曼尼亚(Germania)子孙应该喝他的啤酒,因为塔西佗

---

[1] E. M. Arndt, Geist der Zeit, Carl Petersen, P. H. Ruth, ed., *Deutsche Volkwerdung, Sein politisches Vermächtinis an die deutsche Gegenwart: Kernstellen aus seinen Schriften und Briefen*, Breslau: F. Hirt, 1940, p.62.

明确地提到了日耳曼啤酒……而不论是蛇，不管他的血统来自法兰西、犹太还是斯拉夫，通通都被判流放。"[1]

海涅的回答堪称德意志文人们对自我身份追问的典型，带着如今被看作文化民族主义思想倾向的特征。这种看法常常采用语言文化、风俗习惯和生活方式等内容来界定民族认同。据说，德意志民族就是根据这种方式被建构起来的，用历史学家的话来说，是先有了德意志文化，才有了德意志民族。因此，抛开复杂的民族主义理论争端不表，起码可以得出一个初步判断，对于后来的德国而言，要理解它在现代早期的困扰，要理解它在民族国家发展初期的问题，可以从民族身份和认同这个关节入手。

确实，"什么是德意志？"既是德意志人首先关心的问题，也是回答其他问题的出发点，只有确定了德意志人的身份，才能推导出德意志人的需求、政治抱负和野心。就此而言，对民族身份的无尽探索构成了讨论德国的一个标志，而探索过程中利用的种种资源也成为得以推进反思的动力。

实际上，对"什么是德意志？"这个问题的回答，在德意志浪漫主义者中间就被定型了。浪漫主义者反对启蒙的机械观念和理性全能的盲目信仰，发展出了一种有机的、整全的和动态的哲学主张，并将这种主张运用到对德意志民族的理解上。此外，15和16世纪古典文献的重新发现也为德意志人理解自身提供了传统的权威支持，这里主要指的是塔西佗《日耳曼尼亚志》的传播和影响。古典的叙述和浪漫的想象交互影响，最终将故乡、人民

---

[1] Heinrich Heine, Ludwig Börne, Eine Denkschrift, Hans Kaufmann, eds., *Werke und Briefe*, Berlin: Aufbau-Verlag, 1961, ß64, Vol. 6, p.171.

与历史编织成德意志民族的具体内容，为写就《德意志之歌》提供了素材。

德意志民族命名的关键概念

众所周知，现代德国脱胎于过去的神圣罗马帝国。格林菲尔德关于民族主义的煌煌巨著着重描述了德意志在 16 世纪经历过一次民族主义的"孕育和流产"，不过，这一次失败的经历显然不仅局限于 16 世纪，而且恰恰是围绕着伏尔泰"既不神圣，也不罗马"的表述来的。[1]

在基督教世界背景之下，到 14、15 世纪，所谓的 nation 主要指的是"世俗诸侯和教会诸侯的代表集团"，"民族"同样也有表示限定的前缀词，或是根据过去的种族传说，或是根据地理名称，但绝不是现代意义上的民族，而是信仰上帝的子民们因为各种偶然因素而构成的现世集合体。[2] 这样看来，倘若一个现代民族想要诞生，首先要做的，就是将这些因为虔信上帝而结成的群体心中对上帝的至高无上的爱转移到民族本身之上。只有在这个意义上，才能更好地理解路德宗教改革对德意志民族成长的内在影响。

历史上，德意志人也确实曾经面临着这样的困惑。自从阿维尼翁大分裂之后，教会的权威就不那么绝对和稳定了，过去臣服在天主教会神圣权柄之下的德意志皇帝和各位选帝侯同其他国家

---

[1] 参见里亚·格林菲尔德《民族主义：走向现代的五条道路》，第 338 页。
[2] 参见 Guido Zernatto, Alfonso G. Mistretta, "Nation: The History of a Word," *The Review of Politics*, Vol. 6, No. 3, Jul., 1944, pp. 351–366；里亚·格林菲尔德《民族主义：走向现代的五条道路》，第 339 页。

的君主们一样，已经厌倦了对教会的唯命是从。早在 1356 年，《金玺诏书》就明确规定，教皇不得介入神圣罗马帝国皇帝的选举，然而这丝毫没有阻挠教会对德意志诸邦的干预，教会的腐化和贪婪被越来越多的人所厌恶，15 世纪美因茨主教的文书马丁·迈耶在给当时的锡耶纳主教皮科洛米尼的信中表达了对罗马教廷的种种不满，其中一条便是罗马教廷的贪婪腐蚀了德意志民族：

> 为了金钱，罗马教会千方百计地压榨我们（仿佛我们就是野蛮人）。这种行径将我们一度显赫的（德意志）民族——这位世界的皇后和女王以她的美德和鲜血保卫了罗马帝国——贬低成了多年来身陷污浊而悲叹其命运与贫困的女仆和附庸。[1]

试图在教会中获得更多权力的皮科洛米尼随后给出了关于德意志民族的更加具体的描述。为了证明德意志在天主教的管理之下并没有腐败堕落，依然显赫繁荣，这位主教用夸张的手法勾勒了一个远比一般意义上的德意志更加广阔的地区，甚至编列了 73 座城市的名字，认为没有哪座城市比德意志的城市更加整洁和令人愉快，并且将这一切都归功于天主教的治理。[2] 当然，充满人文主义情感的描述似乎只是这位后来的庇护二世为了辩护而作的说辞，其中既有片面解释传统历史的内容，同时还充满了各种夸大其词的说法。庇护二世去世以后，他的侄子沿着这种路线

---

[1] 转引自克里斯托夫·B.克里布斯《一本最危险的书：塔西佗〈日耳曼尼亚志〉——从罗马帝国到第三帝国》，南昌：江西人民出版社，2015 年，第 65 页。
[2] 同上，第 68—69 页。

写作演说，号召德意志人参加圣战，虽然演说中大肆鼓吹德意志人的勇敢高尚，但是他自己也曾经在信函中表示，意大利人比德意志人要更听得懂其中的含义。

德意志人无法理解这些对德意志民族的歌颂，其实并不奇怪，但显然也不是因为他们弱于意大利人。造成这个困难的更重要的原因是，究竟什么才是德意志，这是一个德意志人自己都无法回答的问题。皮科洛米尼提醒他的德意志听众，他们之所以被称为"德意志人"（Germani），是因为他们情同手足。这种说法有词源学的支持，拉丁语中，"Germanus"一词由来已久，其含义是"同根同源"，常被用来表示兄弟，一些语言学家将它与后来英语中表示萌芽的词"Germ"和"Germination"联系起来，试图凸显出它所强调的血缘世系意味。[1]

如今我们更倾向于采用当年罗马人的观点，认为"日耳曼人"首先是一个地理概念，"未被划分的日耳曼尼亚：在它与高卢人、瑞提亚（Raetia）人和潘诺尼亚人之间，有莱茵河和多瑙河为界；在它与萨尔玛泰（Sarmatae）人和达契（Daci）人之间，有些地方为群山所阻隔"，塔西佗如是说。[2] 不过，对那个民族观念正在萌芽成长的时代而言，这种说法似乎还不够分量。

为了给德意志民族增加更多的深刻含义，甚至将明确从古老时代的族群名演化而来的德意志（Teutsch）也披上普适主义的面纱。[3] 塔西佗的《阿古利可拉传　日耳曼尼亚志》记载说，日

---

[1] H. H. Howorth, The Ethnology of Germany, Part II. The Germans of Caesar, *The Journal of the Anthropological Institute of Great Britain and Ireland*, Vol. 7, 1878, p.214.
[2] 塔西佗：《阿古利可拉传　日耳曼尼亚志》，北京：商务印书馆，1997年，第55页。
[3] Julius Caesar, *Commentarii de Bello Gallico*, p.213.

耳曼人自古相传的歌谣中颂赞着一位出生于大地的神祇隰士妥（Tuisto）和他的儿子曼奴斯（Mannus），他们被奉为全族的始祖。[1] 16世纪的德意志语言学家坚持认为，这是抄写员的失误，本来的称呼应该是Tuito或Teuto。这种考据的好处在于，如果德意志的起源神话确实如此，那么德意志人的神圣性就得到了确认：一方面Teut与希腊语中的theos和拉丁语中的deus有着关联，而后两者都指神；另一方面，Teut也与中古拉丁文中的表示整全的词totalis联系在一起。[2]

另一种说法，也是后来瓦格纳在《何谓德意志？》中的理解，认为"德意志"出自日耳曼语的thioda，形容词则是thiodisk和diutshiu。最初这个词是对中欧日耳曼语支语的称呼，与罗曼民族语言，尤其与拉丁语相对立。据说，从查理大帝开始，theodisca lingua，也就是"德语"，就被用来指代本民族使用民族语言的群体，这一片欧洲中部的德语区则被称为dintschiu lant，到15世纪，这个词逐渐演化成如今的Deutschland。[3]

将这些词源学的考据放到一边，暂不考虑它们是否论证充分，起码有一点可以确定——在寻找自己的遥远祖先和神圣过去这一点上，德意志语言学家有些偏执。越古老便越高贵，民族观念也是如此。因此，最早的关于日耳曼人的描述就成了德意志

---

[1] 塔西佗：《阿古利可拉传 日耳曼尼亚志》，第56页。
[2] 后来这个词通常被英语世界用来指人类学和语言学意义上的条顿人和条顿语系，以避免同带有民族主义色彩的德意志人混用，参见L. Owen Pike, "What is a Teuton?," *Anthropological Review*, Vol. 6, No. 22, Jul., 1868, pp. 246-257; Max Freund, "Names and Misnomers: Dutch, German, Teutonic," *the South Central Bulletin*, Vol. 31, No. 4, Win., 1971, p.177。
[3] 参见迪特·博希迈尔《什么是德意志音乐》，第165页。

人自我界定的标杆,而这些来源都是从血统、外貌、身形、性格等方面来着手描绘的:

> 我个人同意把日耳曼尼亚的居民视为世界上一种未曾和异族通婚因而保持自己纯净的血统的种族,视为一种特殊的、纯粹的、除了自己而外和其他种人毫无相似之处的人。因此,虽然他们人数极多,而体格则完全一样:他们都有着凶暴的蓝眼睛、金黄色的头发、高大的身躯;他们只有突然冲动的勇猛而不耐心于操劳和艰苦的工作,也绝不习惯于忍受燥渴和炎热;由于气候和土壤的缘故,他们对于寒冷和饥饿倒能安之若素。[1]

浪漫主义的兴起与德意志民族主义

"德国浪漫派究竟是怎么回事呢?"海涅这位被后人归为德国浪漫派著名诗人的德意志犹太人在自己名为《浪漫派》的小册子里给出了回答:"德国浪漫派不是别的,就是中世纪诗情的复活",而这"诗情"又不是别的,恰恰是基督天主教精神和唯灵论的传统。[2] 作为浪漫派诗人的海涅或许只说对了一小半。德国浪漫派绝不只是在复活诗情,实际上,它将中世纪作为自己的避难所,[3] 来对抗当时德意志所面临的境况,它有一种特殊的样

---

[1] 塔西佗:《阿古利可拉传 日耳曼尼亚志》,第57页。类似的描述还包括凯撒的《高卢战记》以及小普林尼的《自然史》,但是在德意志现代早期,这两部作品的传播和影响都极其有限,因此在此不表。
[2] 参见亨利希·海涅《浪漫派》,上海:上海人民出版社,2003年。
[3] 贝瑟编译:《德国浪漫主义早期政治著作选》,北京:中国政法大学出版社,2003年,Intro.,第29页.

式,既区别于欧洲其他国家的浪漫主义文学潮流,同时也区别于简单的怀古幽思和复古之情。

从现代政治社会思想发展的角度来看,德意志浪漫主义不仅限于耶拿、海德堡以及其他一些兴起于18世纪末、19世纪初的文学流派,而是指称更广泛的观念潮流与思想主张:

> (浪漫派)指的是在18世纪末期到19世纪初期,那群使德意志知识生活迸发光芒的作家们,他们拥有对具有极端深度和丰富可能性的生命的新感受,而且他们站在启蒙的对立面,反对仅仅被理解为外在知觉体验对象的人的概念。[1]

浪漫主义从一种美学和文学运动发展为一种扩张性的、整包式的思维模式,它一开始要求包括政治在内的一切人类行为都要符合美学的标准,因为只有艺术才能创造。

但是又应该在哪里发现艺术呢?对这个问题的回答是,从过去发现,从人民身上获得,从故乡中寻找。

德国浪漫主义产生的直接背景,主要是对法国和启蒙运动的反对。德意志民族意识的觉醒同法兰西这个永恒存在的、在当时又异常强大的"他者"息息相关,尤其是大革命之后拿破仑对德意志的入侵和对神圣罗马帝国遗产的掠夺,对其产生了极大的影响。不过,在这之前,神圣罗马帝国版图之内有着松散民族意识的许多知识分子已经开始对自己的民族身份产生疑问,最早可以追溯到小说家和诗人诺瓦利斯(Novalis),而最重要的两位则是

---

[1] 转引自 Robert W. Lougee, "German Romanticism and Political Thought," *The Review of Politics*, Vol. 21, No. 4, Oct., 1959, p.631。

莫泽尔（Friedrich Carl von Moser）和赫尔德（Johann Gottfried Herder）。[1]

反对启蒙运动，更具体的其实是反对法兰西文明观念之下的机械的理性论和乐观的唯物论。对于德意志浪漫主义者来说，精神世界和物质世界之间的界限并不是绝对分明的，物质世界由因果关系决定，服从于因果律，可以通过理性进行认识。精神世界同样存在着其自身的逻辑和规律，认识的途径则是诗性。对于浪漫主义者来说，精神和诗性并不比理性和物质世界低级，都是巨大的历史之环中必不可少的一部分，人仅凭理智是绝对不可能认识到历史全貌的。

在这样的背景之下，赫尔德提出了自己对民族的理解，呼吁从民族的有机结构入手，去理解民族的精神和文化。这种有机结构有赖于共同生活的体验和历史发展的经验，最终凝结在民族的语言上，体现在诗歌、歌谣、史诗、神话之中。赫尔德明确反对法国思想中等级秩序鲜明的文明观，他信心满满地告诉同时代人，只要动用"移情"（Empathy）能力，就能理解各个时代的各个民族。作为政治家的莫泽尔则将视野缩小到自己对中世纪农村自由农的热爱之中，当讨论自己家乡——德国西部小城奥斯纳布吕克的古老生活时，他向读者指出，"每个时代都有自己的风格"，每次战争都有自己的色彩，而"时代性（Zeitstil）和民族性

---

[1] 以赛亚·伯林和汉斯·科恩在讨论德意志浪漫主义与民族主义关系时，首先和着重强调的正是这两位，以下关于德意志浪漫主义的叙述也主要参考了两人的讨论，参见以赛亚·柏林《浪漫主义时代的政治观念》，北京：新星出版社，2011年；Hans Kohn, *The Idea of Nationalism*, New Jersey: Transaction Publishers, 2007, p.413ff; "Romanticism and the Rise of German Nationalism," *the Review of Politics*, Vol. 12, No. 4, Oct., 1950, pp. 443-472。

（Volksstil）就是一切"。[1]

其次，反对启蒙运动，也是反对启蒙运动所倡导的线性历史观。同法兰西启蒙思想家对未来的乐观态度不同，德意志浪漫主义者似乎更需关注自己的根源问题。他们是谁，他们从哪里来，这些构成个人身份和民族认同的基本问题对于德意志人来说，依旧没有定论。解决这个问题，最可行和最有力的做法就是回到过去的历史。虽然没有相对统一的治理结构，但是神圣罗马帝国的历史足够被追溯，浪漫主义者把从中世纪开始的行会和骑士技艺视作民族精神的来源，这为他们自己的民族共同体提供了唯一可行的模式，也因此获得了文化上的重要性。[2] 与此同时，塔西佗著作的发现也为他们提供了充足的历史依据以制造出连贯的历史印象，塔西佗所歌颂的民风淳朴、勇猛刚毅又好战的日耳曼人形象，成为德意志人建构自身的模板。[3]

当然，无论是诺瓦利斯、施莱格尔还是施莱尔马赫都坚信，爱而非自利，才是一切共同体的基础，因此，是关爱而非法律构成了社会生活的主要纽带。[4] 没有共同历史和共同生活经验的人，显然无法做到相亲相爱，因此，民族共同体这个首先就被界定为有着共同历史和经历的共同体，变成了所有共同体类型中最真实的一种，同时，它还应该是国家的基础。就此而言，浪漫主义者无法在国家和民族之间做出明确区分，一方面是由于，这一

---

[1] 以赛亚·伯林：《反潮流》，南京：译林出版社，2011年，第15页．
[2] Hans Kohn, "Romanticism and the Rise of German Nationalism," p. 446.
[3] 具体可参见叶普·列尔森《欧洲民族思想变迁：一部文化史》，上海：上海三联书店，2013年，第21—25页。
[4] 贝瑟编译：《德国浪漫主义早期政治著选》，Intro．，第28页。

时期的德意志人对国家仅有模糊的印象，同时他们倾向认为，优良的统治在于混合，而非当时占据主流的绝对主义统治。浪漫主义者坚信民族才是历史的载体，是实现个人精神的最佳途径，用科恩的话来说，民族共同体或曰国家，是一切美学的、政治的和伦理的创造性的根源。[1]

德意志音乐及其特性

那么，什么才是德意志音乐呢？

大抵每个民族、每个国家都喜欢宣称自己在艺术和音乐上有着独特天分，而德意志人对自己音乐的自豪感和认同尤为突出。罗伯特·舒曼（Robert Schumann）在19世纪中叶时曾经直言：

> 当德意志人说起交响乐时，他所指的是贝多芬；对他来说这两个名称是合二为一不可分割的——是他的快乐，是他的骄傲。与意大利人拥有那不勒斯、法兰西人拥有革命、英格兰人拥有海军一样，德意志人拥有他们的贝多芬交响乐。通过贝多芬，德意志人忘记了他们没有任何绘画流派；凭借贝多芬，德意志人幻想他们扭转了输给拿破仑的场场战役；他们甚至还敢于与莎士比亚肩并肩。[2]

音乐对于德意志人来说，就像浪漫主义的艺术和美学观念一样，不仅是审美和欣赏层面上的愉悦，它还是民族骄傲的来源。虽然康德曾经对音乐表示轻蔑，但随着狂飙突进运动和随之

---

[1] Hans Kohn, "Romanticism and the Rise of German Nationalism," p. 446.
[2] Robert Schumann, *On Music and Musicians*, Berkeley, 1983, p. 61.

而来的浪漫主义潮流的推进，诗意的、艺术的和美的价值在德意志知识分子中得到了极度的提升。1779 年，约翰·尼科劳斯·弗克尔（Johann Nikolaus Forkel）在一封写给朋友的信中明确表示：音乐绝非毫无意义，相反，它能够提升人的精神，成为灵魂的有益组成，并最终创造出一种道德感知，"难道贝多芬先生从未见识过除了为取悦我们而存在的那种艺术作品之外的东西，或者对它从未有所耳闻？"[1]

其实，回答什么是德意志音乐这个问题，就是要意识到德意志人和德意志民族主义对音乐的重视和热爱。正如后来的学者所指出的，即使音乐具有普遍性，但毫无疑问，那些经典古典音乐作品通常都是被德意志人，或者说被认为是德意志人的作曲家创作出来的。[2] 绝对音乐的捍卫者和研究者也常常用"奥地利-日耳曼经典"来指称普世音乐，这种"起源上的维也纳和泛日耳曼立场"，就是在民族主义激情的指引之下产生的。[3]

德意志人是以十分严肃的态度对待音乐问题的，而且，在音乐这个问题上的德意志特征也同德意志民族观念在这一时期的自我理解如出一辙。它既是特殊的，也是普遍的，或者说，它虽然首先是特殊的，但是由于其特殊性所带有的历史优越性，最终会

---

[1] 转引自 Bernd Sponheuer, "Reconstructing Ideal Types of the 'German' in Music," Celia Applegate, Pamela Potter eds., *Music and German National Identity*, London: The University of Chicago Press, 2002, p.38。
[2] Celia Applegate, "What Is German Music? Reflections on the Role of Art in the Creation of the Nation," *German Studies Review*, Vol. 15, *German Identity*, Win., 1992, p.26.
[3] Ibid.

呈现为一种普遍性。[1] 因此，两面性成为德意志音乐最明显的特征。

首先是音乐题材的两面性。在一切民族、地区和国家，都存在着严肃音乐和通俗音乐两种类型，通常来说，严肃音乐的重要性是高于通俗音乐的，但是在德意志，这两者都被赋予了极大的重要性，甚至后者在某些时刻还超越了前者，成为民族文化和民族存在本身的指针。具体而言，前者指上文已经提及的如门德尔松、巴赫、贝多芬、莫扎特等音乐家的古典音乐作品，以及教堂音乐、宫廷音乐在内的制度化的音乐行业，也就是通常所谓的高雅艺术，这种音乐类型受到社会精英和上层的喜爱，同时也是德意志音乐傲视其他民族的主要资本。恰是如此，1809年，在洪堡的倡导之下，普鲁士开始将音乐纳入国民教育之中。[2] 后者则是浪漫主义的发现，自从赫尔德宣称民族的精髓在于语言和歌谣，搜寻、发掘、记录和传播民间音乐作品就成了德意志浪漫主义者和民族主义者眼中具有重大意义的任务，他们乐此不疲，并由此发展出来民俗学和民谣研究。

造成音乐题材两面性的，是对德意志音乐的不同理解，一种是普遍主义的，而另一种则是排他性的。不过，这两者有时候也相互交织、并行不悖。排他性指的是，即使人们认为德意志音乐只不过是与其他各种音乐元素同样重要的一种内容，但是"在这

---

[1] 这就是梅内克在叙述德意志民族主义在世界主义和民族国家两种观念之间不断拉锯时的基本线索，参见梅内克《世界主义与民族国家》，上海：上海三联书店，2007年。
[2] Celia Applegate, "How German Is It? Nationalism and the Idea of Serious Music in the Early Nineteenth Century," *19th-Century Music*, Vol. 21, No. 3, Spring, 1998, p. 295.

种讨论中总是存在着某种隐含的等级制,并且'知性的'德意志永远都被指定为一种决定性的角色",而这又同德意志音乐的普遍主义特性联系在了一起。[1] 反映在德意志音乐的结构上,贝恩特·施蓬豪尔(Bernd Sponheuer)则将其称为一种"剥夺性"(privativ)的模式,它意味着德意志音乐的"深刻、活跃、缜密"。[2] 尤其是从19世纪开始发展起来的绝对音乐概念,同样也是这种德意志性的表征。

具体到德意志音乐上,普遍主义观念意味着"德意志音乐或者能够获得普遍理解,或者就是比其他民族都要优越"。实际上,德意志音乐的普遍性特质最初其实是为了描述德意志音乐中对意大利和法国风格的融合而发明的,随后,弗朗茨·布伦德尔(Franz Brendel)在《意大利、德国和法国的音乐史》中直接将德国音乐称为"世界音乐"(Weltmusik)。这种倾向在19世纪末、20世纪初越来越明显,与德意志作家所呼吁的世界公民的理想一道,在瓦格纳对"所谓德意志人"的界定之中得到了淋漓尽致的展现,"作为德意志人就是要为它的目标而奋斗"。艺术有着至高无上的价值,德意志人则是人类中最高贵的人,是赫尔穆特·库恩(Helmut Kuhn)所谓"*homines maxime homines*"[3],两

---

[1] 参见 Bernd Sponheuer, "Reconstructing Ideal Types of the 'German' in Music," p.41。

[2] 参见迪特·博希迈尔《什么是德意志音乐》,第11页。

[3] 这句格言出自小普林尼《书信》(Epistulae 8:24)"missum ad ordinandum statum liberarum civitatum, id est ad homines maxime homines, ad liberos maxime liberos, qui ius a natura datum virtute meritis amicitia, foedere denique et religione tenuerunt",大意是提醒马克西米乌斯临受命前往进行统治的阿该亚(Achaia)是希腊文明的源头,那里的城市都是自由城市,生活在其中的民众是真正的自由的人,他们由于自然的赋予以及他们自己的美德、功绩、友谊、誓约与虔诚而抱有自己的权利。后人用文　(转下页)

者叠加，德意志音乐也理所当然地成为至高无上的类型。[1]

最后，对音乐的理解本身也折射出音乐家对自我与他者的理解。18世纪中后期的德意志音乐家认为，法国、意大利虽然在音乐上有所创建，但存在许多局限，只是为德意志的音乐开辟了道路，德意志音乐与这二者的分野在于"段落的规律性以及对和旋的极度敏感"，先抑后扬的修辞很快转为对德意志音乐的完全褒奖：

> 谁能肯定所谓的意大利音乐——我们如今在我们最伟大的德意志作曲家的作品中也能听到——本身不是德意志的遗产呢，否则它永远不可能达到如今的显赫程度。是的，我们最终拥有了音乐上的好品位，而意大利人都还未曾展现出它的全部美好。因此，音乐上的好品位就是德意志精神的产物，其他任何民族都不能在这一点上夸夸其谈。[2]

德意志的音乐家或认为自己比意大利和法国音乐家自己还要理解他们民族的音乐，或认为德意志音乐具有"彻底性、正直性，以及技术上的牢固和思想上的深度，这些都是它的特殊价值"，他们才是音乐艺术的集大成者。[3] 这种理解力和精神上的自信，到19世纪中叶发展成了对德意志民族音乐能力和音乐艺

（接上页）中的这句格言来指西方文明中具有理想道德人格和法律地位的人。
[1] Bernd Sponheuer, "Reconstructing Ideal Types of the 'German' in Music," p. 41.
[2] Johann Adolph Scheibe, *Critischer Musicus. Neue, vermehrte und verbesserte Auflage*, Hildesheim: Olms, 1970, p. 148f. 转引自 Bernd Sponheuer, "Reconstructing Ideal Types of the 'German' in Music," p. 45。
[3] Ibid, p. 44.

术纯粹性上的自信,恰如瓦格纳在 1840 年所写的《关于德意志音乐的本质》一文中所断言的,"意大利人是歌手,法国人是技巧家,而德国人则是——音乐家。德国人有权只被视为'音乐家',因为德国人只是为了音乐本身而热爱音乐"[1]。

二、 民族统一、帝国幻梦与政治歌谣

历史学家常说,1871 年之前,德意志仅仅是一种情感和精神状态,在这之后才能说有一个德意志国家。确实,在现代民族国家建构的进程中,德国是较为滞后的,比起 17 世纪中叶就确立了现代国家基本政体的英国和 18 世纪末开启了人类现代政治新篇章的法国,德国或许早就有民族情感和民族观念,但却很晚才形成真正的民族国家。德国国歌的出现时间则更加晚近,一些研究者认为,直到 19 世纪末德国才拥有国歌,也有人将时间推迟到了 20 世纪 20 年代的魏玛共和国。

有趣的是,就德国国歌的诞生而言,在这两个时间节点所谈论的其实是同一首歌,它也是德意志联邦共和国的现行国歌——《德意志之歌》(*Das Deutschlandlied*)。在被确认为国歌之前,这首歌的旋律在 1797 年就已经被创作出来,歌词虽然稍微晚一些,但在 1841 年也已出现。换句话说,在问世之后,《德意志之歌》又等待了至少三十年,才获得德国政府的认可,被正式确立为国歌。

这种状况与德国 19 世纪的政治局面有很大的关系,从神圣

---

[1] 转引自迪特·博希迈尔《什么是德意志音乐》,第 12 页。

罗马帝国试图重新创造秩序到帝国崩溃,再到法兰克福议会的失败和最终在普鲁士的主导下建立起第二帝国,19世纪的德意志人经历了无数次政治上的动荡和波折。与动荡相伴的,是在浪漫主义思想鼓动之下越来越强烈的民族主义情绪。甚至可以说,整个19世纪的德意志政治发展,反映在思想文化上最突出的特征,就是浪漫主义以及民族主义的发展。从费希特到阿恩特再到俾斯麦,他们梦想中的共同蓝图都是一个伟大的德意志帝国,《德意志之歌》中所高唱的"自由、正义与统一"同黑红金三色旗一样,成为德意志帝国的标语,被篆刻在军人的皮带扣上,也出现在通行货币上。

文化象征对于现代民族国家来说必不可少,国歌就是一个例证。自从英国有了国歌《天佑吾王》,欧洲其他国家也纷纷开始找寻自己国家的国歌。有些国家甚至直接把《天佑吾王》的曲调借用过来,再用本国语言填词,便成为当时的国歌。当然,与其说这种歌曲是一个国家的国歌,倒不如说它是彰显政治权力和王权荣耀的宫廷歌曲。毕竟,到18、19世纪,君主显然已经无法代表整个民族国家,君主制要接受各种限制,才能成为合法政体的一部分。《德意志之歌》的创作和诞生,暗合了这样的逻辑。

《德意志之歌》的历史并不长。在这首歌诞生之前,德意志浪漫派和民族主义者所创作的诗作和歌谣无不带有民族颂歌的特征:一方面表达出渴望德意志民族统一和崛起的情绪,另一方面也在实际传播中进一步塑造起人们对一个想象中的德意志民族的热爱和渴求。进一步而言,在这首歌诞生之前,德意志的民族观念早已出现,民族对政治国家的要求不绝于耳,在浪漫主义观念的影响之下，歌曲成为德意志民族意识的一种表达方式，各种民族歌曲和爱国歌曲受到欢迎，合唱团也成为德意志民族意识的重要运作机制。相应地，在《德意志之歌》之前，已有几首歌曲被当作德意志国歌，其中包括民族主义者阿恩特创作的《什么是日耳曼人的祖国？》，以及1848年三月危机中诞生的战斗歌曲《守望莱茵》。

19世纪末的一位意大利政治家说："现在我们有了意大利，让我们来制造意大利人。"对照之下，彼时德意志的状况却是对这句话的翻转，19世纪有着各种德意志人，却没有德意志，因此，制造德意志便成为首要任务，而这些歌谣就是解决这个问题的一种尝试。

反抗法兰西与寻找德意志

汉斯·科恩（Hans Kohn）在讨论德意志民族主义时直言，欧洲许多国家的民族主义，甚至世界上其他地区的民族主义观念，都是受到拿破仑战争的刺激而出现的。[1] 作为法兰西邻国和世仇的德意志，在拿破仑入侵之前，一直做着神圣罗马帝国"普世"秩序的美梦，颇为天真。许多德意志思想家和作家一开始甚至对法国大革命和它所想要传播的"普世"秩序表示欢迎，少年海涅就对拿破仑崇拜不已。直到真正被拿破仑统治之后，德意志人的民族情感才被点燃。

在这样的背景之下，德意志历史上第一首被视作国歌的歌曲出现了，其作者是一位对法国深恶痛绝的诗人和民族主义者——

---

[1] Hans Kohn, "Arndt and the Character of German Nationalism," *The American Historical Review*, Vol. 54, No. 4, Jul., 1949, p. 789.

恩斯特·莫里兹·阿恩特。阿恩特年轻时接受过"路德教会"的培训,立志成为一名牧师。随后,他以一种浪漫的方式游历欧洲,在旅途中,阿恩特的民族主义情绪不断增长。法国入侵后,阿恩特无法忍受拿破仑统治对德意志民族的蹂躏,他直接撰文谴责法国对德国的霸权,说这些自诩高尚的人"欺骗了欧洲人民,破灭了他们的美好愿望",[1] 为了反抗,他开始编印各种小册子,反对法国统治,这也使得他被流放。

阿恩特将拿破仑视为死敌,反对帝国的"普世"秩序。[2]"以上帝和人民的名义,我憎恨一切法国人。"阿恩特直言。不过,他口中的人民有着明确的所指,也就是德意志人民,或者说德意志民族。[3] 阿恩特对拿破仑和法国的憎恨其实包含着复杂的情绪。首先,他不是"普世"主义的支持者,他认为拿破仑的"普世"计划注定无法成功,在1802年的《日耳曼与欧罗巴》(*Germanien und Europa*)中,他的判断是:"为整个世界以及每个个体的民族性之福祉考虑,不应当存在任何普世联合";其次,与赫尔德那一代人对世界上所有民族的幸福都投以关注不同,阿恩特全心全意在乎的,只有德意志人的幸福,这种幸福就是民族性的实现,为此,有必要从文化观念回归到政治观念,具体地说,德意志人要实现进步,就需要"拥有一个祖国,拥有那种高度人性的和高度政治观的独立、统一和强大的民族性观念"。[4]

法国是德意志民族性实现的最大障碍。但是,德意志祖国和

---

[1] 转引自叶普·列尔森《欧洲民族思想变迁:一部文化史》,第99页。
[2] 参见 Hans Kohn, "Arndt and the Character of German Nationalism," p. 788。
[3] 转引自 Hans Kohn, "Arndt and the Character of German Nationalism," p. 796。
[4] Ibid, p. 788.

德意志民族性到底是什么,同样也困扰着阿恩特:"我希望与我的人民交谈,但是我如何才能与你言说,德意志人民?你是什么,你在哪里?我四处找寻却徒劳无功。"[1] 在 1809 年的小册子《论时代精神》(Geist der Zeit)中,阿恩特发出悲叹。当然,受到浪漫主义影响的他很快将德意志民族性格的根源归结到语言和共同血缘上。在这个问题上,阿恩特对法国的憎恨又一次显露,法语被他嘲笑为野兽的语言,他坚信德意志语言的优越性和纯粹性,就像费希特口中的"元语言"(Ursprache)一样。同时他还强调德意志血统的纯洁。这两个元素在 1813 年创作的《什么是日耳曼人的祖国?》之中显露得淋漓尽致:

> 什么是日耳曼人的祖国?
> 是否是普鲁士还是斯瓦比亚的土地?
> 是否是莱茵河丰饶又古老的支流?
> 还是那北方海鸥鸣叫的地方?
> 啊,不,不,不!
> 他的祖国远比这更辽阔!
> ……
> 什么是日耳曼人的祖国?
> 来吧,跟我讲讲如今名震四方的土地!
> 它无疑就是奥地利国家,
> 充满荣耀充满胜利。
> 啊,不,不,不!
> 他的祖国远比这更辽阔!

---

[1] 转引自 Hans Kohn,"Arndt and the Character of German Nationalism," p. 790。

……

什么是日耳曼人的祖国？

最后再和我说说这片土地！

只要人们说着日耳曼语言

唱着歌颂上帝的歌曲，

那就是这片土地——

兄弟，这里，就是你的祖国！

……

这就是日耳曼人的祖国，

这里有对外国势力的满腔怒火，

这里每个法兰克人都是仇敌，

日耳曼人亲如兄弟绽放光芒；

那就是这片土地——

你们所有日耳曼人的祖国！[1]

《什么是日耳曼人的祖国？》是一首典型的民族主义诗作，阿恩特自己为这首歌谱了曲，想要通过演唱来进一步促进其传播，激发民族精神，实现他心目中的德意志民族性。1814 年，这首呼吁德意志人抗击法国人的歌曲在柏林第一次被唱响，1825 年，作曲家古斯塔夫·莱哈特（Gustav Reichardt）为这首歌重新谱曲，经过改编，旋律更加朗朗上口，歌曲也变得更加流行，旋即成为渴望将德意志联盟转变为统一的德意志帝国的人们最喜爱的歌曲，也在很长一段时间里被视作德意志的国歌，约瑟夫·约阿

---

[1] William Cleaver Wilkinson ed., *Classic German Course in English*, New York, 1900, pp. 155-156. 歌词全文可参见 https://en.wikipedia.org/wiki/Des_Deutschen_Vaterland#cite_note-3，中文歌词根据威尔金森编纂的英文译本译出。

希姆·拉夫(Joseph Joachim Raff)的交响曲《致祖国》(An das Vaterland)也使用它作为主旋律。[1]

与法国的纠葛影响着 19 世纪德意志的政治状况和民族情绪,在《什么是日耳曼人的祖国?》之后另一首被视作德意志国歌的歌曲,同样是与法国抗争的产物。这就是后来家喻户晓的战歌《守望莱茵》(Die Wacht am Rhein):

> 一声怒吼,像霹雷响
> 像海在啸,像剑在鸣;
> 谁去莱茵,谁去莱茵,
> 保护她不受侵凌?
>
> 亲爱的祖国,您放心,
> 我们坚定不移守望莱茵!
>
> 吼声迅速传遍四方,
> 无数双眼睛发精光,
> 忠勇的德国青年们
> 去保卫神圣国境
>
> 亲爱的祖国,您放心
> 我们坚定不移守望莱茵!
>
> 举目仰望,蓝天无垠,

---

[1] Barbara Eichner, *History in Mighty Sounds: Musical Constructions of German National Identity 1848-1914*, Woolbridge: The Boydell Press, 2012, p.233.

> 雄视大地，豪气凛凛，
> 莱茵，我对你发誓，
> 你永属德国，像我的心！
>
> 亲爱的祖国，您放心，
> 我们坚定不移守望莱茵！
>
> 哪怕我会碎骨粉身，
> 你依然不属于外国人，
> 河水奔流在国土上，
> 是英雄的血在沸腾！
>
> 亲爱的祖国，您放心，
> 我们坚定不移守望莱茵！
> ……[1]

《守望莱茵》的创作背景是 1840 年的莱茵河危机。当时，梯也尔政府宣称莱茵河应当被视为法国的"天然东部边界"。法国人做如此宣称，不是历史的开创，而是之前早有先例，并且往往伴随着法兰西向德意志的扩张和入侵。当时已经存在的松散的德意志联盟显然无法接受梯也尔政府的做法，在德意志人中间，法国的这种尝试更是激起了强烈的民族情绪。很快，尼科劳斯·贝克尔就在这种情绪的下创作了一首名为《莱茵河之歌》的诗作，受其影响，一位名叫马克斯·申肯伯格（Max Schneckenburger）的斯瓦比亚商人写出了诗歌《守望莱茵》。

---

[1] 完整的歌词可参见 https://en.wikipedia.org/wiki/Die_Wacht_am_Rhein。

这首小诗后来被瑞士作曲家 J. 门德尔读到，门德尔深受触动，随即为其谱曲，并将其献给当时驻波恩的普鲁士大使冯·布森（Von Bunsen）。1854 年，卡尔·威廉（Karl Wilhelm）重写了旋律，使其更加朗朗上口，在后来加冕成为日耳曼皇帝的威廉一世的银婚纪念日上，这首歌以合唱团的形式被呈现出来。之后，《守望莱茵》便成为德意志境内各种合唱节日的保留曲目。

皇帝颂歌与奥地利国歌

同这一时期的许多德意志爱国歌曲一样，《德意志之歌》创作的首要背景也是法国的威胁，不过，这里需要两个进一步的解释条件。首先，歌词和旋律需要被分开处理，两部分的故事和创作背景并不相同，其结合也有着特殊的理由和历史的偶然。其次，与前述反对法国入侵略的爱国歌曲不同，《德意志之歌》的曲调虽然同样反法，却不是反对那个入侵德意志的帝国，而是大革命时期反对绝对君主统治的法国。

在 18 世纪末和 19 世纪初，在莫扎特和贝多芬之前，德意志人最引以为豪的作曲家是奥地利的约瑟夫·海顿。海顿由于其对古典音乐形式的重大贡献而被誉为"交响曲之父"，他的职业生涯起步于宫廷乐师。1790 年，海顿当时的雇主尼科劳斯亲王去世，于是海顿前往英国，在伦敦达到了职业生涯的巅峰，据说，当时伦敦的音乐会，几乎没有哪场演出不包含海顿的作品。[1] 伦

---

1 David W. Jones, *Oxford Composer Companions: Haydn*, Oxford: Oxford University Press, 2009, p, 325.

敦的工作让海顿蜚声欧洲，这种成就对当时在文化方面乏善可陈的德意志人来说，带来了民族自豪感的极大满足："日耳曼祖国万岁，因为它的子孙中有一个海顿！"[1]

不过，海顿对德意志民族的热爱远不及对哈布斯堡君主的忠诚。同旧制度时期的法国一样，奥地利的统治阶级早就意识到音乐在培育臣民忠诚之情和塑造对权威的服从上的作用。1771年，一位名叫约瑟夫·冯·桑能菲尔斯（Joseph von Sonnenfels）的共济会成员在名为《论对祖国的爱》(Über die Vaterslandliebe) 的小册子中表示，音乐作品就是在培育崇拜，它的灵感来自古代宗教，它的目的是增加国家的权威。[2]

海顿第一次从英国载誉还乡时，正值法国大革命爆发，《马赛曲》开始传遍欧洲之际。刚登基的弗朗茨二世不愿继续奉行前任国王的开明政策，法兰西向奥地利宣战的举动又加深了国内对法国的仇视。同为君主国的奥地利国内充斥着恐慌情绪，统治阶级试图采取行动来对抗大革命传播的政治信息，三色旗、自由树便是需要对抗的政治符号。在音乐领域，需要有作品来对抗《马赛曲》煽动的革命情绪。

这种在文化上对抗法国的举动不仅出自官方，在当时的维也纳，它成为人们不约而同的选择，与政治和战争相关的艺术和音乐作品成为创作主流。[3] 奥地利当局和境内持保皇立场的人士纷

---

[1] 转引自 Esteban Buch, *Beethoven's Ninth: a Political History*, Chicago: Chicago University Press, 2003, p. 63。

[2] 参见 Esteban Buch, *Beethoven's Ninth*, p. 52。

[3] 不过,这也同哈布斯堡王室在之前一段时间的统治政策有关,参见 Ernst Wangermann, *From Joseph II to the Jacobine Trials*, Oxford: Oxford University Press, 1959, p. 112。

纷为这一事业添砖加瓦,"奥地利高于一切"的口号此时成为许多音乐家创作的灵感。海顿的教子约瑟夫·魏格尔（Joseph Weigl）创作过一首名为《奥地利高于一切》（Österreich über alles）的康塔塔[1]，配上奥古斯特·冯·柯策布（August von Kotzebue）的歌词在剧院中进行演唱；年轻的贝多芬在创作草稿中也留下了许多以爱国主义为题材的乐曲，其中包括一组以"奥地利高于一切"为题的旋律。[2]

然而，奥地利的政局随着法国的步步紧逼变得岌岌可危，法国对奥地利宣战后，奥地利人对自己的军事能力毫无信心，弗朗茨二世在民众中的地位还不如自己的兄弟查尔斯大公高。迫于这种压力局面，政府不得不采取措施来加以应对，当时的一位公爵记录说，"我对维也纳的恐惧一直要甚过对怒火中烧的敌人的恐惧，它将是我们真正的劫难"。公爵召集起相关人士，着手出台一系列政策来控制舆论，包括禁止教堂布道时讨论反法战争，在维也纳组建志愿军以及创作一首歌颂皇帝的颂歌。这就是《天佑吾王弗朗茨》的创作背景。[3]

---

[1] 康塔塔（Cantata）是一种 16—17 世纪意大利巴洛克时期兴起的声乐体裁，与奏鸣曲（Sonata）相对，通常由一系列宣叙调、咏叹调、咏续调、二重唱与合唱组成，与清唱剧类似，但其题材可以是宗教的，也可以是世俗的，规模可大可小。康塔塔从意大利兴起以后，很快被欧洲其他国家的音乐家所借鉴，包括巴赫、亨德尔等世界文明的音乐家也创作过自己的康塔塔作品。

[2] 参见 Esteban Buch, *Beethoven's Ninth*, p.54; Douglas Johnson ed., *The Beethoven Sketchbooks: History, Reconstruction, Inventory*, Oxford: Clarendon Press, 1985, p.188。

[3] 参见 Esteban Buch, *Beethoven's Ninth*, p.55。需要指出的是，也有许多研究者认为，游历英国回归的海顿受到英国君主制文化的影响，意识到《天佑吾王》在英国所产生的作用，而早就萌生了要为奥地利创作一首类似的歌曲的想法。不过，根据本书第一章对《天佑吾王》的介绍就可以很清楚地知道，这首歌在当时的地位或许并没有（转下页）

图格特公爵选择了洛伦茨·利奥波德·哈斯卡（Lorenz Leopold Haschka）来为这首皇帝颂歌创作歌词，海顿随后为这首诗谱曲。在 1797 年 2 月 12 日神圣罗马帝国皇帝弗朗茨二世生日庆典中，这首歌第一次在公共场合进行演唱：

> 上帝保佑弗朗茨皇帝，
> 我们伟大皇帝弗朗茨！
> 我们祈求王运久长，
> 我们祝愿好运常伴，
> 愿那桂冠永垂不朽，
> 胜利花环归于他！
> 上帝保佑弗朗茨皇帝，
> 我们伟大皇帝弗朗茨！
> ……[1]

乍一看，这首歌简直是英国国歌《天佑吾王》的翻版。不过，无论是哈斯卡的歌词还是海顿的旋律，都与《天佑吾王》有着明显的差别。歌词第一段表达对皇帝的效忠之情，第二段随即揭示效忠的理由——歌颂经过启蒙的开明君主弗朗茨二世，重点描述了君主的优良品质，第三段的内容则是王国法律，不过，这里的法律不是"皇帝意志"，而是神圣法。三段歌词结合起来

（接上页）这些研究者认为的那么重要，更何况在大革命期间，这首歌还被填上了歌颂断头台的歌词，用来反对君主制。更有可能的是，向公爵出谋划策的扫罗（Saurau）对《天佑吾王》有所耳闻，并且相信海顿有能力根据哈斯卡的诗创作出一首奥地利自己的《天佑吾王》。

[1] 原诗共有四节，可参见 https://en.wikipedia.org/wiki/Gott_erhalte_Franz_den_Kaiser♯cite_note-3。

看,弗朗茨恰是因为遵从神圣法,努力行开明君主之事,才值得"王运久长""永垂不朽"。

海顿的谱曲更是有着不同于《天佑吾王》的旋律特征。[1] 首先,这首曲子与民间音乐联系十分密切,海顿在创作时,应该受到了当时各种民歌的影响,威廉·H. 哈多爵士(Sir William H. Hadow)认为这首曲子的前四个小节取材于克罗地亚民歌,[2] 另一些反对这种看法的研究者同样认为这首歌取自某些民歌,只不过不一定是克罗地亚民歌。其次,英国国歌是四三拍的不对称结构,而海顿创作的旋律则具有四四拍的典型古典音乐风格。此外,这首歌与《马赛曲》一样,拥有一种动态的音乐模式。因此,后来的研究者评论说,与其说这首歌是为了与《天佑吾王》匹敌,不如说它与《马赛曲》有着更多的关联。[3]

当然,无论作者意图如何,这首曲子完美地满足了"雇主"的要求,首演之后,扫罗伯爵要求全国各个地区和机构,在每场音乐演出结束时和各种公共活动中都要演唱这首歌。

讽刺的是,歌曲实际上并未实现"雇主"所提出的目标,既没有像《天佑吾王》那样激发起民众保卫国家的热情,也无法抵御《马赛曲》的革命势头,神圣罗马帝国终究在拿破仑的铁蹄之下解体,在暴力战争中,精神号召的能力终究有限。1804 年,弗朗茨二世放弃神圣罗马帝国皇位,称自己是奥地利国王,哈斯卡对神圣罗马帝国皇帝的歌颂于是变得不合时宜。不过,歌曲对

---

[1] 参见 Albrecht Riethmüller,"Joseph Haydn und das Deutschlandlied," *Archiv für Musikwissenschaft*,44,Jahrg.,H. 4,1987,pp.241-267。
[2] Sir William H. Hadow, *Notes Toward the Study of Joseph Haydn*, London, 1987.
[3] 参见 Esteban Buch, *Beethoven's Ninth*, p.58。

君主制和国家进行歌颂的主题使它很容易便与奥地利当时的体制相符合,顺理成章地成为奥地利国歌,后来的奥匈帝国延续了这一传统,直到1918年奥地利成为共和国,才采用新的歌曲作为国歌。[1]

《德意志之歌》的创作始末

> 我又一次歌唱起德意志,
> 歌声中带着喜悦和憧憬;
> 但我的"德意志高于一切"
> 却沦为陈词滥调……[2]

1874年,一位名叫奥古斯特·海因里希·霍夫曼·冯·法勒斯雷本(August Heinrich Hoffmann von Fallersleben)的德意志浪漫主义诗人在逝世前写下了几句悲观又绝望的诗句。1890年,汉堡附近的小岛赫里戈兰被英国出售给德国,岛上的德意志居民为庆祝与德意志祖国的团聚,演唱起《德意志之歌》。1892年,这座岛上竖起一座霍夫曼纪念碑,纪念当时已经家喻户晓的爱国歌曲《德意志之歌》的词作者霍夫曼,他正是在这座小岛上创作出这首诗歌的。[3]

---

[1] 同英国一样,每逢新皇即位,歌曲中歌颂的皇帝名称也会改变。另外,在废除君主制后,被确定为奥地利国歌的是一首以莫扎特所作康塔塔为旋律的《让我们拉起手来》(也译为《山之国、河之国》),歌词以奥地利祖国的大好河山为歌颂对象。参见 http://www.nationalanthems.me/austria-land-der-berge-land-am-strome/。

[2] 转引自 F. Gunther Eyck, *The Voice of Nations*: *European National Anthems and their Authors*, Westport: Greenwood Press, 1995, p.172.

[3] 纪念碑的作者是弗里茨·夏皮尔(Fritz Schaper),不过后来这座纪念碑又被拆除了,参见 Hans A. Pohlsander, *National Monuments and Nationalism in 19th Century Germany*, Bern: Peter Lang, 2008, p.64.

1815年，一个由奥地利主宰的松散的德意志邦联建立起来，包括34个君主国和4个城市共和国，设在法兰克福的邦联议会旨在取消德意志邦联各个邦国之间的关税壁垒，但是对于建立一个统一的德意志国家的目标，邦联议会并不在意，这些大大小小王国的君主们也并不渴望。

　　霍夫曼就生活在这样的环境之下。1798年，他出生在下萨克森的法勒斯雷本，父亲是一位商人。年轻的霍夫曼接受了古典学教育，后来在哥廷根和伯恩上大学，起初霍夫曼立志研究神学，1818年，他认识了雅各布·格林，开始对德语语言学和文学产生兴趣："我越是认识到日耳曼的现状，用诗歌来表达自己的欲求就越是强烈"。[1] 1835年，霍夫曼成为布雷斯劳大学的语言和文学教授，其间，他创作了数以百计的歌谣，包括儿歌、情歌、士兵之歌以及政治歌曲，许多儿歌到现在还在德国流传。[2] 此外，他还出版了诗集《非政治的歌谣》(Unpolitische Lieder)，在这部以非政治为标题的诗集中，充满着对当时政治事件的讨论，作者猛烈抨击公共制度，字里行间浓浓的政治意味甚至惹恼了普鲁士当局。

　　德意志邦联成立以后，虽然各个王国和城市之间的经济壁垒被削减，但以邻为壑的心态依然未变，封建王侯显然也不愿看到自己的权力被削弱，因此十分抗拒建立统一德意志的民间呼声。1840年，弗里德里克·威廉四世登基成为新的普鲁士国王，霍夫曼便寄希望于这位新的国王，还曾谈论新王在统一的意志中能

---

[1] 转引自 F. Gunther Eyck, *The Voice of Nations*, p.165。
[2] 具体可见 Reinhard Pozorny, *Hoffmann von Fallersleben: Ein Lebens-und Zeitbild*, Berg,1982, pp.137-147。

够发挥的作用。¹ 然而，对于当时的霍夫曼来说，横亘内心的更多是对现状的悲观情绪和难以接受，无论是其出生地法勒斯雷本，还是他驻留的度假小岛赫里戈兰，同样自认为德意志人的市民处在不同主权国家的统治之下。德意志到底算什么，阿恩特口中德意志人的祖国，到底在哪里？

> 1841年8月26日早上，他笃定地走在海岛的悬崖边上。北海的海浪有节奏地拍打着赫里戈兰的岩石，就像鼓点在号召他采取行动。远处天空和海洋融汇成灰色的地平线。在地平线之外，德意志的领地北及波罗的海和北海海岸，西至莱茵河，南抵阿尔卑斯山，东达俄国。辽阔无边的景象占据了他的头脑，从青年时期就幻想的那个实体开始浮现。²

这段充满诗意的描述传神地表达了诗人渴望民族统一的急迫心情，霍夫曼很快回到自己在小岛上租下的房间，写下了《德意志之歌》的前三段。

诗的第一段开篇点名歌颂对象——高于一切的德意志，它疆域辽阔，"从马斯到默默尔，从埃施到贝尔特"，为了捍卫它，德意志的兄弟时刻准备好携手抗争；第二段列举了德意志引以为豪的要素，它有悠久的历史和高贵的传统，"德意志的妇女，德意志的忠诚，德意志的美酒"和"德意志的歌声"是每个德意志人所热爱的，德意志也因此值得被捍卫；第三段则勾勒了诗人对德意志未来的美好愿望，它不仅是一个古老而高贵的国家，还应当

---

1 F. Gunther Eyck, *The Voice of Nations*, p.164.
2 Ibid, p.165.

拥有统一、正义和自由的美好价值。

写下这首诗三天之后,霍夫曼告诉出版过自己诗作的尤里乌斯·卡佩(Julius Campe),他又创作了一首诗歌,据说,还没等霍夫曼朗读完毕,卡佩就拿钱出来,买下了这首诗。随后,卡佩回到汉堡,把这首诗配上海顿那首《天佑吾王弗朗茨》的旋律,印刷成小册子进行发售。也有研究者指出,之所以用海顿的那首曲子,或许是为了免去旋律的版权费用,因为当时海顿已经逝世。[1] 这首歌很快传播开来,两个月后,在汉堡的体操联合会上这首歌首次被演唱。

不过,当局容不下这首呼吁德意志诸邦摒弃小我、实现大德意志的歌曲,同一年,霍夫曼《非政治的歌谣》的第二部分被当局没收,之后,他本人又被大学辞退,德意志诸邦都将他列入黑名单进行驱逐,直到1848年,状况才得到改变。[2]

《德意志之歌》算得上命途多舛。对于德意志邦联来说,这首歌是颠覆性的和革命性的,因此需要禁止。后来的接受者同样对它有诸多误解。首先,《德意志之歌》从主题到内容再到后来为人所诟病的那种极端民族主义和帝国扩张情绪,其实都并非作者原创。"德意志高于一切"这句口号在德意志的出现时间要比这首歌至少早一百多年。1684年,一位奥地利贵族就出版过一本呼吁大家顺从哈布斯堡王室统治的小册子,宣称"奥地利高于一切",拿破仑战争期间,许多德意志国家都开始使用类似口号来表达爱国之情和救国呼吁,到19世纪40年代,它已经成为十

---

[1] F. Gunther Eyck, *The Voice of Nations*, p.169.
[2] Ibid, p.169.

分常见的口号。[1] 1848年三月危机时，后来成为哲学家的罗伯特·齐默曼（Robert Zimmermann）也曾以《德意志高于一切》为题创作了一首诗，同年发表在维也纳的《周末报》（Sonntagsblätter）上。[2]

其次，霍夫曼所描绘的德意志，并非后来泛日耳曼运动中鼓吹的扩张帝国。诗中出现的"从马斯到默默尔，从埃施到贝尔特"的边界，其实是讲德语的德意志人生活的区域，当然也暗合着德意志联盟的边界，因此，说这首歌是在呼吁德意志人拓展边界，显然违背了作者的意图。诗人梦想的，是在德意志联盟的边界之内，出现一个高于一切的统一的德意志，而不是分散的各自为政的王国和城市。

不过，一方面由于出版不久就被查禁，另一方面由于比起同时代的其他歌曲，这首歌并不算慷慨激昂，《德意志之歌》在很长一段时间里都算不上流行，连诗人自己也提到过，这首歌并没有收回成本，还比不上自己的那本诗集赚钱。各种德意志合唱团、体操团和射击团喜欢演唱的，是明确表达对外敌仇恨的斗争歌曲，例如前文所提到的《守望莱茵》。

1848年革命后，普鲁士明确拒绝法兰克福议会授予的皇冠，"小德意志"的构想失败了，虽然霍夫曼理想中"统一、正义、自由"的德意志尚未实现，但人们已经开始口口声声谈论"帝

---

[1] F. Gunther Eyck, *The Voice of Nations*, p.166.
[2] 奥地利作曲家艾多瓦德·汉斯里克（Eduard Hanslick）读到这首诗，认为它能担负起激发民族情绪的责任，所以为其谱曲，但出于种种原因，这首歌并未被合唱团演唱，其影响程度也十分有限。参见David Brodbeck, *Defining Deutschtum: Political Ideology, German Identity, and Music-Critical Discourse in Liberal Vienna*, New York: Oxford University Press, 2014, pp.38-39。

国"。1871 年，普鲁士国王威廉一世在凡尔赛宫登基为德意志皇帝，年迈的霍夫曼又一次燃起了年轻时的希望，渴望自己"为整个德意志"所创作的歌曲能够得到接受。事与愿违，直到 1890 年赫里戈兰从英国领土变为德国领土之时，这首歌才第一次在官方场合被演唱，而真正被确定为德国国歌，则要等到 1922 年。

三、"德意志高于一切"的隐喻与现实

1870 年，试图采取铁血政策实现德意志统一的德意志帝国宰相俾斯麦收到文化教育大臣的提议，建议将《德意志之歌》确立为国歌，俾斯麦对此表示否定。1890 年，在赫里戈兰岛上，这首问世几十年的爱国歌曲第一次在官方场合被演唱。第一次世界大战爆发后，《德意志之歌》成为德意志战歌和爱国主义的象征，1922 年，魏玛共和国将《德意志之歌》定为国歌。

《德意志之歌》在 19 世纪后半叶到 20 世纪初的遭遇与德意志在这一时期的状况是联系在一起的，同德意志民族主义一样，这首歌也经历了历史的种种翻转，最后成为包含着种族主义、扩张主义和爱国主义情绪的混合物。如果将歌曲看作政治社会现实的对象，对它的接受同特定的状况和观念存在关联，那么可以说，从第二帝国到魏玛共和国再到第三帝国的历史，就是理解《德意志之歌》的基础和线索。在这个议题上，人们首先会问的或许就是，为什么《德意志之歌》迟迟无法成为德国国歌？要回答这个问题，就需要回到历史之中。

俾斯麦和第二帝国的任务是建立一个在皇帝统治之下的统一的德意志。对俾斯麦来说，强大和统一的德意志必须由普鲁士主导，因此，民族主义者心心念念的"大德意志"并非上佳之选，

排除掉奥地利的"小德意志",才更得铁血宰相的青睐。因此,也不难理解《德意志之歌》在俾斯麦时期受冷的缘由。当德意志帝国受到冲击后,"德意志高于一切"的呼声便卷土重来,随着第一次世界大战中《德意志之歌》的传播和新的爱国主义情绪的激发,为这首歌曲赢得了官方国歌的地位。虽然到 20 世纪 20 年代为止,这首歌都不过是一首爱国歌曲,而随后纳粹政府对这首歌的使用成为它不能承受的历史之重。

帝国的建设与俾斯麦的国歌选择

1871 年德意志帝国建立,俾斯麦选择了一首名为《万岁胜利者的桂冠》(*Heil di rim Sigerkranz*)(以下简称为《桂冠》)的歌曲作为国歌。

在讨论《德意志之歌》的历史时,埃里希·艾克(Erich Eyck)曾经提到,《德意志之歌》真正成为民族颂歌的时间点,要推迟到 20 世纪初,历史上它第一次被官方确认为国歌,也要等到 1922 年。当然,之所以如此,首先便是由于在魏玛共和国之前,《德意志之歌》不具备成为国歌的条件。那么,如何理解俾斯麦否定文化教育大臣的提议,另选《桂冠》为国歌的做法呢?

实际上,《桂冠》原本就是普鲁士的"国歌"。这首歌的历史比《德意志之歌》久远,1793 年,B. G. 舒马赫(Balthasar Gerhard Schumacher)将诗人海因里希·哈里斯(Heinrich Harries)所创作的歌颂丹麦国王克里斯蒂安二世的诗歌《国王万岁》(*Heil,Kaiser,dir*)进行改编,用"国王"代替了诗歌中的"克里斯蒂安",配以英国国歌《天佑吾王》的旋律,创作

出这首于 1795 年被确立为普鲁士国歌的《万岁胜利者的桂冠》：[1]

> 万岁胜利者的桂冠，
> 祖国的统治者！
> 皇帝万岁！
> 王座华丽炫目
> 使我目眩神迷
> 待子民亲切和蔼！
> 皇帝万岁！[2]

虽然 1871 年 5 月 4 日生效的德意志帝国宪法规定，拥有主权的 22 个德意志诸侯邦和 3 个自由城市以及直属领地阿尔萨斯-洛林结成一个"永久的联盟"，通过联邦议会机构行使各邦的正式主权，但是，普鲁士在联邦议会中的地位是不言而喻的，它是帝国的中心。对此，罗森贝格曾经讽刺德意志帝国是"普鲁士统治整个德意志帝国的宪法上的遮羞布"。[3] 另一方面，德意志帝国受到普鲁士的控制，而普鲁士则由宰相俾斯麦主宰："一切都取决于俾斯麦，绝不会有一种更彻底的专制"，当时一位保守将军的评价足以说明俾斯麦的特征。[4]

那么，对这位富有争议的铁血宰相来说，他心目中的德意志

---

[1] Carl Engel, "The Literature of National Music (Continued)," *The Musical Times and Singing Class Circular*, Vol. 19, No. 428, Oct. 1, 1878, p.532.
[2] 完整的歌词可参见 https://en.wikipedia.org/wiki/Heil_dir_im_Siegerkranz。
[3] 参见汉斯-乌尔里希·韦勒《德意志帝国》，西宁：青海人民出版社，2009 年，第 41—42 页。
[4] 转引自汉斯-乌尔里希·韦勒《德意志帝国》，第 46 页。

是什么样的？这个问题的答案，才是俾斯麦拒绝采纳《德意志之歌》，想要继续延续普鲁士传统的真正理由。要回答这个问题，一方面要对德意志帝国国歌和政治观念进行阐释，一方面还要对《德意志之歌》原初立场进行澄清。

俾斯麦不是共和主义者，他童年时期便深受雅恩传统[1]的熏陶，一早便对所谓的德意志民族有了印象。[2] 遗憾的是，"自从弗里德里希大帝逝世之后我国的政策要么根本就没有明确的目标，要么就是目标选择不当，实施不力"，丝毫看不到"民族—德意志的方针的迹象"。[3] 在他看来，当时人们试图通过民族性的动员或采用民主议会的尝试来解决德国政治问题的做法是不可行的，"我从来没有（包括我在法兰克福那一时期）怀疑过，解决德国政治问题的钥匙在各邦诸侯和各王朝那里，而不在议会和报刊的政论那里或街垒那里"。[4] 进一步而言，在如何缔造德意志未来的问题上，与其说是各邦诸侯在起主要作用，倒不如说威廉皇帝开启的新纪元更值得期待。这种新纪元具体又是什么呢？在回忆德意志联邦议会的一次委员会会议时，俾斯麦道出了他整个政治生涯的主导思想：

> 德意志民族只有先联合起来，才能按照自己的意愿

---

[1] 弗里德里希·路德维希·雅恩（Friedrich Lugwig Jahn），19世纪初德意志民族主义运动的代表人物，以训练体操、野外远足为名义组织青年进行爱国主义运动，并在这一过程中宣传自己的民族主义和爱国主义主张，结成秘密团体并已实现德意志民族的独立为活动目标。雅恩因其独特的体育政治观念被称为"体操之父"。
[2] 参见奥托·冯·俾斯麦《思考与回忆：俾斯麦回忆录》，北京：东方出版社，2007年，第1页。
[3] 同上，第179页。
[4] 同上，第191页。

调整自己的内部关系；我们目前的任务是为我们民族创造这种条件。但是，这些设想却因遇到了反对派演说家们的狭隘的、小城市的党派政策而归于失败。在他们挑起的辩论中，民族目标提得过分突出，这不仅是对外国而言，而且是对国王而言，当时国王关注普鲁士的强盛远远超过关注德意志的合乎宪法的统一。在这方面他并没有沽名钓誉的打算。还在1870年他就把皇帝称号轻蔑地称为"化了妆的陆军少校"……直接以普鲁士世袭国王身份，而不是以选出的和通过宪法产生的皇帝身份行使权力，更能迎合王朝情感……如果我想保持国王的信任，我就必须注意到他的这些特点，而没有国王及其信任，我的德国政策就根本行不通。[1]

1858年之前，俾斯麦的德国政策已经十分明确了，他的内政战略目标是"保持、加强普鲁士王朝"，外交政策的目标是"普鲁士在德国（这就是说通过关税同盟加以限定范围的德国，这是把奥地利排除出去的德国）的霸权和废除德意志邦联议会，或者把它置于普鲁士的控制之下"。[2]

再回到《德意志之歌》的具体内容上，对照俾斯麦的政治策略，两者的差异十分明显。俾斯麦不是一个泛德意志主义者，比起奥地利领导下神圣罗马帝国的复兴，或者通过领土扩张将古老传说或通过语言界定的德意志民族变成现实，他更推崇"小德意

---

[1] 参见奥托・冯・俾斯麦《思考与回忆：俾斯麦回忆录》，北京：东方出版社，2007年，第291页。
[2] 参见恩斯特・恩格尔贝格《俾斯麦：地道普鲁士人和帝国缔造者》（上册），北京：世界知识出版社，1992年，第413—414页。

志"的策略，也就是将奥地利排除在德意志之外，由普鲁士来主导德意志民族的统一进程。

然而，霍夫曼歌曲中所勾勒的德意志联盟的领土范围，与德意志帝国是不符合的，甚至是"过时"的。[1] 俾斯麦一手缔造的帝国并非追求自由和正义的代议制民主共和国，俾斯麦自己也并不信任民主代议制在国家权力斗争中的作用，"用开展民众运动来实现德意志统一的希望不过是浪漫主义的梦想"；此外，在俾斯麦的蓝图中，与其说"德意志高于一切"，不如说是"普鲁士高于一切"，德意志统一的唯一办法就是"一步一步将普鲁士扩大"。[2]

"我要使音乐符合我的心意，否则我就取消音乐。"[3] 对于铁血宰相来说，符合他心意的音乐绝不可能是那首"平平无奇"，甚至有些浪漫主义的诗情画意的《德意志之歌》。当俾斯麦治下的德意志帝国在1871年从法国手中夺得阿尔萨斯-洛林的统治权时，《守望莱茵》流行起来，为表示对这首歌创作者为帝国作出的贡献的肯定，俾斯麦还为歌词和歌曲的作者及家庭拨发了抚恤金。

当然，对帝国辉煌的渴望不只出于俾斯麦的私欲，也是整个普鲁士和德意志的政治情绪。神圣罗马帝国的余晖和拿破仑·波拿巴所造成的强烈震撼使当时的德意志人渴望拥有一位强大的君主，与此同时，1848年革命也使越来越多的人对代议制自由政

---

[1] Hans A. Pohlsander, *National Monuments and Nationalism in 19th Century Germany*, Bern: Peter Lang, 2008, p.67.
[2] 科佩尔·S.平森：《德国近现代史：它的历史和文化》，北京：商务印书馆，1987年，第166页。
[3] 转引自科佩尔·S.平森《德国近现代史：它的历史和文化》，第180页。

体感到绝望,寄希望于强有力的君主。1888年,德意志帝国皇帝威廉一世逝世后,一座高大的纪念碑被建立起来,威廉一世被比作中世纪伟大的皇帝巴巴罗萨:

> 古老的巴巴罗萨,
> 弗里德里希皇帝,
> 在一座地下城堡中
> 他被咒语所困。
> ……
> 伴他左右的
> 是王国的荣耀,
> 他终将归来
> 带着王国的荣耀……[1]

战争的洗礼与第一首德国国歌

1922年,魏玛共和国正式将《德意志之歌》确定为共和国国歌。然而,不仅共和国本身建立在脆弱的基础之上,这时候选择《德意志之歌》作为国歌,似乎也不合时宜。魏玛共和国为何要选择《德意志之歌》而不是其他爱国歌曲作为国歌,需要得到进一步的阐释。

在这个问题上,最关键的事件便是第一次世界大战的爆发,它既是德国历史的转折点,也是德国国歌故事的里程碑。这场战争不仅极大地激发了德意志人的爱国主义情绪,战争中的各种宣

---

[1] 这里的中文根据英文译文译出,全诗可参见 Hans A. Pohlsander, *National Monuments and Nationalism in 19th Century Germany*, pp. 205-207。

传和动员策略也为《德意志之歌》的传播提供了便利。此外，德意志帝国因为战败而引发的危机直接为魏玛共和国的成立提供了契机，这个需要摆脱绝对主义和帝国主义色彩的新政权虽然内部问题深重，但是在对传统资源的选择性利用上毫不犹豫，路线明确，黑红金三色旗再次成为德意志的标志，曾经被帝国宰相不置可否的那首高呼统一、正义与自由的歌曲，被共和国总统正式确立为国歌，它也是德国历史上第一首被官方认定的国歌。[1]

第一次世界大战为《德意志之歌》成为国歌创造了机遇。在德意志人的理解中，这场战争是由俄国人和英国人挑起的针对德意志的战争，德意志人所做的不过是保家卫国，因此，对德意志祖国的认同也在这段时间内达到了空前的高度。根据1914年的历史资料记载，在德意志的许多城市，聚集在咖啡厅和啤酒馆中的人们都会通过唱国歌来抒发爱国之情：

> 一次又一次，人们唱起德意志和奥地利的国歌，配上德意志和奥地利进行曲的旋律。人群放声歌唱，随着旋律齐鼓掌。咖啡厅里漂亮的房间就这样被变成节日的宴会厅。只有德意志奥利地皇帝万岁的欢呼声才能打断人们的歌声。[2]

---

[1] 德意志帝国的国旗是黑白红三色，其中黑白两色是普鲁士的象征，黑红金三色旗则象征着将奥地利吸纳进来的一个"大德意志"，而最极端的左派要求国旗只有红色一种颜色，关于魏玛国民大会中针对国旗问题的讨论和投票细节，可参见埃里希·艾克《魏玛共和国史》上卷，北京：商务印书馆，1994年，第77—78页。出版于1907年的第十四版的《布鲁克豪斯百科全书》中，就已经提到《德意志之歌》在许多场合被用作国歌，不过，当时可信度最高的德国欧洲国歌研究中却对这首歌只字未提。参见 F. Gunther Eyck, *The Voice of Nations*, p.178, n. 28。

[2] 转引自 Jeffrey Verhey, *The Spirit of* 1914：*Militarism*, *Myth*, *and Mobilization in Germany*, Cambridge：Cambridge University Press, 2003, p.39。

这种爱国热情有时近乎癫狂。在杜伊斯堡的一间酒馆，一名男子因为在高唱《桂冠》时忘了站起身来表达敬意，被人们直接扔下楼梯，摔断了肋骨。[1]

1914年10月中旬"奔向大海"战役结束后，德军在西线战场上计划攻占由英军所据守的叶普斯地区（Ypres）。10月21日到24日，德军第四军团的4个新编预备军向英国的第1和第4军发起正面攻击，在兰格马克村（Langemarck）展开血战。1914年11月11日，德国陆军公报对这次行动做了报道："在兰格马克西部，青年军团唱着'德意志，德意志高于一切'，突袭并拿下了敌军战壕的第一条战线"。[2]

承担这次攻击任务的德军士兵都是不到二十岁的学生，胜利是用惨重的伤亡换来的，战士的牺牲被视为爱国主义伟大举动而受到赞美，"兰格马克西部的这些青年人向人们昭示，解放战争的精神尚未消亡，终将引导德意志取得胜利"。"兰格马克青年"和"志愿者们"等称呼成为这次行动的代名词。[3]

通过陆军公报的重写，在兰格马克的牺牲的青年成了爱国精神的象征，而《德意志之歌》也一改不够热血的形象，证明它可以激发起充沛的爱国主义情感。值得一提的是，希特勒似乎也是从这里开始重新理解《德意志之歌》的，在《我的奋斗》中，"兰格马克"成了教育青年人长大成人，并懂得人之为人的最高

---

[1] 转引自Jeffrey Verhey, *The Spirit of* 1914：*Militarism*, *Myth*, *and Mobilization in Germany*, Cambridge：Cambridge University Press, 2003, p. 44。

[2] 转引自George L. Mosse, *Fallen Soldiers*：*Reshaping the Memory of the World Wars*, Oxford：Oxford University Press. 1991, p.70。

[3] 转引自George L. Mosse, *Fallen Soldiers*：*Reshaping the Memory of the World Wars*, Oxford：Oxford University Press. 1991, p.70。

美德的那种象征,"德意志高于一切"的旋律正是这种教育方式的一个部分。[1] 到第三帝国时期,《德意志之歌》的这种内涵被定型,1932年,右翼作家约瑟夫·M. 韦勒(Josef Magnus Wehner)为全德境内所有大学进行公开演讲时甚至直言:"在帝国因为失败而羞愧难当之前,兰格马克的青年们在歌唱……伴着这首他们殉难时的歌曲,青年们得到了重生。"[2]

从某种意义上说,《德意志之歌》在德意志帝国不受官方重视,主要就是因为这首歌缺乏帝国所鼓吹的军事主义和帝国主义内涵,而这些倾向又统一体现在战争中为国奉献牺牲的英雄之举中,但1914年的兰格马克之战恰恰为这首歌进行了一次爱国主义的辩白,证明了它的绝对立场,因此,兰格马克战役中的德国青年战士们是否有精力在急速行军中还唱起小曲这种事实性的考量显然不重要了,重要的是宣传策略中秉持"德意志高于一切"的原则和甘愿牺牲的精神。[3]

不过,1914年的精神再怎么冲动和狂热,也难以支撑起德意志帝国的野心,"德国的制度与一场旷日持久的战争不适应"。[4] 很快,帝国发现自己深陷战争的泥沼,威廉二世的种种决策也使得国内政治局势面临着危机。1918年11月,德意志帝国宣布投降,威廉二世宣布退位,1918至1919年德意志革命爆发,为了终止混乱的局面,德意志国民会议在魏玛通过了一部新宪法,建

---

[1] 转引自 George L. Mosse, *Fallen Soldiers:Reshaping the Memory of the World Wars*, Oxford:Oxford University Press. 1991, p.72。
[2] Ibid, p.73.
[3] 陆军公报道中的叙述与实际状况的不相符合之处,可参见 George L. Mosse, *Fallen Soldiers*, pp.70-72。
[4] 埃里希·艾克:《魏玛共和国史》上卷,第40页。

立起后来人们所谓的魏玛共和国。[1]

作为战败的产物,魏玛共和国的一个重要目标是解决战争留下的各种问题,政府签订《凡尔赛和约》以表诚意,也通过宣称"德意志是共和国"的新宪法传达出和平主义的态度。战争带给德意志人的感受十分复杂,战败后所面对的各种停战条件则比战争更加凝聚人心。国内的各个派别对这场战争的性质虽然各执一词,但是在外部强加的和约条款面前,实现了空前的"团结一致",对外的怨恨成了一股潮流,"左派感到茫然不知所措,中间派和右派产生了强烈的民族仇恨",那些反对战争政策的"独立社会党人以及和平主义者,也为严厉的条款以及强加这些条款时所采取的更加严厉的方式所震惊"。[2]

在5月12日的国民会议中,全体与会代表一致表达了对和约条款的拒绝,"这是德国人民的全体代表一致反对他们命令我们接受残暴和约的强有力的表现,"会议结束时,全体与会者起立,高声合唱《德意志之歌》,"德意志,德意志高于一切"的唱词成为此时人们心中最真挚的呼声。[3] 在随后召开的国民会议上,通过了被称为《魏玛宪法》的德国宪法,到这时,国内统一和追求自由正义的需求获得了纲领性的阐述:"团结一致的德国人民,

---

[1] 需要指出的是,魏玛并非魏玛共和国的首都,实际上,所谓的共和国只不过是历史学家们给这个新建立的政权所添上的名字而已,德意志国民议会选择在魏玛召开大会的最直接原因是当时的首都柏林太混乱了,而魏玛所能代表的那种自由、平等和民族精神似乎并不是人们考虑的重点。在魏玛通过的新宪法规定,德意志的全称依然是"德意志帝国"(Deutsches Reich)。

[2] 科佩尔·S. 平森:《德国近现代史:它的历史和文化》,第530页。

[3] 同上,第531页。需要指出的是,在平森的讨论中,《德意志之歌》的歌名是《德意志至高无上》,这似乎同后来纳粹政权对这首歌的扭曲有着关联,下一小节将会谈及相关问题。

决心通过自由正义来复兴和强大自己的国家,维持国内外和平安定,促进社会进步,采用本宪法。"[1] 宪法第三条规定黑红金三色旗为国旗,不过并未涉及国歌和国徽等内容。[2]

在《魏玛宪法》生效的三周年纪念日之际,也就是1922年8月11日,《德意志之歌》的国歌地位被正式确定下来。共和国总统弗里德里希·艾伯特(Friedrich Ebert)在演讲时慷慨陈词,为《德意志之歌》的爱国主义立场做了官方认证:

> 我们不想要内战,不要族群的分裂。我们渴望权利……我们渴望和平……我们渴望自由……我们渴望正义……统一、正义和自由!这首歌曲的这三组词汇中凝聚着诗人对德意志内部支离破碎局面的全部感受……为了实现他的(霍夫曼的)渴望,黑红金三色旗之下的统一——正义——自由之歌应当成为我们爱国情感的表达。[3]

《德意志之歌》所得到的官方认可,并非来自战争的胜利和德国力量的荣耀,而是由于战败;不是出自皇帝之口,而是来自经选举产生的总统。[4]

帝国国歌与纳粹党歌

1936年夏天,德国成为第十一届奥林匹克运动会的主办国。

---

[1] 参见 http://www.zum.de/psm/weimar/weimar_vve.php。
[2] "帝国旗帜是黑红金三色。商船旗帜是黑白红三色,黑白红三色旗中左上角有帝国旗颜色。"参见 http://www.zum.de/psm/weimar/weimar_vve.php。
[3] 转引自 Günter Spendel, Zum Deutschland-Lied als Naitonalhymne, *JuristenZeitung*, 43. Jahrg., Nr. 15/16, p.745。
[4] F. Gunther Eyck, *The Voice of Nations*, p.173.

这场奥运会是历史上最具争议的一次运动会。1935年，希特勒在纽伦堡党代会上表示，只有当一个民族修建起自己的纪念碑时，这个民族才能在历史中获得一席之地。[1] 一年后的奥运会恰好成为纳粹政权在全世界的见证之下树立纪念碑的一个机会，"用比赛的蔚为大观来震撼全世界"，希特勒告诉相关负责人。[2] 为实现这个目标，政府不仅大兴土木，修建德意志体育场（Deutsches Stadion）和奥运村，还精心设计各种文化活动，令前来参加奥运会的各国人士十分震撼。[3]《德意志之歌》也受到这次奥运会的影响。在纳粹政权与抵制纳粹两方的较量之外，运动会使得《德意志之歌》真正开始被国际舆论视为反动的纳粹之歌。

当然，在魏玛政府到希特勒上台的十几年中，《德意志之歌》一直作为国歌发挥着作用。自从艾伯特总统正式确认《德意志之歌》的国歌地位后，不仅国会会议和国家重大活动的开始或结束时都会演唱它，在民间的各种文化演出、沙龙和酒馆中，也会不时响起它的旋律。新技术成为音乐传播的重要途径，在这一时期的德国广播节目中，有长达一小时的晚间"广播音乐会"，"音乐会"结束时，便会播放由军乐队所演奏的国歌。[4]

除演出和传播之外，《德意志之歌》甚至还被作为文化资本

---

[1] 参见 George L. Mosse, *The Nationalization of the Masses: Political Symbolism and Mass Movements in Germany from the Napoleonic Wars Through the Third Reich*, New York: Howard Fertig, 1975, p.183。

[2] Alan Tomlinson, Christopher Young eds., *National Identity and Global Sports Events: Culture, Politics, and Spectacle in the Olympics and the Football World Cup*, Albany: State University of New York Press, 2006, p.70.

[3] Ibid.

[4] 参见 Brian Currid, *National Acoustics: Music and Mass Publicity in Weimar and Nazi Germany*, Minneapolis: University of Minnesota Press, 2006, p.19。

用在商业产品之中。在 20 世纪 30 年代一组奥地利国家烟草的广告之中,约瑟夫·海顿出现在海报中,广告词的卖点就是,这位音乐家创作了《德意志之歌》:

> 完美的德国国歌。约瑟夫·海顿,这位莫扎特的天才先驱,开启了奥地利作曲家的伟大传承。他的古典作品至今依然悦耳动听,受人欢迎,但没有哪部作品能达到他所创作的奥地利人民之歌的层次,(《德意志之歌》)简单又朗朗上口的高贵旋律已经成为全体德意志人民的共同财宝。[1]

希特勒上台后,国会依然会在每次会议时演唱这首歌,这又开启了《德意志之歌》成为纳粹政府象征的新歧路,"诙谐的柏林人"很快就把希特勒统治之下的国会戏称为"昂贵的合唱团",这个合唱团的主要任务就是唱《德意志之歌》和《霍斯特·韦塞尔之歌》。[2]

到 1936 年奥运会时,《德意志之歌》和《霍斯特·韦塞尔之歌》已经成为纳粹政府的官方曲目,《德意志之歌》也同后者一起,成为国际意义上臭名昭著的纳粹歌曲。在 1936 年的奥运会开幕式上,两首歌不止一次被奏响,每一次的演奏都伴随着希特勒崇拜者们的疯狂回应:

> 4 点 5 分希特勒到达自己的包厢时,毫无疑问他才是奥运会的明星。现在这成了他的比赛……似乎是为了强调这次比赛的纳粹色彩,乐团演奏起《德意志高于一

---

[1] 转引自 Brian Currid, *National Acoustics*, p.129。
[2] 科佩尔·S. 平森:《德国近现代史:它的历史和文化》,第 679 页。

切》和《霍斯特·韦塞尔之歌》,在先前二月份的冬奥会上,这两首歌就揭开了整个比赛的帷幕。尽管两首歌都不合时宜,观众们却真心诚意地应和起来,根据戴恩·查德(Dhyan Chand)的描述,"每个人的眼眶中都充满着泪水"。等到唱完《霍斯特·韦塞尔之歌》的最后一句"同志们牺牲在赤色分子和反动派枪口之下!他们与我们同在,他们的精神长存!",随着一声令下,全部参赛国的国旗都被升了起来……[1]

根据后来的记录,奥运会时,人们所唱的《德意志之歌》已经从"统一、正义和自由"转向了头一句的"德意志高于一切",正因如此,在这段时间的记载中,这首歌都被称为《德意志高于一切》。在奥运会之外,这首歌曲也和《霍斯特·韦塞尔之歌》一同成为纳粹活动的主题曲。

奥运会举办之前,《霍斯特·韦塞尔之歌》在德国就十分流行了,到奥运会时,它已成为纳粹的党歌。这首歌最初是一首行军曲,歌名出自歌词作者霍斯特·韦塞尔,此人生于1907年,1926年加入纳粹,后成为纳粹冲锋队的一员。1930年,韦塞尔在与共产党的冲突中中枪,由于伤势过重,最后死于败血症。

时运不济的韦塞尔恰好成了戈培尔的"缪斯"。当时,戈培尔正急于寻找能更好地宣传纳粹思想的途径,若能找到一位"烈士"作为精神象征,无疑对完成这个任务大有助益。因此,当韦塞尔的事迹传到戈培尔耳中后,他便立即前去看望垂死的韦塞

---

[1] Guy Waters, *Berlin Games: How the Nazi Stole the Olympic Dream*, London: John Murray, 2006, p.454.

尔，并与他的母亲也见了面。于是，在纳粹的宣传话语中，韦塞尔开始被称为"理想主义的梦想家"，至死不忘纳粹党的目标。韦塞尔死后，戈培尔继续花费大量精力树立其烈士形象，一个举措便是将韦塞尔生前创作的小诗确定为纳粹党歌，也就是这首《霍斯特·韦塞尔之歌》。这首歌的歌词其实就是各种纳粹口号的集合，在1929年，歌词曾作为诗歌刊登在戈培尔创办并兼主编的纳粹报纸《进攻报》中：[1]

> 旗帜高扬！队伍紧排！
> 冲锋队员意志坚定齐迈步。
> 同志们被红色战线和反动派夺去生命。
> 但灵魂与我们的队伍一同前进。
>
> 为褐衫军清道！
> 为冲锋队员清道！
> 百万人满怀希冀望向卐字符，
> 自由与面包之日即将到来！
>
> 号角最后一次响起，
> 我们准备完毕去战斗！
> 希特勒的旗帜飘扬在街道上，
> 被奴役的日子即将终结！

---

[1] C. Paul Vincent, *A Historical Dictionary of Germany's Weimar Republic*, 1918–1933, Westport: Greenwood Press, 1997, p.531.

> 旗帜高扬！队伍紧排！
>
> 冲锋队员意志坚定齐迈步。
>
> 同志们被红色战线和反动派夺去生命。
>
> 但灵魂与我们的队伍一同前进。[1]

1929年，戈培尔担任纳粹党宣传部部长，希特勒掌权后，这位宣传部部长进一步在德国社会文化生活中贯彻自己的文化政策。音乐是戈培尔灌输纳粹党主张的重要手段，在他的支持下，

---

[1] 这首歌曲的曲作者未知，据说是一首来自马克勒兰登堡的民歌。参见 William Saunders, "Songs of German Revolution," *Music & Letters*, Vol. 16, No. 1, Jan., 1935, p.52. 歌词全文原文是：Die Fahne hoch! Die Reihen fest geschlossen! /SA marschiert mit ruhig festem Schritt. /Kam'raden, die Rotfront und Reaktion erschossen, /Marschier'n im Geist in unser'n Reihen mit. /Kam'raden, die Rotfront und Reaktion erschossen, /Marschier'n im Geist in unser'n Reihen mit. / Die Straße frei den braunen Batallionen. /Die Straße frei dem Sturmabteilungsmann! /Es schau'n aufs Hakenkreuz voll Hoffnung schon Millionen. /Der Tag für Freiheit und für Brot bricht an! /Es schau'n aufs Hakenkreuz voll Hoffnung schon Millionen. /Der Tag für Freiheit und für Brot bricht an! / Zum letzten Mal wird Sturmalarm geblasen! /Zum Kampfe steh'n wir alle schon bereit! /Schon flattern Hitlerfahnen über allen Straßen. /Die Knechtschaft dauert nur noch kurze Zeit! /Schon flattern Hitlerfahnen über allen Straßen. /Die Knechtschaft dauert nur noch kurze Zeit! / Die Fahne hoch! Die Reihen fest geschlossen! /SA marschiert mit ruhig festem Schritt. /Kam'raden, die Rotfront und Reaktion erschossen, /Marschier'n im Geist in unser'n Reihen mit. / Kam'raden, die Rotfront und Reaktion erschossen, /Marschier'n im Geist in unser'n Reihen mit. 中文歌词根据英文译文译出。韦塞尔死后，又加入了新的唱词来纪念他，不过会唱这两段的主要是党卫军自己：Sei mir gegrüßt, Du starbst den Tod der Ehre! /Horst Wessel fiel, doch tausend neu erstehen/Es braust das Fahnenlied voran dem braunen Heere/SA bereit, den Weg ihm nachzugehen/ Die Fahnen senkt vor Toten, die noch leben/Es schwört SA, die Hand zur Faust geballt/Einst kommt der Tag, da gibts Vergeltung, kein Vergeben/wenn Heil und Sieg durchs Vaterland erschallt. 中文译词如下："我们向你致敬：你死得光荣！/霍斯特·韦塞尔倒下了,但是千百人站了起来/褐衫军高唱赞歌/党卫军要追寻他的壮举。/未死者使旗帜蒙羞。/党卫军握紧拳头发誓，/复仇之日将会来临,宽恕之举不复存在。/万岁和胜利响彻祖国。

各种音乐小册子相继出版,希特勒还特别允许将自己的照片和名字印在其中一些小册子上。[1] 1938年,戈培尔将自己对音乐的理解写成了八项教条,名为"德意志音乐家戒律":

> 1. 音乐的本质在于歌曲而非编排和理论;2. 没有哪种音乐能适用于所有人;3. 音乐根植于民众的本质之中;4. 音乐是所有艺术中最为敏感的一种,更需要移情(empathy)而非理性;5. 音乐是对人的精神影响最深的艺术;6. 由于歌曲是一切音乐的基础,音乐必须永远回到歌曲,这才是它存在的根源;7. 音乐是最光辉灿烂的德国遗产,民众应当参与其中;8. 过去的音乐家乃是我们人民之庄严伟大的代表,需要得到尊重。[2]

根据这八条戒律,音乐应当来自民众,服务民众。在当时的情境之下,服务民众的最重要方式就是服务于纳粹和军队——在任何时候,纳粹军中都驻有至少14000名艺术家为军官士兵服务,保证士气。[3]

当然,与其说戈培尔建构了一套政治音乐操纵的说辞,不如说他是将之前已经存在的观念和风气教条化了。无论是《德意志高于一切》还是《霍斯特·韦塞尔之歌》,早在这些戒律出台之前,已经成为德国各个阶层用来表达对纳粹和德意志忠诚的选

---

[1] William Saunders, "Songs of German Revolution," *Music & Letters*, Vol. 16, No. 1, Jan., 1935, p.50.
[2] Derrick Sington, Arthur Weidefeld, *The Goebbels Experiment*, New Haven: Yale University Press, 1943, p.172.
[3] Lynn E. Moller, "Music in Germany during the Third Reich: The Use of Music for Propaganda," *Music Educators Journal*, Vol. 67, No. 3, Nov. 1980, p.43.

择。1933年，掌权的希特勒通过立法确认了《霍斯特·韦塞尔之歌》的党歌地位，1934年，又通过了一条规定，要求在演唱这首歌的第一段和第四段时，举右手致敬。

作为德意志民族主义运动的重要场所，德国的大学也成为推行纳粹政策的重点区域。1933年，纳粹学生联合会（这个联合会是全德大学生都被强制要求参加的）刊物《德意志学生》曾刊文表示，个体的真正价值需要通过他对纳粹国家的服务程度来衡量。到1934年，几乎每所学校在学期结束时，都会以焚书仪式作为结尾，伴着《德意志高于一切》和《霍斯特·韦塞尔之歌》的歌声，学生将《塔木德》、《古兰经》、莎士比亚作品、《凡尔赛和约》甚至《圣经》扔到熊熊篝火中。[1]

其他机构也丝毫没有"甘拜下风"。安妮玛丽·施瓦岑巴赫（Annemarie Schwarzenbach）曾回忆，1937年她来到柏林时，演唱《霍斯特·韦塞尔之歌》已经成为人们表达对纳粹尽忠之情的最佳选择：

> 为了消磨时间，他们唱起《霍斯特·韦塞尔之歌》，今天就已经唱二十遍了。到第二十遍时，我忘了举起右臂——一个女人立马用尖锐凶狠的声音吼到："马上把你的手臂举起来，不然我们就叫警察了。"[2]

《霍斯特·韦塞尔之歌》才是最地道的纳粹歌曲，不仅有官方的

---

[1] Don De Nevi, "The Nazi University Eclipse," *Improving College and University Teaching*, Vol. 18, No. 4, Aut. 1980, p. 288.
[2] 转引自 Leena Eilittä, "This Can Only Come to a Bad End: Annemarie Schwarzenbach's Critique of National Socialism in Her Report and Photography from Europe," *Women in German Yearbook*, Vol. 26, No. 1, 2010, p. 101。

立法支持，而且整个创作过程都是围绕纳粹活动的。不过，对于这个有着扩张立场的"帝国"来说，仅仅一首歌曲并不足够。不仅如此，经历过那段时期的研究者指出，在纳粹时期的德国，依旧存在着并不赞同纳粹主张的"多数"，而对于这些人来说，即使被要求反复演唱《霍斯特·韦塞尔之歌》，也并不一定会发自内心地真正认同其立场和倾向。[1]

兴登堡元帅便是如此。1933年，当纳粹党正式将《霍斯特·韦塞尔之歌》确立为党歌时，年迈的兴登堡在褐衫军游行队伍中惊恐地对自己的亲信奥托说："你怎么没早告诉我有这么多人呢？"耳边《霍斯特·韦塞尔之歌》的歌声震耳欲聋，以至于奥托听不清兴登堡的问题——"这首歌是什么玩意儿？"奥托无法理解纳粹党为何用一位争风吃醋最后赔上性命的捐客所创作的歌曲作为自己的颂歌，而"兴登堡气得两眼直冒金星"。[2]

遗憾的是，极少数人的清醒无法阻止举国上下的疯狂。同大多数当时的德国人一样，希特勒本身也是1918年德意志帝国崩溃的产物，在《我的奋斗》中，他将帝国的解散和军事上的失败说成自己立志成为政治家的缘由，希特勒的目标很明确：在德国创造一个"纯洁"的种族共同体，扩展德国的生存空间，从统治中欧开始，最终成为世界的主宰。[3]

希特勒的第一个目标与1871年以来时兴的种族论民族主义

---

[1] 参见 Waldemar Gurian, "The Sources of Hitler's Power," *The Review of Politics*, Vol. 4, No. 4, Oct., 1942。
[2] 参见让·马哈比尼《希特勒时代的柏林》，上海：上海人民出版社，2007年，第18—19页。
[3] 参见玛丽·弗尔布鲁克《德国史 1918—2008》，上海：上海人民出版社，2011年，第69页。

区别不大。在1939年版的《人民百科全书》中,"民族共同体"被定义为"建立在血液纽带、共同命运和共同的政治信仰的基础上、本质上与阶级和社会地位的冲突无关的、一个民族的生命共同体"。[1] 对于这样一个"生命共同体"而言,对祖国的忠诚、对血缘和祖先的歌颂以及对兄弟姐妹的热爱,在《德意志之歌》这首已然成为传统的歌曲中都有精湛的表述,而只需从字面上理解的"高于一切",又准确地传达了种族主义的倾向。

对希特勒和许多德国人来说,他们都是在失败的怨恨氛围之中寻找出路。希特勒所提出的解决方案,特别是他规划的德意志的生存空间,鼓动了许多人为纳粹理想献身。生存空间理论的出现使《德意志之歌》中所勾勒的德意志版图得以具体化,在过去它是语言学意义上的"德语区",现在是纳粹口中的 lebensraum——生存空间。[2] 于是乎,"高于一切"的德意志成为社会风气主流,一首本来为共和国选定的歌曲,成为纳粹国家的常规曲目。

纳粹时期流行的德意志歌曲有着明显的特点:旋律简单、歌词抽象。歌曲本身成为意识形态宣传的一部分,通过反复灌输一个"高于一切"的"德意志祖国",纳粹的演唱和传播掩盖了歌曲作者本身设想的具体的国家建设途径和理想。在这种逻辑下,

---

[1] 转引自玛丽·弗尔布鲁克《德国史 1918—2008》,第 60 页。
[2] 不过,这个口号也并非纳粹的发明,一战之前在德国就已经十分流行,1918 年之后更加受欢迎了。这个口号的原意是与可耕地相比,德国人口太多,因此需要进行领土扩张。在 1914 年之前,这个口号被那些呼吁德国进行殖民的人挂在嘴上,而到 1919 年以后,口号涵义就变成了夺回因《凡尔赛和约》被割让的领土,希特勒用它来为德国占领邻国进行辩解。参见 Louis L. Snyder, *Encyclopedia of the Third Reich*, Hertfordshire: Cumberland House, 1998, p.65, 206。

第三帝国时期，《德意志之歌》被改名为《德意志高于一切》，纳粹政府只允许人们演唱第一段，对照歌词便知，这暗合了纳粹的政治需求——它所要求的"生存空间"和"高于一切"的德意志。"德意志高于一切"配上歌颂纳粹英雄的《霍斯特·韦塞尔之歌》，就成了第三帝国所有场合的官方音乐。[1]

政治歌曲的流行与政治形势发展处在同一个频率。随着盟军的抵抗和反攻，德国对外战争的困境使得纳粹党内出现动摇，民众也开始心生疑虑，境内各种纳粹抵抗运动和揭秘希特勒残暴真相的小册子使得人们更加灰心丧气。曾经疯狂高唱"德意志高于一切"和《霍斯特·韦塞尔之歌》的全党全军甚至全民，到战争后期，已经对这些歌曲提不起兴趣了，流行音乐和爵士乐悄悄被传播，含有"打退堂鼓因素"的《莉莉·玛莲》被战士们要求播出。[2] 1945 年 5 月 1 日，纳粹政府通过广播电台宣布"领袖"去世的消息，而为这项消息通知暖场的，是瓦格纳《众神的黄昏》选段，以及布鲁克纳（Bruckner）为哀悼瓦格纳逝世所作的缓慢乐章。[3] 5 月 7 日，德国宣布投降；5 月 8 日，德国签署无条件投降书。德意志人梦想了千年的帝国在疯狂和毁灭中倒下了，等待他们的，是民族国家统一征程上更加严峻的挑战。

四、传统的扬弃与统一理想的追寻[4]

纳粹德国战败，第二次世界大战结束后，德国和全世界都遭

---

1 参见 F. Gunther Eyck, *The Voice of Nations*, p.174。
2 参见让·马哈比尼《希特勒时代的柏林》，第 148 页。
3 科佩尔·S.平森《德国近现代史：它的历史和文化》，第 705 页。
4 本节的主要内容曾以《在过去与未来之间：二十世纪德国国歌变迁》为题发表在《江苏社会科学》2019 年第 2 期，内容有所改动。

到了史无前例的打击。不过，与一战不一样的是，现在作为战败国的德国，不仅面临着处在其他国家控制之下的局面，而战争本身也给曾经是德国领土的地区造成了毁灭性的打击。于是，它一方面需要对战争做出真诚的忏悔，为自己的疯狂承担责任，另一方面，又面临着生存的需求。战败后被同盟国占领的德国最终被分成联邦德国和民主德国，处于西方国家和苏联的主导之下，当下的国际秩序将一种新的分裂形式强加给德意志，并将持续近半个世纪。[1]

不过，摆在联邦德国和民主德国面前的第一个任务却是相同的，那就是首先要找到理解德国犯下的罪孽的立场，而同时也要完成非纳粹化的过程。第一个问题在雅斯贝尔斯（Jaspers）提出的理论中被含糊地解决了，而第二个问题则需要通过法庭审判和各种行动来展开，人们需要为自己非纳粹的立场进行辩护，各种在纳粹时期用来传达政府政策和塑造国家形象的象征也同样面临着被禁止、推翻和取缔的命运。《德意志高于一切》当时被禁止了，而《霍斯特·韦塞尔之歌》再也不能被演唱了，时至今日都被德国定为非法曲目。

事情很快又起了变化。1949 年，德意志联邦共和国成立，1952 年，时任总统特奥尔多·豪斯（Theodor Heuss）宣布将《德意志之歌》确立为国歌，但是对歌词进行了改动。而德意志民主共和国似乎更想与过去告别，意图寻找一首崭新的国歌，并为此专门找人创作了歌词，旋律也是将两个方案进行比较后选出，反讽的是，这首新国歌由于包含"统一的德意志"这种呼

---

[1] 玛丽·弗尔布鲁克：《德国史 1918—2008》，第 110 页。

吁，在冷战中越发不合时宜，最终被放弃，而这首歌的作者在创作时也并未摆脱《德意志之歌》的影响，只是对歌曲做了些微的修改，几乎可以按照前者的旋律进行演唱。

从统一到分裂再到统一，20 世纪的德国历史可以被如此概括。与此同时，德国政治文化生活的方方面面也在传统和背弃传统的张力之中左右摇摆。当然，最终统一胜出，德意志民族不仅是文化上的，而且也是政治上的，柏林墙的倒塌既是国际事件的结果，同样也将德国带入了新的局面。此时，摆在德国人面前的最大问题便是分离近半个世纪以后，如何再次融合和凝聚一心。于是乎，传统的力量又一次凸显，过去的德意志象征符号再次被使用，《德意志之歌》成为重新统一的德国所选择的国歌。

"历史是任人打扮的小姑娘"。这句话或许不一定公允，但是显然文化象征却必须与具体的政治社会要求产生互动，获得具体的和即时的意义，才能发挥积极的效用。从这个意义上看，《德意志之歌》在 20 世纪中后期的遭遇堪称典型。为了民族的凝聚，传统需要被铭记，因此它始终没有退出历史；为了表明政治立场，特定的内容必须被清理，因此它的歌词经过了改动。在这个过程之中，不仅国歌本身遭遇了扬弃，人们心中的德意志，也和依稀中历史上记载的理想有了偏差。

再次分裂的命运与民族情绪的再生

如果希特勒想成为第二个拿破仑，那么柏林就将成为第二个巴比伦。这个二战期间就已经流行的预言，最终得到了应验。1945 年 5 月 3 日，纽约《先驱论坛报》的记者来到了柏林，看到了这样一幕：

> 柏林什么也没有剩下。没有住宅，没有商店，没有运输，没有政府建筑物。纳粹留给柏林人民的遗产……仅是若干断壁颓垣……柏林如今仅仅是一个碎砖破瓦堆积如山的地理位置。[1]

记者或许只需要做一个冷静清醒的观察者和记录者，但是对于占领了柏林的同盟国军队来说，摆在他们面前的问题简直巨大到无法想象。德国向西方国家和苏联投降时，整个国家已经面目全非，柏林的状况几乎也是全德所有城市的状况。基础设施的毁坏或许还可以通过重建加以缓解，但是更严峻的问题是如何给德国重新找到政治上的位置，特别是如何消除长达12年的纳粹统治所产生的影响，更加宽泛地说，是从一战以来一直存在的军国主义倾向。

这种状态，首先是德国人无所适从的虚无感和对不可预知未来的恐惧之情。战争的失败对大多数德国人来说是非常突然的，虽然在战争的最后几个月，德国境内已经出现了各种抵抗组织反对纳粹，民众也厌倦了战争，并且从苏联前线的状态预知了未来失败的可能。但当真正投降时，德国大多数民众都变得惊慌失措，他们毕竟早就习惯了听命于领袖的生活方式，"一旦没有长官，他们就六神无主，不是对一切抱冷漠态度，就是心虚凌乱，类似癫狂"。"拼命进行战争的后果，12年民社党恐怖统治的影响，战争失败引起的震惊，盟军占领造成的紧张状态，"给全德国人带来了"严重的道德崩溃和一切价值观念的丧失"。[2] 使问

---

[1] 转引自科佩尔·S.平森《德国近现代史：它的历史和文化》（下册），第709页。
[2] 转引自科佩尔·S.平森《德国近现代史：它的历史和文化》（下册），第710—711页。

题更加严峻的则是战争结束后德国境内庞大的难民人口，其中包括了来自其他国家的流亡者，而更多的则是原来被驱逐的德意志人，这些人大多停留在联邦德国的领土上，给后续管理和生存都带来了很大的压力。

恐慌的不止是德意志人自己，同盟国在面对这些德国人时，似乎更加无所适从，他们既害怕支持纳粹的情绪卷土重来，同时也害怕无法解决好德国目前的问题，将会带来更大的灾难。换句话说，占领德国的同盟国军队首先要做的就是使德国人相信，哪怕他们再一次纠集起来发动战争，也是不可能打赢的，而实际的做法就是继续对德国进行控制。德国的领土被分给同盟国进行管理，各占领区的司令官成为该地区的最高长官，在柏林则有一个同盟国管制委员会行使中央权力。在随后的雅尔塔会议上，同盟国又一次明确了自己的目标，也就是彻底地摧毁纳粹主义和军国主义。不过，即使丘吉尔为了澄清立场表示，只要军国主义和纳粹主义的痕迹被彻底清除，"德国人将会在国际社会中占有自己的地位"，即使在《波茨坦宣言》中明确表示将把德国当作一个"单一的经济单位对待"，却依然无法阻止分裂的步伐。

确定了基本立场以后，同盟国通过纽伦堡审判将纳粹的真实面貌展现给全世界，特别是德国民众，不过，仅仅破除领袖的神话似乎不够，接下来登场的则是非纳粹化和再教育的一整套政策。前者旨在揭示希特勒统治之下的德国所受到的纳粹荼毒，鉴别并清除各个层面上有纳粹立场的人员，后者则试图通过新的教育方式和内容来改变德国人当时的精神面貌和道德状况。不过，出于各种原因，非纳粹化的政策不仅是失败的，反而激起了德国人的反感，对于生活在极权主义警察国家中的人，很难通过简单的成分分析来确定他们的真正立场和信仰，而通过审判的方式进行鉴别让所有人感觉受到了"迫害"。

然而，当全世界都在渴望德国人表现出真心忏悔的姿态和洗心革面的决心时，德国人自己又作何反应呢？

首先，对于经过了几百年人道主义观念洗礼的德国知识界来说，他们其中相当大的一部分人因为在纳粹时期的立场而羞于表态，也没有资格再担任起德意志民族的良心了。而那些在纳粹时期站出来反对其政策甚至因此遭到迫害的人们，或是完全放弃了复兴民族的希望，或是陷入深重的羞愧和忏悔之情中，小说家恩斯特·维歇特（Ernst Wiechert）告诉德意志同胞们：

> 现在，在看到结局之后，我们站在被抛弃的房屋面前，看那永恒的星星在人间的废墟堆上空闪烁，或者倾听雨点敲打死者的坟墓和时代的坟墓的声音。我们是孤独的，遗忘世界上没有别的民族像我们这样孤独；我们蒙受了耻辱，以往没有别的民族受过这样的耻辱。[1]

对于更多的德国人来说，在被统治和胁迫状态之下所做的忏悔是无效的，忏悔需要发自内心，需要来自德意志民族自身。在当时出版的刊物《当代》的第一期上，曾经担任过《法兰克福报》编辑的本诺·赖芬贝格表示，自我反省不能靠命令，而必须是自觉和自愿的一种行为，"忏悔愈是默默地、隐秘地在内心进行，价值就愈是纯洁"。赖芬贝格的话似乎是针对纳粹时期口号泛滥的状态而说的，当时的知识分子们所担忧的，恰恰就是纳粹统治所造成的德语含义的扭曲和丧失，而在语言缺失"真诚性"

---

[1] 转引自科佩尔·S.平森《德国近现代史：它的历史和文化》，第729页。

的状况之下,无论是"德意志高于一切"还是"德意志低于一切",都是毫无意义的。[1]

另一方面,对于几百年来都一直试图在"文化民族"基础上建构起民族国家的德意志人来说,处在盟军的控制之下这件事本身就是十分痛苦的,即使意识到了纳粹的暴行和惨无人道,但是更让他们难以接受的或许是战争失败以后所面临的被剥夺的状态。1945年7月14日,盟军在柏林设立的控制委员会下达命令,严令禁止演唱和播放《德意志之歌》,据说,为了填补文化上的空白,他们还曾经试图推广一首名为《我已经坦然接受》的歌曲作为"国歌"。

显然,这一举动不仅是针对反对纳粹的德国民众以及社会民主党人,更是为了纳粹占领区曾经遭受恐怖统治的民众,"德意志高于一切"的旋律会让他们即刻联想到之前的可怕境遇。[2] 但是这条法令在德国境内推行起来却并不顺利,很快,人们就在各种场合哼起了《德意志之歌》。对希特勒的崇拜随着被占领和控制的怨恨情绪开始死灰复燃,人们又开始争相购买希特勒的头像、语录和文化宣传品。

民主德国和联邦德国的国歌选择

被占领的德国后来在冷战背景之下分裂成民主德国和联邦德国,前者以盟军占领时期苏联所控制的地域为主,而后者则主要

---

[1] 转引自科佩尔·S.平森《德国近现代史:它的历史和文化》,,第725页,脚注1。
[2] Margarete Myers Feinstein, "Deutschland über alles?: The National Anthem Debate in the Federal Republic of Germany," *Central European History*, Vol. 33, No. 4, 2000, p.506.

在西方国家的控制之下。1949年5月23日，德意志联邦共和国成立，由在英、法、美几国控制之下的盟军占领区中的11个州组成，而由于当时包括苏联在内的同盟军中央委员会位于柏林，这个以西方国家为主导的联邦共和国实际上无法按照其宪法中所表述的以柏林为首都，柏林也就成为这个事实上在波恩的联邦德国政府名义上的"首都"。[1]

"柏林问题"的障碍仅仅是联邦德国寻找国家象征符号道路上的一个小插曲，对于这个想要接续希特勒之前魏玛共和国和德意志邦联传统的新政权来说，如何将传统中与自己政治价值相容的信息传达出来，并且以此来增强统治的合法性，是摆在面前的一个大问题，而与此同时，他们还要面对内部不同派别对不同政治符号的看法和立场，从中找出可以化约为民族认同的"最大公约数"。而在国际政治的舞台上，联邦德国同样需要一套新的符号象征系统来代表自己，既要凸显出自己与纳粹德国的差别，同时也要保留德国本身的特征，还要和被视为苏联"傀儡"的德意志民主共和国有所差别。在政府建立以后，首先国旗的问题很快得到了解决，联邦德国继续使用共和国时期的黑红金三色旗，因为它唤起了人们关于1848年民主革命的情怀，同时这个形象早已深入人心。

然而，同样被魏玛政府确立为国歌的《德意志之歌》的境况就不那么如人意了。纳粹时期的滥用显然是无法忽视的，而且这首歌曲还被用于战争宣传，留下了可怕的国际性印象，仿佛这首

---

[1] 当时的德意志联邦共和国政治中心在波恩，经济中心在法兰克福，司法中心则在卡尔斯鲁厄。

歌本身就是纳粹主张的表达。然而，依然有一批人不愿意放弃这首歌，并且最终实现了恢复《德意志之歌》国歌地位的目标，《德意志之歌》又一次走到了舞台中央，成为争论的焦点。无论是公共舆论还是政府内部的不同派别，都参与到了是否再次以《德意志之歌》为国歌的讨论之中，而详细探究起来，有意识的政府主导和民族情绪的再次复兴都在这场国歌讨论中发挥了重要作用。

首先是有意识的政府主导。从1949年到1966年，联邦德国的政府都是由天主教民主联盟（CDU）、天主教社会联盟（CSU）和自由民主党（FDP）等右翼政党联合组阁的，而政府决策也就成了这些党派之间的立场较量和妥协。在国歌这个问题上，政府内部也有不同立场：一些人认为《德意志之歌》在纳粹时期的滥用和扭曲是无法洗清的历史负担，另一些人则认为纳粹时期的历史是可以被忽略的，在这两派之间的更多是持实用主义立场的人，包括康拉德·阿登纳（Konrad Adenauer）在内的实用主义者看来，虽然《德意志之歌》有它的历史污点，但是它依然是最能凝聚德意志民族意识、最能代表德意志传统的歌曲，即使是纳粹时期的滥用和扭曲，问题也出在《霍斯特·韦塞尔之歌》身上，因此，只要加以限定，这首歌是国歌的不二之选。[1]

传统派主要是由主张收复领土和被民主德国所驱逐的人士所组成，这些极度渴望统一的民族主义者同样希望能够保留德意志民族长期以来的传统，而且出于对传统的强调，他们更看重《德

---

[1] 以下的叙述基于玛格丽特·M. 费恩斯坦出色的历史研究和梳理，参见 Margarete Myers Feinstein, "Deutschland über alles？: The National Anthem Debate in the Federal Republic of Germany," pp. 505 – 531。

意志之歌》原本的立意和主张。联邦德国建立后不久，十二位政府议员联合提议将完整版的《德意志之歌》立为国歌，理由则是："海因里希·霍夫曼·冯·法勒斯雷本的歌词并不是狂妄自大，也从来不是为了将其他的人民和国家诋毁成二等（人民和国家），它的初衷是一种自然的、自明的民族意识。"[1]

强力辩护背后是这些人对自己处境的考虑，对于被从民主德国驱逐的那些人来说，"德意志高于一切"这一段唱词可以并且应当继续沿用，因为这段歌词也为他们提供了重新统一民主德国和联邦德国、回到自己曾经被驱逐的故乡的理由；另一些人则认为，在两德分立、国家满目疮痍的状况之下，"德意志高于一切"向整个民族发出了更高的号召，既是提醒大家这首歌所倡导的"正义、统一和自由"的理想战胜了希特勒的恐怖统治，也是呼吁人们继续对德意志民族抱有信心。[2]

为了帮助歌曲洗清嫌疑，支持者将歌词和歌曲分开进行辩护。首先他们并不认为旋律会受到纳粹的玷污，甚至引用海顿自己在日记里的言辞来表明，这段旋律的效用不是激起军国主义和纳粹主义情绪，而是"安抚心灵，振奋人心"，这首就音乐艺术水平来说称得上值得德意志民族骄傲的曲子不应因后来纳粹的扭曲而被抛弃，而且再也不会有比海顿的这首曲子更好的

---

[1] Verhandlungen des Deutschen Bundestages, 1. Wahlperiode, Drucksachen, Vol. 1 (1949), Doc. 67, 转引自 Margarete Myers Feinstein, "Deutschland über alles?: The National Anthem Debate in the Federal Republic of Germany," p. 511。
[2] "即使是在希特勒的统治之下，那个古老的、荣耀的和思想深刻丰富的德意志也并未被摧毁，（这样一个德意志）依然在不义的统治之下延续着，我们有希望看到它再一次成为国家的主导特征。"参见 Paul Sethe, "Das Lied der Deutschen," *Frankfurt Allgemeine Zeitung*, 10 May 1952。

选择:"我无法想象还有其他什么旋律像这首曲子一样表达和凝聚我们所谓的德意志概念",音乐家富特文格勒(Wilhelm Furtwängler)评价道。[1]

而针对歌词,他们一方面强调第三段的进步含义,将"统一"诠释为"和谐"和"友爱","自由"被排到"统一"前面。另一些持更加传统立场的人则为第一段进行辩护,认为只有德语不够娴熟的人,才会觉得所谓"高于一切"是极端激进的种族主义号召,而实际上对德国人来说,它表达的其实是一种个人的情感选择。贝尔托·布莱希特(Bertolt Brecht)甚至以此为主题,写了一首名为《儿歌》(*Kinderhymme*)的诗作:

> 既不是高于也不是低于
> 这是我们想与其他民族所处的位置,
> 从大海到阿尔卑斯山
> 从奥得河到莱茵河。
> 因为我们让这片土地变得更好,
> 我们热爱它捍卫它。
> 愿它在我们眼中永远最为美好
> 正如其他人看待他们自己的故乡一样。[2]

不过,那些对纳粹深恶痛绝的右翼议员们显然对这套说辞不感兴趣,在他们看来,纳粹的污染是不可逆转的,无论是伟大的

---

[1] 转引自 Margarete Myers Feinstein, "Deutschland über alles?: The National Anthem Debate in the Federal Republic of Germany," p. 516。

[2] 转引自 Jost Hermand, "On the History of the 'Deutschlandlied'," in Celia Applegate, Pamela Potter eds., *Music and German National Identity*, Chicago: University of Chicago Press, 2002, p. 262。

作曲家海顿，还是持自由民主立场的诗人霍夫曼，都由于霍斯特·韦塞尔的出现而不可能再次成为一个新的德意志民族的代言人。于是，当议案被提交时，议会内部发生了激烈的争论，并最终将提案转给了法律事务和宪法委员会。

对于这个"烫手山芋"，委员会内部也莫衷一是，最终又把决定权交给了总统，一方面是由于魏玛共和国时期，《德意志之歌》作为国歌的地位就是由总统来宣布的，而正式的说辞则是这条动议"太过争议"。不过，作为历史学教授和自由民主党党员的特奥尔多·豪斯却对这首歌持反对意见，在给总理阿登纳的信中明确表示，他认为"在目前德国历史的困难时期，需要一种新的象征来严肃认真地澄清德国人民命运中的历史性悲剧"，[1]而《德意志之歌》的旋律和歌词既无法实现这个目标，而且也与战后世界不相协调。

仅仅拒绝阿登纳的提议是不够的。豪斯开始寻找一首能够传达德意志精神并塑造新的国家形象的歌曲，他坚决摒弃霍夫曼的诗作，也不想就海顿的旋律来填词，因为，如果继续使用同样的旋律，那么很可能会出现更加混乱的局面——那些"忠诚的"爱国者表面上唱着新歌词，但持"军国主义"立场的爱国者则会唱起霍夫曼的歌词。在他看来，一首全新的国歌才能避免这种尴尬局面，于是他私下邀请诗人鲁道夫·亚历山大·施罗德和作曲家赫尔曼·鲁特尔来创作一首新的国歌。

不幸的是，连豪斯自己都对创作出来的《德意志颂歌》（*Hymne an Deutschland*）感到失望，而各种政治、文化和体育

---

[1] 转引自科佩尔·S. 平森《德国近现代史：它的历史和文化》，第752页。

活动对国歌的要求依然迫切，在这种情况之下，有官员提议，使用《德意志之歌》的第三段作为国歌。作为对豪斯迟迟不进一步回应的反对，联邦德国的运动员们甚至提议在参加国际赛事需要播放德国国歌时，直接以一分钟的沉默进行替代。

最终，豪斯的坚决立场被阿登纳的种种行动所动摇，而在公共领域中，支持《德意志之歌》的呼声也越来越强烈。《法兰克福报》刊登了许多持这种立场的读者来信，不过大致上都是从德国的传统和统一的愿望出发的："我无法理解为什么我祖父满怀深情唱起来的歌曲应当被摒弃！""让我们与旧国歌同在！我们依然是德国人！"即使对于那些认为可以用沉默代替国歌的读者来说，《德意志之歌》的第三段也不应当被遗忘，因为它是"易北河东西两岸整个民族依旧拥有的为数不多的象征"。[1]

打破僵局的时机很快就到来了。1952年的奥运会作为德国分裂以后的第一次奥运会，需要联邦政府拿出一套连贯又清晰的国家符号来代表自己的国家，既与被视为苏联"傀儡"的东德政权进行区隔，同时又要强调自己作为德意志共和民主传统继承人的地位。找不到替代品的豪斯不得不妥协，最终决定采取务实的方案，将《德意志之歌》的第三段确立为国歌。1952年5月6日，联邦德国的报纸上刊登了豪斯和阿登纳的通信，其中要求将"霍夫曼-海顿之歌确立为国歌。在国事活动上演唱第三段"：

> 霍夫曼·冯·法勒斯雷本是一位黑红金三色旗的支

---

[1] 参见 Margarete Myers Feinstein, "Deutschland über alles？: The National Anthem Debate in the Federal Republic of Germany," pp. 520-521。

> 持者……如果那些在信件和文章中为他激烈辩护的人可以从他身上学到些什么，我将会非常欣慰。总理先生，如果联邦政府能够确保当人们节日庆典上唱起霍夫曼·冯·法勒斯雷本的歌谣时，三色旗在空中飘扬，不仅仅只是政府建筑上的装饰，也是支持（这首歌）的民众和群体们公开认可的国家符号，那将会是一大幸事。[1]

豪斯妥协退让的前提是，即使使用《德意志之歌》，也必须限定这首歌的政治信息和立场，对他来说，联邦德国所能继承的仅仅是1848年民主革命的遗产。阿登纳等人也乐于接受这个妥协的产物，毕竟哪怕即使演唱第三段，也符合"众多德意志人强烈的传统主义"情绪。

民主共和的德意志传统就这样被联邦德国所继承了，而德意志民主共和国对此又作何反应呢？实际上，虽然处在苏联的控制之下，但是同联邦德国一样，民主德国一开始也想尽可能地继承和占有德意志的传统资源和象征符号，为此，它同样使用黑红金三色旗，直到十年以后，才在国旗上添加了象征工人、农民和知识分子联合的社会主义纹章来将自己与联邦德国加以区分。

无论如何，当时的民主德国是无法认可《德意志之歌》的，不管它的影响有多么深入和无所不在。当联邦德国正式宣布《德意志之歌》的国歌地位时，民主德国的报纸进行了猛烈的抨击：

> 帝国主义者们唱着"德意志，德意志高于一切"，实际上想说的是利益高于一切，控制石油高于一切，军

---

[1] 参见 Margarete Myers Feinstein, "Deutschland über alles？: The National Anthem Debate in the Federal Republic of Germany," pp. 527-529。

备生产高于一切。帝国主义者们唱着"和谐、正义与自由"。和谐？他们一边唱着这个词一边试图分裂德意志，现在如此，一直以来都是如此。正义？他们一边破坏宪法的全部条款，以便通过国家行动来推行战争合约，一边唱着这个词。自由？他们唱着自由的同时，正在通过战争合约将德意志的自由出卖给外国的帝国主义同盟。[1]

实际上，同豪斯一样，民主德国在对待国歌问题上，也认为这首带有"帝国主义"色彩的歌曲断断不能再次代表德国。1949年，后来成为德意志民主共和国文化部部长的诗人约翰内斯·R.比彻（Johannes R. Becher）创作了一首诗《从废墟中崛起》，来激励当时苏占区的德意志人通过不断发展来实现德国统一，音乐家随后为这首诗谱曲，最终确定的旋律来自作曲家汉斯·艾斯勒（Hanns Eisler）：

> 从废墟上崛起
> 望向未来，
> 我们将善好奉献给你，
> 统一的祖国德意志。
> 古老的痛苦将被克服
> 我们团结一心
> 我们必须胜利，

---

[1] "Die Hymne des Todes," *Tägliche Rundschau*, East Berlin, 7 May 1952. 转引自 Margarete Myers Feinstein, "Deutschland über alles?: The National Anthem Debate in the Federal Republic of Germany," p.528。

> 美丽的阳光（方能）
> 照耀整个德意志，
> 照耀整个德意志……[1]

在创作这首民主德国新国歌的过程中，传统的力量又一次凸显。比彻诗作的结构和韵律实际上与霍夫曼的作品相似，因此，虽然作曲家重新谱曲，但这首歌依然可以用海顿的旋律进行演唱。

不过，无论是豪斯的妥协还是民主德国的尝试，似乎都在阿登纳所谓"强大的传统主义"倾向面前败下阵来。1954年，联邦德国足球队在瑞士伯尔尼举办的世界杯上夺冠，对于这个过去十年一直处在压抑和被控制之中的民族来说，这次胜利不仅是体育的胜利，也成为民族自豪感的出口，"伯尔尼的奇迹"——德国人后来这样命名这一事件。[2] 比赛胜利之后，赛场上的德国民众齐声唱起《德意志之歌》，但唱的不是法令规定的第三段，而是被视为"帝国主义"禁忌的第一段。在民主德国，新创作的国歌不得人心，1961年柏林墙的建立给"统一的祖国"这一观念画上了休止符。1973年民主德国和联邦德国同时进入联合国，使得民主德国在国家象征的选择上面临着新的困境，自此以后，民主德国的国歌仅仅保留旋律，不再演唱歌词。

恢复传统的继续尝试与德意志的再次统一

分裂之后的两个德意志都为寻找新的民族象征做了一番努

---

[1] 中文歌词根据英文译本译出，完整的歌词包括三段，后两段内容可参见 http://www.nationalanthems.me/east-germany-gdr-auferstanden-aus-ruinen/。
[2] 参见 Kay Schiller, "'Siegen für Deustchland?' Patriotism, Nationalism and the German National Football Team, 1954-2014," *Historical Social Research*, Vol. 40, No. 4,（154）, 2015, pp. 179-181.

力，同时也为与过去的传统告别构想了许多办法，但是事实上最终这些尝试和努力都输给了根深蒂固的德意志传统，虽然这个传统有许多面相，甚至以如今的标准看来并不算内部连贯。在国歌的问题上，这种状况尤为明显。一方面，即使是对于想要通过演唱《德意志之歌》的第三段来修正德意志传统的联邦德国来说，民众和许多政治力量似乎并不能接受这种处理方式，而是千方百计地想要这首歌被完整地演唱；另一方面，民主德国新编写的国歌既无法被民众真正认可，生活在其间的德意志人对统一的德意志祖国的渴望愈来愈强烈，最终，到国际政治局面演化至冷战结束时，民主德国的官方国歌同这个政权的其他方面一样被摒弃了，《德意志之歌》再次成为一个统一的德意志祖国在音乐上的象征。

就联邦德国而言，虽然右翼严肃对待战争和纳粹问题，但对民众来说，二战的结束与其说是对他们的解放，不如说是带来了巨大的灾难。虽然输掉战争意味着不再需要担忧一轮又一轮的轰炸，以及炮弹对家园和生命的摧毁，但是几十年来"主人种族"的观念已然深入人心，而今这个伟大又纯粹的种族却在盟军的进攻之下成为砧板上的鱼肉，祖国被占领的羞辱是他们无法接受的。

另一方面，战争的失败和迅速被盟军控制也使得本应该在反思战争时生成的愧疚之情缺失，连在纳粹时期反对希特勒犹太人政策的雅斯贝尔斯也表示，"最起码地，为了在如此可怕的灾难之后提供一丝慰藉，我们当然应当公允地进行赔偿。但是，我们绝不能任由自己被愧疚之情所淹没。"而 1945 年在美占区进行的一项民调显示，参与调查的民众中近一半人认为民主社会主义本身的构想是好的，问题出在执行上，而只有 20% 的民众认为德国应当为战争负起责任。[1]

在这样的舆论氛围中,豪斯虽然同意《德意志之歌》作为国歌,但坚持强调只有第三段才是合法的国歌,恰是因为这样的氛围,使得恢复这首歌前两段的尝试时有发生。1959年,联邦德国的内政部长提议恢复这首歌的第一、二段,提议虽然遭到豪斯的反对,最终未能实现,不过却意外开启了恢复歌曲完整版本的论辩之路。此外,对于重视音乐教育的德意志人而言,这首歌在基础教育中的位置也是一个重要的议题,为此,巴登-符腾堡州的基督教民主同盟在1985年和1986年提议,德国的高中生应当掌握这首歌的全部三个段落;1989年,在基督教民主同盟成员的克里斯蒂安·瓦格纳(Christian Wagner)主导下通过了一项法规,要求黑森州的高中生必须背下这首歌的全部三段。[2]

联邦各州不断尝试着恢复歌曲的全貌,而联邦政府则立场坚决。1990年,联邦宪法法庭做出裁决,认为保障国家象征的相关法律只适用于《德意志之歌》的第三段,再次否定了前两段的官方国歌地位。[3] 1990年10月3日,两德正式宣布统一,《德意志之歌》的旋律在柏林响起,当天中午,德意志议会的议员在部

---

[1] 参见 Fred Ritzel, "Was ist aus uns geworden? -Ein Häufchen Sand am Meer: Emotions of Post-War Germany as Extracted from Examples of Popular Music," *Popular Music*, Vol. 17, No. 3, Oct., 1998, p.294。

[2] 参见 Michael E. Geisler ed., *National Symbols, Fractured Identities, Contesting the National Narrative*, Vermont: University Press of New England, 2005, p.71。

[3] 联邦德国刑法曾经规定,污蔑国歌的行为构成犯罪,但是对于国歌的具体内容却并未作出规定,因此才有了宪法法庭的进一步补充。参见 Nomos Verlagsgesellschaft (7 March 1990). "Case: BVerfGE 81, 2981 BvR 1215/87 German National Anthem-decision". Institute for Transnational Law – Foreign Law Translations. The University of Texas School of Law; Margarete Myers Feinstein, "Deutschland über alles?: The National Anthem Debate in the Federal Republic of Germany," p.530,及脚注100。

分修复的国会大厦中召开会议，齐声唱起这首歌，在随后的庆祝活动中，参与庆祝的民众也异口同声唱起了这首"统一、正义与自由"之歌。[1]

即使是对再次统一的德意志而言，如何切割这首歌的三段歌词，依然是一个重要的争论议题。再次统一的联邦政府显然不希望给国际社会造成复兴传统扩张主义、帝国主义和民族主义的印象，因此，1991年联邦总统和总理在通信中再一次强调，只有第三段才是官方认定的德国国歌。[2]

五、传统资源的利用、现实政治的困境与歌曲象征意义的调适

比起德国官方和德国国民对待《德意志之歌》谨小慎微、近于严苛的政治态度，其他国家在这个问题上其实并不那么尊重德国。虽然德国人拒绝演唱，其他国家却依然常用"德意志高于一切"来指代德国国歌。这种混淆直到近年来依旧存在。在2017年网球联合会杯世界组首轮比赛前，组委会搞错了德国国歌的段落，演奏了《德意志之歌》的第一段，场面一度十分尴尬。[3]

这种误会的造成，当然很大程度上在于他国对德国历史不够了解。毕竟，单从字面上看，《德意志之歌》的前两段同第三段一样，与世界上许多国家的国歌并无二致，是在对祖国的至高地

---

[1] F. Gunther Eyck, *The Voice of Nations*, p.175.
[2] 这封信函公开发表在1991年8月27日联邦共和国新闻和信息部的公报上，其中联邦总统魏茨泽克表示，"霍夫曼-海顿之歌的第三段已经成为一个符号……它表达了作为德意志人、欧洲人和世界共同体成员的德国人所秉持的价值"，总理科尔则表示，"《德意志之歌》生动又准确地传达出了所有德意志人实现祖国统一自由的渴望"。
[3] http://sports.163.com/17/0212/14/CD3417R700058782.html.

位进行歌颂,对国家的大好河山表达热爱,对祖国儿女的风姿大加赞扬。而且,就作者创作意图而言,这首歌也是一首号召民族国家觉醒和独立自主的歌曲,并非扩张与侵略的呼喊,更不是后来种族主义和纳粹主义的唱词。赋予这首歌复杂内涵的,是现实中德国民族国家的发展轨迹和历史。这也表明,文化符号的内部含义其实对外在环境和历史语境有着很强的依赖。

作为一首政治歌曲,《德意志之歌》在问世后的一百多年中,也与德意志民族建立民族国家的努力有着惊人的同步。德意志民族在探索民族身份中逐渐走向扩张侵略的帝国之路,使得这首歌中"高于一切"的要求被无限放大;第一次世界大战中被广泛报道的青年士兵服从祖国、壮烈牺牲的景象,给这首歌打上了爱国主义的意识形态印记;纳粹时期希特勒将其与《霍斯特·韦塞尔之歌》并列,让这首歌沾染上了无法洗清的"污名";最后,由于它丰富的内涵和长期以来作为民族象征的地位,不仅联邦德国在建立之初就决定继续采用被"净化"的《德意志之歌》作为国歌,甚至《从废墟上升起》这首民主德国的歌也依然没有摆脱《德意志之歌》的影响,而后来再次统一的德意志,同样继续沿用了这首歌曲作为国歌。

传统、记忆与历史是构成一个民族内部认同的重要资源,民族国家如何看待自己的过去,在很大程度上指明了这个政治体在政治价值甚至人类价值的天平上倾向何方。对于德意志这个极度重视民族身份,因此也极其珍视历史传统的民族来说,过去不能被轻易抛弃。无论是浪漫主义的诗意想象还是纳粹主义的恐怖、反人道,都是德意志必须背负的行囊,如何既利用过去的有利资源,又回避过去的黑暗投影,继续维系民族认同,就是这个民族国家在处理国歌问题上最重要的参考标准。

第四章

《星条旗之歌》*
合众国的自我奠基与认同建构

因为美国人参加了国家所有事业的建设,他们认为自己有义务保护所有被人莫名痛斥的事情;因为这时不仅仅是他们的国家遭到了无端攻击,甚至还有他们自己。

——托克维尔

美国人对他们国家的信任是宗教性的。这种信任如果说不是非常强烈的话,那么至少具有几乎绝对和普遍的权威。……我们可以不信任或者不喜欢我们的同胞以国家的名义所做的许多事,但是我们的国家本身、其民主制度和光辉的前途是不容置疑的。

——赫伯特·克罗利

美国是通过革命立国的，通常人们在谈论起这场革命时，会将其与时间上稍微滞后但走向和结局完全不同的法国大革命进行比较。两场革命标志的现代政治开端，一方面是革命造成的政治力量和国际政治局面上的影响："美国革命和法国革命的冲击，在历史上大概无与伦比。前者肇造新邦，150年后发展为世界领导力量。后者在一代人当中取威定霸，君临欧洲约20年，永远改变了它所有的邻邦。"[1]

另一方面，美国革命和独立战争以及"1776年理念"形成了西方的宪制主义和代议制民主，法国革命的"1789年理念"则导致了欧洲大陆各邦的世俗新法律，重新理解政体和政教关系，实现基于人民主权的民主政府。[2] 比孔多塞（Condorcet）稍晚一些的根茨（Friedrich von Gentz）在比较美法革命的时候直接指出，虽然同样是革命，但两场革命之间的差异是全方位的和根本性的，"起源的合法性、手段的特征、目标的性质、抵抗的范围"都显露出了两场革命的差异，由于这样的差异，美国革命在结束之后，就立刻"步入幸福、繁荣的新宪制"。[3]

一百多年后，阿伦特评价美国革命时也认为，它的明显优点

---

* 美国现行官方国歌为《星条旗之歌》(*The Star-Spangled Banner*)，原歌曲共有四节，但是在一般场合中，通常只演唱第一节。另外，人们常常将这首歌直接称为《星条旗永不落》，但是这其实混淆了美国国歌和美国国家进行曲，后者是由作曲家约翰·菲利普·索萨（John Philip Sousa）于1897年创作的，名为 *The Stars and Strips Forever*，1987年美国国会通过法案（36 U.S. Code § 304）将这首曲子确定为"国家行军曲"（National March）。

[1] 弗里德里希·根茨：《美法革命比较》，上海：上海社会科学院出版社，2014年，引言，第1页。
[2] 同上，引言，第2页。
[3] 同上，第56,57页。

在于,"他们的革命在别人失败的地方大获成功","建立了一个稳定得可以经受后世考验的新政治体"。¹ 但是,对于站在美国政治历史开端上的人来说,共和国的缔造不能一劳永逸地受惠于开国之父。托马斯·杰斐逊在写给约翰·霍姆斯的信中曾不无遗憾地自我安慰说:"我现在至死只能这样认为:1776年一代人为他们自己的国家争取自治和幸福作出的牺牲,将被他们后代的愚蠢和不足取的激情付诸东流,唯一可安慰的是我不会活到为它流泪的那一天。"²

这样说来,美国革命的"长久成功",应当与美国长期以来的政治传统和政治文化的建构与形塑有关。美利坚的政治传统不仅建立在1776年那一代人的牺牲上,同样也有后来一代又一代人在面对不同问题时所进行的反复思量和艰苦卓绝的奋斗。开端的力量固然重要且基础,但是随后的维系和改进也不可小觑,就此而言,我们甚至可以将当初托马斯·潘恩(Thomas Paine)在鼓动殖民地民众反抗英国王权时慷慨激昂命名的"美国危机"拓展开来,在后来两百多年的历史中,数次应对危机的成功造就了世人眼中越来越强大的美国印象。

这个"以自由立国"的美利坚,每当遭遇危机,不仅政治精英常常会为了政治价值和理念做出超越个人利益的举动,连一般民众,也总是心怀国家安危。就爱国主义与个人自由的融合而言,美国是个值得思考的例子,托克维尔甚至在《论美国的民主》中直接表示,不同于欧洲国家那种近乎宗教信仰的爱国主

---

1 汉娜·阿伦特:《论革命》,南京:译林出版社,2011年,第184页。
2 托马斯·杰斐逊:《杰斐逊选集》,北京:商务印书馆,2011年,第690页。

义，美国的爱国心似乎更富有理智，"非常地坚定和非常地持久"，美国人"之所以关心本国的繁荣，首先是因为这是一件对他自己有利的事情，其次才是因为这里面也饱含着他的一份辛劳"。[1] 能够实现这种对祖国命运的强烈关切的手段，则是使每个人都参与到"政府的管理工作"中去。[2]

托克维尔或许只说对了一部分，虽然美国人建立了一个政教分离的共和国，与他眼中欧洲人的盲目信仰有着区别，但在美国人自己看来，他们中间存在着一整套同样是非理性的对共和国的盲目崇拜，以及对共和国政治价值的坚定信仰，他们自己称其为美国的"公民宗教"。

罗伯特·N. 贝拉（Robert N. Bellah）在 20 世纪 60 年代指出，美国人津津乐道的所谓"生活方式"就是一种宗教。这一判断做出之后，美国是否存在公民宗教，成了一个经久不衰的议题。在贝拉看来，虽然共和国的政教分离政策十分决绝，私人信仰被严格限制在私人领域，但在公共领域中，大多数美国人持有一系列相同的宗教倾向，"公共宗教的维度通过一套信仰、符号和仪式被表现出来"，贝拉称其为"美国公民宗教"。[3] 具体地说，美国的公民宗教之所以不同于传统的宗教信仰，在于它拥有"自己的先知和烈士，自己的神圣事件和神圣地点，自己的庄严意识与符号"[4]，是原汁原味和全新创造的美国特色。

这一套公民宗教如何运作，如何在两百多年的时间里潜移默

---

[1] 托克维尔：《论美国的民主》，北京：商务印书馆，2011 年，第 521 页。
[2] 同上，第 523 页。
[3] Robert N. Bellah, "Civil Religion in America," *Daedalus*, Vol. 96, No. 1, *Religion in America*, Win., 1967, pp.3-4.
[4] Ibid, p.18.

化地成为美国公民生活自然而然的举动和意识,贝拉的研究没有给出回答。虽然贝拉已经意识到符号和仪式在传播和表达宗教信仰中的作用,但他并未明确指出,到底是哪些符号、哪些仪式,在构建美国的公共精神、公共道德和爱国主义以及民族认同的过程中发挥着作用。后来的研究成果是在此基础上的继续推进,其中就有对这个问题的清单式回答,在这份详细的清单中,音乐,特别是国歌,获得了明确的承认。[1]

作为一个民族国家,美国的历史不算悠久,但美国国歌的历史要比许多国家历史更悠久,事件更丰富。一方面,国歌作为民族国家的政治符号,是伴随着民族国家建构的一整套文化体系出现的,与前现代的文化艺术传统和国家历史无甚关联;另一方面,对美国这个需要不断强化民族认同和爱国情感的新国家来说,音乐其实更加不可或缺。美国历史中,爱国歌曲数量众多,内容丰富,此外,每项政治仪式也都有固定的伴奏曲目。最后,音乐在美国政治中的重要性还体现在,许多政治歌曲都是经过国会立法认证的官方机构专用歌曲,例如《星条旗之歌》和《星条旗永不落》(*The Stars and Stripes Forever*)。

如何理解爱国歌曲,特别是《星条旗之歌》这首国歌在美国民族国家成长过程中所发挥的作用、所面对的困境和危机,是本章主要讨论的内容。在叙述中,本章将尝试以公民宗教为背景,探寻美国国歌的历史发展脉络。

简言之,美国历史本身以及美国公民宗教的几个阶段,可以

---

[1] 参见 Peter Gardella, *American Civil Religion*:*What Americans Hold Sacred*, New York:Oxford University Press,2014。

作为国歌研究参考的时间节点。贝拉的研究将美国公民宗教划分为三个时期——建国时期、内战时期和 20 世纪全球革命的时期,第一个时期美国要解决的是独立问题,第二个时期要解决的是奴隶制和在全国范围内施行民主的问题,第三个时期则是要解决新时期美国人自我认识的问题。[1]《美国公民宗教》("Civil Religion in America")一文则以"自由之钟"为背景,诠释了美国公民宗教的 7 个发展历程:(1)殖民地时期或曰原始阶段;(2)革命和古典阶段;(3)民族和大陆阶段;(4)神圣化阶段;(5)帝国阶段;(6)全球阶段;(7)多元文化阶段。[2]

公民宗教与美国政治发展的进程基本上是合拍的,在这个问题上,爱国音乐和美国国歌也是如此。据说,独立战争时期已经出现了许多爱国歌曲。华盛顿就任美利坚合众国第一任总统时,专门表达了希望就职仪式不同于欧洲浮夸盛大传统的要求,为这次就职仪式所创作的歌曲《哥伦比亚万岁》(*Hail Columbia*),不仅在很长一段时间被视为国歌,也成为"总统主题曲"。[3] 美国的独立状态在这一时期尚受到威胁,直到 1812 年再次对英宣战并获得胜利以后,美国才真正脱离了英国的殖民体系。美国如今的官方国歌《星条旗之歌》,就是在这场战争中被创作出来的。

一、独立的成果与传统的遗产

美国独立战争努力争取的目标是人之为人所拥有的独立自由

---

[1] 参见 Peter Gardella,*American Civil Religion: What Americans Hold Sacred*,p.16。
[2] 参见 Peter Gardella,*American Civil Religion: What Americans Hold Sacred*,p.4。
[3] 后来,《领帅万岁》(*Hail to the Chief*)取代《哥伦比亚万岁》成了总统专用曲,《哥伦比亚万岁》则被定为副总统专用曲。

和平等的权利，歌曲在革命进程中发挥了巨大的作用，传播了政治理念，也极大地动员了民众的参与热情。

音乐能对政治领域的公共生活产生巨大影响，与当时欧洲的启蒙思想家一样，独立战争期间的美国立国者也渴望通过音乐促进社会和谐，消弭派系冲突与分歧，尽快使各种声音凝聚起来，共同为新国家的建设服务。具体而言，随着独立战争的胜利和合众国的建立，国父们不仅需要为新国家确立起可以恒久持存的制度规范，同时还必须解决一系列现实政治问题，弥合不同的党派立场对合众国运转的影响，还要消除个人崇拜在共和国政治生活中的不良效用。在这个问题上，美国的第一和第二任总统对待国歌的态度便是明证。

独立战争、独立宣言与美国革命

众所周知，美国是通过与宗主国英国的切割实现建国的，在手段上主要是通过独立战争来推进的。在通行的历史叙述中，美国建国的前因后果可以做如下表述。乔治三世登基成为英国国王之后，加强了对北美十三州的控制，并开始在美洲推行殖民地政策，通过各种新法案加强帝国的势力。这样的举动遭到殖民地人民的反抗，他们不仅反对英国政府征收印花税和茶税，还开始抵制英国商品。对乔治三世和英国议会来说，这种局面无法接受。1765年，威廉·布莱克斯通（William Blackstone）在《英格兰法律评论》中说得很清楚，对每个国家来说，主权都是一种绝对权力，它是"至高无上的、不可抗拒的、绝对的、不受控制的权威"，这种权威拥有主权权利，也就是统治权权利。这种权利不容置疑，违背它就等于叛国。在英国人心里，殖民地的人民应当是忠实的子民，甚至是理应受到统治的下等人，"殖民地人是低下的……我们拥有你们"就是当时的普遍态度。[1] 即使如此，谨慎行事的英国议会最初给出的应对方案依然是希望将事态控制在和平范围之内，埃德蒙·伯克（Edmund Burke）在下议院发言时也提醒英国议会，如果爆发战争，英国很可能会输，并最终丧失在美洲殖民地已经拥有的利益。[2]

然而，对抗持续升级。1770年的波士顿大屠杀让许多美国人意识到英国政府的强硬立场，1774年春天，英国议会通过"强制法案"（Loercive Acts）。[3] 为了应对"强制法案"，1774年9月，在马萨诸塞州的号召之下，各殖民地派出代表聚集在费城，召开了被后世称为"第一届大陆会议"的集合会议，其间，各派都对自己的观点立场进行了陈述论辩，在约翰·亚当斯（John Adams）的推动之下，第一届大陆会议达成了"萨福克决议"（Suffolk Resolves），呼吁美洲人拒绝服从英国议会的新法令，拒绝向英国政府纳税，并做好进行战争的准备。

大陆会议前后，关于自由的讨论在美洲殖民地迅速流行起来，《自由的战车》（*Chariot of Liberty*）、《论自由之美丽》（*Oration of the Beauties of Liberty*）等小册子成为流行读物，大陆会议代表理查德·亨利·李（Richard Henry Lee）在敦促弗吉尼亚议会做军事准备的演说中的一句"不自由，毋宁死"（Give

---

[1] 参见马克·C.卡恩斯、约翰·A.加勒迪《美国通史》，山东：山东画报出版社，2008年，第94页。
[2] 上议院议员查塔姆伯爵威廉·皮特（William Pitt, Earl of Chatham）也持相同的观点，详见约瑟夫·J.埃利斯《革命之夏：美国独立的起源》，北京：社会科学文献出版社，2016年，第7—8页。
[3] 其中包括了《波士顿港法案》《司法行政法案》《第二次驻军法案》《魁北克法案》。

me liberty, or give me death）至今还在为各种吁求自由的人士所引用。[1]

到 1775 年北美各州召开第二届大陆会议时，美洲人民与英国军队的军事冲突已经开始了，莱克星顿"举世皆闻的枪声"成为独立战争开始的标志。战争的爆发也昭示着和解的不可能，但许多保守人士依然希望效忠乔治三世，甚至认为只有继续留在英帝国内部，美洲人才能享有自治政府、个人和财产安全的保障。此时，一位来自英格兰的新移民向美洲人指明了局势的走向。[2] 1776 年，托马斯·潘恩开始写作关于美洲政治状况的文章：

> 这是考验人们灵魂的时刻，那些岁寒不经霜的士兵和只能见阳光不能见阴霾的爱国者们，在这个危机中将会动摇退缩而不敢再为国效劳了，但是那些坚持下来的人们，现在理应得到人们的爱戴和感激。暴政就像地狱一样不易被战胜，然而我们慰藉自己：斗争愈是艰难，胜利就愈加荣光；获得愈廉价的东西，我们也就愈轻视，恰恰是昂贵才赋予每一件事物以价值。上天知道怎样给予它的造物以适当的价格，而像自由这样一件天赐无伦的物品，倘若不能被很高地定价，那才真是离奇。带着一支军队来强行实施暴政的英国已经宣称，她有权力（不仅仅是对税收）"在无论任何事务上都约束我们"。如果这样被约束还不算是奴役，恐怕世界上就没

---

[1] 埃里克·方纳：《给我自由！一部美国的历史》上卷，北京：商务印书馆，2010 年，第 242 页。
[2] 参见同上，第 246—247 页。

有奴役这回事了。这样的宣称也是渎神的……。[1]

实际上,潘恩所运用的观念、词汇和理论,都是对已经存在的文本的拼接黏合。对于美国革命来说,《独立宣言》才是当之无愧的核心文本:

> 造物者创造了平等的个人,并赋予他们若干不可剥夺的权利,其中包括生命权、自由权和追求幸福的权利。为了保障这些权利,人们才在他们之间建立政府,而政府之正当权力,则来自被统治者的同意。任何形式的政府,只要破坏上述目的,人民就有权利改变或废除它,并建立新政府;新政府赖以奠基的原则,得以组织的方式,都要最大可能地增进民众的安全和幸福。[2]

《独立宣言》列举了乔治三世的种种暴行,以此证明美洲人到了不得不与英国进行切割的地步,"迫不得已,我们不得不宣布和他们分离。我们会以对待其他民族一样的态度对待他们:战时是仇敌,平时是朋友"。至此,宣言表明了美洲人建立一个新的独立自由的民族国家的立场,到最后一部分,又列举了作为民族国家所享有的各项权利与自由。[3]

不过,宣布独立是一回事,真正赢得独立又是另一回事。[4] 从1775年到1783年,反抗英国的军事斗争一直在持续。爱国者

---

[1] 托马斯·潘恩:《美国危机》,上海:上海三联书店,2007年,第1—2页。
[2] 转引自大卫·阿米蒂奇《独立宣言:一种全球史》,北京:商务印书馆,2014年,第16页。
[3] 关于《独立宣言》语境和文本的分析,本文参考了大卫·阿米蒂奇《独立宣言:一种全球史》,第一章。
[4] 埃里克·方纳:《给我自由!一部美国的历史》上卷,第253页。

为自由和独立付出的代价是十分巨大的，有统计称，殖民地当时16岁到45岁的白人男性中，每20人就有1人在独立战争中牺牲，英国人自己也没有想到，美洲人独立的决心有如此强大，以至于一位英国将军托马斯·盖奇（Thomas Gage）表示："这些人对我们表现出一种（在七年战争中）从未对法国人表现过的反对精神和行为"。[1]

1781年，英军在美洲彻底丧失了获胜可能性，而1783年，由约翰·亚当斯、本杰明·富兰克林和约翰·杰伊组成的代表团在巴黎与英国政府签订《巴黎条约》（*Treaty of Pairs*），至此，美国不仅赢得了独立战争，也实现了国际意义上民族国家的独立。

取得独立地位只是美国民族国家建设的第一步，要真正建立起一个可与宗主国英国相提并论的新国家和"全世界人类的避难所"，还需要投入更多的时间和精力。对于开国之父们来说便是如此，战争的胜利并不代表事业的终结，约翰·亚当斯在后来的一封信中曾表示，"美国独立战争的历史与美国革命的历史是截然不同的"，因为"革命发生在人民的心灵中，在殖民地各州的联合中，两者都在敌意出现之前就存在着"，在另一封信中他说得更明确："我们所谓的美国革命指的是什么？我们指的是美国战争吗？革命在战争开始之前就已经存在着。革命存在于人民的头脑和心灵中。"[2]

如果说美国革命旨在实现自由的话，在《独立宣言》发表

---

[1] 转引自埃里克·方纳《给我自由！一部美国的历史》上卷，第254—255页。
[2] 转引自 Arthur Meier Schlesinger, The American Revolution Reconsidered, *Political Science Quarterly*, Vol. 34, No. 1, Mar., 1919, p.63。

时,这一目标就已备受讽刺和攻击:英国人约翰·林德(John Lind)嘲笑殖民地人虚伪,对奴隶"与生俱来"的权利视而不见,英格兰废奴主义者托马斯·戴伊(Thomas Day)更激进,"如果说自然界有什么东西着实可笑的话,那就非美利坚的爱国者莫属了。他一只手签什么独立宣言,另一只手却挥舞着鞭子驱赶他那些惊恐万状的奴隶。"[1]

当然,对这个肇造的新邦来说,建立一套有效的治理体制,并且培育和维系美国人对新共和国的认同是最急迫和关键的任务。为了解决前一个问题,开国之父们针对美国宪法进行了长期的论辩,并将论辩内容和过程公开,由此有了《联邦党人文集》和《1787年宪法》,美国最初的政治体制设计,也成为启蒙思想和共和主义的试验田。就第二个问题而言,美国革命前后"明确一致的'民族利益'(national interest)并不存在",建国初期绝大多数的"外交和国内政策都包含从特殊性的区域和州的利益,以及各种全然不同的美国民族身份观点中构建这种利益的内容"。[2] 这意味着,要解决后一个问题,需要动用各种资源来促进对"民族利益"的认知,进一步将美国国家利益具体化,并通过文化、仪式、符号来制造出民族英雄和民族想象。如是,当华盛顿当选美利坚第一任总统时,总统就职仪式就成了塑造民族认同的契机。

---

[1] 转引自大卫·阿米蒂奇《独立宣言:一种全球史》,第47页。
[2] Mlada Bukovansky, *The American and French Revolutions in International Political Culture*, Princeton: Princeton University Press, 2002, p.110.

音乐与早期美国政治

对建国时代的政治领袖来说，音乐与政治的相关性不仅是字面上的修辞比喻，更是实实在在的影响和效用。音乐可以被用来讲述历史、塑造认同、表达意见、传播观点，从第一块殖民地被开辟以后就一直如此。[1] 当然，在当时的语境中，音乐与政治的关系基本上是政治精英和社会上层所讨论的问题，对于下层普通民众来说，他们不过是音乐的创作者、接受者和被影响者。

在政治精英看来，音乐所具有的政治效用有着深刻的哲学基础和坚实的科学证据。这些人深受启蒙思想影响，十分熟悉新柏拉图主义关于音乐的讨论，同英国人、法国人和其他许多欧洲人一样，他们也坚信音乐代表着宇宙之间的和谐。此外，音乐在唤起感官知觉方面无与伦比的效用同样被他们所认可，"在所有的声音中，音乐激发起尤为强烈的感觉，"因此，在政治领域，音乐必然有一席之地。[2]

可以从三方面来剖析这一阶段音乐在美国政治中的效用。

首先，对想要从宗主国独立出来的殖民地而言，歌曲是极佳的社会动员和教育手段。1769 年，亚当斯对民众演唱约翰·迪金森（John Dickinson）的《自由之歌》（*Liberty Song*）这一行为所表达的赞美，典型地说明了国父们对音乐的看法：这种歌曲"影响着人民的心灵，使他们接受自由的感情。它让人民热爱推

---

[1] Mlada Bukovansky, *The American and French Revolutions in International Political Culture*, Princeton: Princeton University Press, 2002, p. 269.
[2] Kirsten E. Wood, "Join with Heart and Soul and Voice: Music, Harmony and Politics in the Early American Republic," *American Historical Review*, Oct. 2014, p. 1087.

行这项事业的领袖,对反对者则感到厌恶和反感"。[1] 还有人向汉密尔顿提出建议,抓捕暴徒时演奏《联邦之歌》(*The Federalist Song*),以此对暴徒进行心灵上的说服。

其次,由于传播技术的限制,殖民地时期大众层面上的音乐基本上局限于教堂音乐和口口相传的民间歌曲,报纸直接刊出歌词就算完成了歌曲的刊登。[2] 不过,这种状况反而更加方便人们对音乐进行改编和创作,也使得歌词成为真正传达政治信息的载体,旋律的重要性则降低了。更重要的是,人们可以通过改编最通俗的歌曲来培育和强化特定的政治价值取向。

最后,与一般认为音乐最重要的政治效用是进行群众动员不同,在当时的建国者看来,音乐最主要的功效是平和心灵,以便在论辩中说服对方,也就是说,音乐是政治论辩的一种手段。最典型的例子便是约翰·亚当斯关于音乐的评论。1796年,亚当斯苦恼于《杰伊条约》(*Jay's Treat*)所引发的论辩,在写给自己夫人和儿子的信中,他都表达了自己说服异议者的强烈渴望,信中提及他试图用以实现说服的手段就是安菲翁(Amphion)的七弦琴——"如果我有这件乐器,就能够解决欧洲的王室战争、法国的派系之争和英国的战争暴乱",更重要的是,可以平息会议争端以及乔治亚和肯塔基等州的狂热。[3]

---

[1] 转引自 William Coleman, "The Music of a Well tun'd State: 'The Star-Spangled Banner' and the Development of a Federalist Music Tradition," *Journal of the Early Republic*, Vol. 35, No. 4, Win. 2015, p.610。

[2] Kirsten E. Wood, "Join with Heart and Soul and Voice: Music, Harmony and Politics in the Early American Republic," p.1100.

[3] 转引自 William Coleman, "The Music of a Well tun'd State: 'The Star-Spangled Banner' and the Development of a Federalist Music Tradition," p.608。

亚当斯的苦恼是真实的，当他提到七弦琴时，并非在自我调侃或开解。熟悉英国诗人亚历山大·蒲柏（Alexander Pope）作品的亚当斯，此处所回应的乃是蒲柏在《圣塞西莉亚日颂》中对安菲翁的赞扬。在这首诗中，蒲柏认为成功的立法者可以通过音乐的雄辩来平息异见者的不同声音，用艺术感化人、说服人。相较而言，没有神器七弦琴的亚当斯，在纷争面前束手无策。[1] 诚然，亚当斯的愿望停留在上层社会和高雅文化的层面。随着历史的推进，在独立战争和开国时期成长起来的新一代在潜移默化中认同了歌曲的政治和爱国主义功效，与过去通过演唱歌曲的方式实现凝聚统一不同，有些派系开始通过不同的歌词来表达自己的立场，歌曲成为表达异见的工具。

从《华盛顿进军曲》到《哥伦比亚万岁》

美国建国之后，第一首被共和党用来表达对联邦党的反对意见的歌曲，就是美国历史上第一首国歌《哥伦比亚万岁》。

1789年，乔治·华盛顿在无竞选对手的情况下全票当选美国第一任总统。4月14日，国会主席来信正式通知华盛顿当选，华盛顿随后前往纽约，为正式就职做准备，在临行前的日记中，华盛顿写道："我告别了弗农山庄，告别了平民生活，告别了家庭幸福，带着无法用言语形容的忧虑不安的心情前往纽约。虽然我极其乐意响应祖国的号召和为祖国服务，但是，却没有多大希望不辜负祖国的期望。"[2]

---

[1] 参见 William Coleman, "The Music of a Well tun'd State: 'The Star-Spangled Banner' and the Development of a Federalist Music Tradition," pp. 608 – 609。
[2] George Washington: The Diary of Geroge Washington, From 1789 to 1791.

4月30日，华盛顿身着深棕色西服在纽约宣誓就职。虽然是第一任总统，就职仪式在之前并无先例，但人们细心筹备，营造出隆重盛大的景象。就职仪式当天早上9点，纽约的各个教堂举行祈祷仪式；12点，驻纽约的部队在华盛顿住所门前列队待命，国会各委员会和各部门官长也在此集合。迎接华盛顿的阵列由部队、官长们的马车列队、四轮礼车和华盛顿乘坐的马车以及外国使节和公民队伍组成。下午1点，华盛顿在参议院会议室的阳台上公开宣誓就职，并在纽约州大法官的主持下发表就职演说。

对比欧洲君主的加冕典礼就会发现，华盛顿有心避免合众国与君主国在仪式上类似，"总统很清楚，他所做的每件事都将树立先例，他在出席隆重的就职仪式时谨慎小心，确保每项称呼和服饰都是恰如其分地共和主义的，绝不是在模仿欧洲王室"[1]。

不仅仪式的设计如此，民众自发的参与也创造了先例，一首为庆祝总统就职而创作的歌曲，在19世纪很长一段时间内，被视为事实上的美国国歌。[2]

时间倒回到1779年。在纽约剧院交响乐团工作的德国移民小提琴手菲利普·斐乐（Philip Phile）为了表达对华盛顿的赞美，创作了一首名为《华盛顿进军曲》（*Washington's March*）

---

[1] 在一封写给麦迪逊的信中，华盛顿说，"鉴于我们目前所做的每件事都是第一次，它们将会建立先例，因此我真诚地希望这些先例能够建立在真正的原则之上。"Washington to James Madison, May 5, 1789, 参见 Harlow Giles Unger, *Mr. President George Washington and the Making of the Nation's Highest Office*, Boston: Da Capo Press, 2013, p.79。

[2] Ace Collins, *Songs Sung, Red, White, and Blue: The Stories Behind America's Best-Loved Patriotic Songs*, Harper Collins e-book, pp.98–105.

的曲子。据说，这首曲子是在 4 月 21 日华盛顿抵达新泽西州的特伦顿时第一次被表演：

> 十二年前，在跨越阿孙平克溪的桥上，黑森雇佣兵落荒而逃，他（华盛顿）穿过有十三根廊柱的巨大穹顶，人们献上刻有"谨献与你"字样的巨大太阳花。特伦顿妇女准备了这场活动，现在她们带着自己的女儿在桥上等待，当华盛顿穿过穹顶时，她们开始演唱……[1]

1793 年，这首曲子被制作出版，很快便有了各种乐器的演奏版本。

1797 年，华盛顿退休，同年，约翰·亚当斯成为美国第二任总统。美国人对华盛顿的热情开始减退，而且无论是华盛顿自己，还是其他的立国者，都不希望个人崇拜成为美国的传统，正如当初华盛顿在就职之前宣称的那样。因此，亚当斯就任后不久，一开始为了颂扬华盛顿所创作的《华盛顿进军曲》，便被理解为歌颂美国总统而非华盛顿一人的进行曲。

1798 年，新泽西州爱国者弗朗西斯·霍普金森（Francis Hopkinson）的儿子约瑟夫·霍普金森（Joseph Hopkinson）在与歌唱演员吉尔伯特·福克斯（Gilbert Fox）交流的过程中得知，这位歌手想要组织一场慈善音乐会，但是苦于难以实现这个愿望。于是这位沮丧的歌手将希望寄托在当时家喻户晓的《华盛顿进军曲》上，认为只要能够找到匹配的歌词，一定可以叫好又叫座：

---

[1] John Bach McMaster, "Washington's Inauguration," *Harper's News Monthly*, April, 1889.

> 他（福克斯）的预期十分令人沮丧；但是他说如果他可以找到一首与《华盛顿进军曲》相匹配的爱国歌曲，一定可以售出全部门票，但是剧院成员们的尝试都失败了。我告诉他我会尽自己所能。第二天下午他又来了，歌曲也被创作出来。[1]

事实证明，福克斯的预期是完全正确的。在4月25日费城新剧院的演出中，《哥伦比亚万岁》[2] 博得了满堂喝彩，观众们不断要求返场演出，剧院最后变成了大合唱的舞台。几天之后，总统亚当斯和其他政府成员也到场欣赏这首歌曲：

> 幸福之地哥伦比亚万岁！
> 汝等天赐之英雄万岁！
> 为自由事业浴血奋斗，
> 为自由事业浴血奋斗，
> 当战争之风暴消弭
> 你的勇武赢得胜利享受和平。
> 独立是我们的骄傲，
> 付出的代价永志难忘；
> 获得的奖赏永怀感恩，
> 让它的祭坛耸入云霄。[3]

---

[1] Oscar G. T. Sonneck, *Reports on the Star-Spangled Banner, Hail Columbia, America, and Yankee Doodle*, Washington: Government Printing Office, 1909, p.43.
[2] 《华盛顿进军曲》本来只有旋律，也称《总统进军曲》(*The President Washington's March*)，福克斯将进军曲的旋律进行改编，配上自己创作的歌词，于是有了《哥伦比亚万岁》。
[3] 中文歌词根据英文歌词译出，原文是：Hail Columbia, happy land! /Hail，（转下页）

在这首歌中,歌颂华盛顿的主题被淡化,取而代之的是对开国英雄争取独立自由的歌颂。

此外,就在这首歌问世的同一时期,约翰·霍普金森创作了一首名为《致敬领袖》(*Behold the Chief Who Now Commands*)的歌曲,被誉为"最受喜爱的新联邦歌曲",也被反联邦党人抨击为"对盎格鲁-君主制党派和两位总统最卑鄙无耻的歌颂"。[1] 根据研究者的考证,这两首歌曲在不同时间段的版本中搭配的是不同的人物肖像:1798年约翰·亚当斯担任总统时,乐谱的配图是亚当斯的头像;1798年7月以后,当人们开始歌颂所谓"三军统帅"时,配图又换回了华盛顿。[2]

总统虽是公职,但是需要有具体的人来担负起行使总统职权的责任,就此而言,恰是这种随当职者的轮替而改变配图的做法,证明这两首歌都不是在歌颂"盎格鲁-君主制党派和两位总统",因为没有哪位人物可以永远享用同样的颂词,他在曲谱上出现,仅仅是因为自己所担任的职务。当然,不带总统肖像才是最好的做法,实际上,最早的出版版本很可能是没有任何总统肖像的,只是在后来的再版和销售中,被出版商添了上去。[3]

(接上页) ye heroes, heav'n-born band, /Who fought and bled in freedom's cause, / Who fought and bled in freedom's cause, /And when the storm of war was gone/ Enjoy'd the peace your valor won. /Let independence be our boast, /Ever mindful what it cost; /Ever grateful for the prize, /Let its altar reach the skies.

1 参见 O. G. Sonneck, "The First Edition of 'Hail Columbia'," *The Pennsylvania Magazine of History and Biography*, Vol. 40, No. 4, 1916, p.431。

2 1798年7月2日,亚当斯提名任命华盛顿为"三军统帅",次日参议院通过了这项提名。关于最初版本中亚当斯和华盛顿肖像的考据,参见 O. G. Sonneck, "The First Edition of 'Hail Columbia'," pp.426–435。

3 O. G. Sonneck, "The First Edition of 'Hail Columbia'," p.430.

需要补充的是，用哥伦比亚作为象征美洲人独立勇敢的开辟精神的做法，在当时的文艺作品中是相当主流的修辞方式。潘恩为庆祝 1798 年独立日，曾写作了一首名为《亚当斯与自由》的曲子：

> 哥伦比亚之子，战斗英勇无畏
> 你们的号角带来了完美无瑕的权利，
> 愿你长享勇气之福，
> 愿你子孙都受庇佑。
> 在和平的统治之下，
> 愿民族繁盛，
> 兼具罗马的荣耀与希腊的智慧；
> 哥伦比亚之子永不为奴，
> 只要大地尚有生机，海洋依旧汹涌。[1]

这首诗备受欢迎，甚至被誉为"美利坚最受欢迎的政治歌曲"，当时搭配歌词的旋律名为《天堂里的阿那克里翁》（*Anacreontic in Heaven*），也是后来《星条旗之歌》最初使用的旋律。

二、第二次独立战争与《星条旗之歌》

虽然独立战争使合众国摆脱了在政治上对英帝国的臣属地

---

[1] 原文为：Ye sons of Columbia, who bravely have fought/ For those rights which unstained from your sires have descended,/ May you long taste the blessings your valor has brought,/ And your sons reap the soil which their fathers defended./ Mid the reign of mild peace,/ May your nation increase,/ With the glory of Rome and the wisdom of Greece;/ And ne'er shall the sons of Columbia be slaves,/ While the earth bears a plant, or the sea rolls its waves. 转引自 Peter Gardella, *American Civil Religion*, p.154。

位，但对于这个在文化和习惯上都沿袭英国传统的新国家来说，要培养起自己独立特殊的民族认同与爱国情感，尚需更多的时间。1812年爆发的英美战争不仅成为美国在国际关系中进一步强化独立地位的关键事件，也是激发爱国主义情绪和创造民族记忆的又一次高潮。

不仅如此，这场战争还催生了后来被美国官方认可的合众国国歌《星条旗之歌》。诗人弗朗西斯·斯科特·基（Francis Scott Key）在见证了合众国旗帜受到英军猛烈炮火袭击却依然迎风飘扬的动人场景后，随之创作了歌词，并配合当时流行的旋律来演唱。不过，当时最受民众青睐的政治歌曲，是以英国国歌《天佑吾王》旋律为基础所创作的《美利坚/我的祖国属于你》（America or My Country, 'Tis of Thee）。恰如这首歌所彰显的，即使到19世纪初期，美国依然在英国文化遗产和本国民族认同之间挣扎摇摆，人们显然不愿否定殖民地的历史和宗主国的成就，但也想要凸显出合众国自己的特征。在这种背景下，这首歌迎合了这种心态，成为当时美国人塑造民族国家认同的新歌。

第二次独立战争

虽然被称作第二次独立战争，但是发生在1812—1815年的这场战争，一开始与独立没有多少关系。在一般的叙述中认为，战争的导火索是当时欧洲革命风潮的国际影响与美国内部在外交政策上的犹疑。到19世纪初，美国国内各派系和公共舆论对于什么是美国的"国家利益"依旧未能达成共识。随着欧洲大陆特别是法国大革命所掀起的风暴，美国人在自我认知上出现了新的转变。加之包括英国在内的欧洲君主国对法国革命和新建立的共和国的态度,又在美国内部引发了立场的分裂。华盛顿和汉密尔顿倾向于与英国保持和平关系,杰斐逊和麦迪逊则认为支持法兰西共和国才是首要目标。就这样,"联邦派"(Federalist)用以指代愿意与英国结盟的那些人,而"共和派"(Republican)则指站在法兰西共和国立场上的美国人。[1]

在这段时间里,英国一直没有放弃压缩美国生存空间的举措。皇家海军大量扣押美国的商船和货物,囚禁了超过一万名美国海员,干涉美国关税,甚至攻击美国海军以扰乱美国的海外贸易。[2] 此外,为了压制美国的扩张,保障自己在北美洲的殖民地,英国开始通过资助印第安土著部落的方式挑起争端。而面对英国的种种挑衅,美国国内当时存在的政治派别却并未首先从国家利益的角度出发来制定政策,相反,联邦派在这个时候依然不断挑战麦迪逊政府的权威,明确站在英国一边而反对美国政府。[3]

上层的政治斗争最终让位给了普遍的民族情感。"切萨皮克号"事件(the Chesapeake-Leopold Affair)的发生激起了美国民众的愤怒,被视作对国家荣誉的侵犯。[4] 杰斐逊后来回忆说,"自从莱克星顿战役之后,我从未见过这个国家像目前这样处在

---

[1] Richard Buel Jr., *American On the Brink: How the Political Struggle Over the War of 1812 Almost Destroyed the Young Republic*, New York: Palgrave Macmillan, 2005, p.2.

[2] J. C. A. Stagg, *The War of 1812: Conflict for a Continent*, Cambridge: Cambridge University Press, 2012, p.128.

[3] Richard Buel Jr., *American On the Brink*, p.2.

[4] Norman K. Risjord, "1812: Conservatives, War Hawks, and the Nation's Honor," *William and Mary Quarterly*, Vol. 18, No. 2, 1961, pp.196-210.

愤怒之中，即使是那次事件也不像现在这样，人们如此一致。"[1] 第一次独立战争的记忆尚有余温，如今的事件又一次勾起了人们对宗主国种种罪行的愤怒，革命尚未成功的情绪开始弥漫开来，"一位好战派分子把同英国发生的冲突称作第二次独立战争；安德鲁·杰克逊，这位依然没从第一次独立战争中恢复的好战派就持有这种看法。即将发生的冲突是由于侵犯了美国的权利，但同样也是为了确认美国人的身份"[2]。

欧洲政治的局势也影响了这场战争的走向。随着拿破仑在1814年失败，英国和法国成为利益联盟，终止了对美国的贸易限制，并释放了当时被囚禁的美国海员，这样一来，战争的主要原因消失了。战争的拉锯使双方都意识到了自己的目标难以实现，随后签订的《根特和约》（Treaty of Ghent）则宣告了两方的和解。不过，即使打成平手，美国也是赢家，一方面美国证明了自己的军事实力，再次申明了独立立场，为后来进一步拓展领土奠定了基础，而且战争期间进一步培育的民族统一精神，而后开启了美国历史上"感觉良好时代"(the era of good feelings)。[3]

---

[1] John P. Foley, ed., *The Jeffersonian Cylopedia: A Comprehensive Collection of the Views of Thomas Jefferson Classified and Arranged in Alphabetical Order Under Nine Thousand Titles Relating to Government, Politics, Law, Education, Political Economy, Finance, Science, Art, Literature, Religious Freedom, Morals, Etc.*, Funk & Wagnalls Company, 1900, p.137.

[2] H. W. Brands, *Andrew Jackson: His Life and Times*, Random House Digital, 2006, p.163.

[3] 这个术语出自1817年7月12日本杰明·罗素在波士顿的联邦党报纸《哥伦比亚瞭望》(*Columbian Centinel*)中的文章，主要被用来描述1817—1825年间詹姆斯·门罗担任总统时美国的政治状态，这段时间内，引发第二次英美战争（独立战争）的美国国内派系之争逐渐消弭，经过战争以后人们普遍渴望国家统一和更广泛的共识。（转下页）

这场战争的胜利方是合众国，它成为美国记忆中拯救民族危亡的关键事件。

《星条旗之歌》创作始末

对于美利坚这个新生的民族国家来说，第二次独立战争既是一场"荣誉之战"，也是一场"民族之战"，通过军事行动再次对抗当时还十分强大的英帝国，美国人再次证明了自己的能力，用丘吉尔的话来说，"要谨记这场战争的教训。大不列颠反对美国人的情绪多年以来一直高涨，但是合众国从此便作为一方独立势力享受着应有的待遇。"[1]

第一次独立战争达成了与宗主国切断关联和建立新国家的目标，第二次独立战争更侧重于心态和身份上的独立，研究者因此也将这场战争称为"塑造了一个民族"的战争。[2] 这场战争打响时，共和国既没有智慧勇武的"民族领袖，国家政府对战争的指挥又显得疯狂和缺乏谋略，有时候甚至没有策略"，[3] 因此，在民众看来，战争很大程度上依赖于美国人自己的决心和组织能力。或许正因为此，《根特和约》的签订被当时的议员说成是"人类所发起的所有战争中最荣耀的战争成果"。[4] 不过，做出这

（接上页）Harry Ammon, "James Monroe and the Era of Good Feelings," *Virginia Magazine of History and Biography*, LXVI, No. 4, October 1958, p. 4.

1 Winston Churchill, *A History of the English-Speaking Peoples: The Age of Revolution*, Barnes & Noble, 1993, p.366.

2 Carl Benn, Daniel Marston, *Liberty or Death: Wars That Forged a Nation*, Oxford: Osprey Publishing, 2006.

3 John R. Elting, *Amateurs, To Arms, A Military History of the War of 1812*, Chapel Hill: Algonquin Books of Chapel Hill, 1991, prologue, p. xiii.

4 Carl Benn, *The War of 1812*, Oxford: Osprey Publishing, 2002, p.83.

番评论时，议员显然没有意识到，对于美国的民族国家认同而言，这场战争还推动了一项十分重要的成果，那就是后来的美国国歌《星条旗之歌》。

《星条旗之歌》歌词的创作灵感，来源于作者在这次战争中的真实经历。1813年9月3日，弗朗西斯·斯科特·基和约翰·斯图亚特·斯金纳（John Stuart Skinner）在总统詹姆斯·麦迪逊的指令之下，挥舞着白旗登上了英国皇家海军舰艇，目的是为了交换被英军扣押的两名战俘，其中一位还是弗朗西斯的老友。9月7日成功登艇之后，英军担心两人在船上掌握了英军的作战计划，于是将弗朗西斯和约翰扣押下来，他们先被安置在"惊奇号"上，后来又被转移到"米登号"，直到英军攻占巴尔的摩的计划失败后，才重获自由。

被困英国舰艇，弗朗西斯百无聊赖却又无计可施，只能看着皇家海军的炮火不断轰炸巴尔的摩周围的防御工事。在一个风雨交加的夜晚，被困在英军舰艇上的弗朗西斯看着皇家海军的炮火不断轰炸迈克亨利要塞（Fort McHenry）。炮火虽然猛烈，但要塞上的"风暴旗"傲然矗立，随风飘扬，仿佛昭示着美军坚决抵抗的决心：

> 英军舰队由五艘火箭炮船组成，配备了射程超过两英里，既可以轰炸要塞也可以攻击船只的火箭炮发射装置，它能喷洒出滚烫的弹片，摧毁一切的目标。他们还使用海军加农炮，从9月13日凌晨到14日凌晨的24小时中，他们发射了大约1800枚炮弹。比起英军的装备，美军加农炮的射程不够长，驻扎迈克亨利要塞的

1000名士兵只能找好掩护，寄希望于轰炸不会毁掉他们的掩体和武器……[1]

次日清晨，熬过了炮火轰炸的美军士兵成功狙击了登陆的英国军队。[2] 被困在英军舰艇上的弗朗西斯终于得以脱身。当他和朋友离开英国皇家海军舰艇时，他口袋里已经多了一页记录下昨夜震撼场面的小诗。16日，弗朗西斯在巴尔的摩的印第安女王酒店里，完成了这首作品：

> 啊！在晨曦初现时，你可看见
> 是什么让我们如此骄傲？
> 在黎明的最后一道曙光中欢呼，
> 是谁的旗帜在激战中始终高扬！
> 烈火熊熊，炮声隆隆，
> 我们看到要塞上那面英勇的旗帜
> 在黑暗过后依然耸立！
> 啊！你说那星条旗是否会静止，
> 在自由的土地上飘舞，
> 在勇者的家园上飞扬？
> ……

这首诗被弗朗西斯命名为《保卫迈克亨利要塞》（*Defence of Fort McHenry*）。全诗共有四节，前三节是对巴尔的摩守卫战的

---

[1] Peter Gardella, *American Civil Religion*, p. 153.
[2] 关于这次战斗的详细情况可参见 John R. Elting, *Amateurs, To Arms, A Military History of the War of* 1812, Chapel Hill: Algonquin Books of Chapel Hill, 1991, pp. 237–243。

描述，英军的炮火连绵，但星条旗依然高耸，胜利的美国人"在黎明的最后一道曙光中欢呼"，朝霞映照着星条旗，自由土地上的勇士"用自己的血"来清洗敌人"肮脏的脚印"，这些英帝国的"奴才、佣兵"，最终一败涂地，无处藏身。最后一节将主题拔高，认为美国人之所以能够胜利，还要感谢上帝的保佑，只要"信仰上帝"，捍卫正义，那么星条旗也将永远飘扬。

弗朗西斯随后将这首作品展示给他的妹夫约瑟夫·H. 尼克尔森法官（Judge Joseph H. Nicholson），后者建议将这首诗配上当时流行的曲子《天堂里的阿那克里翁》的旋律进行演唱。9月20日，《巴尔的摩爱国者报》和《美国人报》都刊登了这首歌曲，并明确标注配以《天堂里的阿那克里翁》旋律。歌曲很快流行开来，据说，从乔治亚洲到新汉普歇尔，共有17家报纸刊登了这首歌曲。10月，巴尔的摩当地的演员费尔迪南德·杜兰（Ferdinand Durang）首次公开演唱了这首歌曲。

这首歌在当时广受欢迎，一方面是由于歌词本身所记录的美国军队顽强抵抗的勇士精神与捍卫自由独立的爱国情怀，备受民众喜爱。另一个不可忽视的原因则是，歌曲采用了已经十分流行的旋律。前文已经提及，潘恩也曾为这首旋律填词，歌曲同样备受好评、广受欢迎。不过，吊诡的是，这首旋律的作者，却是一位英国绅士——约翰·斯坦福·史密斯（John Stafford Smith），他是一位作曲家，也是教堂手风琴师和乐理家，是最早收集巴赫手稿的收藏家之一。

18世纪中后期，对古希腊的崇拜在英国蔚然成风，这首曲子就是为当时英国的一个古希腊爱好者社团"伦敦阿那克里翁协会"所创作的主题曲，拉尔夫·汤姆林森（Ralph Tomlinson）为其填词，歌曲在 1779 年首次出版。这个社团不断扩大，来到美国的社团成员不仅建立了分会，同时也将这首歌传播到了美国。实际上，这首歌在美国的待遇要比在英国本土高得多，希腊神话中为自由意志和人性欲求进行斗争的精神，恰好与当时正在争取独立的美洲大陆呼应，因此，除潘恩之外，杰斐逊和亚当斯都为这首旋律填过爱国主义主题的歌词。[1]

简言之，《星条旗之歌》与其他歌颂美利坚勇士的爱国歌曲并无不同，在形形色色的歌曲小册子中，也仅是将其当作一般的歌曲进行收录。有研究者曾统计了 19 世纪美国和英国出版的以美国为主题的 159 本歌曲小册子，其中收录《星条旗之歌》的只有 4 本，远不及当时官方认可的《哥伦比亚万岁》，也比不上有著名作者加持的《自由之树》。[2] 林肯的回忆也提及，在他熟悉的两首歌曲中，《哥伦比亚万岁》是需要在演奏时起立的，而另一首则不需要。[3]

宗主国的文化遗产与美利坚的爱国热情

第二次独立战争虽然使美国真正从英帝国的控制之中脱离

---

[1] Peter Gardella, *American Civil Religion*, p. 154.
[2] 19 世纪英国和美国出版的 159 本音乐手册中，收录了《星条旗之歌》的有 4 本，但是除了 1824 年的《声乐标准，星条旗之歌》之外，其他 3 本都出现在 19 世纪中后期，并且旋律和曲调都各有不同，而《哥伦比亚万岁》被 7 本书收录，它的另一个版本《总统进行曲》则被 19 本书收录。参见 Ray B. Browne, "American Poets in the Nineteenth-Century 'Popular' Song Books," *American Literature*, Vol. 30, No. 4, Jan. 1, 1959, pp. 503 – 522。
[3] Peter Gardella, *American Civil Religion*, p. 156. 虽然本书的作者暗示这首旋律很有可能是《星条旗之歌》，但是由于当时歌曲的歌词有很多版本，而且作者不一，因此，也无法确定到底是《保卫迈克亨利要塞》还是其他歌词。

开来，但是在如何建立起自己的政治象征符号的问题上，美国人的独立意识要晚得多。《星条旗之歌》的旋律来自英国这个事实本身就表明，就文化传承而言，美国人一开始并未对宗主国的传统产生排他式的抗拒，相反，他们在很大程度上对英国文化保持了开放和接纳的态度，乐于利用其中的元素来建构起美国自己的特色。爱国歌曲就是例证，"美国早期几乎所有的爱国音乐和反抗英国统治的歌曲都来自当时的英国流行曲"。[1] 在《星条旗之歌》之外，另一个更加直接的例子是《美利坚/我的祖国属于你》这首脍炙人口的歌曲。

本书第一章已经介绍过《天佑吾王》在其他国家，特别是殖民地的传播和使用。作为英国重要的殖民地，这首歌在美国也被广泛传播。不过，当时这首歌还不是真正的英国国歌，通过改编歌词来表达各种不同的政治主张和立场的做法十分常见，这一方面使得歌曲旋律更加流行，另一方面也能更好地迎合政治传播的需要。独立战争时期，英国军队常常在行军时演唱《天佑吾王》以表达对英王的效忠，正当化自己正在进行的镇压行动，对于美利坚那些依然想要忠于英国统治的人来说，这首歌当然也是表达立场的不二之选。[2]

美国人对《天佑吾王》的各种改编，其内容几乎都是将天佑的对象从英国国王转换成美洲人或美洲人奋斗的目标。共有《天

---

[1] John Anthony Scott, *The Ballad of America: The History of the United States in Song and Story*, Carbondale: Southern Illinois University Press, p.3.
[2] 参见 Robert James Branham, Stephen J. Hartnett, *Sweet Freedom's Song: "My Country 'Tis of Thee" and Democracy in America*, Oxford: Oxford University Press, 2002, p.26。

佑美利坚》《天佑人权》《天佑乔治·华盛顿》《天佑十三州》等21首歌曲被创作出来。[1] 这种直接借用的做法在19世纪依然流行，1889年《纽约时报》曾经指出，如果谁要不想被视作盗窃物品的接受者，就应当忘记《美利坚》这首歌。耶鲁的托马斯·鲁恩斯博里教授则说："在抄袭行为的历史章，再没有什么比我们改编《天佑吾王》并且直接把它取名为《美利坚》更无耻的行为了"。[2]

在各种对《天佑吾王》的"抄袭"中，最成功的当属萨缪尔·弗朗西斯·史密斯（Samuel Francis Smith）的作品《美利坚/我的祖国属于你》。

1808年，萨缪尔·史密斯出身于波士顿的一个浸信会家庭，青年时期进入安多维尔神学院学习（Andover Theological Academy）。在神学院学习期间，史密斯的朋友洛威尔·曼森（Lowell Manson）请他帮忙将一些德国学校的歌曲小册子翻译成英文，也一并创作新的歌词。在这个过程中，史密斯对一段出现在穆齐奥·克莱蒙特（Muzio Clementi）三号交响乐中的旋律特别倾心，根据后来的回忆，史密斯并未辨认出这段旋律就是《天佑吾王》，"我把它当成是一首（德国）爱国歌曲"，在翻译时，史密斯"感受到一股创作一首美国爱国歌曲的冲动"，于是直接为这段旋律重写了英文歌词，他文思泉涌，只用了半个小时就完成了

---

[1] Oscar G. T. Sonneck, *Library of Congress Report on The Star-Spangled Banner, Hail Columbia, America, Yankee Doodle*, Washington D. C., 1909, p. 77; Oscar Brand, *Songs of '76: A Folksinger's History of the Revolution'*, New York, 1972, p. 166; Robert James Branham, Stephen J. Hartnett, *Sweet Freedom's Song*, p. 31.
[2] 转引自 Robert James Branham, Stephen J. Hartnett, *Sweet Freedom's Song*, p. 14.

创作工作。[1]

在 1831 年 7 月 4 日的独立日庆典活动中，这首歌由儿童合唱团在波士顿的公园街教堂中首次公开演唱：[2]

> 我的祖国，属于你，
> 自由甜美之地，
> 我为你歌唱；
> 父辈们逝于斯，
> 朝圣者之骄傲，
> 越过山岳
> 自由之声飘扬！[3]
> ……

与《星条旗之歌》对抗争和战斗的歌颂以及《哥伦比亚万岁》对爱国英雄的崇敬不同，这首歌首先要强调的，是对美利坚祖国深沉又强烈的爱。

---

[1] Charles Francis Meserve, "Samuel Francis Smith: The Author of America," *Biblical Recorder*, 9 Mar., 1932, p.5; https://en.wikipedia.org/wiki/My_Country,_%27Tis_of_Thee.

[2] John A. Garraty, Mark C. Carnes eds., *American National Biography*. 20, New York: Oxford University Press,1999, p.281.

[3] 英文完整歌词：1. My country, 'tis of thee,/Sweet land of liberty,/Of thee I sing;/Land where my fathers died,/Land of the pilgrims' pride,/From ev'ry mountainside/Let freedom ring! /2. My native country, thee,/Land of the noble free,/Thy name I love;/I love thy rocks and rills,/Thy woods and templed hills;/My heart with rapture thrills,/Like that above. / 3. Let music swell the breeze,/And ring from all the trees/Sweet freedom's song;/Let mortal tongues awake;/Let all that breathe partake;/Let rocks their silence break,/The sound prolong. /4. Our fathers' God to Thee,/Author of liberty,/To Thee we sing./Long may our land be bright,/With freedom's holy light,/Protect us by Thy might,/Great God our King.

人们写作歌词时偏爱意的转变，与当时美国的具体情境有关。19世纪30年代前，美国既告别了过去反抗英国控制的斗争，又尚未真正陷入因为奴隶制问题而发生分裂的困境。但是，各种威胁到共和国根基的危险依然存在，犯罪率飙升、天主教移民、奴隶反抗和各种有组织的社会骚乱使人们感到有必要采取措施来巩固共和国。人们提出的对策是培育公民文化和民族身份认同。比起革命时期采用歌曲来凝聚和动员民众，美国现在可以通过更加制度化的行动实现这一目标，于是才有了将爱国歌曲纳入小学课程的决定。

"Amoris partiae nutrix, carmen"（歌曲培育爱国之情）——波士顿学校委员会在1838年发布的一份支持将音乐用作培育公民德性有效措施的报告中这样说。在此之后，《美利坚》很快被纳入美国各个公立学校、安息日学校和公民庆典中，制度化为表达国家忠诚和民族认同的歌曲象征。到19世纪末，在美国的各种独立日庆典、国父庆典、华盛顿诞辰纪念、哥伦布日、植树节、劳动节和感恩节活动中，这首歌都会作为开场或闭幕节目上演。[1]

就这样，一首本来用来强化对宗主国忠诚的原国歌，在遗忘和创作中成了培育新国家公民爱国热情的名义上的新国歌。这又一次印证了本书的判断，在国歌问题上，本源的考据永远是次要的，它服务于具体情境中的政治目的和价值取向。重要的是，通过国歌的演唱、传播和教学，在一套特定的政治符号系统之中，它对爱国情感上的唤醒和认同上的强化是超越共同体之内的政治

---

[1] 参见 Robert James Branham, "'Of Thee I Sing': Contesting 'America'," *America Quarterly*, Vol. 48, No. 4, Dec., 1996, p.627.

立场和宗教倾向的。用史密斯自己的话来说：

> 演唱这首歌（《美利坚》）时我们再次融为一体。没有什么民主党人；也没有什么共和党人。也不存在共和党独立派……我们都是爱国者。不存在浸信会教徒、公理会教友、循道公会教徒、圣公会教徒；我们都凝聚为一个整体，唱着同一首歌谣，在响彻全国的伟大爱国主义欢呼声中，整体的心灵都瞄准了同一首歌。[1]

三、分裂之家的危机与民族共同体诉求的弥合

1815 年之后，美国迎来了新一轮的飞速发展。第二次独立战争解决了西进过程中英国的干涉；欧洲大陆的革命既带来了大量新移民，也刺激了美国国内市场和经济的发展；淘金热的出现同样刺激了民众对美国梦的想象。不过，即使到这个时候，这个建立在"每个人生而自由"的信条之上的新国家，依然未获得稳固的基础，动摇立国之基的一个直接原因是，邦联国家的框架之下各州所拥有的权利边界不明确，更具体地说，每个州是为了本州人民的权利和幸福加入邦联，那么当邦联影响到人民追求福祉时，州是否拥有退出邦联的权利。

卡尔·施米特（Carl Schmitt）曾经尖锐地指出，一切政治问题最终都在于做出决断，在于分清楚谁是敌人、谁是朋友。对

---

[1] "America: The Author's Own Account of How the National Hymn Was Written. Address of the Rev. S. F. Smith at the Testimonial Recognition Tendered Him By the Governors of All the States in Boston, April 3, 1895," broadside in the Colby College Special Collections, Miller Library, Colby Co. 转引自 Robert James Branham, "'Of Thee I Sing': Contesting 'America'," p.630。

于任何政治共同体来说,当外部敌人的威胁渐渐消退时,内部的分歧就成了最大的问题。首先追求国家存在和独立的美国只有解决了英法威胁的问题后,才真正有时间和精力来面对和处理内部尚存的巨大分歧。另一方面,当初立国时赋予各州的巨大权力如今成了威胁共同体存亡的隐患,经济的发展和西部土地的使用进一步激化了南北两端的矛盾。表面上看两端的分歧在于如何对待奴隶制,深层次看,则在于《独立宣言》所确立的原则应当在多大程度上被践行。

当分裂到达政治共同体的层面,战争似乎不可避免。这场在工业革命以后美国境内爆发的第一次大规模战争,虽然伤亡惨烈,但也成为美国解决共同体分裂、巩固民族国家认同和未来发展的关键一步。就此而言,南北战争为美国爱国主义的历史制造了许多题材,在当时当地的情境之下,这些题材真正发挥了鼓舞士气和凝聚爱国情绪的作用,其间传唱的歌曲有许多都流传下来,如今依然被视为经典爱国歌曲。

歌曲不仅在军队中传播,伴随着士兵在战斗中为了自己所支持的一方奋战搏杀以至于献出生命的举动;另一方面,在民间和公共领域中,许多歌曲也随着歌手和乐队的演唱、改编和传播,成为传递政治信息、表达政治立场和歌颂特定政治价值的工具。民谣和爱国歌曲旋律朗朗上口,再配上有着明确政治意涵的歌词,就是战场外进行政治斗争的最佳手段之一。在这个过程中,前文中提及的许多歌曲都有着相似的遭遇,《星条旗之歌》则被淹没在爱国歌曲的洪流中,仅仅是歌曲清单中的一首而已。

第四章 —— 《星条旗之歌》：合众国的自我奠基与认同建构

分裂之家与立国之本

就南北战争爆发的具体语境而言，首先要注意的一点就是，废奴的立场从独立战争时期开始就已经成为一种鲜明的政治主张。在起草《独立宣言》时，托马斯·杰斐逊曾经试图以此攻击乔治三世，指控这位英国国王在殖民地强制推行非洲奴隶贸易，并且"煽动美洲黑人武装反抗自己的主人"。[1] 1807年3月，杰斐逊签署了在他的主导下通过的《禁止进口奴隶法案》，这个法案被历史学家评价为杰斐逊任职总统期间的两项主要成就之一。[2] 杰斐逊也承认，在处理奴隶制的问题上，需要谨慎对待应然和实然，1820年他在晚年写给约翰·霍尔姆斯的信中坦陈：

> 这世上没有哪个人能比我做出更多的牺牲，将我们从这种沉重的负罪（奴隶制）中解脱出来……豺狼在我们耳边咆哮，我们既无法驾驭它，也不可能既放他自由，又保证自己安然无恙。正义在天平的一端，自我保全则在另一端。[3]

---

[1] 一个主要原因在于，当时大多数美洲白人都支持购买非洲黑人作为奴隶，在南方各州的反对之下，大陆会议甚至从《独立宣言》的草案中取消了对乔治三世的这条指控。Jefferson's draft of the Declaration of Independence, *Journals of the Continental Congress*, 1774–1789, Vol. V, 1776, June 5, October 8, p.498；Washington：Government Printing Office, 1906；John Chester Miller, *The Wolf by the Ears：Thomas Jefferson and Slavery*, New York：Free Press, 1980, p.8.

[2] John Chester Miller, *The Wolf by the Ears*, p.142.

[3] Jefferson, Letter, April 22, 1820, to John Holmes, former senator from Maine, Ibid, p.241.

谨慎小心的杰斐逊只代表了政治精英中的一类,活跃在当时美国政坛的,既有激进的北方废奴主义者,也有以黑奴为主要劳动力的南方棉花厂种植园主。前者在洛克《政府论》和潘恩《常识》的影响之下,将奴隶制视为一种耻辱;而后者一方面出于经济利益的考量,另一方面秉持着传统的贵族观念,既不愿意释放黑奴,还认为这种取消等级制的做法是有失体面和荣誉的。[1]

在不同的政治立场和复杂的历史背景之下,杰斐逊当政期间,美国的南北两方和各种政治派别围绕着奴隶制的问题发生过数次冲突。矛盾最终在林肯当选总统后全面爆发。当时以限制奴隶制为中心任务的共和党候选人林肯虽然无法得到南部的支持,甚至普通选票都未过半,但赢得了足够的选举人团票数,因此赢得总统选举。这使南部各州大为光火。考虑到宪法赋予各州的自由权利,反对这一选举结果最决绝的做法就是脱离联邦,南部各州不约而同地走上了这条分裂之路。1860年12月20日开始,在一个半月时间中,从南卡罗莱纳州开始,包括密西西比、佛罗里达、亚拉巴马、乔治亚、路易斯安纳和德克萨斯在内的南方各州都宣布脱离联邦,自己派代表单独组建了另一个政府。[2]

如此一来,刚建立不到一个世纪的合众国就面临着有史以来

---

[1] Christopher J. Olsen, *Political Culture and Secession in Mississippi: Masculinity, Honor, and the Antiparty Tradition, 1830–1860*, New York: Oxford University Press, 2000, p.237. fn.33.
[2] Steven E. Woodworth, *Cultures in Conflict: The American Civil War*, Westport: Greenwood Press, 2000, p.4.

第一次内部危机，而且危机的法律依据还出自宪法规定。[1] 不过，当时的北方各州和共和党人很清楚，虽然南方各州的举动从表面上看并不违宪，但在深层次的法理和政治论证中站不住脚，更严峻的是，如果任由南方各州组建政府，当初由各州合意建立的统一国家在未来将不可避免地面对一次又一次因为各种理由所引发的分裂，最终结果必定是国家消亡、民族不存。[2]

面对南方的分裂举动，1861年3月宣誓就职的林肯在其就职演说中条分缕析地阐述了南方各州做法的错误之处和废除奴隶制的正当之理。林肯再次援引大陆会议和《独立宣言》的精神，将当初建立合众国的举动视为建立民族国家，而不只是组成一届政府的行为。无论是麦迪逊还是杰斐逊都认同，《独立宣言》的发表是"这些州的根本联合行为"，以"一个民族"名义行动的大陆会议把十三个"联合的殖民地"转变成了十三个"自由而独立的州"，这十三个州虽然在国家内部拥有各项权利，但在国际社会中，必须以单一政府的身份行动。换句话说，美利坚民族国家并非十三个州的机械和契约联合，而是某种超越其上的东西，是"激情"和"理性"的两种联合。[3] 林肯直言：

> 我坚信，从一般法律和宪法的角度来看，各州组成的联邦是永久性的。永久性在所有国民政府的根本法中

---

[1] 1798年肯塔基决议的第一条就表明："构成合众国的各州，不是在无限服从全国政府的原则上联合起来的；它们根据名为《合众国宪法》及其修正案的契约，为了特定目的而组成全国政府，授予该政府某些特定的权力，而各州自己都把其余的大量权利保留给自己的自治政府……"，转引自雅法《自由的新生：林肯与内战的来临》，上海：华东师范大学出版社，2008年，第62页。
[2] 关于这个问题的讨论，可以参见雅法《自由的新生：林肯与内战的来临》，第七章。
[3] 雅法：《自由的新生：林肯与内战的来临》，第394—395页。

> 如果不是明确规定，也是不言而喻的。可以有把握地说，没有一个正规的政府的根本法里面曾有过使它自己终结的条款。……除非采取宪法本身所未规定的某种行动，联邦是不可能摧毁的。[1]

所以在林肯看来，南方各州的所作所为既没有法律依据，同时也是在摧毁联邦。

但南方各州坚信，国父们既没有支持废除奴隶制，也并未在《独立宣言》中表明这种立场，因此他们的做法有理有据。对此，林肯援引超越世俗习惯和等级界限的更高的道德判断，"是与非的区分要先于任何体制的政府，它独立于任何人或任何多数派的意志"[2]。

无论如何，一部分人奴役另一部分人，坐享其成，都是一种残暴的原则，这种原则不可能是正义和正当的。就此而言，在美利坚民族内部所产生的分裂，不仅是一种政治立场和政策意见上的分裂，也不仅在于如何看待宪法和法律赋予合众国和各州的权利，更是人们如何看待民族成员身份，如何看待国家之内个体之间、自我与他人之间关系的分裂。用雅法（Harry V. Jaffa）的话来说，"分裂之家"的分裂不仅是"自由州与蓄奴州"之间的分裂，"也是美国心灵内部的分裂，这种分裂不限于支持奴隶制的一派，这种心灵同时委身于人类物种的平等与不平等"[3]。

如果通过选票来弥合文明政府内部的分裂被认为是可行的，那么如何消解人民心灵的分裂，如何在"暂时的"政府和"永恒

---

[1] 转引自雅法《自由的新生：林肯与内战的来临》，第411—412页。
[2] 同上，第481页。
[3] 同上，第509页。

的"民族国家之间的排序产生偏差时进行纠正，或许就不能单纯依赖和平方式了，特别是其中一方本就做好准备放弃这一途径的时候。摆在林肯面前的问题迅速变成了"要么立即解体，要么流血"，而唯一的选择似乎是林肯"以最大的遗憾发现他被迫履行使用军事力量来保卫政府的责任"。[1]

废奴音乐与《美利坚》的改编

在政治派别的斗争和南北各州的分裂之外，奴隶制问题在美国民众的日常生活中，也是需要关注和讨论的头等大事。从杰斐逊宣布奴隶贸易非法到南北战争爆发，美国的废奴主义运动经历了近三十年时间，其间，许多废奴主义者尝试通过音乐来推行自己围绕着"奴隶制违背人的自由与平等"所发挥的政治立场和情绪。[2] 从 1831 年威廉·劳埃德·加里森（William Lloyd Garrison）出版《解放者》第一期开始，废奴主义者越来越渴望被人"听到"：

> 我意识到，许多人反对我言语中透露的严肃态度；但是态度严肃难道不是应该的吗？我将会直言不讳，立场坚定，保持正义。在这个问题上，我不想谨慎温和地去思考，或者去演说，抑或去写作。不！不！……我热血沸腾——我决不游移不定——我决不找寻借口——我决不退步一丝一毫——我的声音将会被世人听到。[3]

---

[1] 雅法：《自由的新生：林肯与内战的来临》，第 600 页。
[2] Vicki L. Eaklor, *American Antislavery Songs: A Collection and Analysis*, New York: Greenwood press, 1988, p. xi.
[3] Ibid, p. xv.

废奴主义者在宪法所保障的言论和集会自由权之下，展开各种政治活动，"利用一切可能的手段来传达他们的讯息"，使运动越来越"流行"。在手段的选择上，歌唱被视为绝佳工具。1844年，乔治·W. 克拉克（George W. Clark）在他搜集出版的反奴隶制歌曲集出版前言中这样说道：

> 一切造物都具有音乐性——全部的自然都言说着歌曲的语言……这种音乐能够实现广大的善，如果正确地塑造和演奏，它就是最高尚和最精美的享受的源泉，任何理解其力量或见证过其功效的人都无法否认这一点……它神奇的力量将被用来服务每一项正当的事业——助益人类每一次推进社会、公民和宗教福祉的努力。[1]

对克拉克来说，歌曲应当承担的任务，就是推进人与人的平等，帮助废奴主义取得成功。

另一方面，如果说对音乐的讨论需要区分歌词和旋律的话，那么显然在废奴主义者的认识中，歌词内容的重要性远远超过旋律所传达的信息和情绪。但是，正是因为音乐歌曲是歌词和旋律的结合，因此它可以结合理性的说理与感性的呼吁，比当时主流的演讲更加有效，当然也要比写作和报刊文章的传播更加立竿见影。从这种认识出发，一些废奴主义者将精力投入到了收集、创作和改编歌曲上，各种名为"反奴隶制集会歌曲集""反奴隶制旋律"的歌曲小册子被出版，囊括了数目繁

---

[1] Vicki L. Eaklor, *American Antislavery Songs: A Collection and Analysis*, New York: Greenwood press, 1988, p. xx.

多的歌曲，1843年出版的一本歌曲集中甚至收录了492首反奴隶制歌曲。

由于人们通常会在反奴隶制集会结束时和特定的国家节日集会中演唱这些歌曲，以期提升斗志和传达讯息，这些歌曲从某种意义上就成了话语战争的工具。在通过修辞对某种立场进行批判，并对自己的主张进行宣扬的过程中，没有什么比改编一首已经有流行基础，在日常生活和政治仪式中占据着特定位置的政治歌曲更加直白和立竿见影了。南北战争爆发时，老奥利佛·温德尔·霍尔姆斯（Oliver Wendell Holmes, Sr.）就给《星条旗之歌》加上了一段歌词，以表达对战争的愤怒：

> 当自由女神的微笑照亮大地，
> 如果内部的仇敌给她的荣耀狠狠一击，
> 胆敢放肆的叛徒们必将失败
> 她的星条旗和她自己的历史长存！
> 数百万人因与生俱来的权利被解放，
> 我们将永远捍卫她闪耀的纹章！
> 星条旗将在胜利中飘扬
> 自由之地就是勇者之家。[1]

不过，比起《星条旗之歌》对战斗情绪的宣扬，《美利坚/我

---

[1] 原歌词为：When our land is illumined with Liberty's smile,/If a foe from within strike a blow at her glory,/Down, down with the traitor that dares to defile/The flag of her stars and the page of her story! /By the millions unchained who our birthright have gained, /We will keep her bright blazon forever unstained! /And the Star-Spangled Banner in triumph shall wave/While the land of the free is the home of the brave.

的祖国属于你》（以下简称《美利坚》）在这一时期的改编似乎更具有代表性，也产生了更多的实际影响。

在前文中已经提及，《美利坚》这首歌在问世以后便立刻大受欢迎，一度成为美国各种政治庆祝仪式上的保留曲目，创作者甚至认为这首歌可以将美利坚民族凝聚起来，成为一体。不过，歌曲本身有很多问题，除了明显借鉴英国国歌以外，即使是在美国当时的语境中，这首歌的意涵也随着历史的推进开始被质疑。

一个最重要的问题是，虽然这首歌歌颂了属于美利坚民族的"自由甜美之地"，但是显然，作者史密斯所写的那个美利坚是在19世纪30年代之前，还没有遭遇移民热潮、同化和废奴运动等一系列新问题的美利坚。作者当时身处的波士顿是一个"几乎完全由英国血统组成的同质民众群体，在过去将近两百年里都未曾改变"。[1] 因此，随后发生的各种问题使这首歌中包含的对同质化种族的歌颂成了最大的反讽：虽然美利坚是"自由甜美之地"，建立在《独立宣言》的理念之上，但是，美利坚不属于黑人，也不属于后来的欧洲移民，而属于白人。对那些"有良心"的人来说，唱这首歌就是与他们的现实体验相违背。[2]

而对于那些持废奴主义立场的人来说，这首歌在独立日庆典中被用来强化民族认同和爱国情感的做法更加不可接受。他们的应对之策就是改编这首歌来讽刺美国当时的情况并表达自己对美利坚理念的构想。在1848年威廉·威尔斯·布朗（Willian Wells Brown）搜集出版的《反奴隶制竖琴曲集》（*The Anti-*

---

[1] John D. Long, "His Country Honors Him," *Boston Herald*, 4 Apr., 1895, p.9.
[2] Robert James Branham, "'Of Thee I Sing': Contesting 'America'," p.631.

Slavery Harp: *A Collection of Songs for Anti-Slavery Meetings*）中，《美利坚》被改编为一首名为《醒来吧，自由民的精神》的歌曲：

> 自由之子！我们呼唤
> 无论你身在田间或是大堂，
> 众志成城站起来
> ……
> 哪个热爱她名誉的人
> 感受不到祖国的耻辱
> 在这黑暗的时刻？[1]

但是考虑到原曲当时作为"国民颂歌"（National Hymn）在政治仪式中所享有的地位，这种改编行为的政治意涵就很明显了：美洲白人的那个"美利坚"并非他者的祖国，那些同样在美利坚生活，属于美国的黑人、移民、少数群体甚至女性，并不拥有"美利坚"。弗里德里克·道格拉斯（Frederick Douglass）在评论1854年约书亚·麦克卡特·辛普森（Joshua McCarter Simpson）对《美利坚》的改编版本时所说的话也典型地表达了这种立场：

> 七月四日是你们的，不是我们的。你可以欢欣鼓舞，我却必须沉痛哀悼。把那些被脚镣所束缚的人拽到雄伟光辉的自由神殿中，要求他们和你一起高唱欢乐的颂歌，就是惨无人道的嘲弄和亵渎神明

---

[1] William Wells Brown, *The Anti-Slavery Harp*; *A Collection of Songs for Anti-Slavery Meetings*, Boston, 1854, p. 13.

的讽刺。[1]

分裂之家的争论就这样从政治观念延伸到歌曲上。对那些支持奴隶制的人来说，美国从始至终都是自由甜美的应许之地，"我们赞美你"，对于北方和废奴主义者来说，当时的美利坚不啻为"奴隶制的黑暗之地"，"白人只手遮天，专断独行"，因此，"我们唾弃你"。[2]

南北战争与战歌的选择

"于是，战争来了。"在第二次总统就职演说上，林肯言简意赅地表述了南北战争爆发的逻辑。[3] 象征着美利坚人民独立斗争精神的《星条旗之歌》在这场战争中并未再次流行，在官方场合，《哥伦比亚万岁》才是实际上的国歌。这一点林肯的回忆可以佐证。

之所以如此，前文已经指出，部分是由于这首歌所表达的是美利坚民族在面对其他国家时，民众展现出的战斗决心和独立意志。倘若放到民族内部因为奴隶制问题而产生分裂的具体语境中，这首歌是不合时宜、没有"中心主题"的。

主题的不符合也反映在民间音乐对这首歌的态度上。南北战争期间，美国的民间音乐有了较大发展，开始出现进行巡回演唱的表演团体。在这些团体中，最受欢迎的是被称为"哈金森家庭合唱团"（The Hutchinson Family Singers）的家族歌唱团体。这

---

[1] Frederick Douglas, "The Meaning of the Fourth of July For the Negro," 转引自 Robert James Branham, "'Of Thee I Sing': Contesting 'America'," p. 632。
[2] 参见 Robert James Branham, "'Of Thee I Sing': Contesting 'America'," p. 635。
[3] Ronald C. White, *Lincoln's Greatest Speech: The Second Inaugural*, New York: Simon & Schuster, 2002.

个团体的成功，很大程度上得益于他们的选曲大多围绕着当时处在风口浪尖上的废奴主义、工人权利甚至妇女权利等问题。[1] 有趣的是，在几十年的演出中，这个合唱团从未表演过《星条旗之歌》，而合唱团成员贾德森（Judson）创作的《古老的花岗岩州》（*The Old Granite State*）由于其对北方的歌颂，一度被许多人提议定为美国国歌。[2]

与此同时，战争双方都没有放弃寻找符合自己斗争立场的歌曲，内战"突然间创造了对可以激励处在毁灭边缘的民族的民谣的需求"。[3] 因此，这场战争也被视为将美国音乐从欧洲遗产中解放出来，开始创造出符合自己特色的民族歌曲的一次"解放战争"。[4] 数不胜数的战争歌曲和民谣被创作出来，这些歌曲或以废奴的政治主张为主题，或以对共和国政治价值的捍卫为内容，还有以歌颂个人主义英雄和和平时代生活为主旨，例如《废奴者之歌》《共和国战歌》《林肯与自由》《美丽的蓝色旗帜》《强尼归家》等，至今依然流行。[5]

---

[1] 例如成员贾德森·哈金森创作的《给我滚开》（*Get Off the Track*）就是典型的以废奴为主题的歌曲，参见 Scott Gac, *Singing For Freedom*: *The Hutchinson Family Singers and the Nineteenth-Century Culture of Reform*, New Heaven: Yale University Press, 2007, p.91。
[2] Scott Gac, *Singing for Freedom*, p.164.
[3] Ace Collins, *Songs Sung, Red, White, and Blue: The Stories Behind America's Best-Loved Patriotic Songs*, Harper Collins e-book, p.50.
[4] "内战解放了黑人奴隶，同样也将美国音乐从它的阻碍和外部传统中解放了出来。" Irwin Silber, Introduction to the *Songs of the Civil War*, New York: Folkways Records & Service Corp, 1960, p.2.
[5] 这些歌曲都被收录在了名为《内战歌谣》（*Ballads of the Civil War*）的专辑中，由史密森民间音乐唱片公司（Folkways Records）于1954年发行，http://www.folkways.si.edu/hermes-nye/ballads-of-the-civil-war/american-folk-historical-song/　　（转下页）

过去已经被创作出来并且具有一定流行度的歌曲，也开始演化出截然不同的南方和北方歌词版本。一个典型的例子是出生于马萨诸塞州的乔治·弗里德里克·鲁特（George Frederick Root）所创作的《为自由而战》（*Battle Cry of Freedom*）。根据一位内战联邦军队老兵的回忆，这首歌曲在战场上鼓舞着士气，歌曲仿佛"奇迹"一般[1]：

> 是的，伙计们，我们聚集在旗帜之下。
> 我们再次聚集起来，
> 大声呼喊为自由而战。
> 我们来自山脚之下，
> 我们来自平原之上，
> 大声呼喊为自由而战。
>
> 联邦永存。
> 万岁！伙计们，万岁！
> 将叛徒一扫光，
> 如星星永放光；
> 我们聚集在旗帜之下，伙计们，
> 再次聚集起来，
> 大声呼喊为自由而战……[2]

（接上页）music/album/smithsonian；在美国音乐市场上，诸如此类的专辑和歌曲小册子发行过很多，例如杰瑞·西尔弗曼（Jerry Silverman）编辑的《内战歌谣歌曲》（*Ballads & Songs of the Civil War*）就收录了一共107首这个时期的歌曲。
[1] Henry Stone, "A Song in Camp," *Memoranda on the Civil War*, 1887.
[2] 原歌词为：Yes, we'll rally round the flag, boys. / We'll rally once （转下页）

面对北方以自由的名义为自己正名的呼声，南方做出了回应——自己同样是在为自由而战：

> 我们的旗帜高高飘扬
>
> 飘扬在平原和大地上。
>
> 呼喊，为自由而战！
>
> 过去的失败者就在脚下，
>
> 如今我们将再次征服！
>
> 呼喊，为自由而战！
>
>
> 南方万古长青！
>
> 她所向披靡！
>
> 将老鹰打倒在地
>
> 十字旗高高升起！
>
> 我们在美丽的旗帜下聚集。
>
> 我们将在此聚集起来，
>
> 呼喊，为自由而战！[1]

（接上页）again. / Shouting the battle cry of Freedom, / We will rally from the hillside, / We'll gather from the plain, / Shouting the battle cry of freedom. / Chorus: The Union forever. / Hurrah! Boys, hurrah! / Down with the traitors, / Up with the stars; / While we rally round the flag, boys. / Rally once again. / Shouting the battle cry of freedom. 完整歌词参见 Ace Collins, *Songs Sung, Red, White, and Blue*, p. 48。

[1] 原歌词为：Our flag is proudly floating/ On the land and on the main, / Shout, shout the battle cry of Freedom! / Beneath it oft we've conquered, / And we'll conquer oft again! / Shout, shout the battle cry of Freedom! / Chorus: Our Dixie forever! / She's never at a loss! Down with the eagle/ And up with the cross! / We'll rally' round the bonny flag/ We'll rally once again. / Shout, shout the battle cry of Freedom! 完整歌词参见 Ace Collins, *Songs Sung, Red, White, and Blue*, p. 48。

除利用共同的音乐资源之外,南北双方也开始尝试为自己的立场确立一首可作为国歌的主题曲。在北方各州,这首歌是《共和国战歌》(Battle Hymn of the Republic),在南方各州,则是被视为南部同盟国歌的《天佑南部各州》(God Save the South)、《美丽的蓝旗》(Bonnie Blue Flag)和《南部之歌》(Dixie)。

《共和国战歌》由一位名叫茱莉亚·沃德·霍伊(Julia Ward Howe)的美国作家创作,旋律来自一首以废奴主义者约翰·布朗为主题的歌曲《约翰·布朗之歌》(John Brown's Body)。原来的歌曲由于歌词露骨又粗俗,虽然在军队中流行,但难登大雅之堂。[1] 内战爆发后,一个偶然的机会使有虔诚宗教信仰的茱莉亚决定改写这首歌曲,既表达对民族命运的关切,也表白了自己的坚定信念。这首歌很快流传开来,成为民间认定的北方之歌。由于歌曲对黑奴问题的关切,也被誉为"解放之歌",时至今日依然流行。[2]

南部同盟在宣布组织政府的同时,也确定了政府的一系列象征,将自己的国旗和印章与合众国作出区分,俨然是一个新独立的国家。在选择代表南部同盟的音乐时,他们同北方一样,并没有找到一首合适的歌曲作为"国歌"。三首歌曲在这一时期承担着南方"国歌"的功能,一首是为了与北方《共和国战歌》抗衡而被创作的《天佑南部各州》,这首歌很快成为南方同盟军的保

---

[1] 这首行军曲的旋律来自当时美国南部,歌词却是一群自称为约翰·布朗的联邦士兵一起创作的,后来又被许多人进行了改编。联邦士兵假称自己为约翰·布朗,意味着他们也同约翰·布朗站在同一战线,支持废奴。约翰·戴维斯则是他们对杰弗逊·戴维斯的戏称。例如"他们将在酸苹果树上吊死约翰·戴维斯"这样的唱词都被放入这首歌曲中。

[2] Ace Collins, Songs Sung, Red, White, and Blue, p.58.

留曲目，在出版时还加上了"同盟国歌"的称号，但从未得到官方认可。[1] 由于旗帜在美国文化中的重要地位，这一时期南方也出现了一首以蓝色五角星旗这面最初代表南部同盟的非官方旗帜为主题的歌曲《美丽的蓝旗》。最后一首是南方的传统歌曲《南部之歌》，虽然这首歌最初并非专门为南部同盟所创作，其歌唱的是美丽的南方土地和生活，林肯也十分喜爱这首歌曲，但随着内战的爆发，南部同盟开始强调歌曲表达的"南部白人身份"，杰斐逊·戴维斯就职联盟"总统"时演奏的就是这首歌，同盟军行军时唱的也是这首歌。当时一位名为亨利·霍茨（Henry Hotze）的南部同盟非官方外交人员说得更加直白，这首歌俨然成了一个新民族身份的音乐象征。[2]

四、争夺国歌与《星条旗之歌》的获胜语境

南北战争结束后，美国经历了高速发展的时期，到 20 世纪初，处处都是繁荣的景象。不过，这个新兴民族国家在国歌选择的问题上，却迟迟做不了决断。

虽然缺乏官方认定的国歌，但当时的美国并不乏表征爱国主义情感的歌曲，也有许多歌曲被不同群体拥护为"国歌"。不过，与 19 世纪初依赖英国文化遗产的状况不同，此时的美利坚拥有了数量众多的自主的爱国音乐作品，其中最受欢迎的是歌颂美国

---

[1] C. T. De Cœniél, *Our National Confederate Anthem*：*God Save the South*, Richmond, 1862.
[2] John Spitzer, Ronald G. Walter, Making Sense of American Popular Song, *History Matters*：*The U.S. Survey Course on the Web*, http://historymatters.gmu.edu/mse/Songs/, June 2003；Nathan Hans, *Dan Emmett and the Rise of Early Negro Minstrelsy*, Norman：University of Oklahoma Press, 1962, p.272.

大好河山的《美丽的美利坚》。这首歌既有宗教赞美诗般的旋律，又有朗朗上口、充满诗意的歌词，曾经是国歌的热门选项。然而，最终得到参众两院的支持，成为国歌的是《星条旗之歌》。

是什么促成了《星条旗之歌》的成功？要回答这个问题，需要结合美国历史上对星条旗的推崇和 19 世纪末、20 世纪初美国特殊的爱国主义观念来进行思考。具体地说，对星条旗的崇拜成为人们支持《星条旗之歌》的重要理由；当时美国从自由、平等和正义的"普世爱国主义"转向以美国为最高价值的新爱国主义立场，同样促成了人们对《星条旗之歌》这首战歌的偏爱。这两种背景语境，勾勒了美国国歌的确立始末。

谁来代表美利坚？美国国歌之争

"信不信由你，美国到现在为止都没有一首国歌！"罗伯特·雷普利（Robert Ripley）1929 年的《信不信由你》卡通专栏中，"美国没有国歌"成了作者调侃的话题。不过，虽然这时美国尚没有官方认定的国歌，但各种爱国歌曲的支持者提议设定国歌的努力未曾停息。

许多爱国歌曲在 19 世纪已经有准官方国歌的地位，在各种场合被要求演奏。内战胜利后，北方在升国旗时演奏的是《美利坚/我的祖国属于你》，之前南方同盟也曾有自己的"国歌"。[1] 总统出席活动时的专属歌曲从《哥伦比亚万岁》变成了后来的《首长万岁》。《星条旗之歌》则被美国军队定为主题曲：[2]

---

[1] Ace Collins, *Songs Sung, Red, White, and Blue*, p.135.
[2] Ibid., p.171.

1892年，驻扎在米德要塞（Fort Meade）的加勒布·卡尔顿上校（Colonel Caleb H. Carleton）开始在要塞中推行宴会、游行结束时和音乐会上演奏《星条旗之歌》的习俗，甚至提议将这一做法推广到全军中。1899年，时任美国海军部长的本杰明·F.特雷西（Benjamin F. Tracy）签署了第374条将军令，将《星条旗之歌》定为军中升国旗时的专属音乐。1919年，这首歌在官方规定中的演奏场合从军队扩展到其他"适宜的场合"。

雷普利的讽刺揭示了这样的现状，人们是渴望确立一首官方国歌的。但找不到令所有人满意的歌曲作为国歌，确实是当时的困境。人们开始为此做出努力，表达立场，发起请愿，甚至通过议员向议会提起议案，确立国歌。

《美利坚/我的祖国属于你》这首以《天佑吾王》旋律为基调的改编歌曲就在备选国歌名单中。19世纪末，这首歌被许多美国人视为圣歌，当时的教皇甚至因为它的流行而想要收集一份副本。1899年，尼古拉斯·史密斯（Colonel Nicolas Smith）上校说，这首歌"在世界范围内被视为一首伟大的歌曲"，因为它歌词简明、富有爱国情感又充满活力，足以彰显美利坚自由真实而高贵的精神。[1] 不过，如果从官方角度考虑，这首源自英国国歌的歌曲或许不堪彰显共和国精神的重任，更尴尬的是，"美国人显然不想让世界认为他们连一首自己的国歌都想不出来"。[2] 何况它的原曲还是一首君主制的颂歌，与共和国的主旨显然不符。[3]

---

[1] Ace Collins, *Songs Sung, Red, White, and Blue*, p.135.
[2] Ibid, p.136.
[3] 参见 Arthur Johnston, "America's National Songs," *The High School Journal*, Vol. 2, No. 5, May 1919, p.153。

说起采用一首原创歌曲来作为国歌，当时的黑马要数《美丽的美利坚》。这首歌的词作者是在威尔斯利学院担任英语教授的凯瑟琳·李·贝茨（Katharine Lee Bates），曲作者是一位教会风琴手萨缪尔·A. 沃德（Samuel A. Ward）。贝茨在一次乘坐火车前往科罗拉多的旅途中，有感于派克峰的壮美，创作了这首歌颂美国大好河山的诗歌《派克峰》，发表在 1895 年《公理会》（The Congregationalist）的独立日特刊上，这首歌被配上沃德本来为歌颂耶路撒冷而创作的旋律，于 1910 年再次出版：

> 啊，辽阔天空如此美丽，
> 稻田波浪如琥珀，
> 紫色山峦如此雄壮
> 耸立于富饶的平原之上！
> 美利坚！美利坚！
> 上帝的荣耀光照着你
> 赐予你繁荣与
> 兄弟情义
> 贯穿整个大陆！[1]

歌曲优美的歌词和浓烈的宗教意涵使它成为不可多得的美国原创爱国歌曲。当时的民族颂歌协会（National Hymn Society）很快意识到了这首歌曲的重要性，1926 年，协会向国会请愿，

---

[1] Katharine Lee Bates, *American the Beautiful and Other Poems*, New York: Thomas Y. Crowell Company, 1911, p.3. 这段歌词译自 1911 年版本的第一节，原词为：O beautiful for spacious skies,/For amber waves of grain,/For purple mountain majesties/Above the fruited plain! /America! America! /God shed His grace on thee/And crown thy good with brotherhood/From sea to shining sea!

提议将这首歌立为国歌（即使贝茨从未支持过自己的歌曲）。请愿者不仅从正面论证歌曲的优势，还对其他的备选歌曲进行了批评和攻击——1930 年，哥伦比亚大学教育学院的专家表示，《星条旗之歌》好战色彩太浓，容易使人们感到不安，相较而言，《美丽的美利坚》曲风平和优美，立意更加高远。[1]

批评本身并没什么问题，《星条旗之歌》鼓吹好战精神，确实不适宜在和平时期让儿童演唱，而且"没人记得住歌词、没人唱得完旋律"。但这首歌的优势也十分明显。同《美利坚/我的祖国属于你》相比，这首歌不仅是美国"原创"，而且创作背景就是反对外国势力的战争，符合共和国独立自由的精神追求；与《美丽的美利坚》相比，这首激昂的战歌虽然不如后者优美平和，但也不像后者那般有明确的宗教意涵，难以在非基督教信仰者中进行推广。

人为因素也不可不提。毕竟连贝茨这位歌词作者本人都不愿参与到呼吁将《美丽的美利坚》确立为国歌的情愿活动之中，而《星条旗之歌》则得到了更多群体的支持。1918 年，马里兰州的国会议员约翰·查尔斯·林思卡姆（John Charles Linthcum）提交了立《星条旗之歌》为国歌的议案，议案遭到否决后，他又前后五次提交同一份议案。除了林思卡姆外，这首歌还获得了其他力量和民众的支持。1930 年，对外战争老兵团发起了确立这首歌为国歌的请愿活动，征集了近五百万民众的签名。[2] 在热情澎湃的呼声中，参众两院最终通过了林思卡姆的

---

[1] 参见 Peter Gardella, *American Civil Religion*, pp. 222 - 223。
[2] "5,000,000 Sign for Anthem: Fifty-Mile Petition Supports 'The Star-Spangled Banner' Bill," *The New York Times*, January 19, 1930, p. 31.

议案。

1931年3月4日，时任美国总统的赫伯特·胡佛（Herbert Hoover）签署法令，正式确认《星条旗之歌》作为美国国歌的法定地位，法令还规定了在演奏国歌时美国公民和军人的举止要求。法令的通过正式结束了美国在建国后近150年都没有一首正式国歌的局面。

值得注意的是，美国不仅通过官方法令确认了国歌曲目，更是有意识地将国歌纳入国民教育事业和公民宗教的培育之中。《星条旗之歌》成为国歌，也就是成为这个国家的神圣标志，如何唱、谁来唱，都是需要被严肃对待的问题。出于这种考虑，1942年4月2日，国歌委员会（National Anthem Committee）通过了《美国国歌准则》（*The Code for the National Anthem of the United States of America*），详细规定了国歌演唱和演奏时的各种细节：

> 《星条旗之歌》只应当在其含义能够被有效传达的场合、节目和仪式之中进行演出。
>
> 鉴于歌词能极大地强化音乐的含义，国歌的演唱应被赋予绝对的重要性。
>
> 领唱者应当向合唱者进行自我介绍，示意邀请众人加入合唱。若有必要宣告国歌曲目，则应作如下表述："现在我们应当唱国歌"，或"现在将带领诸位唱起国歌"。
>
> 在演唱国歌时，听众应当起身面向国旗，领唱者需保持尊敬的态度。若在室外，男性必须脱帽。
>
> 音乐家在交响乐团或乐队中表演国歌时，只要条件

允许，就应当站立演奏。

若非特殊场合要求，通常应在活动开幕时演唱我们的国歌。

若只唱国歌的一段，则应当演唱第一段。

印刷出版国歌时，应使用1918年仪式版本所采用的旋律、和旋与音节划分。若用于合唱团演唱，则不应改动1918年版本的歌词。

制作和使用复杂的"音乐会"版本国歌是不敬的。

通常的成人大合唱、乐队演唱和器乐表演，都应使用降A调版本的旋律。演唱中的颤音可以降B调进行演唱。

若有器乐演奏作为引入，则后两小节最为适宜。

演唱国歌时若无伴奏，则尤其应当注意音调的准确。

国歌演唱时节奏应适中平缓。

演奏或演唱国歌时，忽视音符值会严重影响音乐和歌词的美与效用。演奏者应当勤勉练习，确保器乐和声乐演唱的音符值都精准无误。

本声明涉及国歌演奏的全部平民场合，也适用于相关场合的曲谱出版。[1]

以政治音乐和国歌强化爱国主义情感和民族国家认同，将其融入国民教育之中的做法，至今还一直在持续。2003年11月5日，美国众议院通过了一项议案，要求"国家音乐教育委员会、史密森学会、美国体育广播协会以及其他所有涉及到国歌演奏和

---

[1] "The Code for the National Anthem of the United States of America," *Music Educatiors Journal*, Nov., 2001, Vol. 88, No. 3, p.10.

播放的机构，要致力于提升和推广公众对美国爱国音乐遗产的认识与关注"。[1] 就此而言，《星条旗之歌》不仅是"教育一个民族的歌曲"，更是灌输爱国情感的途径。

作为符号的星条旗与《星条旗之歌》

要理解《星条旗之歌》在美国民众心目中与日俱增的重要地位，歌曲所涉及的主要意象"飘扬的星条旗"在美国政治文化和公民宗教中的意义就是十分重要的语境背景。比起美国建国后的各项政治符号设计，星条旗的历史更长一些。同其他国家的国旗一样，这面旗帜象征着美国的形象和存在，有立法保障它的尊严和官方地位，不过，与其他国家稍有不同的是，星条旗这面旗帜在美利坚爱国主义情感和民族国家认同中所发挥的作用和所占据的地位是独一无二的。不同于一般意义上民族国家通过国旗、国歌、国徽等各种符号所强化的民族身份，在美国，星条旗的意象是爱国主义的主题，有研究者甚至将其与基督教信仰中的圣餐作比较，称其为美国公民宗教中的"圣事"：

> 与星条旗相关的仪式乃是美国公民宗教中的日常圣事。在学校里或者在国会中对着星条旗发誓效忠，在体育比赛和剧院演出之前唱《星条旗之歌》，仪式性地升旗、降旗、升半旗，在军事葬礼上折起星条旗，这些都成为每个人耳熟能详的事情。[2]

---

[1] John J. Mahlmann, On a Mission with MENC: More than a Song: Music Education and the National Anthem, *Music Educators Journal*, Vol. 91, No. 1, Sep., 2004, p.69.
[2] Peter Gardella, *American Civil Religion*, p.81.

如今，在美国各种公共机构、私人机构、商业中心、休闲场所、家庭住所中，甚至在各种商品包装上，星条旗的存在就是在给所有者的爱国立场盖章印证。特别是"9·11事件"发生以后，人们甚至不顾国会已经通过的星条旗相关法案，通过悬挂这面旗帜来抒发自己的民族情感。

理解清楚这面旗帜的来历和故事，对于理解美国的政治文化十分必要；此外，由于旗帜在美国历史中不断发挥的爱国主义和民族主义作用，它也成为美国民族国家建设中重要的文化内容，甚至有人认为，仅仅通过暴露在有星条旗的环境之中，就可以提升民族主义热情，调整政治立场；[1] 对本研究来说，星条旗不仅作为一面实际上的旗帜在发挥作用，它还是一个象征性的符号，承载着美国人赋予它的各种含义，同时还是其他民族国家符号，特别是国歌的意象和灵感来源。

关于星条旗来历的具体历史细节，一直以来都是众说纷纭，莫衷一是。其中一个被民间记录和通俗读本确认的版本如下。1776 年 6 月，乔治·华盛顿、罗伯特·莫里斯（Robert Morris）、乔治·罗斯上校（Colonel George Ross）等大陆会议代表来到贝茜·罗斯（Betsy Ross）在费城经营的室内装饰品商店，询问店主能否制作一面旗帜。华盛顿等人带来了他们创作的草图，包含着十三条长条和十三颗六芒星，在贝茜的建议之下，六

---

[1] Markus Kemmelmeier, David G. Winter, Sowing Patriotism, but Reaping Nationalism? Consequences of Exposure to the American Flag, *Political Psychology*, Vol. 29, No. 6, Dec., 2008, pp. 859 – 879; Travis J. Carter, Melissa J. Ferguson, Ran R. Hassin, A Single Exposure to the American Flag Shifts Support Toward Republicanism up to 8 Months Later, *Psychological Science*, Vol. 22, No. 8, Aug., 2011, pp. 1011 – 1018.

芒星被改成五芒星。随后，配上颜色的旗帜草图被送给大陆会议。华盛顿提议，星星应当呈圆环状排列，象征"各州的平等，没有哪个州比其他州更高"。之后，会议通过草图设计，这面旗帜成为最早的美国星条旗。[1]

不过，这个说法虽然叙述方便，给贝茜的后代带来荣誉和利益，但其实漏洞百出。实际上，在官方记录中，大陆会议正式通过关于美国旗帜的设计决议，要到 1777 年 6 月 14 日。这一天，第二届大陆会议通过了约翰·亚当斯关于制作代表北美独立州联合旗帜的提案："通过，十三州合众国的旗帜包含红白相间的十三条条纹；邦联由十三颗星星代表，星星是白色，背景是蓝色，象征着一个新的星座。"[2] 关于红白蓝三色的象征含义，直到 1782 年才确定下来。这一年，大陆会议聘请一位名叫查尔斯·汤姆森（Charles Thomson）的拉丁语教师为合众国设计国玺，在设计方案中，查尔斯指出自己的配色灵感来自国旗，其中红色代表坚毅勇敢，白色代表纯洁天真，蓝色代表警惕、不屈不挠和正义。[3]

旗帜随后被送给美军并在军队中开始使用。据记载，第一面正式的美国国旗出现在 1777 年 8 月 3 日斯坦威克斯要塞围攻中，增援部队带来了大陆会议关于旗帜的决议，士兵随即开始自己制作国旗，剪下衬衫做成白色条纹，军官太太的红色法兰绒外套变成了红色条纹，队长的蓝色外套被做成了蓝色的邦

---

[1] Harlan H. Homer, "The American Flag," *Proceedings of the New York State Historical Association*, Vol. 14, 1915, pp. 113 – 114.
[2] *Journals of the Continental Congress*, Vol. 8, p. 464, The Library of Congress.
[3] Peter Gardella, *American Civil Religion*, p. 83.

联背景。[1] 就这样，美国的第一面国旗在战地人员的齐心协力下诞生了：

> 1777年8月3日，在要塞的东北方，最接近驻扎在要塞的圣·雷继尔营地里。鼓手奏起集合曲，副官宣读了大陆会议关于共和国旗帜的决定，随后旗帜被升了起来，随风飘扬，自由又充满反抗精神，一直到8月22日围困结束。[2]

战士对旗帜的渴求不仅出于对独立事业的热忱。对于当时的战争来说，旗帜是一个必不可少的作战工具，军队不仅通过旗帜来辨认敌我，也依靠旗帜来确定方位和作战路线。这种辨别作用在硝烟弥漫的战场上十分重要，因此，部队中有专门负责扛旗的士兵，还要配上几名士兵来保护旗帜。据说，在南北战争的安提塔姆战役后，20位接受荣誉勋章的联邦士兵中有8位都是因为保护旗帜而受到嘉奖；在葛底斯堡战役的第一天，第24密歇根军团就失去了9名扛旗兵。[3]

不过，大陆会议的决议并没有得到彻底贯彻，当时的设计方案由于没有考虑到后来其他州的加入，必须做出修改。1794年华盛顿就职后，通过新的法案，将排列成环状的五芒星变成了三排并列，蓝色区域从第五条红色条纹开始。1818年，总统门罗通过新的国旗法案——正式确定十三条红白条纹，以及每当有新

---

[1] R.W. Connell, W.P. Mack, *Naval Ceremonies, Customs, and Traditions*, Naval Institute Press, 2004, p.140.
[2] Harlan H. Homer, "The American Flag," p.115.
[3] Peter Gardella, *American Civil Religion*, p.82.

州加入时,增加并排星星数量——这才是我们到今天看到的星条旗。[1] 据此,1814 年当弗朗西斯·斯科特·基在见证了炮火中飘扬的"星条旗"而写下后来美国国歌时,他看到的旗帜应当是华盛顿通过的国旗法案的版本。

到南北战争、美国建国百年的庆典活动之后,对国旗的崇拜成为表达爱国主义和民族认同的排他性选择。[2] 一切与星条旗相关的事务都被打上了爱国主义的标签,人们在商品上贴上星条旗来表达对美国的支持和归属,在家门口插上旗帜来明示自己的爱国立场,哪怕有明确的立法规定国旗不应当出现在这些场合。因此,星条旗也就成了许多乐手在创作歌曲时眼前浮现的主要意象,而其中脍炙人口的重要爱国歌曲有《古老的旗帜》(*You're a Grand Old Flag*)和后来被定为"美国行军曲"的《星条旗永不落》。

新的爱国主义与美国国歌的确立

美国直到 20 世纪 30 年代才真正确立国歌,这与这个民族国家在发展过程中对爱国主义和民族身份的不断追问有关。19 世纪末,美国在国际政治中的角色已经翻转,国内经济、社会、文化和政治上的发展也使得美国人产生了身份的焦虑。在这样的背景之下,进一步确立国家象征显得尤为必要,通过国歌进一步引导爱国主义和民族主义情绪,强化美利坚的公民宗教,成为人们的主要议题。

---

1 Harlan H. Homer, "The American Flag," p.117.
2 参见 Peter Gardella, *American Civil Religion*, pp.84 – 87。

就这一时期发生的变动而言，在国际层面上主要是由百年之前努力摆脱宗主国控制寻求独立自主的新生共和国，转变为一个对外扩张甚至为了抢占殖民地而发起战争的帝国主义国家。1898年，联邦政府建立海关与岛屿事务司，专门处理包括波多黎各、关岛、夏威夷和菲律宾在内的共和国的殖民地问题。然而，美国的殖民策略不仅遭到殖民地的反对（菲律宾在第二年就宣布独立），同时也受到了来自国内的质疑。己所不欲，勿施于人。共和政府针对殖民地民族独立运动展开镇压的做法与这个国家在一个世纪以前立国的初衷和经历相互矛盾，大国沙文主义的立场也让国内的知识分子感到羞愧和愤怒。哲学家威廉·詹姆斯（William James）甚至在1899年的《纽约时代周刊》上撰文哀悼，"我已经失去了我的国家"，政府的做法就是"对美国原则的无耻背叛"。[1]

政府对美国立国原则的背叛只是问题的一个方面，由于这一时期欧洲移民的大量流入、工人运动的方兴未艾和妇女争取选举权活动的此起彼伏，无论是美国人还是美国公民，其概念边界似乎都需要得到重新的界定，用大卫·A. 霍林格（David A. Hollinger）讨论二战后美国认同时的话来说："'我们'的边界有多宽？"[2]

其实，从一开始，美国的民族主义就同欧洲的民族主义有区别。独立战争爆发的摇篮新英格兰不仅是美利坚民族的早期样

---

[1] Jonathan M. Hansen, *The Lost Promise of Patriotism: Debating American Identity, 1890–1920*, Chicago: The University of Chicago Press, 2003, p.1.
[2] David A. Hollinger, "How Wide the Circle of the 'We'? American Intellectuals and the Problem of the Ethnos Since World War II," *American Historical Review*, April, 1993, p.317.

板，也是美国民族认同的重要来源。然而，新英格兰的民族身份观念并非是排他性的，"宗教和民族主义为新英格兰的领袖提供了一种强有力的观念模式"，使他们能够唤起对襁褓中美利坚民族的忠诚，团结各种性别、社会阶层的新英格兰人。随着南北战争的终结，这种美利坚民族身份的广包性进一步扩展到了人为的种族概念之上。[1]

到 19 世纪末，大多数美国人，特别是知识分子，坚信这种广包的多元传统才是使美国成为美国的最关键因素，当然，这是建立在自由、平等和民主的人权宣言理念之上的。到 20 世纪初期，这种主张依然流行。1915 年，霍拉斯·凯伦（Horace kallen）发表了一篇名为《民主与大熔炉：对美国民族性的研究》的文章，认为美利坚民族的最根本特征在于"实现每个构成它的民族的独特个性"；1916 年，兰道夫·伯尼（Randolph Bourne）名为《跨民族的美利坚》的作品也在强调这种立场，认为盎格鲁-撒克逊传统不应当成为美利坚民族的霸权话语，这个民族恰恰是通过在各种肤色和种族之间交织融合，才能实现统一。[2]

总之，20 世纪初，美利坚民族身份的认同实际上是带有多元文化论色彩的。包括移民在内，只要认同美利坚的基本政治价值和制度框架，效忠于美利坚国家，就可以被视为一个美国人，而无关血统、身份和祖籍。乔纳森·M. 汉森（Jonathan M.

---

[1] Stephanie Kermes, *Creating an American Identity: New England, 1789–1825*, New York: Palgrave Macmillan, 2008, p. 200.
[2] 参见 Ben Railton, *Redefining American Identity: From Cabeza de Vaca to Barack Obama*, New York: Palgrave Macmillan, 2011, pp. 6–7。

Hansen)在他的研究中称这种立场为"世界主义的爱国者"。[1]

然而,随后爆发的第一次和第二次世界大战改变了这种立场。虽然一战之后,托马斯·伍德罗·威尔逊(Thomas Woodrow Wilson)试图以国际主义为蓝图建立和平的国际框架,但是战争对心灵和观念的影响已经发生了:"随着美军士兵从欧洲战场回到国内,美国的战时沙文主义与政治反抗和新的种族主义一起",对世界主义的敌意与日俱增。[2] 很快,一种新的爱国主义在美国站稳了脚跟,1918年11月,杜布瓦(Du Bois)这样表述了这种新主张:

> 在战争之前,没有人热爱美利坚。这个词让人感觉矫揉造作和肤浅无知。那时候我们热爱的是自由和正义;我们在政治中争取改良和进步,争取健康的保障;一种更加高尚的艺术、不分高低贵贱,也没有种族仇恨;我们还憧憬普遍教育;但是我们的国家?我们几乎没有国家——我们的意愿是整个世界……(如今)毋宁说,当我们拿起刀枪、握紧拳头被迫去为生命本身,而非更高级的生活所斗争时,这种号召难道不是绝对地更加高尚吗?在这种基础之上,美国和世界的新的爱国主义建立了起来。[3]

从爱好和平的世界主义,到必要时进行武力对抗的新的爱国主

---

[1] 参见 Jonathan M. Hansen, *The Lost Promise of Patriotism: Debating American Identity*, 1890–1920, Chicago: The University of Chicago Press, 2003。
[2] Ibid, p.185.
[3] Du Bois, Patriotism, *The Crisis* 17, November 1918, p.10.

义，这就是 20 世纪初美利坚民族在观念上发生的转变，也是《星条旗之歌》最终能够被确认为国歌的关键背景。恰是有了这种观念的背书，屡次被抨击为"好战""暴力"的《星条旗之歌》才能打败《美丽的美利坚》这首平和的颂歌，成为美国国歌。

五、 新的国家与教育民族的音乐

"我发现，从'9·11 事件'以后，人们对我们的国歌《星条旗之歌》产生了新的热情。起码在电视上，我们的国歌在许多年来都处于被压制的地位，很少被播放。"一位大学音乐教授在接受采访时表示。[1] 随着恐怖主义袭击给美国造成的影响，民族主义和爱国主义情绪又一次被激发了，演唱《星条旗之歌》，挂上星条旗，再次成为表达对美利坚绝对忠诚和热爱的最佳方式。

研究者倾向于认为，《星条旗之歌》在美国公民宗教中的神圣地位来源于人们对星条旗的无限憧憬，彼得·贾德拉（Peter Gardella）关于美国国歌与公民宗教的研究开篇就做了这样的描述：

> 美国人在听到这首歌时要立定，它在 1931 年以法律的形式被确立为国歌。作为美国公民宗教的唯一官方主题曲，《星条旗之歌》强调的是"自由"这种首要的价值。在从职业联赛到高中比赛的各种层次的体育竞赛之前，当第一句歌声响起时，人们都要脱帽，面朝国

---

[1] Jeff Doebler, "Idea Bank: Let's All Sing Our National Anthem," *Music Educator Journal*, Vol. 91, No. 3, Jan., 2005, p.77.

旗，通常将双手放在心口。相同的仪式在其他各种场合都会上演，包括毕业典礼、学校每天上课之前以及纽约大都会剧院每一季的第一个晚上。整首歌的焦点就是国旗这个神圣象征。[1]

不过，经过对美国民族国家建立的各个阶段的考察与对《星条旗之歌》创作和传播的梳理，再加上对各个时期占据主导地位和官方认可的爱国主义歌曲的讨论，可以认定，美国国歌有它自己独有的地位，而不仅是国旗的音乐表现和衍生。

---

1 Peter Gardella, *American Civil Religion*, p.151.

第五章

《神圣的祖国俄罗斯》
帝国的梦想与变革的困顿

艺术属于人民。它必须深深植根于劳工大众之中。它必须并且只应该被他们所理解和热爱。它必须凝聚和提升他们的情感、思想与热情。

——列宁

自由俄国万岁。
这欢乐的呼喊淹没我的灵魂。
我们的自由万岁,
红旗就在我心上。
一个似铅的重量已经落下了,
这个世界作着灿烂的梦……

——米哈伊尔·绥拉菲摩维支

国歌作为既定民族国家在政治文化上的象征和标识，其状态显然是同民族国家本身的状况联系在一起的。对于一个政治状态稳定，并且已经确立民族国家认同的现代国家来说，国歌不仅是官方认定的惯例，也是传统和构建认同的一部分，因此也基本上处于稳定状态。常态之下的国家很少会涉及政治象征符号的更迭，国歌也是如此。反过来说，对于那些处在历史滚滚潮流中，面对现代性的新世界不断调试、变迁甚至出现革命的政治体来说，国歌的状态就不那么稳定了。

本来，一个国家的外部象征符号是可以在政治基础奠定之后再商榷的，但实际状况往往是，一方面，作为"模范样板"的西方国家将自己的国歌确定为在国际和国内活动仪式中的象征和代表，使得在与这些国家互动时尚处于变化之中的新兴国家产生了一种不得不为自己确立同样标准的心态；另一方面，政治变革的进程不可能毕其功于一役，在民族意识和现代国家都在变动和成长的政治体中，一旦出现了两者的不匹配，或者其他导致政治体变动的因素，与特定时期联系在一起的外部标志也就面临着被替换和修正的命运，国歌也不例外。俄罗斯从沙皇帝制开始，经历开明君主的改革，再到十月革命建立无产阶级政权，又在半个多世纪后经历苏联解体和新政权的建立，其间的国歌从仿效英国国歌而作的《天佑沙皇》（*God Save the Tsar*），列宁钦定的第二国际会歌《国际歌》，斯大林时期文化政策之下征集的《牢不可破的联盟》，叶利钦在巧合之中又似乎有理可循所选择的《爱国歌》，再到普京时期用调整过歌词的苏联国歌来取代叶利钦的选择，这一系列关于国歌的调整过程就是一个典型。

就本书的议题而言，讨论俄罗斯国歌的历史对民族国家国歌

第五章——《神圣的祖国俄罗斯》：帝国的梦想与变革的困顿

研究的全面与完整有着重要意义。[1] 这种意义建立在俄罗斯的民族国家建构历程和现代化路径所具有的特殊性与普遍性之上：一方面凸显为东方和西方两种文明之间的互动与冲撞，一方面则是无产阶级政权中世界主义和超越民族主义的政治理想与现代政治世界中特殊主义和民族主义情感的现实地位之间的交锋。俄罗斯现代政治的发展历程，既是在东方和西方之间寻找位置的过程，也是在专制主义与现代民主制、国际主义与民族主义等观念和意识形态之间进行选择与调试的过程，而这一切几乎都是在近两百年内发生的，产生了极大的国际影响。最后，不同于许多国家在确立国歌过程中的循序渐进甚至是滞后的回应，作为反映了现代国家成长之中寻求自我定位和培育公民民族国家认同与想象的国歌，在俄罗斯现代化进程的每一段旅程中，始终走在政治变革的前段，甚至越到后来，越有成为政治立场风向标的倾向。

一、东西之间的俄罗斯帝国

俄国走上现代国家的道路，是以开明君主通过专制统治施加个人影响为开端的，彼得大帝和叶卡捷琳娜大帝对西方文明和统治方式的偏好极大地影响了处在古代和现代之间的俄国在 18 和 19 世纪所选择的道路。对当代的俄国学者来说，从彼得大帝以

---

[1] 例如，在三卷本的《剑桥俄罗斯史》中，第一卷讨论 1689 年之前的俄罗斯历史，显然不会出现关于国歌的记载；第二卷讨论 1689—1917 年间的历史时，虽然有关于文化、音乐、民族主义、身份认同的分析，但是全卷都未曾提及当时的国歌，只有第三卷有几处关于苏联国歌的说明。参见 Maureen Perrie ed., *The Cambridge History of Russia*, Vol. 1; Dominic Lieven ed., *The Cambridge History of Russia*, Vol. 2; Ronald Grigor Suny ed., *The Cambridge History of Russia*, Vol. 3, Cambridge: Cambridge University Press, 2006。

后，俄国就走上了一条西化的道路，"前彼得时代"（Pre-Petrine）的"基辅罗斯"（Kevian Rus）则是俄国清算西方影响，回归民族本质的基础和源泉。[1]

清算影响也意味着，西方对俄国近代历史和政治观念的影响是确实存在的。抛开地理学作为伴随着西方文化发展所兴起并为西方勾勒世界所服务这种文化批判的视角不谈，在地理意义上横跨了欧亚两洲的俄国，长期以来都面临着身份的选择，究竟应当按照西欧国家的发展模式来塑造民族国家，还是走另一条属于自己的道路？[2]

彼得大帝以后，具有压倒性甚至是霸权性话语优势的西方成为俄国在一定时期无法回避的模板，俄罗斯文化的西方化不仅是开明君主专制时期强制性启蒙的一部分，同时也成为俄罗斯民族认同觉醒的起点。另一方面，法国大革命引发的连锁反应也明确警示了俄国这个君主制国家启蒙理念的潜在破坏性，拿破仑征讨俄国的失败又在很大程度上扭转了俄国人的心理态势，从19世纪上半叶开始，俄国开始有意识地从全盘西欧化转向坚持俄罗斯特色，这种路线就浓缩在"十二月党人起义"失败后沙皇政府的官方口号"东正教、专制制度、俄罗斯民族性"中。

俄国现代民族国家成长初期的经历，立刻影响了帝国国歌的选择。俄罗斯的第一首国歌出现在19世纪初。维也纳会议时期，沙皇亚历山大一世有感于缺少一首代表自己国家的歌曲，决定确定国歌来填补这一空白。最初的俄罗斯国歌，是对英国国歌《天

---

[1] 参见 Maureen Perrie ed., *The Cambridge History of Russia*, Vol. 1, pp.1-2。
[2] 就此而言，影响最广的就是萨义德在《东方学》中关于东方的重新定义，以及关于地理学在确定"西方"以及建构作为他者的"东方"时所发挥的作用。

佑吾王》的"挪用"。不过,简单照搬虽然满足了歌颂君主制的需求,却无法体现出俄国区别于英国的民族国家身份,于是俄国人创作了俄语歌词来搭配这首歌曲,以部分实现国歌的民族化。从1816年到1917年二月革命之前,《天佑沙皇》一直是罗曼诺夫王朝的官方国歌,直到十月革命后被《马赛曲》所取代。

沉睡帝国的西化之路

在恰达耶夫(Chaadaev)的第一篇"哲学书简"中,处在18世纪末、19世纪初的俄罗斯被描述成一个沉睡的巨人,悬挂"在世界的两大分裂之间,在东方和西方之间,一边的手肘靠着中国,另一边则是日耳曼";沉睡的俄罗斯民族本应在自己的历史中统一"精神生活的两大原则,想象与理性,并将自己的文明带到全球历史之中"。[1]

然而,18世纪时在彼得大帝和叶卡捷琳娜大帝主导下的西化过程才是俄罗斯现代民族国家成长的起点。当时俄罗斯发展的唯一样板本来就是在经济、社会和政治结构上更加先进的西方,彼得大帝统治时期为了北方战争而进行改革以调动社会资源的事实,又强化了这种判断。[2] 从客观上看,这一时期的改革为后来两个世纪俄罗斯的政治、文化和社会经济走向确定了新轨道。不过,在经历了彼得大帝和叶卡捷琳娜大帝的统治之后,俄罗斯一方面被西化,另一方面却依然作为西方的"他者"而存在。这就

---

[1] 转引自 William Leatherbarrow, Derek Offord eds., *A History of Russian Thought*, Cambridge: Cambridge University Press, 2010, p.10。
[2] 参见尼古拉·梁赞诺夫斯基、马克·斯坦伯格《俄罗斯史》(第八版),上海:上海人民出版社,2013年,第221页。

是俄罗斯民族观念在现代早期的状态。

一部权威的俄罗斯百科全书是这样界定当时俄罗斯帝国版图的:"俄罗斯帝国的版图主要是横向延展,占据了东欧和北亚的全部,其面积占欧亚两洲面积的 42%"。[1] 然而,虽然地理上横跨欧亚,但在 17 世纪,这个地区的统治者和统治方式既不被视作西方,也不被认为是东方文明的一部分,伏尔泰在介绍彼得大帝时期的俄罗斯时开篇用一个近乎荒谬的故事表明了这一状况:

> 上个世纪我们对这个国家的边界情况知之甚少,以致 1689 年当我们法国人得知中国人和俄罗斯人兵戎相见,大动干戈时;当我们得知以康熙皇帝为一方,以沙皇伊凡和沙皇彼得为另一方,为了结束争端,各自派遣使团到距离北京 300 里的这两大帝国交界处时,我们竟把这一事件视为奇闻。[2]

确实,无论是早期的基辅罗斯还是后来的莫斯科大公国,俄罗斯都更像是一个西方国家,而非东方国家,更亲近日耳曼,而非中华。恰如是,有历史学家甚至表示"俄罗斯很可能是注定要西化的"。16、17 世纪,随着外交和商业活动的发展,西方对莫斯科大公国的吸引力逐渐增强,16 世纪末,为莫斯科大公国服务的外国人已有上百人,沙皇军队中的外国人有 2500 多人。外国移民不仅在政治机构和军队中传播着自己国家的观念,还建立起各种新式的制造业和工业,推广西方医学和生活方式,到 17 世纪后期,俄罗斯上层贵族接受西方生活方式的状态已经非常明

---

1 转引自尼古拉·梁赞诺夫斯基、马克·斯坦伯格《俄罗斯史》,第 3 页。
2 伏尔泰:《彼得大帝在位时期的俄罗斯帝国史》,北京:商务印书馆,2016 年,第 5 页。

显，即使这些西方人被他们视为异教徒。[1]

　　彼得大帝和叶卡捷琳娜大帝的统治和改革加速了这一进程。青年时期曾经两度游历西方的彼得大帝开启了俄国历史的新时代，建立起君主专制统治。在中央层面，贵族杜马和各种委员会都要服从于枢密院的管辖，法律则反复强调沙皇的无限权力。1716年的军事条令这样解释沙皇专制政权："沙皇陛下本人乃是专制君主，他的行为无需对世间任何人负责；但是他作为一位信奉东正教的君主，有能力和权力按他的意志和愿望管理他的国家和土地。"[2] 这一信条一直延续到20世纪初的君主立宪改革。

　　另一方面，在确立君权神授且权力无限的同时，彼得根据自己个人的喜好，将一系列西方的生活方式、宫廷礼仪和思想观念强加到俄罗斯人的身上。在文化教育上，1700年，在彼得大帝的安排下，一家荷兰出版社开始出版俄罗斯书籍；1702年，俄罗斯的第一份报纸《新闻报》问世，沙皇本人是报纸的第一位订阅者。彼得还参与了俄罗斯文字的改造，派遣青年人到国外学习，而且在莫斯科开办新型学校教授算数、几何、天文、地理等学科知识，还建立博物馆和图书馆。在生活方式上，彼得将从德文翻译过来的社交礼仪手册《青年镜鉴》视为举止行为的参照，这也成了俄罗斯贵族的标杆。此外，他下令要求男性剪掉胡子，这项命令受到民间的抵制。[3]

　　彼得大帝西化俄罗斯的决心被几十年后通过政变即位的德国

---

[1] 参见尼古拉·梁赞诺夫斯基、马克·斯坦伯格《俄罗斯史》，第204—205页。
[2] 转引自 Б. Б. 卡芬加乌兹、Н. И. 巴甫连科《彼得一世的改革》上册，北京：商务印书馆，1997年，第369页。
[3] 参见尼古拉·梁赞诺夫斯基、马克·斯坦伯格《俄罗斯史》，第276—277页。

人叶卡捷琳娜二世所巩固。这位女皇来自德意志,或许也是因此,她比俄罗斯人更加深刻地了解民族和民族意识在政治中的效用,她行为的指导方针是启蒙思想,特别是孟德斯鸠的主张。不过,最近的研究表明,这位女皇本质上是一位十分务实的政治家,她的统治路线是根据她对俄国实际情况的理解而制定的:

> 为了缓和夺权的印象,她需要在广大人民群众中享有声望,逆前任者之道而行之,整顿被他败坏了的风尚。前任损害了民族感情,蔑视俄国的一切,向敌人泄露俄国的秘密。叶卡捷琳娜务必振奋民族精神,恢复被践踏的人民荣誉。前任政府用肆意专横的暴虐手段对待所有的人,新政府则必须以合乎理性的自由主义措施来强化管理方面的法制……新政府的工作想要得到拥护,就必须同时遵循民族主义的、自由主义的和贵族阶层利益的方针
>
> ……
>
> 三重使命发展成的实际纲领是:严格奉行民族主义、大胆推行爱国主义的对外政策,实行温和的自由主义。[1]

这种纲领显然是受到了西方的影响。女皇在试图解决俄罗斯内部的困境时,看到的出路就是运用西方的资源。当然,她的目的在于巩固君主权力,即使是被她奉为祈祷书的《论法的精神》,女皇也并未从字面上照搬。从叶卡捷琳娜花 18 个月写成的《训

---

[1] 瓦·奥·克柳切夫斯基:《俄国史教程》第五卷,北京:商务印书馆,2013 年,第 34—36 页。

谕》（*Nakaz*）中，可以清楚发现女皇对欧洲和西方与俄罗斯之间关系的理解：

> 俄罗斯是一个欧洲国家……它的君主拥有绝对权力，没有其他权力，唯有集中于他个人的权利，才可以用与这片辽阔领土相配的充沛精力来行动……所有其他无论什么统治形式对俄罗斯都不仅是偏见，而且会导致它的完全毁灭……君主制的真正目标是什么？这并不是要剥夺民众的天生自由，而是要纠正他们的行为以获取最大的好处。所以，能够最好地实现这个目标、同时又比其他形式较少限制天生自由的统治形式，就是那种最好地吻合了理性之人的视野和目标的统治形式……在这次立法之后，上帝会使这个国家最公正因此也就最繁荣……所以俄罗斯人民作为人类，将获得地球上任何民族都没有的最大幸福。[1]

西方化的状况还体现在上层社会的主动模仿上。从西方游学归来的俄罗斯上层和来自西方的知识分子、商人、外交官及雇佣军一道，将俄罗斯从文化和艺术上打造成一个西方国家。君主们热衷于修建巴洛克式的建筑，塑造各种大型雕像，绘画艺术也发展起来。18世纪初，外国的歌剧和芭蕾舞剧团开始在俄罗斯进行演出；到50年代，俄罗斯有了自己的第一家剧院；18世纪末，不仅剧院的数量增加，还出现了戏剧学校和戏剧杂志《俄罗斯戏剧》，"上层阶级的、受过教育的俄罗斯"，已经西方化了。[2]

---

[1] 转引自尼古拉·梁赞诺夫斯基、马克·斯坦伯格《俄罗斯史》，第247页。
[2] 同上书，第287页。

与此同时，叶卡捷琳娜也有意利用民族化这种"欧洲潮流"，以及民族观念为君主统治提供合法性和创造认同。她对俄语十分推崇，这位患有"立法热"的女皇在事无巨细地修订和颁布各种法案时，比俄罗斯人还要更俄罗斯化，"坚决要求在所有的立法术语中恢复使用俄文术语，有时甚至不惜用其他含义的俄文名词来代替外国术语"[1]。

通过法律术语的使用来推行俄语是一方面，大力推广教育和促进文化行业的发展是西化和民族化的另一个方面。1755年莫斯科大学创立时，学校的10位教授中只有2位是俄罗斯人，教课使用的也是拉丁语；而1765年的20位教授中，俄罗斯人大约占了一半；1767年，大学开始使用俄语教学。女皇还大力支持报刊新闻出版业的发展，亲自动笔加入对俄罗斯现状的讨论。[2]

强化君主的绝对权力，改革军事体制和官僚机构，调整贵族在国家权力结构中的地位，推行新式教育，通过语言来"发现"民族，这一切都使俄罗斯与西欧绝对主义国家越发相近。不过，西方本来就是一个模糊了差异性的概括性术语，而民族性发现的时代潮流又给这种普遍化的启蒙风格带来了新的挑战，站在这两者之间的俄罗斯，不可能做到完全西化，保存自己的特征才是关键。

"东正教、专制制度、俄罗斯民族性"

1829年，诗人亚历山大·普希金从俄罗斯动身，向土耳其

---

[1] О. И. 奇斯佳科夫：《俄罗斯国家与法的历史（第五版）》上卷，北京：法律出版社，2014年，第246—247页。
[2] 尼古拉·梁赞诺夫斯基、马克·斯坦伯格：《俄罗斯史》，第277—278页。

进发。在游历过程中，普希金将自己的经历和感受集结成《1829年长征时进军阿尔兹鲁姆散记》一书，记载了他从莫斯科到阿尔兹鲁姆整个路途中的所见所闻。经过18世纪两位大帝大刀阔斧的改革，此时的俄罗斯在军事上已经成为欧洲数一数二的强国，甚至可以夸口称"没有哪一门欧洲的大炮可以不经俄罗斯的认可就开炮"，但是，作为现代国家必要条件的国境线对这位俄罗斯贵族来说则依然"有一种神秘的感觉"[1]，战争中变动的疆界又加重了这种感觉：

> 阿尔帕恰河！我们的国境线啊！它和亚拉腊山同样神圣。我怀着无法细说的感情急忙来到河边。我还没有见过异国的土地，国境线对我来说有一种神秘的感觉。……后来我长期过着漂泊的生活，有时在南方，有时在北方，却从未迈出辽阔的俄罗斯的疆域一步。我愉快地策马踏进这神圣的阿尔帕恰河，我的好马把我带到了土耳其的河岸上。不过河岸上这片土地已经被我们占领，因此我仍然置身在俄罗斯境内。[2]

在普希金的叙述中，虽然国境线反复改变，但俄罗斯人和土耳其人、亚洲人显然有着明显的区别，换句话说，俄罗斯人已经有了关于自我与他者的明确界分，而这种区分绝不仅是领土意义上的。

这种西方意义上的民族意识在18世纪的俄国已经基本定型。

---

[1] Simon Franklin, Emma Widdis eds., *National Identity in Russian Culture*, Cambridge: Cambridge University Press, 2004, p.53.
[2] 普希金:《普希金精品集：克里米亚的海岸》，上海：复旦大学出版社，2009年，第153页。

上一小节简单介绍了两位大帝试图使俄罗斯成为欧洲国家的努力，但从思想观念上说，这种努力在 18 世纪已经遭遇了阻挠。用格林菲尔德的话来说，彼得大帝死后，俄国人开始意识到差异所在，"俄国和它大胆而兴高采烈的那些欧洲国家中的任何一个都不同"，俄国要比它们落后太多，俄国就是乌托邦似的西方理想的反面。[1]

这种现实状况的落差在心理上引发了怨恨和自欺欺人的补偿情绪。俄国人一方面为自己的落后寻找理由，另一方面也开始对欧洲国家表示"嫉妒"。卡拉姆津评论莱韦斯克《俄国史》的书信就带有这种情绪，由俄国人写作的《俄国史》应该表明的是俄国"与欧洲平等不是因为俄国像欧洲，而是因为独特的俄国与欧洲一切重要事物均相对应"，为此可以删减不必要的内容，但是"所有能表明俄国人民的独特性、表明我们古代英雄和著名人物个性的特征……都要生动地、扣人心弦地描述出来"。[2]

那么，什么才是俄国人民的独特性呢？什么才是俄罗斯民族区别于欧洲其他国家和民族，但是又相对应的存在呢？

同许多欧洲国家一样，俄罗斯也是一个族群多样化明显的国家，无论是历史上的多次移民，还是从中世纪开始蒙古人和后来鞑坦人的数次军事进攻，都使得寻找原生俄罗斯人的可能性十分渺茫。在这种背景下，最现实的对策就是重新发现俄罗斯民族的民族性。被誉为第一位发现俄罗斯民族性的诗人的米哈伊尔·罗蒙诺索夫（Michael Lomonosov）把拉丁语中表示罗马平民和民

---

[1] 转引自尼古拉·梁赞诺夫斯基、马克·斯坦伯格：《俄罗斯史》，第 274—277 页。
[2] 同上，第 280—281 页。

众的术语翻译了过来，称作 narod，也就是俄罗斯人或者说俄罗斯民族，其中不仅包括了贵族和上层阶级，更重要的则是广大民众，是"本土俄罗斯人"。[1]

在确立了俄罗斯人的专有名称后，接下来就是要发掘俄罗斯群体的特殊内涵了。在文化相对主义的观念之下，特殊的并非需要被剔除的，更多的时候反而是表现民族精髓的，因此，俄罗斯人的特殊性需要得到歌颂。在 1810 年卡拉姆津的《古今俄国备忘录》中，有这样的表述："当根除古代的习俗，并把它们看成是荒谬的、愚笨的时，当引进外国习俗时，在他们看来，这位沙皇羞辱了俄国人。难道自轻自贱能让个人和公民做大事吗？"[2] 俄国知识分子在广大农民中发现了某种俄国特有的美德，在亚力克桑德尔·拉迪舍夫的《圣彼得堡至莫斯科游记》中，农民成为蕴含着俄罗斯民族性的美好典型，他们道德高尚、勤劳善良、坚毅隐忍。[3]

法国大革命的爆发给表面奉行开明专制的俄国统治阶级敲响了警钟。上层开始意识到西方模式蕴含的危机，于是有意识地强化俄罗斯的特殊道路，即东正教和专制统治的有机结合。随后拿破仑进攻俄罗斯的失败则第一次向俄国人证明了自己可能存在的优越性。[4] 19 世纪初的俄国人就在这种试图超越西方，特别是法

---

[1] 转引自尼古拉·梁赞诺夫斯基、马克·斯坦伯格：《俄罗斯史》，第 293 页。
[2] 转引自同上书，第 305 页。
[3] Simon Franklin, Emma Widdis eds., *National Identity in Russian Culture*, p. 56.
[4] 亚历山大·别屠热夫给尼古拉一世的信中写道："拿破仑进犯俄国，只是在那时俄国人民第一次意识到他们的力量。只有到那时我们所有人心中的独立情感，即由政治情感演变成的民族情感才被唤醒。"参见尼古拉·梁赞诺夫斯基、马克·斯坦伯格《俄罗斯史》，第 318—319 页。

国的态度中展开了自己的历史。1833 年,谢尔盖·乌瓦罗夫(Sergei Uvarov)受命担任尼古拉一世时期俄罗斯的教育大臣,这位深信教育对国家的基础性作用的学者在上任时为自己的教育政策确立了基本路线,以对抗启蒙思想和法国大革命所传达的欧洲观念,也就是后来成为沙皇俄国官方意识形态的"东正教、专制体制、俄罗斯民族性"。

与大革命口号"自由"相对抗的"东正教"不仅是俄国的官方宗教,也是俄罗斯民族身份认同的重要方面。对于许多俄国人来说,他们对西方和东方的最初的反感和抵触就在于,这些西方人都是"异教徒"。随着彼得一世的宗教改革,东正教成为开明君主们论证自己统治合法性的权威论据。在乌瓦罗夫看来,东正教所凸显的是官方教会的作用,对上帝信仰的强调进一步增强了对沙皇统治的无条件服从。17 世纪确立的"俄国的东正教会与国家是协调一致的整体"这种观念被再次提出,而其目的在于为现实中父权式的专制统治背书。[1]

第二项"专制统治"则是针对大革命时期"平等"的政治理想提出的。根据东正教信仰,人民再次被视作天生软弱和有罪的,是"一个可鄙和不领情的种类",作为人民之父的沙皇受到上帝的指派来管理人民,专制制度就这样被解释为确保俄国进步和幸福的最好方式。[2] 在这种表述之下,俄国是大"家庭",沙皇这位统治者是民众的父亲,他"忠诚的儿女们虔敬地服从着他们

---

[1] 宗教在俄国专制帝制时期的作用,可参见鲍里斯·尼古拉耶维奇·米罗诺夫《俄国社会史》下卷,济南:山东大学出版社,2006 年,第 126—128 页。
[2] 参见尼古拉·梁赞诺夫斯基、马克·斯坦伯格《俄罗斯史》,第 310 页。

专制的父亲"。[1]

在国家意识形态的宣传中，第三条"俄罗斯民族性"则服务于对沙皇专制统治的效忠。所以，这条纲领一度被认为是上一条纲领的"附属条款"。[2] 其实"俄罗斯民族性"是为了对抗大革命中宣传的"博爱"的兄弟之情。林·亨特（Lynn Hunt）在关于大革命时期博爱之情的讨论中已经阐明了这种主张的"弑父情节"，而对于父权制的沙皇专制意识形态来说，这是致命的。[3]

不过，考虑到当时的实际情况，官方意识形态的这些要求并非从上往下地强行灌输。在这个尚未废除农奴制的国家，对于俄罗斯贵族阶层来说，爱国主义情感在 18 世纪就成为他们无条件服务国家的理由；对于底层的广大"俄罗斯人民"来说，顺从和谦卑才是常态。"不仅在我自己的祖国，而且在整个欧洲，每当谈起俄罗斯人民时，一种特殊的平静感对我来说早就习以为常。这是因为两个概念与俄罗斯人民这个称呼不可动摇地联系在一起：对教会的绝对服从和对统治者同样程度的忠诚和热爱"。[4] 沙皇当然不遗余力地宣传这种看法，甚至把它作为反对革命的理由，在谈及十二月党人时，尼古拉斯一世曾如此评价："这种图谋不符合俄罗斯民族的性格……或方式……对君主的热爱和对王

---

[1] Pål Kolstø, Helge Blakkisrud eds., *The New Russian Nationalism: Imperialism, Ethnicity and Authoritarianism, 2000 - 2015*, Edinburgh: Edinburgh University Press, 2016, p.49.
[2] Nicholas V. Riasanovsky, "'Nationality' in the State Ideology during the Reign of Nicolas I.," *The Russian Review*, Vol. 19, No. 1, Jan., 1960, p.38.
[3] 参见林·亨特《法国大革命时期的家庭罗曼史》,北京:商务印书馆,2008 年。
[4] 转引自 Nicholas V. Riasanovsky, "'Nationality' in the State Ideology during the Reign of Nicolas I.," p.39。

权的奉献,这依据的是这个民族的天然特性"。[1]

俄罗斯人祈祷"天佑沙皇"

俄罗斯人是欧洲人,但与其他欧洲人有所不同,他们有自己独特的民族特性,有自己的特殊道路。这就是 19 世纪初俄罗斯作为一个民族国家所持有的立场和态度。在国歌的选择上,俄国同样也采用了这种结合西方普遍性与俄罗斯特殊性的做法。

实际上,帝俄时期俄国的国歌就是对英国国歌《天佑吾王》的借用。据说,最早萌生拥有一首俄罗斯国歌的想法,可以追溯到沙皇亚历山大一世时期,有感于其他欧洲国家拥有代表自己统治的主题曲,这位温和俊美的沙皇在维也纳会议期间渴望俄国也能如此。1816 年,诗人瓦塞里·卓可夫斯基(Vasily Zhukovsky)将英国国歌的歌词改成俄语诗歌,歌名也从《天佑吾王》变成了《俄罗斯人的祈祷》(Molitva russkikh):

> 天佑沙皇!
> 荣耀非凡
> 万寿无疆!
> 傲慢者的主人,
> 弱者的看护
> 万民的慰藉,
> 他是万事万物的保障!
>
> 王位源远流长,

---

[1] 转引自尼古拉·梁赞诺夫斯基、马克·斯坦伯格《俄罗斯史》,第 310 页。

东正教的俄罗斯，
上帝啊请保佑它！
保佑沙皇国和谐喜乐，
国力盛强；
敌人一扫光！

军民异口同声
上帝啊请保佑（他）
战争的复仇者，
荣耀的捍卫者，
（许他）万寿无疆！

（保佑我们）和平的战士，
真理的守卫，
上帝啊请保佑（他们）！
他们是生活的典范，
（他们）无所畏惧，
他们有真正的勇气
请您铭记！

万能的上帝！
请保佑我们！
一心向善，
喜乐时谦卑，
忧愁时隐忍

保佑这片土地!

做我们的保护者,
忠实的同伴
送我们起航!
赐我们你的光芒,
与你生活在天堂,
赐我们知识于心间,
荣光照耀灵魂![1]

从亚历山大一世到尼古拉一世继位前期,这首歌都被视为俄罗斯国歌。从某种角度来看,这首歌同当时许多欧洲君主国的国歌一样,无非是对《天佑吾王》的创造性"抄袭",以民众的口吻,使用本国语言来歌颂君主。1833年,尼古拉一世将这首有些冗长且充满异国风格的歌曲废除,取而代之的新国歌原名《俄罗斯民众的祈祷》,很快便被改称为《天佑沙皇》,歌词作者依然是卓可夫斯基,旋律则是由后来成为帝国教会首席音乐师的阿列克谢·勒福夫(Alexei Lvov)所作,比起前一首国歌事无巨细的罗列美好祝愿,这首歌凸显的则是沙皇无上的权威和统治正当性:

天佑沙皇!
强大的主权者,
为荣耀而统治,带给我们荣光!

---

[1] 歌词译自英文译文。

震慑敌人心胆寒，

我们正义的沙皇。

天佑沙皇！[1]

二、帝国之后的国歌更替

民族国家的国歌象征着这个政治体的统治合法性和权威来源，通常来说，当政体被颠覆或者发生结构性变化时，国歌也会出现变动，在20世纪的俄罗斯同样如此。帝俄时代的俄罗斯更多地是为了从形式上模仿西方国家而设置国歌，无论是《俄罗斯人的祈祷》还是《天佑沙皇》，本质上都是君主强化权力的诸多仪式的组成部分。倘若这发生在更早的一百年前，或许还可以被视作开明君主逐渐意识到文化、艺术和音乐对增加政治认同和权威之作用的迹象，但是放到19世纪末、20世纪初的历史背景下，这种国歌就有些"不合时宜"了。

一方面，在19世纪的俄罗斯，无论是民粹派的改良主张还是新传入的马克思主义所引发的革命风潮，都更贴近所谓俄罗斯人民和俄罗斯民族的情感和心灵。在音乐方面，法国大革命时期的遗产对俄罗斯产生了巨大的影响，那首号召祖国儿女诛杀暴君、保家卫国的《马赛曲》不仅传到了俄罗斯，还出现了各种改良版本，成为各种抵抗活动、游行示威和革命运动的常用曲目，

---

[1] 中文歌词根据英文歌词译出，参见 https://en.wikipedia.org/wiki/God_Save_the_Tsar!；也可参见 J. Troutbeck, J. Barnby, The Russian National Anthem, *The Musical Times and Singing Class Circular*, Vol. 16, No. 373, Mar. 1, 1874, pp. 419-421。英文版本的歌词与原歌词有些出入，几乎照搬了《天佑吾王》的第一段，不过这个时期混淆类似国歌歌词的情况十分常见，而英国人翻译时也常常据此有意凸显出自己国家国歌的影响力，所以参考价值不大。

并且在 1917 年被短暂地定为俄罗斯国歌。完成了推翻帝制的任务之后，尚且依托第二国际的苏维埃政权选用更能表达社会主义政治意识形态的主题曲《国际歌》作为这个无产阶级政权的国歌。

超越了民族国家的无产阶级政权应该如何处理民族主义与国际主义的关系，很快就成为苏联领导人需要面对和思考的重要问题。解决问题的基本路线是由斯大林奠定的。斯大林写过各种关于民族问题思考的文章，指出了他所理解的民族国家与苏维埃社会主义联盟在逻辑上的冲突，在他看来，要解决这种冲突，需要辅以特定的文艺政策和音乐政策，这便是 20 世纪 30 年代所提出的"形式上的民族主义，内容上的社会主义"。

更具体地说，无论是通过强权统治还是意识形态的灌输，现实中的苏联都必须要解决在这个异质性的同盟政治体中所可能出现的分裂倾向。特别是面对二战以后的两极化国际格局，如何在西方阵营面前更好地凝聚自我认同，就成了一个必须要解决的问题。就这样，《牢不可破的联盟》被斯大林挑了出来，取代《国际歌》成为苏联国歌。

回顾这段时间俄罗斯（苏联）国歌的历史，可以得出以下判断。一来，音乐和歌曲在政治运动中的动员效用和在政治体中塑造认同的功能在俄国革命的历史长河中得到了充分的展现，丝毫不亚于法国大革命和巴黎公社运动。布尔什维克党也很快认识到了这一点，因此在音乐和国歌问题上很早就采取了主动的策略。另一方面，对于一个民族国家认同尚在形成中的政治体来说，国歌的选择在有意无意之间都服务于这一任务，但国歌选择的过程，则反映了具体情形下特殊的政治统治方式。

《马赛曲》《国际歌》与 1917 年革命

对马克思主义者来说，《马赛曲》是一首十分熟悉的革命歌曲，被许多国家的革命者翻译成以自己国家语言演唱的版本。俄语版本的歌词出自 19 世纪 70 年代由于激进的革命立场流亡欧洲的俄国民粹革命派理论家彼得·拉夫若夫维奇·拉夫罗夫（Pyotr Lavrovich Lavrov）之手。拉夫罗夫流亡到法国后，很快加入了国际工人协会，当巴黎公社运动爆发时，他以极大的热情加入了这场革命。在欧洲的经历，特别是在法国的体验使这位民粹理论家开始将关注点转向社会主义理论，巴黎公社运动前期被定为法国国歌的《马赛曲》被这位理论家看作社会主义运动的代表歌曲。1875 年 7 月 1 日，拉夫罗夫翻译了《马赛曲》的歌词，结合俄罗斯的情况对其进行了调整，以《工人马赛曲》为名发表：

> 旧世界一定要彻底打垮，
> 旧势力一定要根连拔。
> 我们都憎恨沙皇的宝座，
> 我们都蔑视那十字架。
> 全世界受苦的人都是战友，
> 我国向饥饿者伸出手，
> 让我们一同把敌人诅咒，
> 让我们肩并肩，去战斗。
>
> 快来，工人们，

> 站起来，去斗争！
> 快来，饥饿者，打击敌人！
> 到处响起复仇的吼声：
> 前进！前进！前进！前进！[1]

"旧世界一定要彻底打垮"，沙皇的宝座就是复仇的目标。这首《工人马赛曲》很快在俄罗斯传播开来，到1900年拉夫罗夫去世时，已经成为劳工、底层民众和进步学生们的革命流行曲，甚至还有了《农民马赛曲》《士兵马赛曲》等版本。1901年，为了抗议政府强迫学生服兵役的政策，3000多名学生聚集在圣彼得堡卡赞大教堂前的广场上，挥舞着红旗，高唱起《马赛曲》。[2]

---

[1] 歌词参见 https://en.wikipedia.org/wiki/Worker%27s_Marseillaise#cite_note-Figs-1，这首歌还有另一个歌名——《旧世界一定要打垮》，本文使用的是薛范先生的中文译词，其他几段的歌词为：有钱人是一群虎豹狼豺，就连你卖命的钱都要抢，哪管你没有穿，有口没粮，看他们一个个多肥胖。挨着饿，为他们大摆筵席！挨着饿，让他们去投机！挨着饿，看他们出卖良心！挨着饿，任他们嘲笑你。快起来，工人们，站起来，去斗争！快来，饥饿者，打击敌人！到处响起复仇的吼声：前进！前进！前进！前进！/只有在坟墓里才能安息，活一天，税和捐就不能缺。有钱人压榨你，不择手段，沙皇喝的是人民的血；假如他想打仗扩充军队，就要你送子孙充炮灰，假如他造宫殿举行宴会，就要你拿鲜血去开胃。快来，工人们，站起来，去斗争！快来，饥饿者，打击敌人！到处响起复仇的吼声：前进！前进！前进！前进！/难道你一辈子受人压迫？快起来，和敌人拼死活——从那德涅博河到那白海，从伏尔加一直到高加索。打敌人，杀走狗，消灭狼豺，把沙皇和地主一扫光，再也不许剥削者骑在头上，看前面新生活闪光芒！快起来，工人们，站起来，去斗争！快来，饥饿者，打击敌人！到处响起复仇的吼声：前进！前进！前进！前进！/看东方将升起真理的朝阳，太阳光普照在国土上，一定要为人类争来幸福，哪怕是洒热血、抛头颅。从今后，大地上重见光明，决不让恶势力再生存，各民族在这劳动的国家，手挽手，肩并肩，心连心。快来，工人们，站起来，去斗争！快来，饥饿者，打击敌人！到处响起复仇的吼声：前进！前进！前进！前进！

[2] Orlando Figes, *A People's Tragedy: A History of the Russian Revolution*, 1891-1924, London: The Bodley Head, 1996, p.171.

到 1917 年，以法国大革命为师的做法依然是俄国革命者的主流。1917 年的二月革命推翻了尼古拉二世的统治，建立起临时政府，革命的爆发是伴着《马赛曲》的音乐展开的。[1] 在革命者眼中，唱哪首歌就代表着这个人在革命中的立场和阵营，《天佑沙皇》就同沙皇统治一般，是腐朽堕落的象征。"我的朋友，我为了搞革命活动，曾经在施吕赛尔堡坐过两年牢，那时候你还在枪杀革命者并且高唱《上帝保佑沙皇》呢！"二月革命后一位试图戳穿哥萨克士兵伪装的大学生这样调侃道。[2]

新政府的成员也坚信自身行动与法国大革命的相似性，在这群人眼中，正在俄罗斯领土上发生的这场革命就是法国大革命的重演。革命领袖开始把大革命人物套用到自己身上，克伦斯基（Kerensky）先是把自己看作米拉波，后来又开始模仿拿破仑的做派，革命中的派系也被打上了法国大革命派系名称的标签，布尔什维克是俄国的雅各宾派，而人们要警惕的则是反革命和波拿巴主义的出现。在制度层面，临时政府同样在模仿大革命，设置各省专员、军人委员会和军队专员、公共安全委员会，甚至立宪会议的灵感也来自法国。大革命的音乐象征——《马赛曲》则被临时政府理所当然地征用为国歌，在公共集会、街头游行、音乐会和戏剧演出时进行演奏。革命者之间的称呼也变成了公民和同志，就像大革命时期一样。[3]

临时政府只存在了约八个月时间，虽然成立之初就推进了激

---

[1] Ronald Grigor Suny ed., *The Cambridge History of Russia*, Vol. III, *The Twentieth Century*, Cambridge: Cambridge University Press, 2006, p.114.
[2] 约翰·里德:《震撼世界的十天》,广州:南方日报出版社,2009 年,第 136 页。
[3] Orlando Figes, *A People's Tragedy*, p.344.

进的政治改革，但它依然没有使俄国克服 1917 年时所面临的困境，经济继续下滑、政府依然参与一战、土地政策迟迟未能出台，这一切都给十月革命布尔什维克的胜利创造了空间。1917 年 4 月，列宁返回俄国，在《真理报》上发表了名为《四月提纲》的文章，号召推翻资产阶级的临时政府，"所有政治权力归苏维埃"。在布尔什维克斗争活动的影响下，临时政府的合法性开始遭到质疑和攻击，象征着临时政府统治的《马赛曲》也受到牵连，在托洛茨基关于十月革命的回忆中，就有这样一段描述：

> （7月）4 日夜间，"可靠的"部队抵达这里。在执行委员会开会时，在塔夫利达宫宫顶上军号吹响了《马赛曲》。主席团成员的脸一下子就变了样，出现了近几天所缺乏的信心。……无须在对彼得格勒工人士兵代表团、波罗的海舰队代表们客气了。……布尔什维克党被宣布为反革命政党。[1]

显然，这首标志着资产阶级革命和资产阶级政权特征的歌曲，布尔什维克是不会采用的。因此，十月革命胜利以后，重新选择一首歌曲来代表自己，是十分必要的。彼时的布尔什维克领袖是坚定的国际主义和无产阶级革命信奉者，托洛茨基仍然坚信俄国革命的最终目标是"拯救受苦受难的全人类"。[2] 无产阶级革命要克服的不仅是资产阶级的落后性，还有与之相连的民族性，这样说来，为歌颂巴黎公社和共产主义革命而创作的《国际

---

[1] 托洛茨基：《托洛茨基亲述十月革命：献给被遗忘的先知》，西安：陕西人民出版社，2008 年，第 12—13 页。
[2] 同上，第 58 页。

歌》就成了新的选择方案：[1]

> 这首歌已经被译成欧洲各种文字，甚至还不止欧洲文字。一个有觉悟的工人，不管他来到哪个国家，不管命运把他抛到哪里，不管他怎样感到自己是异邦人，言语不通，举目无亲，远离祖国——他都可以凭《国际歌》熟悉的曲调，为自己找到同志和战友。[2]

虽然被译成各种文字，但《国际歌》歌颂的是全世界无产阶级，而不是特定国家或民族，如果说《马赛曲》和它所象征的革命尚有资产阶级革命的影子，那么《国际歌》则是彻彻底底的无产阶级的歌，用列宁的话来说，是"有历史意义的歌"。

对于列宁来说，在俄罗斯建立的无产阶级政权是世界范围内无产阶级革命的一个阶段性预演，而就俄罗斯本身而言，大俄罗斯民族的利益与无产阶级的利益是一致的，按照这种逻辑，采用超越民族国家和资产阶级革命的《国际歌》也是理所当然。1918年，新建立的苏维埃政权将《国际歌》定为国歌。1920年5月1日，苏维埃政权为了庆祝劳动节，在彼得格勒进行了一整天的文化活动，来自文化协会的4000名表演者在超过3万名观众面前表演话剧《解放劳动力的秘密》，话剧的最后一幕，"演员们围着自由之树载歌载舞，河船上的探照灯照亮了整个舞台，乐队奏响

---

[1] 《国际歌》传播到俄罗斯的时间也晚于《马赛曲》，1902年，阿尔卡基·雅科夫勒维奇·克茨（Arkadij Jakovlevich Kots）将歌词翻译成俄文，同时也对旋律做了改编，二月革命期间彼得格勒纪念革命牺牲者的活动中，这首歌第一次在公众面前亮相，旋即流行开来。参见 Boris Gasparov, *Five Operas and a Symphony: Word and Music in Russian Culture*, New Heaven: Yale University Press, 2005, pp. 209 - 210。

[2] 转引自陈辽《马克思主义文艺思想史稿》，成都：四川文艺出版社，1986年，第468页。

了《国际歌》,伴随着工厂的警笛声,整座城市沉浸在震耳欲聋的大合唱当中"。[1] 1922 年,苏联成立以后,无产阶级世界革命的理想依然是苏联最主要的政治任务,而《国际歌》继续被保留为国歌。

苏联音乐:"民族的形式,社会主义的内容"

列宁决定用《国际歌》取代《工人马赛曲》,其实还出于一个现实的考虑,因为后者会被人误认为法国国歌,而这对于一个国际社会中的新兴国家来说,显然是不明智的。不过,对于以"民族国家颂歌"为词义的国歌所应当具有的特殊主义色彩而言,列宁似乎并不在意。关于如何处理民族的多样性和社会主义的普遍性之间的立场问题,苏联这个无产阶级政权到斯大林时期才基本上解决。

斯大林继承了列宁的民族看法。在布尔什维克党中,斯大林很早就确立了自己"民族问题专家"的身份,这个身份是他早期的政治资本。1912 年至 1913 年间,在名为《马克思主义和民族问题》的文章中,斯大林根据自己的理解给民族做了一个新颖的定义:"民族是人们在历史上形成的一个有共同语言、共同地域、共同经济生活以及表现在共同文化上的共同心理素质的稳定的共同体",以上要素缺一不可。具体到俄国当时的问题上,斯大林的立场则是拒绝民族文化自治,推行民族区域自治:

> 民族文化自治是不适用的。第一,它是人为的,是没有生命力的……第二,它驱使大家走向民族主义,因

---

[1] 杰弗里·霍思金:《俄罗斯史》第三卷,广州:南方日报出版社,2013 年,第 429 页。

为它主张人们按民族标准"划分",主张"组织"民族,主张"保全"和培植"民族特点"——这些都绝非社会民主党所应做的事情。

相比而言,民族区域自治被认为能够克服文化自治的问题:

> 区域自治的优点首先在于,实行的时候所遇到的不是没有地域的空中楼阁,而是居住在一定地域上的一定居民。其次,区域自治不是把人们按民族划分的,不是巩固民族壁垒的,相反地,是打破这种壁垒,把居民统一起来,以便为实现另一种划分即按阶级划分开辟道路的。最后,它使大家不必等待整个中央机关的决议而能最适当地利用本地区的天然富源并发展生产力——这样的职能是民族文化自治所没有的。[1]

在这种描述中,过去被浪漫派和民族主义认为是有机的、自然的和展现民族精髓的民族文化要臣服于更高层次的革命目标。

这篇文章为后来斯大林处理民族问题和民族文化,特别是民族音乐问题时的思路埋下了伏笔。首先,民族依然被重视,但是重要的工作是以地理范围来界定政治管理界限;其次,在这种新划分界定的民族区域中,文化发展要服从中央和上级的要求,各区域之间则既要保持民族特性,又要显示出形式上的统一性。逐渐地,"苏联政府实现了将民族和民族领土匹配起来的清理计划;未来所有的文化发展都在这种结

---

[1] 参见斯大林《马克思主义和民族问题》,《斯大林全集》第二卷,北京:人民出版社,1953年。

构下被规划了出来"。[1]

具体到苏联的民族文化政策上，所谓"民族的形式"，就是要凸显出各苏维埃联邦国家被"重组"以后依然具有的民族特性。不过，这里的民族性实际上是被浪漫主义再次发掘以后的那种对平民文化和民间艺术的推崇，已然不是以上层阶级为主导的精英审美，也不是许多民族主义理论家所谓的一个民族的性格和精神气质。具体地说，苏联时期音乐民族性的体现，就是要以"人民大众"为对象，摒弃欧洲音乐中所包含的腐朽的"布尔乔亚"因素，包容苏联东部各民族文化中的"东方主义"特质。这种立场在 20 世纪初的俄国音乐家那里就已经表现了出来：

> 欧洲音乐已然过于精致了；它已经为我们提供了其所能提供的全部。它早就江郎才尽，毫无新意，只是在依靠各种音乐技巧。为了带来新的气象，西方音乐家们转向了东方，而且这样做是理所应当的。
>
> 我无法理解我们居住在巴库、提比利斯和耶烈万的那些搞错了研究方向的音乐家们。（如今）要想发掘出一丝一毫欧洲的新意，一位亚美尼亚、阿塞拜疆或格鲁吉亚的作曲家都必须展现出起码与斯克里亚宾相匹敌的天赋才能。[2]

因此，与其说苏联的政策是在制造民族性的音乐风格，不如

---

[1] Marina Frolova-Walker, "'National in Form, Socialist in Content': Music Nation-Building in the Soviet Republics," *Journal of the American Musicological Society*, Vol. 51, No. 2, Summer, 1998, p.335.
[2] Ibid, p.347.

说是在顺势引导当时的观念，前者是由音乐家自发根据创造力和音乐作品的内在标准进行选择，后者则是从"俄罗斯人民"的角度出发鼓励创作。从莫斯科中央到各个联盟国家，苏联建立起了自上而下的音乐艺术指导体系——到 20 世纪 30 年代，每个联邦成员都必须建立"民族剧院"，创作自己"民族"的戏剧，创作的过程中，中央会从莫斯科或列宁格勒派出音乐家，与当地的音乐家进行合作。[1]

"内容上的社会主义"则更多是纲领性的要求。为了展现出社会主义特有的文化特征，苏联发明了"社会主义现实主义"的艺术风格，无论是音乐家还是诗人、画家、雕塑家，都被要求通过自己的作品展现出社会主义的新风采。[2] 1937 年，斯大林在一次苏维埃作曲家、乐理家和戏剧制作人的联合会议上对苏联音乐和戏剧提出了三点要求：题材必须是社会主义者；必须采用承载着有民族特质的现实主义音乐语言；必须从当代苏联生活中寻找一种新的英雄种类。[3] 在斯大林看来，社会主义与民族风格并不矛盾，只不过社会主义者推崇的民族主义与旧时代的民族主义不同。党内的一位音乐评论家对斯大林的指示心领神会，将其归纳为四个要点："苏维埃题材、民族性、现实主义和对交响乐发展

---

[1] Marina Frolova-Walker, "'National in Form, Socialist in Content': Music Nation-Building in the Soviet Republics," p. 335.
[2] 1934 年苏联作家协会章程中明确规定："社会主义现实主义，作为苏联文学与苏联文学批评的基本方法，要求艺术家从现实的革命发展中真实地、历史具体地去描写现实；同时，艺术描写的真实性和历史具体性必须与用社会主义精神从思想上改造和教育劳动人民的任务结合起来。"参见尼古拉·梁赞诺夫斯基、马克·斯坦伯格《俄罗斯史》，第 561 页。
[3] Marina Frolova-Walker, "'National in Form, Socialist in Content': Music Nation-Building in the Soviet Republics," p. 363.

的掌控"。[1]

对这种布尔乔亚民族主义和社会主义民族主义音乐风格的区分,苏联的音乐界也给出了自己的方案——一切与旧时代上层阶级有关联,象征或代表布尔乔亚风格的东西都应该被摒弃,真正精粹的、代表社会主义民族文化的,就是过去工人、农民和无产阶级的旋律和歌曲。1951 年发生在苏联境内的一次音乐"清洗运动"的宣言典型地表达了社会主义苏联对音乐的看法:

> (那些音乐家)没有认识到,传统的封建和宫廷歌曲,充满了神秘主义和奢靡的主旋律,对社会主义的积极建设者,我们的人民来说,是彻头彻尾陌生的。他们常常忘记伟大列宁的教诲,在每种民族文化中,都存在着两个类型,统治阶级和被统治阶级的文化。他们以发展文化遗产为借口,夹带进与马克思主义审美相反的观点。[2]

在这之后,全苏联的音乐家都不得使用任何与过去所谓统治阶级有关联的音乐内容。

实际上,在列宁时期,"民族的形式和社会主义的内容"的民族政策论断就已经被提出了[3],在斯大林上台后的实践中,民族

---

[1] Marina Frolova-Walker,"'National in Form, Socialist in Content': Music Nation-Building in the Soviet Republics," p.363. 戈尔基·库伯夫(Georgiy Khubov)用以表述民族性的词是 narodnost,这个词在俄语中既表示民族,也表示普通民众和人民,而且显然,无论是斯大林还是库伯夫,都是在十分模糊的意义上运用这个概念的,关于俄国的民族性概念,上一节有详细的讨论。
[2] Marina Frolova-Walker,"'National in Form, Socialist in Content': Music Nation-Building in the Soviet Republics," p.365.
[3] 沃尔特·G.莫斯:《俄国史》,海口:海南出版社,2008 年,第 241 页。

的形式越来越向俄罗斯民族的形式倾斜，社会主义的内容则逐渐演变成对斯大林的个人崇拜和无产阶级意识形态的宣传。1936年宪法最终确立了苏联的民族管理体制，然而，这个体制的两项要求实际上是对立的：一方面"联盟制从法律上肯定了各加盟共和国的平等主权地位和自由退出联盟的民族自决权"，但另一方面，"民族自治体又受高度中央集权的控制和管理"。[1]

斯大林无意于妥善解决这个问题，毕竟民族在社会主义理论中只是暂时阶段，是需要被超越的对象，特别是在民族文化方面，他甚至认为自己正在做的是建设"新的将要取代旧的民族忠诚感和团结全体'苏联人民'的苏联民族和苏联文化"。[2] 反映到现实中，中央集权的力量凌驾于民族自治之上，斯大林"要求各民族自治体绝对服从和无条件地履行中央的决定。对一切不符合中央口味的言行一律当做资产阶级民族主义进行批判和镇压"。[3] 另一方面，俄罗斯文化逐渐取代各民族文化，成为苏联民族文化的真正内容。正是如此，1937年的《真理报》刊文宣称，俄罗斯文化是世界上最先进、最人道的文化，俄罗斯苏维埃社会主义联邦共和国是"整个苏联第一个平等的联邦共和国"。[4]

制造《牢不可破的联盟》

从逻辑上看，寻找一首歌曲来取代《国际歌》的国歌地位是必然的，而在具体的历史进程中，这一变化的发生是由各种事件

---

[1] 参见徐天新《斯大林模式的形成》，北京：人民出版社，2013年，第228—229页。
[2] 沃尔特·G.莫斯：《俄国史》，第245页。
[3] 徐天新：《斯大林模式的形成》，第229页。
[4] 沃尔特·G.莫斯：《俄国史》，第242页。

相互催化引发的。

到 20 世经 30 年代，斯大林确立了自己在党内的绝对领导权，不过，这一目标的实现是通过党内斗争和"大清洗"来达成的。斯大林明白，作为一个政治家，"想要除掉反对他的阴谋家们，就必须避免默默无闻"，因此，一方面他需要强化自己的个人崇拜，另一方面，他也开始通过恢复对俄罗斯传统的尊重来强化自己统治的合法性。就这样，虽然无产阶级在理论上是没有祖国的，但到 30 年代中后期，斯大林开始允许人们使用"祖国"这个词汇，而伊凡雷帝、彼得大帝、苏沃洛夫和库图佐夫将军这些过去的俄罗斯英雄也成了现在苏联的英雄。[1]

"祖国"这个词又同爱国主义的动员联系在了一起，被第二次世界大战特别是卫国战争期间的苏联所利用。爱国主义和保卫祖国是最佳的动员方式。1941 年莫斯科保卫战期间，西方方面军军事委员会发出的告军队士兵书就运用了这一话语策略：

> 同志们！在我国面临危险的严酷时刻，每一个军人的生命应该属于祖国。祖国要求我们每一个人贡献出最大的力量，发扬英勇顽强、英雄主义和坚韧不拔的精神。祖国号召我们要成为无法摧毁的铜墙铁壁，堵住法西斯匪帮去莫斯科的道路。现在比以往任何时候都需要加强警惕性、铁的纪律、组织性、坚决果断地行动、必胜的信心和随时准备自我牺牲的精神。[2]

---

[1] 沃尔特·G. 莫斯：《俄国史》，第 238—239 页。
[2] 安凌、王宝庆：《愤怒的俄罗斯——德国法西斯的克星》，长春：长春出版社，1995 年，第 83 页。

显然，塑造对共同体的认同，除了通过内在的血缘、传统、生活习俗和文化来进行培育，还有一种立竿见影的方式，那就是外部威胁的刺激，换句话说，也就是"他者"的在场。很多情况下，即使内部认同十分薄弱，国家权力结构分散甚至碎片化，但是只要出现在力量上和观念上与共同体并不相同，并且威胁到其存在的外部势力时，共同体内部的认同就会得到极大的增强。这种威胁通常以战争和冲突的面貌出现，给国内的民众造成某种生死存亡的存在论刺激。因此，特别是对新生国家来说，虽然风险极高，但战争也是巩固其政治统治基础的绝佳机遇，战争不仅可以为集中力量进行爱国主义教育和民族主义动员创造理由，而且如果胜利，又将极大地提升民族自豪感和民众对政权合法性的认同。

卫国战争胜利后的苏联，就是这种状态。虽然这场战争给苏联造成巨大的人力、财力和物力上的损失，但也大大强化了民众对苏联的爱国主义情感。斯大林自己知道，苏联人民愿意牺牲生命去捍卫的不是社会主义理想，而是对家园和祖国的本能式的热爱。[1] 用梁赞诺夫斯基的话来说，"在战争努力的背后团结苏联人的并不是阶级斗争或世界革命，而是民族、家园与家庭"，而且

---

[1] 这种从无产阶级国际主义到民族主义和爱国主义情感转化的状态，在伊利亚·爱伦堡的口中被反复强化："俄罗斯人天生就宽荣、热情、易于安抚，善解人意，宽厚待人……仇恨从来就不是俄罗斯人的特性……并非从天上掉下来，不，我们人民现在表现出来的这种仇恨是来源于苦难。开始时，我们许多人都以为这就是一场如同其他战争般的战争，我们以为是在与身着不同军服的人打仗……现在，我们国家的每一个人都知道了，这场战争完全不同于在它之前的那些战争。我们的人民第一次发现与之打仗的不是人，而是邪恶者、恶毒怪兽、野人……争论的问题直截了当：我们生存的权利。"参见尼古拉·梁赞诺夫斯基、马克·斯坦伯格《俄罗斯史》，第 507 页；杰弗里·霍思金《俄罗斯史》第三卷，第 517 页。

"这种因苦难和斗争而来的新团结有助于支持苏联政权的合法性乃至于赢得民心",这就为斯大林继续调整政治文化策略提供了基本环境。[1]

最后一个直接因素是1943年共产国际的解散。这个1919年在列宁领导下以宣传马克思主义和世界无产阶级革命为目标的国际性组织,最终随着国际共产主义运动发展,为适应新形势的要求宣告解散。共产国际的解散也标志着苏联从国际社会主义革命的目标转向国内的共产主义革命,这样一来,继续采用歌颂国际主义和世界无产阶级革命的《国际歌》就显得不合时宜和令人误解了。[2] 取代《国际歌》的,是从布尔什维克党歌演化而来的新国歌——《牢不可破的联盟》。[3]

根据《牢不可破的联盟》歌词作者的回忆,苏联寻找新国歌的想法在1942年就已经有了。新国歌的创作是从征集国歌歌词比赛开始的,卫国战争则是这场比赛和斯大林选择歌词的标准。斯大林需要一首既能歌颂苏联人爱国主义牺牲精神,振奋备受战争摧残的民众的心灵,又能体现布尔什维克领导体制优越性,最好还能包含个人崇拜内容的作品。[4] 为此,苏联中央成立了专门的委

---

[1] 参见尼古拉·梁赞诺夫斯基、马克·斯坦伯格《俄罗斯史》,第522页。
[2] 第一国际和第二国际都使用了《国际歌》作为会歌,但鉴于苏联已经将《国际歌》确立为国歌,共产国际便另选了一首名为《共产国际歌》的歌曲为会歌。
[3] 《国际歌》成为布尔什维克的党歌,具体参见 J. Martin Daughtry, "Russia's New Anthem and the Negotiation of National Identity," *Ethnomusicology*, Vol. 47, No. 1, Win., 2003, p. 47。
[4] 国歌委员会指出:"国歌应当是这样的,它的歌词的意义和旋律的力量应该融为一体,能够以乐观主义和相信自己力量的精神感染苏维埃人,激发爱国主义和为自己祖国感到自豪的感情",参见张捷《米哈尔科夫谈苏联国歌》,《外国文学动态》2001年第1期,第27页。

员会，由伏罗希洛夫和谢尔巴科夫领导，以有奖竞赛的形式征集作品：一等奖一名，奖金是十万卢布；二等奖两名，奖金五万卢布。[1]

两位红军士兵——曾经是儿童诗人的塞奇·米哈尔科夫（Sergei Mikhalkov）和诗人埃尔-雷吉斯坦（真名为加布里埃尔·阿尔卡季耶维奇·乌列克梁）从战争前线完成了采访任务，准备返回莫斯科，在途中听说了这场比赛，于是便决定合作一首歌词。创作时，两人参照了《布尔什维克党之歌》的诗格。作品被寄给了肖斯塔科维奇，音乐家又将经过自己谱曲的作品提交给委员会，结果连第一轮初选都没通过。不过，斯大林还是看到了这首歌，并且对歌词产生了兴趣。伏罗希洛夫于是将两人从前线召回莫斯科，告诉他们"斯大林同志注意到了你们写的歌词！你们千万不要骄傲自满！我们将和你们一起修改"。

斯大林将歌词第一行"各族自由人民的高尚联盟"改成了"各个自由共和国牢不可破的联盟"，第三行从原来的"赞美你，根据民意建立的"改为了"万岁，根据人民的意志建立的"，还修改了歌词中对自己的形容，同时要求在提到列宁的时候一定要加上"伟大的"这个前缀做修饰。[2] 稍作修改后，觉得歌词还是太过简短，斯大林又建议加上歌颂苏联红军的段落，将两位士兵召集到克里姆林宫，要他们修改已经加上的第三段：

> 我们战战兢兢地穿过幽暗的走廊，走进国务办公室的大门。现在是晚上10点30分……在我们正对面，领袖他正站立着，手里拿着一张纸。我们向他问候道：

---

[1] 张捷《米哈尔科夫谈苏联国歌》，《外国文学动态》2001年第1期，第25—26页。
[2] 同上，第26页。

"你好,斯大林同志!"……"你们来看一下!"他(把标有自己改动的纸张递给他们)大声说道:"你们有什么反对意见吗?最重要的就是保留这几种思想。这样可行吗?"[1]

当天晚上,两位士兵留在克里姆林宫进行修改,第二天,斯大林和政治局委员们看了修改以后的歌词表示同意,新国歌的歌词就基本确定了下来。

至于这首诗到底是配上肖斯塔科维奇的原作,还是配上两位诗人和斯大林都更加倾心的《布尔什维克党之歌》,当局也进行了充分论证。中央政治局委员和政府的主要领导人一起来到波修瓦大剧院,听取了分别由亚历山大罗夫指挥的红军歌舞团、波修瓦合唱团和两个乐团共同演唱的候选歌曲,其中包括肖斯塔科维奇、哈恰图良、亚历山大罗夫和伊奥纳·杜斯基亚各自的作品,此外还有肖斯塔科维奇和哈恰图良合作的一首曲子。为了比照参考,比赛中还演唱了包括《国际歌》《马赛曲》《天佑吾王》甚至《天佑沙皇》等曲目。[2]

肖斯塔科维奇后来回忆,他非常渴望自己的曲子能选上,因为这样一来,"就能保证我不会被逮捕"。[3] 第一轮演奏后,斯大

---

[1] Sergei Mikhalkov, "Gimn Sovetskogo Soyuza"(Anthem of the Soviet Union), 1998, Zavtra: Gazeta Gosudarstva Rossiskogo 14(227). http://zavtra.ru/cgi/veil/data/zavtra/98/227/71_all.html. 转引自 J. Martin Daughtry, Russia's New Anthem and the Negotiation of National Identity, p. 46。

[2] Solomon Volkov, *Shostakovich and Stalin: The Extraordinary Relationship Between the Great Composer and the Brutal Dictator*, New York: Alfred A. Knopf, 2004, p. 8.

[3] Ibid, p. 8.

林给肖斯塔科维奇的曲子打了满分10分,表扬这首曲子是唯一具有原创新意的作品,但又表示"原创性"不是选择国歌的首要标准。[1] 随后,经过政治局委员和政府领导们的讨论,最终还是选择了亚历山大罗夫的作品。[2]

虽然有讨论程序,但斯大林的意见才是终极权威。据说在讨论时斯大林曾表示:"亚历山大罗夫当年创作了《布尔什维克党之歌》的旋律,[3] 这个曲子最适合于苏联的国歌"。[4] 后来,斯大林还曾安慰落选的肖斯塔科维奇:"您的曲子非常悦耳,但是有什么办法呢,亚历山大罗夫的曲子听起来很雄壮,更合适些。这是强大国家的国歌,其中应当反映国家的强大力量和

---

[1] Solomon Volkov, *Shostakovich and Stalin*, p.10.
[2] Ibid, p.10.
[3] 《布尔什维克党之歌》(Gimn partii Bol'shevikov)的作者亚历山大·V.亚历山大罗夫(Alexander Vasilyevich Alexandrov),出生于帝俄时期,在十月革命后做了几年教堂唱诗班的指挥,后来成为俄罗斯军乐团亚历山大乐团的创始人。20世纪二三十年代,这个乐团在亚历山大的带领之下创作了各种歌颂苏联红军和布尔什维克的音乐作品,获得了斯大林的青睐,并改名为苏联红军歌舞团。1939年,亚历山大罗夫以《马赛曲》和《国际歌》为范例创造了一首进行曲献给布尔什维克。1943年,作曲家又用这首旋律参加了国歌旋律的征集比赛,最后进入决赛。在作为布尔什维克党歌时,这首曲子配的则是瓦西里·列别杰夫-库马奇所作的歌词:"史无前例之国与自由之子,今天我们所唱的自豪歌曲,属于我们光芒万丈的党,我们最了不起的人。其光荣使我们志更坚力更强,并经受住时间的考验。列宁的党,斯大林的党,英明的布尔什维克党!十月使我们国家诞生,您缔造了强大祖国和自由人民。您正是那力量的源泉,使苏维埃祖国坚如磐石。其光荣使我们志更坚力更强,并经受住时间的考验。列宁的党,斯大林的党,英明的布尔什维克党!您毫不留情地肃清了,各种腐朽的敌人与卑鄙的奸贼。您是人民的自豪与智慧的象征,人民的心脏和良知。其光荣使我们志更坚力更强,并经受住时间的考验。列宁的党,斯大林的党,英明的布尔什维克党!马克思和恩格斯的理论与天才,构建了我们未来的公社。列宁指明我们自由的道路,斯大林带领我们继续前进。其光荣使我们志更坚力更强,并经受住时间的考验。列宁的党,斯大林的党,英明的布尔什维克党!"
[4] 转引自张捷《米哈尔科夫谈苏联国歌》,第27页;J. Martin Daughtry, "Russia's New Anthem and the Negotiation of National Identity," p.47.

我们的必胜信念"。[1]

紧接着,谢尔巴科夫起草了一篇关于国歌问题的决定,规定从 1944 年 3 月 15 日开始正式使用新的国歌,要求在此之前做好各项准备工作。根据斯大林的建议,1944 年 1 月 1 日开始,苏联的电台开始播放《牢不可破的联盟》,同年 3 月 15 日,这首歌正式成为苏联国歌:[2]

> 伟大俄罗斯,永久的联盟;
> 独立共和国,自由结合成。
> 各民族意志,建立的苏联,
> 统一而强大,万年万万年!
>
> 自由的祖国,你无比光辉:
> 各民族友爱的坚固堡垒!
> 苏维埃红旗,人民的红旗,
> 从胜利引向胜利!
>
> 自由的阳光,照耀着我们;
> 伟大的列宁,指明了前程。
> 斯大林教导,要忠于人民;

---

[1] Solomon Volkov, *Shostakovich and Stalin*, p.11;张捷:《米哈尔科夫谈苏联国歌》,第 27 页。后来肖斯塔科维奇和哈恰图良的作品成为《红军之歌》,此外,亚历山大罗夫的儿子鲍里斯也创作了旋律以参加比赛,后来成为摩尔达维亚苏联社会主义共和国国歌,参见 Dimitri Shostakovich, Solomon Volkov, *Testimony*: *The Memoirs of Dimitri Shostakovich*, Limelight Editions, 2002, p.262。
[2] 参见张捷《米哈尔科夫谈苏联国歌》,第 27 页。

并激励我们，去建立功勋。

自由的祖国，你无比光辉：
各民族幸福的坚固堡垒！
苏维埃红旗，人民的红旗，
从胜利引向胜利！

战争中成长，我们的红军，
敌人来侵略，就消灭干净。
斗争中决定，几代人命运，
引导我祖国，向光荣前进！

自由的祖国，你无比光辉：
各民族光荣 的坚固堡垒！
苏维埃红旗，人民的红旗，
从胜利引向胜利！[1]

三、联盟的破碎与认同的延续

1953 年，斯大林去世，克里姆林宫在他去世后三天向世界宣布这一消息。斯大林的死给苏联未来的道路创造了新的空间，但与此同时，新的问题也层出不穷。

斯大林去世之后，苏共开始告别斯大林路线和斯大林模式。

---

[1] 歌词参考的英文译文见 J. Martin Daughtry, "Russia's New Anthem and the Negotiation of National Identity," p. 47. 此处中文译文采用了薛范先生的翻译。

无论是党内还是民众都厌倦了对斯大林的个人崇拜，为了与斯大林时期做区别，赫鲁晓夫不仅在政治上，同时也在文化政策上进行调整，斯大林确立的苏联国歌也成为众矢之的。另一方面，从斯大林晚期开始，冷战帷幕的揭开给苏联带去了新的困难，虽然两极对抗的局面实际上有利于布尔什维克通过意识形态进行进一步的控制，但是在这个过程中，无产阶级的革命理想失去了吸引力，爱国主义和民族主义越来越成为有力的号召。

20世纪末，苏联解体，东欧剧变，苏联在冷战中败下阵来。在整个解体过程中，斯大林时期被压抑的苏维埃各邦国的民族主义情绪、民族独立和民族自决的要求成了撕裂苏维埃"牢不可破联盟"的内部力量。民族主义在20世纪的最后20年持续发挥作用，甚至成为苏联民主化运动的主要动力，同时也是苏联解体后各个新独立的共和国建立政权的观念和理论基础。[1] 如果将长时段的某种固定的政治文化和行为模式同样视为民族性内容的话，那么在解体以后，俄罗斯其实也继承了帝俄和苏联的遗产，延续了过去的传统。这个新成立的国家，在国歌的选择上，就是由当时的总统叶利钦个人决定的，选择的是19世纪俄国音乐的民族骄傲——音乐家格林卡的一首不知名作品。叶利钦的选择很快被继任者普京推翻，经过修改的苏联国歌再次成为俄罗斯国歌。

何去何从？后斯大林时期的苏联国歌

斯大林的去世是影响苏联历史走向的事件，斯大林一手确立

---

[1] Yitzhak M. Brundny, *Reinventing Russia*: *Russian Nationalism and the Soviet State*, *1953-1991*, Cambridge: Harvard University Press, 2000, p.1.

的苏联国歌在 1953 年以后也经历了被质疑和删改歌词的过程。虽然斯大林以后的苏联开始由个人领导转向集体领导，努力与斯大林模式告别，在宣传和文化上控制和弱化个人崇拜，但是恰如 1994 年俄罗斯的《新时代》周刊一语道破的那样，赫鲁晓夫虽然摧毁了斯大林主义，但同样是个斯大林主义者。[1] 赫鲁晓夫渴望成为改革者，但是无法成功，他的后继者也同样如此。

为了解决以个人崇拜为特征的体制造成的问题，后斯大林时代的苏共中央选择了先将责任推给贝利亚，而随着问题的进一步深化，以及巩固和继续推行改革，斯大林本人也必须被问责和追究。[2] 就此而言，赫鲁晓夫与斯大林模式做告别，在某种程度上是在当时当地情况之下的最佳选择。"苏共二十大和苏联改革的一个根本问题是斯大林问题"，如何看待斯大林时期的苏联在很大程度上决定了"对苏联变革的态度以及对变革方向和限界的期望"。[3]

在 1956 年 2 月召开的苏共二十大上，当时已经是苏共中央第一书记的赫鲁晓夫作了《关于斯大林个人崇拜及其后果》的秘密报告，报告"清算"了斯大林时期的各种错误运动和政策，还援引马克思、恩格斯和列宁的语录来谴责斯大林后来的做法。抛开官方说辞不谈，这份报告的一个显著特征是，将斯大林时期引发民众和党内矛盾的问题，都归咎于斯大林一人，斯大林就这样从伟大光荣的人民领袖，变成了一个连个人传记中对自己的歌颂

---

[1] 参见何宏江《俄〈新时代〉周刊说：赫鲁晓夫是"摧毁了斯大林主义的斯大林主义者"》，《国外理论动态》第 26 期（总第 144 期），1994 年，第 201 页。
[2] 参见时殷弘《论非斯大林化的复杂起因和多重后果》，《史学月刊》1999 年第 4 期，第 72 页。
[3] 同上，第 73 页。

需要充分到何种程度都要过问的虚荣小人。[1]

显然，要在苏联范围内真正实现与斯大林模式进行告别，并且彻底拒绝斯大林个人崇拜所带来的恶性影响，一份在苏共党内传达的"秘密报告"是不够的。[2] 赫鲁晓夫和苏共中央继而进行了一系列的改革，在经济领域建立起"以激发个人和集体积极性为取向的集体经济制改革"，开展了"改善与资产阶级国家和政党关系的全新探索"，而在国内政治领域，最重要的则是"反对个人崇拜，恢复党的正常秩序，加强党的集体领导，发扬党内民主"。[3]

于是反对个人崇拜的非斯大林化运动在苏联开展起来。赫鲁晓夫领导下的中央政治局不仅决定为曾经被斯大林贬斥的卫国战争英雄朱可夫元帅修建纪念碑，甚至还将斯大林的棺柩从红场的列宁陵墓里挖了出来，重新埋在克里姆林宫墙角下。[4]

同样经历苏联人民和苏联共产党审判的，还有斯大林亲自修改和确立的苏联国歌。在这个问题上，赫鲁晓夫的做法同他处理其他斯大林遗产的做法一样简单直接。苏共二十大召开当年，中

---

[1] 关于秘密报告的出台过程和主要内容，可参见王学亮《赫鲁晓夫出台〈关于斯大林个人崇拜及其后果〉始末》，《钟山风雨》2011年第1期，第4—8页。
[2] 赫鲁晓夫宣读的这份秘密报告在3月1日经过改动和补充后以便函的形式下发到各级党组织，但是直到1989年，才向苏联全体国民公布。赫鲁晓夫给出的保密理由是"我们党应十分认真地对待个人崇拜问题，这个问题我们不能拿到党外，更不能见报。要知道掌握分寸，不让敌人利用，不在他们面前暴露我们的祸根"，参见王学亮《赫鲁晓夫出台〈关于斯大林个人崇拜及其后果〉始末》，第8页。
[3] 这三方面的总结来自郭春生《在改革与停滞之间：从赫鲁晓夫到勃列日涅夫苏共党建工作的退步》，《社会科学研究》2013年第2期，第14—15页。
[4] Roman Brackman, *The Secret File of Joseph Stalin: A Hidden Life*, London: Routledge, 2005, p.412.

央政治局决定，取消《牢不可破的联盟》的歌词，只保留旋律作为苏联国歌。[1] 虽然米哈尔科夫在 1970 年曾经试图通过改写自己的歌词使其继续享有国歌的地位，但是这份将与斯大林有关内容全部替换的文本并未被接受。就这样，从 1956 年到 1977 年的二十多年间，苏联的国歌就是曾经作为《布尔什维克党之歌》的那段旋律。

赫鲁晓夫下台后，勃列日涅夫的上台实际上是各方势力妥协的产物，而他自己并未做好成为第一领导人的准备。为了强化自己的合法性，勃列日涅夫需要与赫鲁晓夫进行区分，赫鲁晓夫时期对个人崇拜特别是对斯大林崇拜的否定，就这样被这位新的领导人所否定。

党内路线是一个问题，而民族国家的维系则是另一个问题。对于当时的苏联来说，两个问题都需要勃列日涅夫和苏共来解决。1968 年的"布拉格之春"直接刺激了苏共中央进一步否定赫鲁晓夫的改革、回到斯大林时期路线的决心，这又与逐渐回温的个人崇拜一起，为评价斯大林在苏联历史上的地位提供了新的理据。[2] 另一方面，面临着分裂却又忌讳改革的苏维埃社会主义联邦依旧需要"共同一致"的声音来强化认同。然而，赫鲁晓夫时期被调侃为"无词之歌"的苏联国歌，[3] 难以激发起人们对这个政治共同体的热爱，因此，再次动用卫国战争时期爱国主义和

---

[1] Robert G. Wesson，*Lenin's Legacy*：*The Story of the CPSU*，Hoover Institution Press，1978，p.265.
[2] 参见郭春生《在改革与停滞之间：从赫鲁晓夫到勃列日涅夫苏共党建工作的退步》，第 16 页。
[3] Olimpiad Solomonovč Ioffe，*Soviet Civil Law*，Dordercht：Martinus Hijhoff Publishers，1988，p.331.

民族主义情感的资源,成了合理的选择。

1977年5月,新的国歌歌词被提交给了苏共党中央,9月1日,最高苏维埃通过了歌词提案,并且在10月发布的新苏维埃宪法中明确了配以新歌词的《牢不可破的联盟》作为苏联国歌的地位:

> 自由共和国的联盟牢不可破
> 伟大的俄罗斯永远保持团结
> 万岁,人民创造的坚强意志
> 万岁,统一强大的苏维埃联盟!
>
> 光荣属于我们自由的祖国
> 民族的友爱是可靠的堡垒
> 列宁的党代表人民的力量
> 苏维埃红旗,人民的红旗
> 领导我们实现共产主义!
> 从胜利引向胜利!
>
> 自由阳光穿过风暴照耀我们
> 伟大的列宁领导我们革命
> 他开辟道路,实现正义的事业
> 斯大林教导,要忠于人民,
> 他鼓舞我们去劳动,去立功!
>
> 光荣属于我们自由的祖国
> 民族的友爱是可靠的堡垒
> 列宁的党代表人民的力量

领导我们实现共产主义!

在不灭的共产主义理想当中
战斗中成长,我们的红军
我们看到祖国的美好未来
敌人来侵略,就消灭干净。
而向着祖国光荣的红色旗帜
斗争中决定,几代人命运,
我们将永远保持无私的忠诚!
引导我祖国,向光荣前进!

光荣属于我们自由的祖国
民族的友爱是可靠的堡垒
列宁的党代表人民的力量
领导我们实现共产主义[1]

歌词回避了如何看待斯大林的政治争论,回归到苏维埃立国的基础之上,列宁这位苏维埃的"国父"成为唯一被歌颂的英雄,民族友爱、共产主义和苏维埃联盟成为歌唱的对象。

不过,国歌的修改不可能从根本上解决苏联政治的结构性问题和面临的各种危机,就在这首歌的国歌地位被官方确认的同时,苏联境内的各联盟国的独立意识也在不断觉醒,民主化运动开始复兴。最终,东欧剧变和苏联宣告解体,这首歌成了历史的遗迹。

---

[1] 歌词参见 J. Martin Daughtry, "Russia's New Anthem and the Negotiation of National Identity," p. 49. 此处中文歌词译文使用的是薛范先生的翻译版本。

爱国主义音乐家格林卡与俄罗斯联邦国歌

1990年，鲍里斯·叶利钦成为俄罗斯苏维埃联邦社会主义共和国最高苏维埃主席，面对逐渐逼近的解体威胁，俄罗斯需要为自己寻找新的政治象征求得生机。叶利钦注意到，"俄罗斯共和国是唯一没有自己国歌的苏维埃共和国"，为了区别于其他苏维埃共和国，有必要尽快弥补这一缺陷。为此，俄罗斯苏维埃的代表建言献策，甚至有人建议恢复帝俄时期的《天佑沙皇》作为国歌。

不过，究竟将哪首歌曲定为俄罗斯的国歌，还是取决于最高统治者的意思。音乐家亚历山大·别洛能科带着戏谑的口吻说，"非常迅速地、以传统的俄罗斯方式"，这位俄罗斯领导人解决了国歌缺失的问题：

> 很遗憾我并不知道他的咨询师是谁，但总而言之（米哈伊尔·格林卡的）《爱国歌》（*Patriotic Song*）被提交了上去……我听说，（当这首曲子被正式演奏时），鲍里斯·尼古拉耶维奇（叶利钦）站了起来，于是所有人都站了起来……好吧，基本上可以说，经过这一坚决的举动，格林卡的音乐成为国歌就已成定局。[1]

这一幕发生在1990年11月俄罗斯最高苏维埃的会议上，就在同一天，最高苏维埃起草了确立这首歌为国歌的法案："俄罗

---

[1] 转引自 J. Martin Daughtry, "Russia's New Anthem and the Negotiation of National Identity," p. 50。

斯联邦的国歌为米哈伊尔·格林卡作曲的《爱国歌》。"[1]

《爱国歌》之所以能够被立为国歌，当然同叶利钦当时所具有的压倒性权势直接相关，不过除此之外，作者格林卡本身，也是这首旋律能够当选的重要理由。这位19世纪的音乐家在俄国音乐史上的地位是里程碑式的，如果说文学界有普希金被称为"俄国人民的诗人"，那么音乐界担得起"俄国人民的音乐家"的，就是米哈伊尔·格林卡。格林卡是俄国第一位具有世界影响力的音乐家，甚至被誉为"俄国音乐之父"。[2] 这位音乐家在1836年创作的歌剧《为沙皇献身》（*A Life for the Tsar*）[3] 在一百多年间经久不衰，帝俄时期人们称赞这部作品体现了俄罗斯的民族精神；到了苏联时期，由于斯大林对格林卡的高度评价，将其作品视为社会主义现实主义的典范之一，这部歌剧又继续以原名《伊万·苏萨宁》在苏联的剧院中多次上演，此外歌剧结尾时的合唱曲《荣耀!》（*Slav´sia*）在一百多年间，都被视为俄国的第二国歌，也是叶利钦在选择新国歌时的另一首备选曲目。[4]

---

[1] http://www.venice.coe.int/webforms/documents/? pdf=CDL(1992)052-e.
[2] Richard Taruskin, *On Russian Music*, Berkeley: University of California Press, 2009, p.63.
[3] 《为沙皇献身》是俄罗斯民族乐派著名作曲家米哈伊尔·格林卡（Mikhail Glinka）创作的五幕歌剧，原名《伊凡·苏萨宁》（*Ivan Susanin*），是一部"爱国主义和英雄主义的悲剧"，讲述了民族英雄伊凡·苏萨宁从波兰人手中解救沙皇的故事。格林卡的歌剧以伊戈·罗森（Egor Rozen）创作的同名历史歌剧剧本为基础，以意大利抒情调为媒介，并融合了大量波兰和俄罗斯民谣。1836年12月，歌剧在圣彼得堡首次公演，据说在首演彩排时，沙皇尼古拉一世曾莅临观赏，并命令将歌剧名改为《为沙皇献身》。首次公演后，歌剧大获成功，成为俄罗斯民族歌剧的奠基作之一。苏联时期，歌剧名被重新改回《伊凡·苏萨宁》。
[4] Simon Franklin, Emma Widdis, eds., *National Identity in Russian Culture*, Cambridge: Cambridge University Press, 2004, p.120.

作为《为沙皇献身》的结束曲，《荣耀》的主旨在于总结和升华整部作品的主题，因此，这首歌结合了振奋人心的进行曲韵律和赞美诗旋律的特性，与东正教教堂的赞美诗的形式十分相似，歌词表达了对专制统治的歌颂。这部作品完成时，尼古拉一世宣告"东正教、专制体制、俄罗斯民族性"作为俄国纲领才三年时间。格林卡很好地迎合了沙皇的口味，尼古拉一世不仅将这部作品定为圣彼得堡帝国剧院的开幕剧，而且为了表彰格林卡，还赐给他一只黄金宝石戒指。然而，由于在苏联时期，这部歌剧以及这首歌曲也一直是音乐季的开幕剧，对于想要与苏联划清界限的叶利钦来说，显然不是理想的选择。[1]

选择《爱国歌》的另一个理由是，与格林卡其他大受欢迎反复演出的曲目不同，这首曲子在一个多世纪的时间内都被忽略，名不见经传，也没有歌词，人们既不会把它与苏联联系起来，也不会因为歌词的内容产生争论。这给叶利钦带来了另一个好处："叶利钦政权担心无论国歌的歌词呈现出何种民族形象，都会有半数国民表示反对"，[2] 所以他打算通过征集歌词来进行新一轮爱国主义和民族认同宣传，就像当初斯大林所做的那样。

于是，俄罗斯政府设立了一个专门的委员会，通过歌词竞赛的方式进行国歌歌词征集，鼓励所有俄罗斯公民积极参与。在6000多首参赛作品中，维克多·拉德金（Victor Radugin）创作的《俄罗斯，荣耀吧！》（*Be glorious, Russia*）拔得头筹。然而，俄罗斯官方并没有采用这首诗歌，民间和议会中反对《爱国歌》

---

[1] Simon Franklin, Emma Widdis, eds., *National Identity in Russian Culture*, Cambridge: Cambridge University Press, 2004, p.120.
[2] Ibid, p.119.

的呼声也越来越强烈。就这样，从 1993 年到 2000 年，俄罗斯国歌又处于"无词之歌"的状态之中。[1]

新国唱旧歌——普京的决断

就在叶利钦决定以《爱国歌》为国歌后不久，他本人便开始遭到议会的反对，议会不仅倾向于恢复苏联 1978 年宪法，反对叶利钦主导的新宪法草案，而且议会中的共产党代表还要求恢复《牢不可破的联盟》的国歌地位，其他党派的代表也以各种各样的理由反对《爱国歌》这首十分小众的歌曲。在 1993 年宪法危机的前一天，叶利钦专门出台了一项总统法令来认定《爱国歌》为国歌，但随着叶利钦的辞职，《爱国歌》的国歌身份也开始动摇。

不仅议会和政府高层对《爱国歌》不满意，许多民众也并不愿意以这首歌为国歌。2000 年的一项民调显示，只有百分之十五的俄罗斯民众赞成《爱国歌》作为国歌。[2] 对他们来说，一个非常现实的问题是，这首歌并不能激起民众的民族主义激情和爱国情感，运动员们甚至将这首歌当作自己在国际赛场上无法取得好成绩的理由。1998 年世界杯上，俄罗斯队员表示，这首没有歌词的国歌根本无法激起自己为国家荣誉而战的爱国情感。2000 年奥运会开幕前夕，国歌没有歌词的问题成了上任不久的普京要解决的麻烦。[3] 根据报道，俄罗斯著名的莫斯科斯巴达克足球俱

---

[1] J. Martin Daughtry, "Russia's New Anthem and the Negotiation of National Identity," p. 51.
[2] Ibid，p. 51.
[3] Simon Franklin, Emma Widdis, eds., *National Identity in Russian Culture*, p.116.

乐部给普京写了一封公开信，强烈要求总统早日给国歌确定歌词；在奥运会上获得金牌的俄罗斯选手也在采访中表示，当他们站在领奖台上国旗升起、国歌奏起时，自己却不知道该唱什么，实在是非常尴尬。[1]

为了表示重视，普京迅速做出了回应。在 2000 年 11 月的联邦委员会会议上，普京指出，确立国家象征符号应当是国家最首要的任务，并在 12 月 8 日亲自向国家杜马提交了关于俄罗斯联邦国歌的草案。草案对国歌问题的处理建议是用《牢不可破的联盟》取代《爱国歌》作为俄罗斯国歌，但是需要修改歌词。这一举动马上引发了俄罗斯自由派和知识分子的强烈反对：知识分子坚持认为这首歌就是斯大林和极权主义统治的同义词，而自由派则认为选择国歌象征着国家未来的方向，但是没有人想要回到过去的苏联。普京在一次电视采访中，巧妙地回击了这些质疑：

> 最近，围绕着亚历山大罗夫创作的苏联国歌，出现了特别激烈的讨论。你我都知道民意调查的结果——绝大部分俄罗斯人更偏爱这首曲子。虽然我赞成不是每个问题都能够通过半数以上的大多数人来决定。但是我们不要忘了，在这个问题上，我们说的是人民（narod）中的大多数。归根结底，这些国家象征就是为这些人民而提出的。我承认我和人民有可能正在犯错。但是我想对那些不支持这一决定的人说：我恳请你不要将问题夸大，创造巨大的障碍，不要再一次斩断沟通的桥梁，分

---

[1] J. Martin Daughtry, "Russia's New Anthem and the Negotiation of National Identity," p. 51.

裂社会。如果我们都赞同，使用过去各个时代，包括苏联在内的象征是让人无法接受的话，那么我们就必须承认，一整代的俄罗斯国民——包括我们的父亲和母亲——过的都是毫无益处全无意义的人生，他们的存在成了一场闹剧。不管是出于理智还是感情，我都无法认同这种做法。[1]

这一番雄辩一经播出，一个为民族而奋斗的、有血有肉的领导人形象树立了起来。采访中的普京愿意去拥抱和承认民族的过去，哪怕不够光彩，也不愿意抹杀掉历史的痕迹。在随后的投票表决中，俄国家杜马以381票赞成、51票反对、1票弃权的结果通过了国歌草案。[2] 接下来，就是为国歌寻找歌词。

或许是为了显得过程合法民主、尊重民意，也或许是为了与过去的政治保持连续，普京继续沿用了斯大林和叶利钦的做法，在全国范围内征集歌词。在6000多首歌词中，《牢不可破的联盟》歌词原作者米哈尔科夫所创作的一首新诗最终获胜。[3] 2000年12月25日，普京正式签署了关于国歌的法案，俄罗斯联邦终于有了一首新国歌，名为《俄罗斯，我们神圣的祖国》（*Rossiya，svyashchennaya nasha derzhava*）。但是，这首歌的旋律出自苏联时代的旧国歌，歌词同样来自旧国歌的作者：[4]

---

[1] J. Martin Daughtry, "Russia's New Anthem and the Negotiation of National Identity," p.54.
[2] http://en.people.cn/english/200012/08/eng20001208_57318.html.
[3] http://en.rian.ru/symbols/20070607/66606928.html.
[4] 俄罗斯官方的歌词文本对米哈尔科夫所提交的版本进行了大量修改，以保证歌词内容与苏联元素的彻底分离。

俄罗斯啊我们的神圣的祖国,
俄罗斯啊亲爱的父母之邦。
你刚强的意志,你辉煌的声誉,
是你永恒的财富将万古流芳!

为自由的祖国,来高声颂扬——
各民族友谊的可靠保障。
让先辈的功业,让人民的智慧
引导着我们向胜利远方。

从南方的海岸到北极的边疆,
你森林啊苍茫,你田野宽广。
你屹立在世上,你举世啊无双,
是上帝所佑护的可爱家乡!

为自由的祖国,来高声颂扬——
各民族友谊的可靠保障。
让先辈的功业,让人民的智慧
引导着我们向胜利远方。

给生活以希望,给理想以翅膀,
你未来的岁月更光芒万丈。
也无论是过去,也无论是将来,
哦,忠诚于祖国就有无穷力量!

为自由的祖国,来高声颂扬——
各民族友谊的可靠保障。
让先辈的功业,让人民的智慧
引导着我们向胜利远方。

比起 1944 年和 1977 年的版本,2000 年的新国歌歌词,去除了所有与共产主义和苏联相关的内容,只保留民族主义和爱国主义的内容。列宁和斯大林被"先辈"所取代,"上帝保佑"的字眼出现在歌曲之中。歌词不仅赞美了俄罗斯祖国的神圣和伟大,描绘了俄罗斯的疆域与自然风光,同时也呼吁民众对祖国保持忠诚,为祖国做出贡献。仅从歌词上来看,这首新国歌似乎与许多民族国家的国歌无甚区别,就是一首民族国家的颂歌,但是,由于这首歌复杂的历史和俄罗斯复杂的政治环境,歌曲既无法获得普遍认可,也没能进一步凝聚认同。

第一个站出来反对的就是叶利钦,这也是他第一次公开批评自己的接班人。随后,戈尔巴乔夫也站出来,直接将这首歌与斯大林的恐怖统治联系起来,故意忽略掉赫鲁晓夫时期这首歌所代表的非斯大林化主张。[1] 叶利钦给出的理由是,普京这一举动是在讨好民众,俄罗斯总统不应该"一味迎合人民的情绪"。[2]

不过,叶利钦的批评并非针对讨好民众事实本身,而是在批评普京讨好本应该被遗忘的那部分民众情绪。克里姆林宫虽然试图屏蔽《牢不可破的联盟》中一切与苏联有关的歌词内容,但是由于这首歌在苏联时期反复不断地被演唱、播放、灌输的国歌地

---

1 Arup Banerji, *Writing History in the Soviet Union: Making the Past Work*, New York: Berghahn Books, 2008, p.276.
2 http://news.bbc.co.uk/2/hi/europe/1060975.stm.

位，已经被烙上了社会主义苏联的烙印，不可能是一纸总统法令就能全部消解的。无论普京的意图如何，恢复的旧国歌，通过修改歌词将其作为新国歌，既没有继承伟大俄罗斯的传统遗产，也没能实现国歌凝聚国民、强化爱国主义和民族认同的功能。持自由派立场的俄罗斯民主党反对说，旧国歌旋律的使用"加深了社会的分歧"。[1] 普京也因此受到国内自由派知识分子的批判，甚至将其上升到了民族性的高度上，在后者看来"俄罗斯真正的民族性在于它打破斯大林主义的能力"，而非重复之前的路径。[2]

2007 年，在叶利钦的葬礼上，出现了极具讽刺性的一幕：《牢不可破的联盟》被奏响，这位曾经取消了苏联国歌的前俄罗斯总统，在其批判的"主题曲"之中完成了人生的谢幕。仪式歌曲的选择从来都包含着政治和文化意义，对于这个选择，克里姆林宫的理由是，无论国歌有何种历史，它"庄严的音乐和富有诗意的歌词"就是俄罗斯人民团结统一的象征。[3] 这个举动，再次印证了自由派关于普京的评价，一些媒体将普京的这一做法连同恢复苏联国歌的行为一起打包，作为俄罗斯回归苏联路线的论据，直言"在叶利钦的葬礼上播放苏联国歌就是一场精心策划的破坏，破坏人们对带给俄罗斯自由的这位逝者的记忆"。[4]

---

[1] http://news.bbc.co.uk/2/hi/europe/1060975.stm.
[2] J. Martin Daughtry, "Russia's New Anthem and the Negotiation of National Identity," p. 58.
[3] Государственный гимн России (in Russian). Администрация Приморского края.
[4] http://www.telegraph.co.uk/comment/personal-view/3639898/Why-modern-Russia-is-a-state-of-denial.html.

四、 坎坷的民族国家之路与纷杂的国歌历史

1473 年，伊凡三世在迎娶索菲亚公主以后，将双头鹰的标志放入俄国的纹章中，以示莫斯科是第三个罗马。这只同时面向东西双方的双头雄鹰，不仅成为帝俄时代沙皇穷兵黩武的象征，也成了俄罗斯在东西之间寻找认同时无所适从的隐喻。苏联时期，苏俄替换了双头鹰的标志，取消了一切与帝俄时代相关联的象征；但是 1993 年，俄罗斯不仅重新采用了双头鹰作为国徽，也再次使用了彼得大帝当初绘制的三色军旗作为国旗，似乎意图恢复旧时代的辉煌。在国歌的选择上，俄罗斯则回到了苏联的传统。

当然，《牢不可破的联盟》并非俄罗斯历史上唯一的民族国家象征。帝俄时代，践行"东正教、专制体制、俄罗斯民族性"的帝国在沙皇的强力统治之下，努力融入西方世界，效仿西方君主国的国歌选择，采用《天佑吾王》为蓝本，继而有了《俄罗斯人的祈祷》和《天佑沙皇》。《天佑沙皇》成为帝俄时期使用时间最长的国歌，直到 1917 年沙皇尼古拉二世退位之后，才退出国歌的历史舞台。

动荡的革命总是伴随着复杂的纠葛和斗争，反映不同革命立场与理想、象征着不同政治主张的歌曲也会你方唱罢我登场。最初以推翻君主制、建立共和国为目标的 1917 年二月革命所成立的临时政府，以法国革命为蓝本和模范，使用大革命的主题曲作为国歌，经过民粹派理论家的改写，《马赛曲》成为贴近俄国国情的《工人马赛曲》，既迎合了临时政府的蓝图，又兼顾了动员革命的需求。不过，随后发生的十月革命很快将这段历程扫入了

故纸堆中,以无产阶级世界革命为理想的布尔什维克起初并不满足于在俄国一国之内进行革命,这个超越民族国家的革命组织的志向是解放全人类,在他们看来,不仅《马赛曲》,甚至是法国大革命,都无法与其先进性相匹配。于是,革命领袖列宁很快为新建立的苏维埃社会主义同盟选定了新的国歌,也就是已经成为第二国际会歌的《国际歌》。在列宁时期,苏联一直没有放弃国际主义的梦想,所以《国际歌》既是共产国际的主题曲,也是苏联的新国歌。

领导人的更替是现代国家政府常规更替的一部分,但在苏联,领导人的更替不仅意味着统治风格和意识形态取向的变化,还往往伴随着颠覆性的政策改变。对无产阶级超民族的革命理想不甚热情的斯大林,利用爱国主义和民族主义的资源强化自己统治的合法性,个人崇拜也成为手段之一。在这样的背景之下,歌颂无产阶级世界革命的《国际歌》不再适合作为苏联国歌,斯大林转而寻找一首新的歌曲来表征自己的政权,在广泛征集和竞赛之后"脱颖而出"的,就是经过斯大林亲自修改的《牢不可破的联盟》。

国歌本应当以歌颂民族国家以及民族国家的象征为主题,这既能保证国歌的持久性,同时也可以反过来验证民族国家作为现代国家的"非人格化"。无论是难以建立起长效的政治体制,还是以个人决断作为政治决策核心,这一系列俄罗斯现代民族国家建构过程中的问题,反映在国歌上就成了歌曲的命途多舛,歌曲本身会面临接连不断的修改,甚至遭遇被取消的命运。苏联的国歌历史尤其如此。

苏联的解体意味着共产主义革命在俄罗斯的消亡,从另一方面也暗示着超民族的政治体在现阶段难以维系的困境。苏联国歌不再适用于纷纷独立的各联盟国家，也同样不适用于新建立的俄罗斯。[1] 俄罗斯联邦的建立不仅否定了苏联的历史，也否定了它所提出的世界主义蓝图，就此而言，虽然叶利钦选择新国歌的方式同样十分"苏联"，但是歌曲本身是服务于再次利用爱国主义的目标。出于种种原因，叶利钦的改革陷于泥沼，其继任者则也对他、对俄罗斯国情的理解不够深入，转而利用依然有力的共产主义政治力量和对苏联时期大国状况依然怀念的民众心理来强化自己的统治势力，再次修改的苏联国歌又一次被恢复，只不过这一次，苏联风格的内容全部消失，只留下对祖国和民族的歌颂。

---

[1] 苏联解体后，各自独立的加盟共和国开始建立自己的国家象征系统，采用了体现各自历史渊源的国旗、国徽和国歌，相同的是，它们都斩钉截铁地否定和拒绝苏联时代的国歌。

结 语

为民族国家立法的音乐
再谈国歌研究

从痛苦中创造和谐,
从短暂的欢愉中创造永恒的快乐,
为不和谐辩护,
在他人只能说话的时候歌唱:
我认为,这一切都是传统音乐伟大的文化成就……
　　——马尔库塞·在新英格兰音乐学院毕业典礼上的演讲

1703 年，苏格兰启蒙运动的先驱、当时英国著名的政治家和作家安德鲁·弗莱彻（Andrew Fletcher）在陈述他关于好政府的理解时，赋予了音乐作品极高的政治价值："让我为一个民族写歌，我便不在意谁来立法"。就在弗莱彻写作这篇政治檄文的时代，第一首民族国家国歌的故事已经展开了。自从《天佑吾王》问世并被视为英国国歌以来，一个民族国家需要拥有一首国歌，逐渐成为现代民族国家约定俗成的惯例。到 20 世纪上半叶，与国旗、国徽一道，每个民族国家都有意创造和确立自己的文化象征，以期更好地塑造和维系民族国家内部的认同与忠诚，并在国际社会中成为与其他国家同样具有自身标志的现代国家。这样一种现代政治生活中一直在场的政治现象，理应获得充分的研究和反思。出于这种立场，本书以历史事实为基础，以类型学为框架，结合政治学、社会学以及人类学的研究方式，梳理和分析了政治现代化进程中的五首典型国歌。总体而言，本书在以下几个方面，为国歌研究以及民族国家建设这个基础性问题的进一步思考做出了一些努力。

　　第一，本书将国歌的分析和讨论从音乐史扩展到了政治学，一方面弥补了音乐理论因为过于重视歌曲本身所造成的分析缺憾，另一方面也拓宽了政治社会历史研究领域对日常生活中政治现象和集体认同的研究视角。第二，本书采用类型学的方式考察五个民族国家迥异的国歌诞生历程与民族国家建构经历，以国歌为范本，从历史的角度阐明了文化象征物与民族国家建构之间复杂的理论关系与现实纠葛，有助于更好地理解和认识文化和象征在人类生活中的巨大作用。第三，本书试图以国歌为叙述线索，将国歌理解为现代民族国家自我认同塑造和维系的产物与工具，以动态视角考察国歌的缘起与沿革,从侧面展现了政治现代性历程的丰富内涵与波折历程,尤其凸显了不同民族国家现代化路径和模式的差异,同时也表明,在反思和总结现代化经验的过程中,求同存异、尊重不同民族国家的历史与文化,充分重视传统、习俗与集体记忆在民族国家建构过程中的巨大作用,是更好地认识现代世界政治现实的前提。

本书在写作过程中,综合运用了政治学、社会学、人类学等领域的理论,借鉴了音乐研究和文本分析的基本方法,将国歌视为象征和文本进行讨论,为人文社会科学中跨学科研究政治社会基本现象的方法探索做了有益的尝试。

当然,国歌作为一个民族国家政治现代化过程中的伴生现象,具有十分丰富的内容与内涵,而本书所作的分析和讨论,仅仅是国歌研究的一种视角,也只是对国歌历史与现实很小一部分的归纳总结。实际上,将国歌放在现代性背景下人类政治社会生活的具体语境之中进行学理性的批判与反思,还有许多工作要做。

一、 国歌的本质内涵与生成逻辑

正如本书绪论中所阐明的,国歌在现代政治生活中是常规现象,是每个现代民族国家都已经接受并默认为必要内容的政治和文化象征。然而,或许是由于国歌发展历史的复杂性、各国国歌确立方式和路径的差异性,尤其是文化象征作为受政治、经济、社会、历史文化和传统等因素而生成的具有特定内涵的外在指征,对国歌进行规范和抽象的界定,至今是学术研究和文艺批评领域未能达成共识的议题。当然,这并不意味着国歌的确定在现实中存在着困难，毕竟，文化象征在政治领域的发生与运转，其首要条件在于政治权力的操纵和利用，况且，国歌是一种官方的政治文化象征，它的确立，最关键的标准就是官方的承认和使用。

话虽如此，在许多民族国家的不同历史时期，或是没有国歌，或是处在国歌更替之中，或是官方国歌、第二国歌、民间国歌等各种类型的"国歌"共存。在这个背景下，如何为国歌寻找更具有本质性和基础性的界定，结合政治历史实际来认识国歌，其实就不仅关系到讨论国歌时的研究对象和叙述重点，也关系到我们如何更加深入和准确地认识建构民族国家的文化逻辑。实际上，当前关于国歌的研究，大多是将其纳入民族国家政治音乐的大范畴之中进行讨论，而缺乏对国歌的专门分析，这种处理方式虽然可以使读者一窥政治音乐的全貌，但容易忽视民族国家文化象征所具有的规则性和权威性面相，也容易将国歌与其他具有政治价值、传递民族主义和爱国主义情感的歌曲和音乐作品等同，并不利于对国歌的认识和分析的推进。

本书认为，要对国歌的本质内涵有更清楚的认识，首先需要更全面地掌握民族国家建构的历史经验，由此出发，才能更好地把握国歌在其中的地位、作用与意义。其次，国歌产生于民族国家建构过程中对文化象征和认同构建的需要，但民族国家建构既是理论问题，更是历史问题，就此而言，必须要回到历史之中，回到集体记忆中，才能更好地把握国歌的生成逻辑，了解其中的偶然与必然。

二、国歌的分类方式与评价标准

从文化研究和类型学的角度来看,不同的历史传统、文化模式、族群种类和政治制度,都会影响具体民族国家国歌的创作与确立。然而,目前已有的各种国歌分类方式,大都未能完整地呈现国歌的基本内容与要素。无论是从音乐风格和旋律类型出发的"颂歌""战歌""民歌"之分,还是从歌词文本的内容与主旨出发归纳的元国歌类型,或是本书以民族国家建构和政治现代化历程的类型划分为基础,结合歌曲旋律特征与歌词内容进行综合分析的尝试,其实都只是一种针对国歌的类型划分。之所以如此,最主要的理由有三:其一,文化象征在民族国家建构和政治现代化过程中的作用与意义依旧没有得到充分和完整的学理讨论;其二,作为一个历史和现实的政治现象,若无法确定国歌的本质内涵,也就无法界定判断和归纳国歌类型的基本尺度;其三,民族国家的历史尚在继续,许多国家政治现代化的进程还在展开,当下和未来会否出现新的国歌类型和样貌,并非理论研究者和观察者能够简单回答的。

政治现实常常先于理论建构,因此,对国歌的种种"后见之明"的分析和分类,在多大程度上能帮助我们更好地理解过去和现在,并预测未来民族国家在文化象征政策,尤其是国歌和政治音乐政策上的状况,本书只能给出谨慎和保守的回答。就此而言,如何衡量和评价特定国家的国歌,如何在评价标准的确立过程中协调艺术审美和政治价值之间的关系,如何看待国歌在国内政治社会领域所发挥的建构和批判作用,如何认识特定国歌在国际范围内的传播和在特定历史语境下的意义翻转,都是需要进一步回答的问题。

三、国歌与集体记忆和文化认同的互动关系

追根究底,国歌之所以重要,值得作为单独的议题进行研究,恰是在于它在民族国家认同构建和集体记忆的塑造过程中,发挥了不可忽视的作用。然而,解释清楚国歌与集体记忆和文化认同的互动关系,既是研究的目的,也是研究的难点所在。这个问题最根本的困难点就在于集体经验在抽象分析和理论概括中的难以还原。正如埃利亚斯(Norbert Elias)在讨论集体经验时所指出的,"不能指望从一个个体的个人经验那里得到某种特定类型的解释,而应归因于整个群体世世代代的集体经验",然而,如何把握这种集体经验,依然是悬而未决的理论问题,我们"对长期的过程解释的探询仍然处在早期阶段"。[1]

就目前的国歌研究而言,从心理学实证研究和符号学意义研究的角度探析国歌与集体记忆和文化认同互动关系的成果屈指可数,而无论是实证研究还是符号理论,都还有很大的认识空间可以进一步探索。首先,就心理学的实验归纳而言,基本上是建立在对当下已经有模式化民族国家认同的试验者的观察基础上的,就此而言,想从逻辑上回溯历史中实际发生的国歌故事以及民族国家建构历程中的文化事件,准确地把握彼时历史语境下社会政治运动主体的认知和感受,还需要有更多的方法论以及认识论上

---

[1] 诺伯特·埃利亚斯:《符号理论》,北京:商务印书馆,2018年,第23页。

的理论加以支持。[1] 其次,符号学的意义分析通常以抽象的哲学语言来勾勒人类心灵世界的运作机制,其解释力的强弱有赖于分析者自身的理论素养与对人类历史和心灵的"共通感",因此,也很难获得普遍认可,当然也极容易出现诠释过程中的遗漏和偏见。总而言之,如何综合运用人文社会科学各领域的理论和方法,更贴切地还原国歌的政治作用,更准确地把握国歌与集体记忆和文化认同的复杂互动关系,应当是未来研究的重点。

四、国歌在公共空间中的作用与解释方式

毋庸置疑,作为一种政治和文化意义上的民族国家象征,国歌对现实生活中的政治行为主体产生影响、发挥作用,具体的实现途径是各种仪式活动,而实现方式则是国歌的演奏、播放与演唱。根据科泽(David I. Kertzer)的经典界定,"仪式如何有助于建立政治组织,仪式如何用于构建政治合法性,仪式如何在缺乏政治共识的情形中创造出政治一致性,以及仪式如何型塑人们对政治世界的理解……政治竞争者们如何通过仪式争夺权力,仪式如何被用于缓解或加剧危机,以及仪式如何服务于革命和革命政权"[2],都是政治仪式研究中应当关注的核心议题。本书也持

---

[1] 例如 Avi Gilboa, Ehud Bodner, "What Are Your Thoughts When the National Anthem is Playing? AN Empirical Exploration," *Psychology of Music*, Vol. 37(4), 2009, pp. 459 – 484; Karen A. Cerulo, "Sociopolitical Control and the Structure of National Symbols: An Empirical Analysis of National Anthems," *Social Forces*, Vol. 68, No. 1, Sep. 1989, pp. 76 – 99; David A. Butz, "National Symbols as Agents of Psychological and Social Change," *Political Psychology*, Vol. 30, No. 5, October 2009, pp. 779 – 804。

[2] 大卫·科泽:《仪式、政治与权力》,南京:江苏人民出版社,2021年,第23页。

同样的理论预设，探究了国歌在上述议题中的作用。不过，考虑到公共领域的复杂庞大、政治仪式的类型众多，国歌在公共空间中发挥作用的程度、方式和逻辑，国歌与其他政治仪式的冲突和配合，不同民族国家对国歌不同的利用方式和规则设定，两种不同模式下国歌的功能效用与生效路径（也就是说，一方面，稳定成熟的民族国家中，仪式化、常规化和日常化的国歌唱演；另一方面，改革、革命和战争状态下，民族国家建构的各种危机时刻中所出现的突发性、流动性和语境化的国歌动员与话语论战），等等，这些方面都需要得到进一步的分析与探索。

作为一种新生的民族国家文化象征，国歌具有革新性和特殊性，但是作为政治仪式的重要内容，国歌也可以被作为普遍意义上的政治歌曲来进行解释，在这个领域，学者们对古希腊肃剧中歌队表演的三个互补性维度的分析，可以被借鉴和运用到对国歌的解释中，这三个维度分别是：（1）"仪式的"维度，强调歌队演唱与观众的互动性，重点分析具体互动形式能够产生的特定实际影响；（2）"解释的"维度，强调歌词的叙述和描述内容，听众在观赏表演前，已经对歌曲的背景、语境和基本内容有一定程度的了解；（3）"情感的"维度，强调歌队演唱代表了听众因为歌曲所能产生的情感。[1] 根据这种分析的启发，解释和描述国歌在公共空间中的作用，首先要厘清国歌的历史语境和背景信息，考察演唱者和听众在与国歌互动的情境中，所承袭和理解的政治信息和文化价值；其次，要着重探讨特定表演方式对国

---

[1] 参见戈尔德希尔、奥斯本《表演文化与雅典民主政制》，北京：华夏出版社，2014年，第164—165页。

歌政治内容表达的影响；最后，分析的落脚点在于国歌所传递的政治情感，或者更准确地说，国歌是否准确捕捉和代表了具体民族国家在政治现代化进程中的目标、任务与需求，它所具有的集体记忆以及对自身形象的理想想象，这也是政治歌曲能够被选为国歌，并持续以国歌身份在公共生活和日常生活中发挥作用的关键标准。就本书的研究而言，虽然以上三个维度都有涉及，但尚未以体系化的方式进行归纳和解释，这是未来国歌研究可以继续推进的领域。

五、后现代背景下符号内涵的空洞化与国歌作用的新探析

最后，国歌研究的另一个理论难题和潜在视角，是如何在后现代背景之下重新思考和认识国歌。就世界历史的演进实际来看，在现代化早期，有先发国家和后发国家之分，也确实存在着三波前后相继的民主化浪潮，而如今，现代化进程和后现代社会则处于并存之中。就此而言，过去的符号象征、传统习俗和文化记忆依旧发挥着作用，但与此同时，各种亚文化和族群文化成为日常生活的重要内容，新的文化符号不断被创造，旧符号的语境变迁使其失去内在价值，"非中心化、平面感、即时性、消费喜好、流行时尚、娱乐道德观等等所谓的超级文化民主"成为潮流，[1] 反叛性和结构性的后现代主张又加剧了意义世界的虚无状态，所以后民族国家的政治倾向与纲领被许多国家和地区的政治团体视为未来的出路。这一切，都加剧了当下和未来可见的时期中，国歌政治价值和政治效用的削弱倾向。就此而言，是将国歌

---

1 张凤阳：《现代性的谱系》，南京：江苏人民出版社，2012年，第431页。

理解为故纸堆中的文化史研究知识点,还是进一步发掘其与当下和未来世界政治愿景与蓝图的相关性,是具有重大理论和现实意义的问题。

  本书的写作起意于如何更好地理解民族主义和民族国家成长这个同每个人的生活体验都息息相关的问题,因此,国歌应当是一个问题的切入点和突破口。尼采对音乐的断言或许悲观,却也道出了它在每个民族历史政治和文化中的基础性和核心性:"在所有成功地植根于某一特定文化土壤之中的艺术当中,音乐是最后出现的一株;或许因为它是最依靠于我们最深沉、最隐秘感情的艺术,所以当它所属的文化遭遇秋天,开始消退的时候,它才最后出现。"[1] 抛开末世般的悲剧立场不谈,尼采在这里道出了音乐和民族性与人性的深切关联,亦即,它反映了特定群体与民族的文化传统与精神内核,只有当文化充分发展,并被注入特定的情感与记忆后,音乐才能作为精妙绝伦的成果出现。我想,仅仅因为这一点,民族国歌的音乐象征——国歌,也值得政治和历史研究给予更多的重视。

---

[1] 弗烈德里希·尼采:《尼采反对瓦格纳》,济南:山东画报出版社,2002年,第85页。

附　录

五首国歌曲谱、歌词与歌词译文

1.《天佑吾王》

God save our gracious Queen!	上帝保佑女王，
Long live our noble Queen!	祝她万寿无疆，
God save the Queen!	上帝保佑国王！
Send her victorious,	常胜利，沐荣光；
Happy and glorious,	孚民望，心欢畅；
Long to reign over us,	治国家，王运长；
God save the Queen!	上帝保佑女王！

O Lord, our God, arise,	扬神威，张天网，
Scatter thine (her) enemies,	保王室，歼敌方，
And make them fall:	一鼓涤荡。
Confound their politics,	破阴谋，灭奸党，
Frustrate their knavish tricks,	把乱盟一扫光；
On thee our hopes we fix:	让我们齐仰望，
God save us all!	上帝保佑女王！

Thy choicest gifts in store	愿上帝恩泽长，
On her be pleased to pour,	选精品，倾宝囊，
Long may she reign!	万岁女王！
May she defend our laws,	愿她捍卫国法，
And ever give us cause,	使民心齐归向，
To sing with heart and voice,	一致衷心歌唱，
God save the Queen!	上帝保佑女王！

2. 《马赛曲》

Allons enfants de la Patrie,	前进，祖国儿女，快奋起，
Le jour de gloire est arrivé!	光荣的一天等着你！
Contre nous de la tyrannie,	你看暴君正在对着我们
L'étendard sanglant est levé	举起染满鲜血的旗，
L'étendard sanglant est levé!	举起染满鲜血的旗！
Entendez-vous dans les campagnes	听见没有？凶残的士兵
Mugir ces féroces soldats?	嗥叫在我们国土上，
Ils viennent jusque dans vos bras	他们冲到你身边，
Egorger vos fils, vos compagnes!	杀死你的妻子和儿郎。
Aux armes, citoyens!	武装起来，同胞，
Formez vos bataillons!	把队伍组织好！
Marchons, marchons!	前进！前进！
Qu'un sang impur	用肮脏的血
Abreuve nos sillons!	做肥田的粪料！
Que veut cette horde d'esclaves	这一帮卖国贼和国王，
De traîtres, de rois conjurés?	都怀着什么鬼胎？
Pour qui ces ignobles entraves	试问这些该死的镣铐，
Ces fers dès longtemps préparés	究竟准备给谁戴？
Ces fers dès longtemps préparés?	究竟准备给谁戴？
Français, pour nous, ah! quel outrage!	法兰西人，给我们戴啊！
Quels transports il doit exciter?	奇耻大辱叫人愤慨！
C'est nous qu'on ose méditer	是可忍孰不可忍，
De rendre à l'antique esclavage!	要把人类推回奴隶时代！

Aux armes, citoyens!	武装起来,同胞,
Formez vos bataillons!	把队伍组织好!
Marchons, marchons!	前进!前进!
Qu'un sang impur	用肮脏的血
Abreuve nos sillons!	做肥田的粪料!
Quoi ces cohortes étrangères!	什么!这一帮外国鬼子,
Feraient la loi dans nos foyers!	在我们家乡称霸!
Quoi! ces phalanges mercenaires	什么!我们高贵的战士,
Terrasseraient nos fils guerriers	竟被雇佣兵殴打!
Terrasseraient nos fils guerriers!	竟被雇佣兵殴打!
Grand Dieu! par des mains enchaînées	难道要我们缚住双手,
Nos fronts sous le joug se ploieraient	屈服在他们脚底下!
De vils despotes deviendraient	难道我们的命运
Les maîtres des destinées.	要由卑鄙的暴君来管辖?
Aux armes, citoyens!	武装起来,同胞,
Formez vos bataillons!	把队伍组织好!
Marchons, marchons!	前进!前进!
Qu'un sang impur	用肮脏的血
Abreuve nos sillons!	做肥田的粪料!
Tremblez, tyrans et vous perfides	发抖吧!暴君,卖国奸人,
L'opprobre de tous les partis	无耻的狗党狐群!
Tremblez! vos projets parricides	发抖吧!卖国的阴谋,

Vont enfin recevoir leurs prix	终究要得到报应！
Vont enfin recevoir leurs prix!	终究要得到报应！
Tout est soldat pour vous combattre	全车都是上阵的战士,
S'ils tombent, nos jeunes héros	前仆后继少年兵,
La France en produit de nouveaux,	法兰西不断出新人,
Contre vous tout prêts à se battre	随时准备杀敌效命！
Aux armes, citoyens!	武装起来, 同胞,
Formez vos bataillons!	把队伍组织好！
Marchons, marchons!	前进！前进！
Qu'un sang impur	用肮脏的血
Abreuve nos sillons!	做肥田的粪料！
Français, en guerriers magnanimes	法兰西人, 宽宏的战士,
Portez ou retenez vos coups!	要懂得怎样斗争！
Épargnez ces tristes victimes	宽恕可怜的牺牲品,
A regret s'armant contre nous	他们后悔打我们,
A regret s'armant contre nous	他们后悔打我们。
Mais ces despotes sanguinaires,	可是那些嗜血的暴君
Mais ces complices de Bouillé	和部耶的同党,
Tous ces tigres qui, sans pitié	这一伙虎豹豺狼,
Déchirent le sein de leur mère!	竟然撕裂母亲的胸膛！
Aux armes, citoyens!	武装起来, 同胞,
Formez vos bataillons!	把队伍组织好！
Marchons, marchons!	前进！前进！
Qu'un sang impur	用肮脏的血

Abreuve nos sillons!	做肥田的粪料！
Amour sacré de la Patrie,	祖国神圣的爱，
Conduis, soutiens nos bras vengeurs	请指引和支持我们报仇！
Liberté, Liberté chérie,	自由，亲爱的自由，请你和
Combats avec tes défenseurs	你的保卫者同战斗，
Combats avec tes défenseurs!	你的保卫者同战斗！
Sous nos drapeaux que la victoire	但愿在你雄伟的歌声中，
Accoure à tes mâles accents,	旗开得胜建奇功。
Que tes ennemis expirants	让垂死的敌人看看：
Voient ton triomphe et notre gloire!	你的胜利、我们的光荣！
Aux armes, citoyens!	武装起来，同胞，
Formez vos bataillons!	把队伍组织好！
Marchons, marchons!	前进！前进！
Qu'un sang impur	用肮脏的血
Abreuve nos sillons!	做肥田的粪料！

3. 《德意志之歌》

Deutschlandlied
(German National Anthem)

Joseph Haydn

Deutschland, Deutschland über alles, 德意志，德意志，高于一切，
über alles in der Welt, 高于世间万物；
Wenn es stets zu Schutz und Trutze 无论何时，为了保护和捍卫，
Brüderlich zusammenhält! 兄弟们永远站在一起！
Von der Maas bis an die Memel, 从马斯到默默尔，
Von der Etsch bis an den Belt： 从埃施到贝尔特，
Deutschland, Deutschland über alles, 德意志，德意志，高于一切，
Über alles in der Welt! 高于世间万物！
Deutschland, Deutschland über alles, 德意志，德意志，高于一切，
Über alles in der Welt! 高于世间万物！

Deutsche Frauen, Deutsche Treue,	德意志的妇女，德意志的忠诚，
Deutscher Wein und Deutscher Sang	德意志的美酒，德意志的歌声；
Sollen in der Welt behalten	遍及世界，却永远保持
Ihren alten schönen Klang,	他们古老而高贵的名声；
Uns zu edler Tat begeistern	激励我们从事高尚的事业，
Unser ganzes Leben lang:	即便要用去我们的一生。
Deutsche Frauen, deutsche Treue,	德意志的妇女，德意志的忠诚，
Deutscher Wein und deutscher Sang!	德意志的美酒，德意志的歌声！
Deutsche Frauen, deutsche Treue,	德意志的妇女，德意志的忠诚，
Deutscher Wein und deutscher Sang!	德意志的美酒，德意志的歌声！
Einigkeit und Recht und Freiheit	统一、正义和自由，
Für das Deutsche Vaterland!	为了德意志祖国！
Danach lasst uns alle streben	让我们一起为了这个目标而奋斗，
Brüderlich mit Herz und Hand!	像兄弟那样团结起来，手拉手，心连心！
Einigkeit und Recht und Freiheit	统一、正义和自由，

Sind des Glückes Unterpfand	是我们幸福的保证。
Blüh' im Glanze dieses Glückes,	在繁荣昌盛的光芒中绽放，
Blühe, deutsches Vaterland!	绽放，我们的德意志祖国！
Blüh' im Glanze dieses Glückes,	在繁荣昌盛的光芒中绽放，
Blühe, deutsches Vaterland!	绽放，我们的德意志祖国！

4. 《星条旗之歌》

The Star-Spangled Banner
(The US National Anthem)

John Stafford Smith (1750-1836)

Oh, say can you see by the dawn's early light,

What so proudly we hailed at the twilight's last gleaming?

Whose broad stripes and bright stars thru the perilous fight,

O'er the ramparts we watched were so gallantly streaming?

And the rocket's red glare, the bombs bursting in air,

Gave proof through the night that our flag was still there.

Oh, say does that star-spangled banner yet wave,

O'er the land of the free and the home of the brave?

On the shore, dimly seen through the mists of the deep,

Where the foe's haughty host in dread silence reposes,

What is that which the breeze, o'er the towering steep,

As it fitfully blows, half conceals, half discloses?

Now it catches the gleam of the morning's first beam,

In full glory reflected now shines in the stream:

'Tis the star-spangled banner! Oh, long may it wave,

O'er the land of the free and the home of the brave.

And where is that band who so vauntingly swore?
That the havoc of war and the battle's confusion.
A home and a country should leave us no more,
Their blood has washed out of their foul footsteps' pollution.
No refuge could save the hireling and slave,
From the terror of flight and the gloom of the grave.
And the star‐spangled banner in triumph doth wave,
O'er the land of the free and the home of the brave.

Oh! thus be it ever, when freemen shall stand,
Between their loved home and the war's desolation!
Blest with victory and peace, may the heav'n rescued land
Praise the Power that hath made and preserved us a nation.
Then conquer we must, when our cause it is just,
And this be our motto: " In God is our trust. "
And the star‐spangled banner in triumph shall wave,
O'er the land of the free and the home of the brave.

啊！在晨曦初现时，你可看见
是什么让我们如此骄傲？
在黎明的最后一道曙光中欢呼，
是谁的旗帜在激战中始终高扬！

烈火熊熊，炮声隆隆，
我们看到要塞上那面英勇的旗帜
在黑暗过后依然耸立！
啊！你说那星条旗是否会静止，
在自由的土地上飘舞，
在勇者的家园上飞扬？

透过稠密的雾，隐约望见对岸，
顽敌正在酣睡，四周沉寂夜阑珊。
微风断断续续，吹过峻崖之巅，
你说那是什么，风中半隐又半现？
现在它的身上，映着朝霞烂漫，
凌空照在水面，霎时红光一片。
这是星条旗！但愿它永远飘扬，
在这自由国家，勇士的家乡。

都到哪里去了，信誓旦旦的人？
他们向往的是能在战争中幸存。
家乡和祖国，不要抛弃他们，
他们自己用血，洗清肮脏的脚印。
这些奴才、佣兵，没有地方藏身，
逃脱不了失败和死亡的命运。
但是星条旗却将要永远飘扬，
在这自由国家，勇士的家乡。

玉碎还是瓦全，摆在我们面前，

自由人将奋起保卫国旗长招展！

祖国自有天相，胜利和平在望；

建国家，保家乡，感谢上帝的力量。

我们一定得胜，正义属于我方，

"我们信赖上帝。"此语永矢不忘。

你看星条旗将永远高高飘扬，

在这自由国家，勇士的家乡。

5.《神圣的祖国俄罗斯》

Россия - священная наша держава,

Россия - любимая наша страна.

Могучая воля, великая слава -

Твоё достоянье на все времена!

Славься, Отечество наше свободное,

Братских народов союз вековой,

Предками данная мудрость народная!

Славься, страна! Мы гордимся тобой!

От южных морей до полярного края

Раскинулись наши леса и поля.

Одна ты на свете!

Одна ты такая -

Хранимая Богом родная земля!

Славься, Отечество наше свободное,

Братских народов союз вековой,

Предками данная мудрость народная!

Славься, страна! Мы гордимся тобой!

Широкий простор для мечты и для жизни

Грядущие нам открывают года.

Нам силу даёт наша верность Отчизне.

Так было, так есть и так будет всегда!

Славься, Отечество наше свободное,

Братских народов союз вековой,

Предками данная мудрость народная!

Славься, страна! Мы гордимся тобой!

俄罗斯啊我们的神圣的祖国，
俄罗斯啊亲爱的父母之邦。
你刚强的意志，你辉煌的声誉，
是你永恒的财富将万古流芳！

为自由的祖国，来高声颂扬——
各民族友谊的可靠保障。
让先辈的功业，让人民的智慧
引导着我们向胜利远方。

从南方的海岸到北极的边疆，
你森林啊苍茫，你田野宽广。
你屹立在世上，你举世啊无双，
是上帝所佑护的可爱家乡！

为自由的祖国，来高声颂扬——
各民族友谊的可靠保障。
让先辈的功业，让人民的智慧
引导着我们向胜利远方。

给生活以希望，给理想以翅膀，
你未来的岁月更光芒万丈。
也无论是过去，也无论是将来，
哦，忠诚于祖国就有无穷力量！

为自由的祖国,来高声颂扬——
各民族友谊的可靠保障。
让先辈的功业,让人民的智慧
引导着我们向胜利远方。[1]

---

[1] 2000年版俄罗斯现行国歌,中文歌词由薛范先生翻译。

参考文献

1. 外文资料

期刊文献

Adorno, Theodor W. , "On Popular Music", in *Studies in Philosophy and Social Science*, 1941, Vol. 9

Ammon, Harry, "James Monroe and the Era of Good Feelings", in *Virginia Magazine of History and Biography*, LXVI, No. 4, October 1958

Applegate, Celia, "What is German Music? Reflections on the Role of Art in the Creation of the Nation", in *German Studies Review*, Vol. 15, Winter, 1992

Applegate, Celia, "How German Is It? Nationalism and the Idea of Serious Music in the Early Nineteenth Century", in *19th-Century Music*, Vol. 21, No. 3, Spring, 1998

Arendt, Hanna, "The Nation", in *The Review of Politics*, Vol. 8, No. 1, Jan. , 1946

Baker, Kenneth, "George IV: A Sketches", in *History Today*, 2005, 55 (10)

Bellah, Robert N. , "Civil Religion in America", in *Daedalus*, Vol. 96, No. 1, *Religion in America*, Win. , 1967

Bensimon, Moshe, "The Sociological Role of Collective Singing during Intense Moment of Protest: The Disengagement from the Gaza Strip", in *Sociology*, Vol. 46, No. 2, April 2012

Branham, Robert James, " 'Of Thee I Sing': Contesting 'America' ", in *America Quarterly*, Vol. 48, No. 4, Dec. , 1996

Browne, Ray B. , "American Poets in the Nineteenth-Century 'Popular' Song Books", in *American Literature*, Vol. 30, No. 4, Jan. , 1959

Butz, David A. , "National Symbols as Agents of Psychological and Social Change", in *Political Psychology*, Vol. 30, No. 5, October 2009

Cannadine, David, "The 'Last Night of the Proms' in historical perspective", in *Historical Research*, Vol. 81, No. 212, May 2008

Capwell, Charles, "Sourindro Mohun Tagore and the National Anthem Project", in *Ethnomusicology*, Vol. 31, No. 3, Autumn, 1987

Carter, Travis J. & Ferguson, Melissa J. & Hassin, Ran R. , "A Single Exposure to the American Flag Shifts Support Toward Republicanism up to 8 Months Later", in *Psychological Science*, Vol. 22, No. 8, Aug. , 2011

Cerulo, Karen A. , "Sociopolitical Control and the Structure of National Symbols: An Empirical Analysis of National Anthems", in *Social Forces*, Vol. 68, No. 1, Sep. , 1989

Cerulo, Karen A. , "Symbols and the World Systems: National Anthems and Flags", in *Sociological Forum*, Vol. 8, No. 2, Jun. , 1993

Chastagner, Claude, "Le rock, entre la marge et la masse, Revue franc,aise d'etudes americaines", in *LA CULTURE DE MASSE AUX ETATS-UNIS*, No. 60, 1994

Coleman, William, " 'The Music of a Well tun'd State': 'The Star-Spangled Banner' and the Development of a Federalist Music Tradition", in *Journal of the Early Republic*, Vol. 35, No. 4, Win. , 2015

Cox, Oliver J. W. , "Frederick, Prince of Wales, and the First Performance of 'Rule, Britannia!' ", in *The Historical Journal*, Vol. 56, No. 4, December 2013

Daughtry, J. Martin, "Russia's New Anthem and the Negotiation of National Identity", in *Ethnomusicology*, Vol. 47, No. 1, Win. , 2003

Dreher, Jochen, "The Symbol and the Theory of the Life-World: 'The Transcendence of the Life-World and Their Overcoming by Signs and Symbols' ", in *Human Studies*, Vol. 26, No. 2, 2003

Dunaway, David King, "Music and Politics in the United States", in *Folk Music Journal*, Vol. 5, No. 3, 1987

Edie, Carolyn A., "The Popular Idea of Monarchy on the Eve of the Stuart Restoration", in *Huntington Library Quarterly*, Vol. 39, No. 4, Aug., 1976

Eilittä, Leena, "'This Can Only Come to a Bad End': Annemarie Schwarzenbach's Critique of National Socialism in Her Report and Photography from Europe", in *Women in German Yearbook*, Vol. 26, No. 1, 2010

Engel, Carl, "The Literature of National Music (Continued) ", in *The Musical Times and Singing Class Circular*, Vol. 19, No. 428, Oct., 1878

Feinstein, Margarete Myers, "Deutschland über alles?: The National Anthem Debate in the Federal Republic of Germany", in *Central European History*, Vol. 33, No. 4, 2000

Fiori, Umberto, "Rock Music and Politics in Italy", in *Popular Music*, Vol. 4, *Performers and Audiences*, 1984

Frolova-Walker, Marina, "'National in Form, Socialist in Content': Music Nation-Building in the Soviet Republics", in *Journal of the American Musicological Society*, Vol. 51, No. 2, Summer, 1998

Freund, Max, "Names and Misnomers: Dutch, German, Teutonic", in *the South Central Bulletin*, Vol. 31, No. 4, Win., 1971

Fuller-Maitland, J. A., "Some Theories about 'God Save the King'", in *Proceedings of the Musical Association*, 43rd Sess., 1916-1917

Fuller-Maitland, J. A., "Facts and Fictions about 'God Save the King'", in *The Musical Quarterly*, Vol. 2, No. 4, Oct., 1916

Gilboa, Avi & Bonder, Ehud, "What Are Your Thoughts When the National Anthem is Playing? An Empirical Exploration", in *Psychology of Music*, Vol. 37 (4), 2009

Glassie, Henry, "Tradition", in *Journal of American Folklore*, Vol. 108, No. 430, *Common Ground: Keywords for the Study of Expressive Culture*, Autumn, 1995

Greenleaf, W. H., "The Thomasian Tradition and the Theory of Absolute Monarchy", in *The English Historical Review*, Vol. 79, No. 313, Oct., 1964

Gurian, Waldemar, "The Sources of Hitler's Power", in *The Review of*

Politics, Vol. 4, No. 4, Oct. , 1942

Hollinger, David A. , "How Wide the Circle of the 'We'? American Intellectuals and the Problem of the Ethnos Since World War II", in *American Historical Review*, April 1993

Huntington, Samuel P. , "The Political Modernization of Traditional Monarchies", in *Daedalus*, Vol. 95, No. 3, *Tradition and Change*, Summer, 1966

Homer, Harlan H. , "The American Flag", in *Proceedings of the New York State Historical Association*, Vol. 14, 1915

Howorth, H. H. , "The Ethnology of Germany, Part II. The Germans of Caesar", in *The Journal of the Anthropological Institute of Great Britain and Ireland*, Vol. 7, 1878

Kaufer, David S. , & Carley, Kathleen M. , "Condensation Symbols: Their Variety and Rhetorical Function in Political Discourse", in *Philosophy & Rhetoric*, Vol. 26, No. 3, 1993

Keitner, Chimène I. , "National Self-determination in Historical Perspective: The Legacy of the French Revolution for Today's Debate", in *International Studies Review*, Vol. 2, No. 3, 2000

Kelen, Christopher, "Anthems of Austria: Singing Complicity", in *National Identities*, Vol. 5, No. 2, 2003

Kemmelmeier, Markus & Winter, David G. , "Sowing Patriotism, but Reaping Nationalism? Consequences of Exposure to the American Flag", in *Political Psychology*, Vol. 29, No. 6, Dec. , 2008

Kohn, Hans, "The Genesis and Character of English Nationalism", in *The Journal of the History of Ideas*, Vol. 1, No. 1, Jan. , 1940

Kohn, Hans, "Arndt and the Character of German Nationalism", in *The American Historical Review*, Vol. 54, No. 4, Jul. , 1949

Kohn, Hans, "Romanticism and the Rise of German Nationalism", in *the Review of Politics*, Vol. 12, No. 4, Oct. , 1950

Leith, James, "Music as an Ideological Weapon in the French Revolution", in *Canadian Historical Association Annual Report*, 1966, Ottawa, 1967

Lomax, Alan, "Folksong Style", in *American Anthropologist*, Vol. 61, 1959

Lougee, Robert W. , "German Romanticism and Political Thought", in *The Review of Politics*, Vol. 21, No. 4, Oct. , 1959

Lowenthal, David, "From Harmony of the Spheres to National Anthem: Reflections on Musical Heritage", in *GeoJournal*, Vol. 65, No. 1/2, *Geography & Music*, 2006

Mattfeld, Julius, "The Use of Some National Anthems in Music", in *Art & Life*, Vol. 11, No. 1, Jul. , 1919

Mckee, Kenneth N. , "Voltaire's Brutus During the French Revolution", in *Modern Language Notes*, Vol. 56, No. 2, Feb. , 1941

McKinley, C. Alexander, "Anarchist and the Music of the French Revolution", in *Journal for the Study of Radicalism*, Vol. 1, No. 2, 2007

Moller, Lynn E. , "Music in Germany during the Third Reich: The Use of Music for Propaganda", in *Music Educators Journal*, Vol. 67, No. 3, Nov. , 1980

Morehen, John, "The English Anthem Text, 1549-1660", in *Journal of the Royal Musical Association*, Vol. 117, No. 1, 1992

Morgan, A. , "God Save Our Queen! Percy Bysshe Shelley and Radical Appropriations of the British National Anthem", in *Romanticism*, 2014/04

Neil, Kelly, "The Politics of Suicide in John Fletcher's Tragedie of Bonduca", in *The Journal for Early Modern Cultural Studies*, Vol. 14, No. 1, Winter, 2014

Nevi, Don De, "The Nazi University Eclipse", in *Improving College and University Teaching*, Vol. 18, No. 4, Aut. , 1980

Pike, L. Owen, "What is a Teuton?" in *Anthropological Review*, Vol. 6, No. 22, Jul. , 1868

Prod'homme, J. G. & Martens, Frederick H. , "Napoleon, Music and Musicians", in *The Musical Quarterly*, Vol. 7, No. 4, Oct. , 1921

Riasanovsky, Nicholas V. , "'Nationality' in the State Ideology during the Reign of Nicolas I.", in *The Russian Review*, Vol. 19, No. 1, Jan. , 1960

Riethmüller, Albrecht, "Joseph Haydn und das Deutschlandlied", in *Archiv für Musikwissenschaft*, 44, Jahrg. , H. 4, 1987

Risjord, Norman K. , "1812: Conservatives, War Hawks, and the Nation's Honor", in *William and Mary Quarterly*, Vol. 18, No. 2, 1961

Ritzel, Fred, "Was ist aus uns geworden? - Ein Häufchen Sand am Meer: Emotions of Post-War Germany as Extracted from Examples of Popular Music", in *Popular Music*, Vol. 17, No. 3, Oct. , 1998

Saunders, William, "Songs of German Revolution", in *Music & Letters*, Vol. 16, No. 1, Jan. , 1935

Schlesinger, Arthur Meier, "The American Revolution Reconsidered", in *Political Science Quarterly*, Vol. 34, No. 1, Mar. , 1919

Scott, John T. , "The Harmony Between Rousseau's Musical Theory and His Philosophy", in *Journal of the History of Ideas*, Vol. 59, No. 2, April 1998

Sonneck, O. G. , "The First Edition of 'Hail Columbia' ", in *The Pennsylvania Magazine of History and Biography*, Vol. 40, No. 4, 1916

Spendel, Günter, "Zum Deutschland-Lied als Naitonalhymne", in *Juristen Zeitung*, 43. Jahrg. , Nr. 15/16

Sweeney-Turner, Steve, "Pagan Airs: Reading Critical Perspectives on the Songs of Burns and Tannahill", in *Scotlands* 2, No. 2, 1995

Taylor, Miles, "John Bull and the Iconography of Public Opinion in England c. 1712-1929", in *Past & Present*, No. 134, Feb. , 1992

Tiersot, Julien & Kindler, O. T. , "Historic and National Songs of France", in *The Musical Quarterly*, Vol. 6, No. 4, Oct. , 1920

Vandrei, Martha, " 'Britons, Strike Home': politics, patriotism and popular song in British culture, c. 1695-1900", in *Historical Research*, Vol. 87, No. 238, November 2014

Wall, John N. Jr. & Burgin, Terry Bunce, " 'This Sermon. . . upon the Gun-Powder Day': The Book of Homilies of 1547 and Donne's Sermon in Commemoration of Guy Fawkes' Day, 1622", in *South Atlantic Review*, Vol. 49, No. 2, May 1984

Wise, Jennifer, "L'enfant et le Tyran: 'La Marseillaise' and the Birth of Melodrama", in *Theatre Survey*, Vol. 53, No. 1, April 2012

Wiora, Walter, "The Origins of German Spiritual Folk Song: Comparative Methods in a Historical Study", in *Ethnomusicology*, Vol. 8, No. 1, Jan., 1964

Wood, Kirsten E., " 'Join with Heart and Soul and Voice': Music, Harmony and Politics in the Early American Republic", in *American Historical Review*, Oct., 2014

Zernatto, Guido & Mistretta, Alfonso G., "Nation: The History of a Word", in *The Review of Politics*, Vol. 6, No. 3, Jul., 1944

报纸与杂志报道

Norfolk Chronicle, June 1, 1793

The New York Times, January 19, 1930

The Times, London, September 5, 1931

The Times, London, May 9, 1945

The Lute: A Monthly Journal of Musical News, May, 1885

"The New Indian National Anthem", in *British Periodicals*, Jan. 24, 1887

Bois, Du, "Patriotism", in *The Crisis* 17, November 1918

Clark, Richard & Sharp, Montagu & Seaton, Walter Douglas, "God Save the King", in *The Musical Times and Singing Circular*, Vol. 17, No. 402, Aug. 1, 1876

Cummings, William H., "God Save the King", in *The Musical Times and Singing Class Circular*, Vol. 19, No. 421, Mar. 1, 1878

Cummings, William H., "God Save the King", in *The Musical Times and Singing Class Circular*, Vol. 19, No. 422, Apr. 1, 1878

Cummings, William H., "God Save the King", in *The Musical Times and Singing Class Circular*, Vol. 19, No. 424, June 1, 1878

Doebler, Jeff, "Idea Bank: Let's All Sing Our National Anthem", in *Music Educator Journal*, Vol. 91, No. 3, Jan., 2005

Long, John D., "His Country Honors Him," in *Boston Herald*, Apr. 4, 1895, 9

McMaster, John Bach, "Washington's Inauguration", in *Harper's News Monthly*, April 1889

Meserve, Charles Francis, "Samuel Francis Smith: The Author of America," in *Biblical Recorder*, Mar. 9, 1932

Jones, Allan, "The Sex Pistols' Jubilee Boat Trip", Uncut. co. uk, 2007

Johnston, Arthur, "America's National Songs", in *The High School Journal*, Vol. 2, No. 5, May, 1919

Jenkins, Mark, "Son of a Gun! The Pistols Are Together Again", in *Washington Post*, Aug. 4, 1996

Sethe, Paul, "Das Lied der Deutschen", in *Frankfurt Allgemeine Zeitung*, May 10, 1952

10. Troutbeck, & J. Barnby, "The Russian National Anthem", in *The Musical Times and Singing Class Circular*, Vol. 16, No. 373, Mar. 1, 1874

法案与法条

National Convention, sitting of 26 Nivôse

Collection complète des lois, décrets d'intérêe général, traités internationaux, arrêtés, circulaires, instructions, etc. Vol. 8. Recueil Sirey, 1841

Nomos Verlagsgesellschaft, "Case: BVerfGE 81, 298 1 BvR 1215/87 German National Anthem-decision", Institute for Transnational Law - Foreign Law Translations. The University of Texas School of Law, March 7, 1990

Draft Constitution of The Russian Federation, Submitted to the Commision on 13 November 1992, Council of Europe, November 17, 1992

外文著作

Applegate, Celia & Potter, Pamela eds. , *Music and German National Identity*, London: The University of Chicago Press, 2002

Arblaster, Anthony, *Viva la libertà! Politics in Opera*, London: Verso, 1992

Ashton, John, *English caricature and satire on Napoleon I: Volume I*,

Chatto & Windus, London, 1884

Balandier, George, *Political Anthropology*, Penguin Books Ltd., 1970

Banerji, Arup, *Writing History in the Soviet Union: Making the Past Work*, New York: Berghahn Books, 2008

Barnard, F. M., *Herder's Social and Political Thought*, Oxford, 1967

Barnard, F. M., *Self-Direction and Political Legitimacy: Rousseau and Herder*, Oxford, 1988

Bates, Katharine Lee, *American the Beautiful and Other Poems*, New York: Thomas Y. Crowell Company, 1911

Beedell, A. V., *The Decline of the English Musician, 1788-1888*, Oxford: Clarendon Press, 1992

Benn, Carl, *The War of 1812*, Oxford: Osprey Publishing, 2002

Benn, Carl & Marston, Daniel, *Liberty or Death: Wars That Forged a Nation*, Oxford: Osprey Publishing, 2006

Bertelli, Sergio, *The King's Body: Sacred Rituals of Power in Medieval and Early Modern Europe*, Pennsylvania State University Press, 2001

Bhabha, Homi ed., *Nation and Narration*, New York: Routledge, 1990

Bohlman, Philip V., *Music, Nationalism, and the Making of the New Europe*, London: Routledge, 2011

Brackman, Roman, *The Secret File of Joseph Stalin: A Hidden Life*, London: Routledge, 2005

Brand, Oscar, *Songs of '76: A Folksinger's History of the Revolution*, New York, 1972

Brands, H. W., *Andrew Jackson: His Life and Times*, Random House Digital, 2006

Branham, Robert James & Hartnett, Stephen J., *Sweet Freedom's Song: "My Country 'Tis of Thee" and Democracy in America*, Oxford: Oxford University Press, 2002

Brodbeck, David, *Defining Deutschtum: Political Ideology, German Identity, and Music-Critical Discourse in Liberal Vienna*, New York: Oxford University Press, 2014

Brown, William Wells, *The Anti-Slavery Harp A Collection of Songs for Anti-Slavery Meetings*, Boston, 1854

Brundny, Yitzhak M. , *Reinventing Russia: Russian Nationalism and the Soviet State, 1953-1991*, Cambridge: Harvard University Press, 2000

Buch, Esteban, *Beethoven's Ninth: A Political History*, Chicago: The University of Chicago Press, 2003

Budd, Malcolm, *Music and the Emotions: The Philosophical Theories*, London: Routledge, 1992

Buel, Richard Jr. , *American On the Brink: How the Political Struggle Over the War of 1812 Almost Destroyed the Young Republic*, New York: Palgrave Macmillan, 2005

Burke, Peter, *The Fabrication of Louis XIV*, London: Yale University Press, 2011

Bukovansky, Mlada, *The American and French Revolutions in International Political Culture*, Princeton: Princeton University Press, 2002

Burns, J. H. ed. , *The Cambridge History of Political Thought, 1450-1700*, Cambridge: Cambridge University Press, 1991

Cœniél, C. T. De, *Our National Confederate Anthem: God Save the South*, Richmond, 1862

Caesar, Julius, *Commentarii de Bello Gallico*

Canny, Nicolas ed. , *The Oxford history of the British empire, Volume I: The Origins of Empire*, Oxford: Oxford University Press, 1998

Carr, Edward H. , *Nationalism and After*, London: Macmillan, 1945

Castells, Manuel, *The Power of Identity*, 2nd edition, Blackwell Publishing Ltd. , 2010

Churchill, Winston, *A History of the English-Speaking Peoples: The Age of Revolution*, Barnes & Noble, 1993

Clark, Richard, *An Account of the National Anthem Entitled God Save the King*, London, 1822

Colley, Linda, *Britons: Forging the Nation, 1707-1837*, New Heaven and London: Yale University Press, 1992

Collins, Ace, *Songs Sung, Red, White, and Blue: The Stories Behind

America's Best-Loved Patriotic Songs, Harper Collins e-book

Connell, R. W. & Mack, W. P., *Naval Ceremonies, Customs, and Traditions*, Naval Institute Press, 2004

Cummings, William Hayman, *Dr. Arne and Rule, Britannia*, London, 1912

Cunningham, Hugh, *The Conservative Party and Patriotism*, London, 1880

Currid, Brian, *National Acoustics: Music and Mass Publicity in Weimar and Nazi Germany*, Minneapolis: University of Minnesota Press, 2006

Dahlhaus, Carl, *Foundations of Music History*, New York: Cambridge University Press, 1983

Darwin, Charles, *The Expression of Emotions in Man and Animals*, Chicago, 1965

Davies, John & Jenkins, Nigel, *The Welsh Academy Encyclopaedia of Wales*, Cardiff: University of Wales Press, 2008

Deutsch, Otto, *Handel: A Documentary Biography*, London: Charles and Adam Black, 1955

Dick, James C. ed., *The Songs of Robert Burns and Notes on Scottish Song by Robert Burns*, Hatboro, 1962

Dickinson, H. T., *Caricatures and the Constitution, 1760-1832*, Cambridge: Cambridge University Press, 1986

Donaldson, William, *The Jacobite Song: Political Myth and National Identity*, Aberdeen: Aberdeen University Press, 1988

Doyle, William, *The Oxford History of the French Revolution*, Oxford: Clarendon Press, 1989

Dumitrescu, Theodor, *The Early Tudor Court and International Musical Relations*, Hampshire: Ashgate, 2007

Eaklor, Vicki L., *American Antislavery Songs: A Collection and Analysis*, New York: Greenwood press, 1988

Eichner, Barbara, *History in Mighty Sounds: Musical Constructions of German National Identity 1848-1914*, Woolbridge: The Boydell Press, 2012

Elting, John R., *Amateurs, To Arms, A Military History of the War of 1812*, Chapel Hill: Algonquin Books of Chapel Hill, 1991

Eyck, F. Gunther, *The Voice of Nations: European National Anthems and their Authors*, Westport: Greenwood Press, 1995

Feldman, Martha, *Opera and Sovereignty: Transforming Myths in Eighteenth-Century Italy*, Chicago: University of Chicago Press, 2011

Fellowes, Edmund Horace, *The English Madrigal Composers*, Oxford, 1921

Figes, Orlando, *A People's Tragedy: A History of the Russian Revolution, 1891-1924*, London: The Bodley Head, 1996

Fisher, H. A. L. ed., *The Collected Papers of Frederic William Maitland*, Vol. Ⅲ, Cambridge: Cambridge University Press, 1911

Fletcher, John, *Bonduca*, London, 1951

Foley, John P. ed., *The Jeffersonian Cylopedia: A Comprehensive Collection of the Views of Thomas Jefferson Classified and Arranged in Alphabetical Order Under Nine Thousand Titles Relating to Government, Politics, Law, Education, Political Economy, Finance, Science, Art, Literature, Religious Freedom, Morals, Etc.*, Funk & Wagnalls Company, 1900

Franklin, Simon & Widdis, Emma eds., *National Identity in Russian Culture*, Cambridge: Cambridge University Press, 2004

Furet, François, *Interpreting the French Revolution*, Cambridge: Cambridge University Press, 1990

Gac, Scott, *Singing for Freedom: The Hutchinson Family Singers and the Nineteenth-Century Culture of Reform*, New Heaven: Yale University Press, 2007

Gardella, Peter, *American Civil Religion: What Americans Hold Sacred*, New York: Oxford University Press, 2014

Garraty, John A. & Carnes, Mark C. eds., *American National Biography*. 20, New York: Oxford University Press, 1999

Gasparov, Boris, *Five Operas and a Symphony: Word and Music in Russian Culture*, New Heaven: Yale University Press, 2005

Geisler, Michael E. ed., *National Symbols, Fractured Identities,*

Contesting the National Narrative, Vermont: University Press of New England, 2005

Goldhammer, Jesse, The Headless Republic: Sacrificial Violence in Modern French Thought, Ithaca: Cornell University Press, 2005

Gronlund, Laurence, Ça ira! or, Danton in the French Revolution: A Study, Boston: Lee and Shepard Publishers, 1888

Grove, George ed., A Dictionary of Music and Musicians, Vol. 1-4, New York: Cambridge University Press, 2009

Gurney, Edmund, The Power of Sound, London, 1880

Hall, John A. ed., The State: Critical Concepts, New York: Routledge, 2004

Hans, Nathan, Dan Emmett and the Rise of Early Negro Minstrelsy, Norman: University of Oklahoma Press, 1962

Hansen, Jonathan M., The Lost Promise of Patriotism: Debating American Identity, 1890-1920, Chicago: The University of Chicago Press, 2003

Herbert, David G. & Kertz-Welzel, Alexandra eds., Patriotism and Nationalism in Music Education, Surrey: Ashgate Publishing Limited, 2012

Hingley, Richard & Unwin, Christina, Boudica: Iron Age Warrior Queen, New York: Hambledon and London, 2005

Ioffe, Olimpiad Solomonovič, Soviet Civil Law, Dordercht: Martinus Hijhoff Publishers, 1988

Jacob, J. M., The Republican Crown: Lawyers and the Making of the State in the Twentieth Century Britain, Aldershot: Dartmouth, 1996

Johnston, H. Diack & Fiske, Roger eds., Music in Britain: The Eighteenth Century, Oxford: Basil Blackwell, 1990

Johnson, Douglas ed., The Beethoven Sketchbooks: History, Reconstruction, Inventory, Oxford: Clarendon Press, 1985

Jones, David W., Oxford Composer Companions: Haydn, Oxford: Oxford University Press, 2009

Kantoricz, Ernst Hartwig, The King's Two Bodies, Princeton: Princeton University Press, 1957

Kaul, Suvie, *Poems of Nation, Anthems of Empire: English Verse in the Long Eighteenth Century*, Charlottesville: University Press of Virginia, 2000

Kaufmann, Hans ed. , *Werke und Briefe*, Berlin: Aufbau-Verlag, 1961ß64, vol. 6

Kelen, Christopher (Kit), *Anthem Quality: National Songs- A Theoretical Survey*, Bristol: Intellect, 2014

Kelly, Barbara L. ed. , *French Music, Culture, and National Identity, 1870-1939*, Rochester: University of Rochester Press, 2008

Kennedy, Emmet, *A Cultural History of the French Revolution*, New Haven: Yale University Press, 1989

Kermes, Stephanie, *Creating an American Identity: New England, 1789-1825*, New York: Palgrave Macmillan, 2008

Kohn, Hans, *The Idea of Nationalism*, New Jersey: Transaction Publishers, 2005

Kolstø, Pål & Blakkisrud, Helge eds. , *The New Russian Nationalism: Imperialism, Ethnicity and Authoritarianism, 2000-2015*, Edinburgh: Edinburgh University Press, 2016

Leatherbarrow, William & Offord, Derek eds. , *A History of Russian Thought*, Cambridge: Cambridge University Press, 2010

Lee, Edward, *Music of the People: A Study of Popular Music in Great Britain*, London: Barrie & Jenkins, 1970

Lieven, Dominic ed. , *The Cambridge History of Russia, Vol. 2*, Cambridge: Cambridge University Press, 2006

Longmate, Norman, *How We Lived Then: A History of Everyday Life During the Second World War*, London: Hutchinson, 1971

Mackay, Charles ed. , *The Jacobite Songs and Ballads of Scotland: from 1688 to 1746*, London: Richard Griffin and Company, 1861

Macquoid, G. S. , *Jacobite Songs and Ballads*, New York: The Walter Scot Publishing Co. , Ltd, 1887

Maistre, Joseph de, *The Works of Joseph de Maistre*, London, 1965

Mallet, D. & Thomson, J. , *Alfred: a masque*, London, 1740

Marshall, Alex, *Republic or Death! Travels in Search of National Anthems*, London: Random House Books, 2015

Mason, Laura, *Singing the French Revolution: Popular Culture and Politics, 1787-1799*, Ithaca: Cornell University Press, 1996

McGeary, Thomas, *The Politics of Opera in Handel's Britain*, Cambridge: Cambridge University Press

McKinney, Howard & Anderson, W. R., *Music in History: The Evolution of an Art*, New York, 1940

Miller, John Chester, *The Wolf by the Ears: Thomas Jefferson and Slavery*, New York: Free Press, 1980

Mongrédien, Jean, *French Music from the Enlightenment to Romanticism, 1789-1830*, Portland: Amadeus Press, 1996

Morgan, Kenneth O. ed., *The Oxford Illustrated History of Britain*, Oxford: Oxford University Press, 1984

Mosse, George L., *The Nationalization of the Masses: Political Symbolism and Mass Movements in Germany from the Napoleonic Wars Through the Third Reichs*, New York: Howard Fertig, 1975

Mosse, George L., *Fallen Soldiers: Reshaping the Memory of the World Wars*, Oxford: Oxford University Press, 1991

Murphy, William P., *The Triumph of Nationalism: State Sovereignty, The Founding Fathers, and the Making of the Constitution*, Chicago, 1967

Nora, Pierre ed., Arthur Goldhammer trans., *Realms of Memory*, Vol. I: *Conflicts and Divisions*, New York: Columbia University Press, 1996

Nora, Pierre ed., Arthur Goldhammer trans., *Realms of Memory*, Vol. III: *Symbols*, New York: Columbia University Press, 1998

Olsen, Christopher J., *Political Culture and Secession in Mississippi: Masculinity, Honor, and the Antiparty Tradition, 1830-1860*, New York: Oxford University Press, 2000

Palmer, R. R., *Twelve Who Ruled: The Year of the Terror in the French Revolution*, New York: Princeton University Press, 1966

Pasler, Jann, *Writing Through Music*, New York, 2008

Petersen, Carl & Ruth, P. H. eds. , *Deutsche Volkwerdung*, *Sein politisches Vermächtnis an die deutsche Gegenwart: Kernstellen aus seinen Schriften und Briefen*, Breslau: F. Hirt, 1940

Perrie, Maureen ed. , *The Cambridge History of Russia*, Vol. 1, Cambridge: Cambridge University Press, 2006

Pierre, Constant, *Les Hymnes et les chansons de la Révolution*, Paris, 1904

Pocock, J. G. A. , *The Ancient Constitution and the Feudal Law: a Study of English Historical Thought in the Seventeenth Century*, Cambridge: Cambridge University Press, 1987

Pohlsander, Hans A. , *National Monuments and Nationalism in 19th Century Germany*, Bern: Peter Lang, 2008

Pratt, Carroll C. , *The Meaning of Music*, New York, 1931

Price, Curtis Alexander, *Music in the Restoration Theatre*, UMI Research Press, 1979

Price, Curtis Alexander, *Henry Purcell and the London Stage*, Cambridge University Press 1984

Pozorny, Reinhard, *Hoffmann von Fallersleben: Ein Lebens-und Zeitbild*, Berg, 1982

Randall, Annie J. ed. , *Music, Power and Politics*, New York, 2005

Range, Matthias, *Music and Ceremonial at British Coronations: From James I to Elizabeth II*, Cambridge: Cambridge University Press, 2012

Railton, Ben, *Redefining American Identity: From Cabeza de Vaca to Barack Obama*, New York: Palgrave Macmillan, 2011

Raynor, Henry, *Music and Society Since 1815*, London, 1972

Ricoeur, Paul, *The Symbolism of Evil*, Boston: Becon Press, 1967

Ron. , Eyerman & Jamison, Andrew, *Music and Social Movements: Mobilizing Traditions in the Twentieth Century*, Cambridge, 1998

Rousseau, J. J. , *Essay on the Origin of Languages in Which Melody and Musical Imitation are Treated*, in *The Collected Writings of Rousseau*, Vol. 7: *Essay on the Origin of Languages and Writings Related to Music*, trans. & ed. by John T. Scott, Hanover: University Press of New England,

1998

Salumets, Thomas ed. , *Norbert Elias and Human Interdependencies*, Mcgill-Queen's University Press, 2001

Schama, Simon, *Citizens: A Choronicle of the French Revolution*, New York: Alfred A. Knopf, 1989

Scholes, Percy, *God Save the Queen! The History and Romance of the World's First National Anthem*, Oxford: Oxford University Press, 1942

Schumann, Robert, *On Music and Musicians*, Berkeley, 1983

Scott, John Anthony, *The Ballad of America: The History of the United States in Song and Story*, Carbondale: Southern Illinois University Press, 1983

Scurr, Ruth, *Fatal Purity: Robespierre and the French Revolution*, London: Vintage Books, 2006

Sington, Derrick & Weidefeld, Arthur, *The Goebbels Experiment*, New Haven: Yale University Press, 1943

Sharpe, James, *Remember, Remember: A Cultural History of Guy Fawkes Day*, Cambridge: Harvard University Press, 2005

Shostakovich, Dimitri & Volkov, Solomon, *Testimony: The Memoirs of Dimitri Shostakovich*, Limelight Editions, 2002

Snyder, Louis L. , *Encyclopedia of the Third Reich*, Hertfordshire: Cumberland House, 1998

Sonneck, Oscar G. T. , *Reports on the Star-Spangled Banner, Hail Columbia, America, and Yankee Doodle*, Washington: Government Printing Office, 1909

St. Pierre, Stephanie, *Our National Anthem*, Brookfield, 1992

Stagg, J. C. A. , *The War of 1812: Conflict for a Continent*, Cambridge: Cambridge University Press, 2012

Stanley, Sadie ed. , *New Groves Dictionary of Music and Musicians*, 2nd ed. , 2001

Stone, Henry, *Memoranda on the Civil War*, 1887

Suny, Ronald Grigor ed. , *The Cambridge History of Russia*, Vol. 3, Cambridge: Cambridge University Press, 2006

Sunkin, Maurice & Payne, Sebastian eds. , *The Nature of the Crown: A Legal and Political Analysis*, Oxford: Clarendon Press, 1999

Supicic, Ivo, *Music in Society: A Guide to the Sociology of Music*, Stuyvesant, 1987

Taruskin, Richard, *On Russian Music*, Berkeley: University of California Press, 2009

Tomlinson, Alan & Young, Christopher ed. , *National Identity and Global Sports Events: Culture, Politics, and Spectacle in the Olympics and the Football World Cup*, Albany: State University of New York Press, 2006

Unger, Harlow Giles, *Mr. President George Washington and the Making of the Nation's Highest Office*, Boston: Da Capo Press, 2013

Verhey, Jeffrey, *The Spirit of 1914: Militarism, Myth, and Mobilization in Germany*, Cambridge: Cambridge University Press, 2003

Vincent, C. Paul, *A Historical Dictionary of Germany's Weimar Republic, 1918-1933*, Westport: Greenwood Press, 1997

Volkov, Solomon, *Shostakovich and Stalin: The Extraordinary Relationship Between the Great Composer and the Brutal Dictator*, New York: Alfred A. Knopf, 2004

Walzer, Michael, *Regicide and Revolution: Speeches at the Trial of Louis XVI*, London: Cambridge University Press, 1974

Wangermann, Ernst, *From Joseph II to the Jacobine Trials*, Oxford: Oxford University Press, 1959

Wasserstrom, Steven M. , *Religion After Religion: Gershom Scholem, Mircea Eliade, and Henry Corbin at Eranos*, Princeton: Princeton University Press, 1999

Waters, Guy, *Berlin Games: How the Nazi Stole the Olympic Dream*, London: John Murray, 2006

Wesson, Robert G. , *Lenin's Legacy: The Story of the CPSU*, Hoover Institution Press, 1978

White, Ronald C. , *Lincoln's Greatest Speech: The Second Inaugural*, New York: Simon & Schuster, 2002

Wilkinson, William Cleaver ed. , *Classic German Course in English*,

New York, 1900

Williams, Carolyn D. , *Boudica and Her Stories: Narrative Transformations of a Warrior Queen*, Newark: University of Delaware Press, 2009

Williams, Richard, *The Contentious Crown: Public Discussion of the British Monarchy in the Reign of Queen Victoria*, Aldershot: Ashgate Publishing Limited, 1989

Wilson, Edgar, *The Myth of British Monarchy*, London: Journeyman Press, 1989

Woodworth, Steven E. , *Cultures in Conflict: The American Civil War*, Westport: Greenwood Press, 2000

Young, Julian, *The Philosophies of Richard Wagner*, London: Lexington Books, 2014

Zimmerman, Franklin. B. , *Henry Purcell, 1659-95: His Life and Times*, St. Martin's Press, 1967

Colliers Encyclopedia, New York, 1979

English Music, 1604-1904, London: The Walter Scott Publishing Co. , Ltd, 1906

Journals of the Continental Congress, 1774-1789, Vol. V, Washington: Government Printing Office, 1906

Journals of the Continental Congress, Vol. 8, The Library of Congress

The Coronation of Her Majesty Queen Elizabeth II, London: Odhams Press, 1953

The Oxford Companion to English Literature, 7th ed, , Oxford: Oxford University Press, 2009

2. 中文资料

期刊文章

郭春生:《在改革与停滞之间:从赫鲁晓夫到勃列日涅夫苏共党建工作的退步》,《社会科学研究》2013年第2期

何宏江:《俄〈新时代〉周刊说:赫鲁晓夫是"摧毁了斯大林主义的斯大林主义者"》,《国外理论动态》,1994年第26期

杰拉尔德·纳德勒：《苏联的非斯大林化运动》，《世界经济与政治》1987年第11期

绿原：《〈国际歌〉译文改动真相》，《解放军报》2000年3月24日

罗宇维：《作为事件和神话的国歌：对〈天佑吾王〉的分析》，《学海》2016年第3期

时殷弘：《论非斯大林化的复杂起因和多重后果》，《史学月刊》1999年第4期

王学亮：《赫鲁晓夫出台〈关于斯大林个人崇拜及其后果〉始末》，《钟山风雨》2011年第1期

张捷：《米哈尔科夫谈苏联国歌》，《外国文学动态》2001年第1期

中文出版物

［德］阿多诺：《贝多芬》，台北：联经出版事业公司，2009

［法］阿列克西·德·托克维尔：《回忆录：1848年法国革命》，上海：上海世纪出版集团，2005

［美］阿诺德·勋伯格：《作曲基本原理》，上海：上海音乐出版社，2014

［德］爱德华·博克斯：《欧洲风化史》，北京：海豚出版社，2012

［瑞士］埃里希·艾克：《魏玛共和国史》，上卷，北京：商务印书馆，1994

［英］埃里克·霍布斯鲍姆：《民族与民族主义》，上海：上海人民出版社，2000

［德］埃里希·卡勒尔：《德意志人》，北京：商务印书馆，1999

［美］埃里克·方纳：《给我自由！一部美国的历史》·上卷，北京：商务印书馆，2010

［美］艾伦·布鲁姆：《走向封闭的美国精神》，北京：中国社会科学出版社，1994

［芬兰］埃尔基·佩基莱等编：《音乐·媒介·符号——音乐符号学文集》，成都：四川教育出版社，2012

［法］埃克托尔·柏辽兹：《柏辽兹回忆录》，北京：东方出版社，2000

［美］安东尼·奥罗姆：《政治社会学导论》，上海：上海世纪出版集团，2006

［法］奥·布朗基：《祖国在危急中》，北京：商务印书馆，2009

［德］奥托·冯·俾斯麦：《思考与回忆：俾斯麦回忆录》，北京：东方出版社，2007

［俄］Б. Б. 卡芬加乌兹、Н. И. 巴甫连科：《彼得一世的改革》上册，北京：商务印书馆，1997

［英］保罗·格里菲斯：《西方音乐简史》，上海：上海三联书店，2013

［法］保罗·利科：《诠释学与人文科学》，北京：中国人民大学出版社，2012

［俄］鲍里斯·尼古拉耶维奇·米罗诺夫：《俄国社会史》，济南：山东大学出版社，2006

贝瑟编译：《德国浪漫主义早期政治著作选》，北京：中国政法大学出版社，2003

［美］本尼迪克特·安德森：《想象的共同体：民族主义的起源与散布》，上海：上海世纪出版集团，2013

［德］贝多芬：《贝多芬自述》，南昌：江西教育出版社，2014

［意］贝内德托·克罗齐：《十九世纪欧洲史》，北京：商务印书馆，2013

［法］贝特朗·梅耶-斯塔布莱：《伊丽莎白二世时期白金汉宫的生活》，上海：上海人民出版社，2007

［英］彼得·伯克：《欧洲近代早期的大众文化》，上海：上海人民出版社，2005

［美］彼得·盖伊：《魏玛文化》，合肥：安徽教育出版社，2005

［古希腊］柏拉图：《理想国》，北京：华夏出版社，2012

［丹麦］勃兰兑斯：《十九世纪文学主流》，北京：人民文学出版社，1980—1986

［美］卡罗尔·卡尔金斯主编：《美国社会史话》，北京：人民出版社，1984

［美］卡罗尔·卡尔金斯主编：《美国文化教育史话》，北京：人民出版社，1984

［美］卡罗尔·卡尔金斯主编：《美国文学艺术史话》，北京：人民出版社，1984

［美］查尔斯·蒂利：《强制、资本与欧洲国家》，上海：上海人民出版

社，2012

［美］大卫·阿米蒂奇：《独立宣言：一种全球史》，北京：商务印书馆，2014

［英］大卫·休谟：《英国史 5：斯图亚特王朝》，长春：吉林出版集团有限责任公司，2013

［法］迪迪埃·法兰克福：《音乐像座巴别塔——1870—1914 年间欧洲的音乐与文化》，上海：复旦大学出版社，2011

［英］E. 霍布斯鲍姆、T. 兰格：《传统的发明》，南京：译林出版社，2004

［德］恩斯特·恩格尔贝格：《俾斯麦：地道普鲁士人和帝国缔造者》，北京：世界知识出版社，1992

［德］恩斯特·卡西尔：《人论》，上海：译文出版社，1985

［法］伏尔泰：《彼得大帝在位时期的俄罗斯帝国史》，北京：商务印书馆，2016

［法］弗朗索瓦·傅勒：《思考法国大革命》，北京：生活·读书·新知三联书店，2005

［德］弗里德里希·根茨：《美法革命比较》，上海：上海社会科学院出版社，2014

［德］弗里德里希·梅尼克：《世界主义与民族国家》，上海：上海三联书店，2007

［德］弗里德里希·尼采：《善恶之彼岸》，北京：华夏出版社，2000

［德］弗里德里希·尼采：《尼采反对瓦格纳》，济南：山东画报出版社，2003

［德］弗里德里希·席勒：《三十年战争史》，北京：商务印书馆，2009

［英］戈尔德希尔、奥斯本编：《表演文化与雅典民主政制》，北京：华夏出版社，2014

［英］H. G. 韦尔斯：《世界史纲》，上海：上海世纪出版集团，2006

［德］哈拉尔德·韦尔策编：《社会记忆：历史、回忆、传承》，北京：北京大学出版社，2007

［美］哈罗德·D. 拉斯韦尔、亚伯拉罕·卡普兰：《权力与社会：一项政治研究的框架》，上海：上海世纪出版集团，2012

［美］汉娜·阿伦特：《论革命》，南京：译林出版社，2011

〔德〕汉斯-乌尔里希·韦勒：《德意志帝国》，西宁：青海人民出版社，2009

〔德〕约翰·哥特弗雷德·赫尔德：《反纯粹理性——论宗教、语言和历史文选》，北京：商务印书馆，2010

〔德〕亨利希·海涅：《浪漫派》，上海：上海人民出版社，2003

〔英〕J. M. 罗伯茨：《全球史》，北京：东方出版中心，2013

〔法〕贾克·阿达利：《噪音：音乐的政治经济学分析》，上海：世纪出版集团，2000

〔美〕克利福德·格尔茨：《文化的解释》，南京：译林出版社，1999

〔美〕杰克·A. 戈德斯通：《早期现代世界的革命与反抗》，上海：上海世纪出版集团，2013

〔英〕杰弗里·罗伯逊：《弑君者：把查理一世送上断头台的人》，北京：新星出版社，2009

〔英〕杰弗里·霍思金：《俄罗斯史》，广州：南方日报出版社，2013

〔法〕基佐：《欧洲文明史》，北京：商务印书馆，2005

〔法〕基佐：《法国文明史》，北京：商务印书馆，2009

〔法〕基佐：《一六四〇年英国革命史》，北京：商务印书馆，2012

〔美〕基维：《音乐哲学导论：一家之言》，上海：华东师范大学出版社，2012

〔美〕克里斯托夫·B. 布里克斯：《一本最危险的书：塔西佗的〈日耳曼尼亚志〉——从罗马帝国到第三帝国》，南昌：江西人民出版社，2015

〔德〕克奈夫等：《西方音乐社会学现状——近代音乐的听赏和当代社会的音乐问题》，北京：人民音乐出版社，2002

〔美〕科佩尔·S. 平森：《德国近现代史：它的历史和文化》，北京：商务印书馆，1987

〔美〕柯文：《历史三调：作为事件、经历和神话的义和团》，南京：江苏人民出版社，2000

〔英〕劳伦斯·斯通：《英国的家庭、性与婚姻（1500-1800）》，北京：商务印书馆，2014

〔法〕雷蒙·阿隆：《论治史》，北京：三联书店，2003

〔法〕雷翁·吉沙尔：《法国浪漫主义时期的音乐与文学》，天津：百花文艺出版社，2004

［美］理查德·罗蒂：《筑就我们的国家》，北京：生活·读书·新知三联书店，2006

［美］里亚·格林菲尔德：《民族主义：走向现代的五条道路》，上海：上海三联书店，2010

［德］里夏德·范迪尔门：《欧洲近代生活》，北京：东方出版社，2005

［法］林·亨特：《法国大革命时期的家庭罗曼史》，北京：商务印书馆，2008

［法］林·亨特：《人权的发明》，北京：商务印书馆，2011

［法］林·亨特：《法国大革命中的政治、文化与阶级》，上海：华东师范大学出版社，2011

［法］罗兰·巴尔特：《符号学历险》，北京：中国人民大学出版社，2008

［德］吕迪格尔·萨福兰斯基：《荣耀与丑闻》，上海：上海人民出版社，2014

［美］马克·C. 卡恩斯、约翰·A. 加勒迪：《美国通史》，山东：山东画报出版社，2008

［德］马克思：《路易·波拿巴的雾月十八》，北京：人民出版社，2001

［德］马克思·布劳巴赫等：《德意志史》，北京：商务印书馆，1998

［英］玛丽·弗尔布鲁克：《德国史：1918-2008》，上海：上海人民出版社，2011

［英］玛利亚·露西亚·帕拉蕾丝-伯克：《新史学：自白与对话》，北京：北京大学出版社，2006

［意］马志尼：《论人的责任》，北京：商务印书馆，1995

［美］玛莎·L. 科塔姆、贝思·迪茨-尤勒、埃琳娜·马斯特斯、托马斯·普雷斯顿：《政治心理学》，北京：中国人民大学出版社，2013

［法］米涅：《法国革命史：从1789到1814年》，北京：商务印书馆，1977

［法］米歇尔·福柯：《词与物——人文科学考古学》，上海：上海三联书店，2012

［法］莫娜·奥祖夫：《革命节日》，北京：商务印书馆，2012

［俄］尼古拉·梁赞诺夫斯基、马克·斯坦伯格：《俄罗斯史》，上海：上海人民出版社，2013

［德］诺贝特·埃利亚斯：《文明的进程》，上海：上海译文出版社，2013

［俄］O. И. 奇斯佳科夫：《俄罗斯国家与法的历史·上卷》，北京：法律出版社，2014

［印度］帕尔塔·查特吉：《民族主义思想与殖民地世界》，南京：译林出版社，2007

［英］佩里·安德森：《从古代到封建主义的过渡》，上海：上海人民出版社，2001

［英］佩里·安德森：《绝对主义国家的系谱》，上海：上海人民出版社，2001

［俄］普希金：《普希金精品集：克里米亚的海岸》，上海：复旦大学出版社，2009

［法］皮埃尔·诺拉主编：《记忆之场》，南京：南京大学出版社，2015

［法］皮埃尔·米盖尔：《法国史》，北京：中国社会科学出版社，2010

［法］乔治·杜比主编：《法国史·中卷》，北京：商务印书馆，2010

［法］乔治·勒弗菲尔：《法国革命史》，北京：商务印书馆，2010

［法］乔治·勒弗菲尔：《拿破仑时代》，北京：商务印书馆，2012

［美］R. R. 帕尔默：《现代世界史》，北京：后浪出版公司，2009

［法］让·博丹：《主权论》，北京：北京大学出版社，2008

［法］让·马哈比尼：《希特勒时代的柏林》，上海：上海人民出版社，2007

［法］让-皮埃尔·里乌、让-弗朗索瓦·西里内利：《法国文化史·Ⅳ·大众时代：二十世纪》，上海：华东师范大学出版社，2012

［法］让-皮埃尔·里乌、让-弗朗索瓦·西里内利：《法国文化史》，上海：华东师范大学出版社，2014

［美］萨义德：《音乐的极境》，南京：江苏文艺出版社，2012

［奥地利］斯蒂芬·茨威格：《人类群星闪耀时》，武汉：华中科技大学出版社，2012

［德］史蒂文·奥茨门特：《德国史》，北京：中国大百科全书出版社，2009

［德］叔本华：《作为意志和表象的世界》，北京：商务印书馆，1982

［古罗马］塔西佗：《阿古利可拉传　日耳曼尼亚志》，商务印书

馆，2009

［法］托克维尔：《论美国的民主》，北京：商务印书馆，2011

［苏联］托洛茨基：《托洛茨基亲述十月革命：献给被遗忘的先知》，西安：陕西人民出版社，2008

［美］托马斯·杰斐逊：《杰斐逊选集》，北京：商务印书馆，2011

［美］托马斯·F. 凯利：《首演》，北京：商务印书馆，2011

［德］托马斯·曼：《浮士德博士》，上海：上海译文出版社，2012

［美］托马斯·潘恩：《美国危机》，上海：上海三联书店，2007

［俄］瓦·奥·克柳切夫斯基：《俄国史教程·第五卷》，北京：商务印书馆，2013

［美］维克多·李·伯克：《文明的冲突：战争与欧洲国家体制的形成》，上海：上海三联书店，2006

［美］沃尔特·G. 莫斯：《俄国史》，海口：海南出版社，2008

［美］温克斯：《牛津欧洲史》，长春：吉林出版集团有限责任公司，2009

［英］温斯顿·丘吉尔：《从战争到战争》，南京：译林出版社，2012

［英］威尔·杜兰：《世界文明史》，北京：东方出版社，1999

［法］西耶斯：《论特权：第三等级是什么？》，北京：商务印书馆，2009

［古希腊］亚里士多德：《政治学》，北京：商务印书馆，1983

［瑞士］雅各布·布克哈特：《历史讲稿》，北京：生活·读书·新知三联书店，2009

［法］雅克·杜加斯特：《19 世纪和 20 世纪之交的欧洲文化生活》，北京：中国人民大学出版社，2007

［法］雅克·索雷：《18 世纪美洲和欧洲的革命》，长春：吉林出版集团有限责任公司，2008

［美］雅法：《分裂之家危机：对林肯-道格拉斯论辩中诸问题的阐释》，上海：华东师范大学出版社，2007

［美］雅法：《自由的新生：林肯与内战的来临》，上海：华东师范大学出版社，2008

［荷兰］叶普·列尔森：《欧洲民族思想变迁：一部文化史》，上海：上海三联书店，2013

［英］以赛亚·柏林：《浪漫主义时代的政治观念》，北京：新星出版社，2011

［英］以赛亚·柏林：《反潮流》，南京：译林出版社，2011

［美］约翰·迪利：《符号学基础》，北京：中国人民大学出版社，2012

［美］约翰·里德：《震撼世界的十天》，广州：南方日报出版社，2009

［美］约瑟夫·J. 埃利斯：《革命之夏：美国独立的起源》，北京：社会科学文献出版社，2016

安凌、王宝庆：《愤怒的俄罗斯——德国法西斯的克星》，长春：长春出版社，1995

陈辽：《马克思主义文艺思想史稿》，成都：四川文艺出版社，1986

郭国良：《国魂——世界各国国歌大观》，天津：百花文艺出版社，2009

钱仁康：《新编世界各国国歌博览》，上海：上海音乐出版社，2011

徐浩然、王毅：《鲍狄埃》，北京：中国工人出版社，2014

徐天新：《斯大林模式的形成》，北京：人民出版社，2013

张铁志：《声音与愤怒》，桂林：广西师范大学出版社，2008

《新编剑桥世界近代史》，北京：中国社会科学出版社，1999—2008

《巴黎公社公报集》，第一集，北京：商务印书馆，1995

《巴黎公社公报集》，第二集，北京：商务印书馆，2013

《马克思恩格斯全集》，第十七卷，北京：人民出版社，1960

《国王詹姆斯政治著作选》，北京：中国政法大学出版社，2003

3. 网络资源及其他

http://www.nationalanthems.info/gb.htm

http://parlipapers.chadwyck.co.uk/search/search.do

http://dbpo.chadwyck.co.uk/home.do

https://www.royal.uk/national-anthem

http://www.wales.com/about-wales/facts-about-wales/welsh-national-anthem

http://www.nationalanthems.info/nie.htm

https://newrepublic.com/article/115367/how-lou-reed-inspired-velvetunderground

http://www.napoleon.org/magazine/plaisirs-napoleoniens/le-chant-du-depart/

http://www.bbc.com/news/magazine-34843770

http://www.nationalanthems.me/austria-land-der-berge-land-am-strome/

http://www.zum.de/psm/weimar/weimar_vve.php

http://www.zum.de/psm/weimar/weimar_vve.php

http://www.nationalanthems.me/east-germany-gdr-auferstanden-aus-ruinen/

http://sports.163.com/17/0212/14/CD3417R700058782.html

http://www.folkways.si.edu/hermes-nye/ballads-of-the-civil-war/american-folk-historical-song/music/album/smithsonian

http://en.people.cn/english/200012/08/eng20001208_57318.html

http://en.rian.ru/symbols/20070607/66606928.html

http://news.bbc.co.uk/2/hi/europe/1060975.stm

http://www.oxfordmusiconline.com/public/

http://www.telegraph.co.uk/comment/personal-view/3639898/Why-modern-Russia-is-a-state-of-denial.html;

http://historymatters.gmu.edu/mse/Songs/

后 记

《歌声中的祖国》写作的本意，是要从文化象征现象这个侧面来观察民族国家作为历史事实在发展过程中所包含的认同建构与情感构成这种非物质的面向的特征与情况。写作的构想源于自硕士时期开始，我对从浪漫主义发展出来的民族主义蓬勃的情感诉求与文艺再造的兴趣。不过，这本书很大程度上是一个意外。在最初确立博士论文选题时，恩师张凤阳教授建议我继续把自己对思想史的研究向前推进，去考察荣誉观念从古代到现代的转型，但是这个题目对于一个从来生活在田园牧歌式"表层"校园生活中的普通学生来说，似乎道德上的负担过于沉重，以至于我自己很难从情感直观上进行体认，尝试未果，张老师也对我的研究计划松了绑，我于是选择了一个更轻巧、更好把握的题目，也就是如今呈献给大家的"政治现代化进程中的国歌"。

经过三年多的资料搜集整理和写作修改，我于 2017 年完成了博士论文的写作，顺利毕业，毫无准备地北上，开始了此后波折的生活。我本以为可以迅速修改文章，发表论文，完成博士阶段科研成果的转化，然后开始发现新的研究，找到新的学术激情。然而事与愿违，实际上是五年过后，我才算真正完成了这个任务，也可以给博士生涯完全画上句号。当然，拖延主要归咎于我自己，北京的生活同过去的世界太不一样，大量的时间都被我

后　记

用在适应工作身份和家庭身份的转变，加上本来的散漫天性，我又容易被情绪左右，所以当师友都鼓励劝诫我抓紧时间修改，再读一遍、再改一下的时候，自己却总是很难面对这一堆琐碎的文稿和一回头看便觉得有些幼稚的断语。但凡事总有尽头，终章后才能有序曲，拖延症的死敌就是自我告诫的时间，于是在张老师的数次催促中的某一次时，我总算是开始了修改，完成了这本书稿。

恰是如此，这本书虽然是我自己一字一句写出，但更是家人和师友们对我全部的信任、支持、鼓励、帮助和包容的成果。我首先要感谢一直陪伴我的家人，对于我的人生选择、学术生活和科研议题，他们虽不一定感兴趣，有时甚至不理解，但总是给了我尊重和理解，有时甚至是放任式的随我高兴，而这是从事学术研究不可多得的福气。从本科到硕士再到博士，我一直跟随张凤阳老师进行学习，老师的思想和知识是我自己理解这个世界的一把钥匙，在无数次课堂讲授和师门聚会的讨论中，我完成了从学生到研究者的认识和认同转型。这本书能够问世，很大程度上要感谢张老师的因材施教、悉心指导和全力支持，老师总是给予我们善意又温和的鼓励，若非如此，我或许早就放弃了以学术为业的人生规划。本书的写作试图在政治学和历史学之间寻找一个切入点和平衡点，也同孙江老师的启发与帮助有很大关系，孙老师对我的激励和帮助，不只是写作期间的提醒、建议以及答辩时的批评和指导，我一直记得某一天傍晚我正开心地准备和姐妹们去鼓楼玩耍时，看到孙老师背着大书包，手里拎着两个馒头朝圣达楼走去的背影，虽然当时我还是开心地玩耍了，但这个身影后来成了我无数次想躲懒取巧时自我要求的动力。我在学生时代获得了许多老师的帮助和鼓励，每一位老师也成为我如今科研教学时的榜样，在此一并表示感谢。

这本书中大部分外文资料都是我在英国访学时查阅搜集的，伦敦大学的 Senate House Library 在访学期间几乎成了我除公寓以外的另一个家，倘若不是其中丰富的藏书和庞大的数据库支持，我肯定是无法完成写作的。本来，我是带着关于荣誉的题目去伦敦的，但是导师斯金纳教授极其宽容地支持和鼓励我继续展开对国歌的研究，以至于每每想到我的荣誉研究迟迟无果，便有些心生愧疚。还要感谢俊儒、伟华、京东等好友在本书写作和修改过程中给予我的精神鼓励和技术支持，也感谢师门小伙伴和学术界众多同仁的认可，希望友谊之树长青，大家共同进步。海洲师兄承担了本书归属的政治现象学丛书的大部分组织和编纂工作，没有他，丛书恐怕就成了水月镜花。感谢本书的责任编辑曾偲极度细致的审阅和极其负责的编辑，她给了我很多文章编排的建议，并向我指出了许多行文的错误，拯救我免于各种疏忽大意造成的笑话，让这本书更加专业和准确。两年多前，我幸运地来到中国社会科学院世界历史研究所开始专门从事欧洲史的研究，所里的领导和同事们在工作和科研上一直给予我无私的帮助和积极的鼓励，并促成了本书的修改，对此我心怀感激。

《仲夏夜之梦》的末尾，忒修斯公爵在有情人终成眷属的皆大欢喜的场面中说，"请把收场诗免了吧，因为你们的戏剧无需再有什么解释。"如今回首再看，学生时代和《歌声中的祖国》写作修改的时光，仿佛也是一场幸福甜蜜的幻梦，而临到要为本书的付梓再说点什么的时候，我倒是找不到头绪说不出什么了。总而言之，这本以我博士论文为基础的甚至有些冗长的书，已经说明了我彼时思考国歌问题时想到的一切，我想它理应保持它原有的样子，作为这一段学术生涯的见证。不过，抛开这本书对我的意义不谈，我应当向有兴趣翻到本书的读者和所有帮助我坚持写到这一页的人表示感激。这本书肯定有很多缺点和问题，因此，我想先为我可能在书中存在的知识错误和认识误区道歉，希望这本书不浪费大家的时间，也恳请大家提醒我这些可笑和荒唐之处。多恩说"无人是孤岛"，用到这里，我想，倘若没有读者，没有朋友，这些文字就只是些毫无意义的喃喃自语。

最后的最后，在博士论文完成的几乎同时，我的人生开启了小想想阶段，小生命的到来让我感受到了魔力，也给了我很多压力。人们常说文章是自己的孩子，但当我看着此时小想想的睡脸时，我只希望她可以拥有她自己独立又完整的人生，不受任何不必要的束缚，远离痛苦，沉醉于可能的全部美好。

罗宇维

2022 年深秋于北京龙樾园

"政治现象学丛书"书目

《"情"的力量：公共生活中的情感政治》　袁光锋 著
《歌声中的祖国：政治现代化进程中的国歌》　罗宇维 著
《政治仪式：权力生产和再生产的政治文化分析》（修订版）　王海洲 著
《图像笺史：思想史视野下的政治图像学研究》　韩伟华 著
《地图上的国家：17—18 世纪的法兰西领土空间与政治再现》　于京东 著
《重建共同体：空想社会主义理论与实践的反思》　高信奇 著

《荣誉：一种现象学分析》（Honor：A Phenomenology）　罗伯特·欧皮斯柯（Robert L. Oprisko）著
《政治现象学》（Political Phenomenology）　郑和烈（Jung Hwa Yol）莱斯特·恩布里（Lester Embree）主编
《现象学与政治生活》（Phenomenology and the Political）　斯图尔特·韦斯特·格利（S. West Gurley）杰夫·法尔佛（Geoff Pfeifer）主编
《政治生活的现象学分析》（Phenomenology of the Political）　凯文·汤普森（Kevin Thompson）莱斯特·恩布里（Lester Embree）主编
《现象学与政治生活首要性》　（Phenomenology and the Primacy of the Political）　维罗尼克·弗蒂（Véronique M. Fóti)帕夫洛斯·康特斯（Pavlos Kontos）主编